遭遇发展

第三世界的形成与瓦解

（第二版）

ENCOUNTERING DEVELOPMENT

THE MAKING AND UNMAKING OF THE THIRD WORLD

〔美〕阿图罗·埃斯科瓦尔　　著
Arturo Escobar

汪淳玉　吴惠芳　潘　璐　**译**
叶敬忠　**译校**

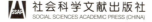
社会科学文献出版社
SOCIAL SCIENCES ACADEMIC PRESS (CHINA)

Arturo Escobar

Encountering Development：

The Making and Unmaking of the Third World

Copyright ⓒ1995 PRINCETON UNIVERSITY PRESS

With a new preface by the author，2012

根据普林斯顿大学出版社 1995 年版以及 2012 版前言译出

目 录

2012版前言

谨以此文献给已故的奥兰多·法尔·博尔达（Orlando Fals Borda）、朱莉·格雷厄姆（Julie Graham）和斯米图·科塔里（Smitu Kothari），缅怀与我一同探寻另类世界的亲密挚友和同志。

本书初次出版距今已 15 年有余。当年令我提笔的初心并未改变，那些希冀与意图历久弥坚。当下，对发展的批判性分析依旧紧迫与必要，与 15 年前一样。在世界许多地方，"发展"仍是一种需要与之斗争的主要社会文化力量。发展引发了重要的政治对抗，这些对抗仍然攸关许多人的生活质量乃至生命存续。身处援助国和受援国的各类专家仍在"发展"创造的世界中谋生，在董事会和项目会上就发展问题热烈探讨，尽管这些专家（尤其是美国专家）的数量或许比本书第一版时有所减少。同样，包括人类学家在内的学术界就某些发展议题撰写博士论文、宣读会议论文的仍大有人在，虽然美国学界对此热情略减。此外，就"发展如何被发明"、如何构想"后发展时代"的问题而言，促使我在 20 世纪 80~90 年代提笔书写的那些政治动因，如今依然存在。我认

本文由徐宁欹翻译，汪淳玉、潘璐初校，叶敬忠译校。

为，在那些维系社会文化霸权的策略中，发展仍占有一席之地，纵使当今的学者对这些策略的运作已经有更深入的理解，包括人们如何使"发展"为己所用。当然，我自己对发展的认识也发生了一些重要变化，我将在下文详细展开。

本文的第一部分分析全球层面对发展产生直接影响的重要社会转型，包括政治经济的变迁以及新的行动者与行动舞台的出现。第二部分提出"后发展"概念的适用性问题。这一诞生于 20 世纪90 年代初的概念，是否仍然能够体现出发展的去中心化意涵以及亚非拉地区为探索新的发展可能而展开的想象与实践？如果不能，这个概念能换个说法吗？要不要改，怎么改？这一部分将简要回顾批判性发展研究过去 15 年的主要理论方向，包括新民族志、政治经济学和后结构主义的视角。第三部分介绍"转型话语"。转型话语的出现源于食物、能源、气候与贫困等方面的系统性危机。转型话语在生态、文化和精神领域尤为突出，它们可以被视为后发展理论的标志，或是在一般意义上对现代性的挑战。第四部分简要分析当前流行于拉美地区、有助于转型实践与话语的一些具体做法，如为了自然的权利而展开的前所未有的抗争，以及用"美好生活"的话语来界定发展（*Buen Vivir*，指一种集体的、整体性的福利）。这些趋势涉及本体论层面的问题，并具有向"多元世界"转型的潜在可能，它们为相互关联的多重世界共存创造条件，从而可以从一元世界转向多元世界。结论部分提出要建立一个转型与多元世界研究的新领域。这一领域摆脱所谓的全球化视角，将地球看作不断新生的生命整体，将促使我们探索和展望"星球化"（planetarization）的各种形式，勾勒出人类与其他生命体在星球上互惠共生的未来图景。

一　重要的全球转型

20 世纪 90 年代中期以来，世界历经巨变。从发展研究的角度出发,我认为世界转型中有三个最为重要的因素:第一,中国以及位居其后的印度在世界经济中发挥着举足轻重的作用;第二,2001 年 9 月 11 日纽约世贸大楼遇袭事件和 2003 年 3 月美国对伊拉克的入侵引发国际地缘政治重整;第三,华盛顿共识终结,它是自 20 世纪 70 年代开始在世界经济中占据统治地位的整套理念与制度实践,通常被称为新自由主义。东欧"真实存在的社会主义"(really-existing socialism)与中央计划经济的解体,虽然始于 20 世纪 80 年代,却真正瓦解于 20 世纪 90 年代。这些因素之间虽深度关联,但并不构成一个先后历史序列。首先,中国在 20 世纪 70 年代后期开始改革开放,一些问题随之出现,如快速扩大的不平等、环境破坏、乡村排斥、边缘化和贫困,发展研究也作为一个学术领域在中国出现(Long,Ye and Wang 2010)[①]。中国在亚非拉地区的影响力,随着其经济实力的强大而与日俱增,对非洲发展的影响尤其深远(Sahle 2010)。有人认为,尽管中国的经济改革由国家主导,但它与华盛顿共识下的新自由主义意识形态实属同一源流;也有人认为,中国的情形实则是不同经济形式的复杂糅合,其中只有一部分具有自由主义或新自由主义的特点(Nonini 2008;Yang 1999)。其次,"9·11"事件后,全球出现了新的地缘政治,对于这一点争议相对较少。从发展研究的视角来看,国际政治经济学者所说的"发展安全"在此间至关重要。反恐战争所衍生的"安全"概念与人类发展的"安全"概念被混为一谈,这损害和限制了人类发展,包括千年发展目标的实现(Sahle 2010)。再次,拉丁美洲的"向左转"浪潮显著地表明了华盛顿共识的终结。1998 年以来,拉美地区大多数国家的左翼民选政府纷纷上台执政,并旗帜鲜明地反对贯彻了数十年的新自由主义信条。我会在下文中详细回顾这一趋势及其对批判性发展研究的意义[②]。最后,东欧"真实存在的社会主义"解体对发展领域的影响较为复杂。一方面,它表明社会主义与传统资本主义在发展条件上有许多相似之处,因此二者均支持"后发展"的理念;另一方面,它加剧了

"别无选择"（there is no alternative）的绝望感，因此削弱了关于发展替代的讨论。

当然，20世纪90年代初至今，世界经济、地缘政治、全球意识等方面也出现了许多其他重要变化，其中一些变化近年来愈发明显。数字信息与通信技术极大地加深了人类社会的网络联结，卡斯特尔斯（Castells 1996）在20世纪90年代下半叶出版的"信息时代"三部曲使网络联结成为一个重要的学术主题。虽然世界上大多数人仍然难以获得数字信息产品和服务，但它已成为很多发展研究必须面对的议题（Harcourt 1999）。环境危机终于迎来广泛关注，并激发了全球意识，这得益于诸多在国家层面和世界层面举办的关于全球环境变化的会议，以及科学界就联合国政府间气候变化专门委员会（Intergovernmental Panel on Climate Change, IPCC）调查结果达成的共识。我将在后文论述，若不严肃对待生态危机，它将动摇一切现有的发展框架。此外，2007年开始爆发的经济危机使北方国家金融机构倾覆、房地产泡沫破裂、股市下跌，并产生了全球性的影响，使全球经济活动、信贷融资和国际贸易速度放缓。除了拉丁美洲由开明政府领导的部分国家以外，相当部分的南方国家经历了贫困与失业的大幅增长和随之而来的经济下行。尽管有评论指出，经济危机已经明确宣告资本金融化的终结[3]，但世界银行等机构仍试图依靠提升出口竞争力等传统发展策略，在危机之后继续推进全球化，尤其是对于非洲国家[4]。显然，这些主流国际借贷机构面对后危机时代的发展问题，没有任何新的应对办法。此外，宗教激进主义在美国和世界多地抬头，这也是近年来最明显的转型趋势。在一些国家，这表现为对后"9·11"国际政策的抵抗和对西方现代性的拒斥。

1995年初次出版时，《遭遇发展》的第五章深入探讨了农民、妇女和环境问题。如今，这三个主题的境况已经发生很大变化，而且出现一些在当初写作时未能充分顾及的其他行动者，尤其是原住民以及包括非裔在内的其他族群。尽管与几十年前相比，农民已经不再处于发展的中心位置，但是农民研究与农政研究近年来却再次复兴，提出一些新的概念，如乡村性（rurality）（避免城市与乡村以及传统与现代的二分法）、农民身份（考虑到跨国流动、性别与族群等因素的影响），一些以前未曾研究或研究不够的主题，如转基因作物、文化保护与食物主权等；以及农民运动的概念（超越了20世纪60年代将农民作为激进的革命分子的刻板印象）⑤。妇女曾经是发展中的一个特殊主题，如第五章所讨论的"妇女参与发展"（Women in Development，WID）和"性别与发展"（Gender and Development，GAD）等话语，而今妇女已经是发展的核心主体和对象，主动形塑和阐释着发展本身。尽管许多针对妇女群体的发展工作仍专注于现有经济体制内的女性赋权等主流诉求，但这并不妨碍过去10年发展研究领域因妇女、性别与发展的议题交汇而形成的诸多重要论战和新锐思想⑥。环境或许是发展议题中变化最为显著的一个领域。在下文对此做出论述之前，暂且可以这样总结：发展已经成为政治生态学的核心关切之一（Biersack and Greenberg 2006；Escobar 2008a），反之亦然，即环境问题已经成为发展的核心议题，且对"全球南方国家大自然"的研究日趋成熟（Greenough and Tsing 2003）。

原住民和少数族裔群体作为发展主体、对象和概念诠释者的角色也愈加突出。他们在批判性发展研究的前沿发挥着重要作用，如揭示发展的非理性以及发展项目与原住民世界观的不协调（Mander and Tauli-Corpuz 2006；Blaser, Feit and McRae 2004），或从原住民视角指出欧洲现代性的局限性（Blaser 2010）。发展、身份、地盘、自治已经成为对原住民（de la Cadena and Starn 2007；Blaser 2010）和非裔群体来说极为重要的议题，在拉美地区尤其如此（Escobar 2008a；Oslender 2008；Asher 2009；French 2009）。拉丁美洲原住妇女的经验为"去殖民女性主义"提供了基础。这一理论对现代女权话语中的民族中心主义进行了批判，对隐藏在"回归传统"或"保存文化差异"等诉求中的父权式排斥进行了剖析［Hernández 2008；Suárez Navaz and Hernández 2008；Hernández 2009；Lugones 2010；Bidaseca 2010；Escobar 2010a；Radcliffe, Laurie and Andolina 2009（涉及安第斯原住民运动与发展中的女性主义视角）］。

过去15年来，发展领域的一个重要转型往往被人忽视，那就是知识的类别和用途愈发成为各方角力的焦点：对于发展而言，什么知识、谁的知识、以何为目的的知识，才算得上知识？这些问题普遍地影响了社会理论，因为新理论的生产者不再局限于北方国家的学院派精英。研究者、活动家、学院派之外的知识分子等越来越多的行动者，正跃跃欲试，提出对世界与发展的替代性理解。这样来看，时下许多不同类别的知识生产者之间展开的复杂对话本身，为发展理论的发展提供了新的有利条件。这要求我们不仅要转换理论生成的地点和内容，还要转换理论形式本身（Mignolo 2000；Osterweil 2005；Escobar 2008a）。这一趋势在社会运动研究领域（以及后文将要提到的转型研究领域）格外清晰。在社会运动研究中，活动家的研究和他们的知识生产是理解运动性质、目的与愿景的关键。人类学与地理学对此方面的研究也出现了一些新的关注点，如学者与活动家之间世界分界和知识分界的模糊性，以及网络民族志、知识图谱、身份民族志、活动家认定的世界的民族志、活动家研究、党派研究、军事斗争研究等一系列相关概念和研究领域的涌现[7]。发展研究学者有时候习惯于接受项目受益者生产的知识，后者往往打着"地方性知识"的幌子，然而，他们还得将关于知识生产的这些新洞见融入自己的理论建构和发展干预的设计之中。

本书涉及的议题还有一个重要方面，那就是经济话语与整个发展行业之间的关联。本书第三章讨论了这个问题。但是，在1996~2010年发表的众多关于本书的书评中，这个问题被一笔带过，甚至被完全忽视。我认为，这种缺失与其说是因为议题本身无关紧要，不如说是一种被驯化的世界经济观的霸权使然。在第三章，我称其为"增长与资本的故事"：它由发展经济学继承自古典政治经济学，在西方以外的世界被称作"西方经济学"；它是构成现代性的基础梁柱之一，是生产系统、权力系统和意义系统的系统集成（Escobar 2005）。发展经济学或许已日薄西山，新自由主义经济学的核心命题也已被金融危机彻底撼动，但是关于市场中个体交易、生产、增长、资本、进步、稀缺和消费的经济学想象依然如故。这一被驯化的话语体系影响了许多有关可持续性和后碳时代转向的讨论。许多积极的批判性研究致力于转变经济的刻板性，如主张超越资本主义经济模式，推行多元经济、社会经济与团结经济，以及去增长（decroissance，de-growth）。不仅如此，我们能够看到，在草根层面，情况确如古斯塔沃·埃斯特瓦（Gustavo Esteva）所言，"在发展时代被经济社会边缘化的人们，正放手推动经济本身的边缘化"（2009，20）[⑧]。

二 评估后发展

本书 1995 年版在最后一章提出"后发展"的构想（另参见 Escobar 1992；Rahnema and Bawtree 1997）。事实证明，"后发展"这一概念是有争议的，我们有必要对它进行评估。"后发展"大体脱胎于后结构主义和后殖民主义对发展的批判。这种批判指出，"发展"作为一套话语和实践，深刻形塑了人们对亚非拉地区作为"欠发达"地区的认知和态度。在此背景下，"后发展"至少包含三个彼此关联的要点。第一，需要将"发展"去中心化，在对亚非拉的表征和讨论中取代"发展"的中心地位，这样便可为描述那些较少受到"发展"干扰的地区开启话语空间。第二，"后发展"通过摆脱"发展"在话语中的中心地位，表明人们的确有可能去思考"发展"的终结。换言之，它不满足于寻找发展替代方案（development alternative），而是想要确证替代发展（alternative to development）是可行的。第三，"后发展"要求改变基于专家知识与权力的发展指令，即改变"真理的政治经济学"（political economy of truth），并指出社会运动中的知识与实践可以为探索替代路径带来更多有益启示。

这些主张如今是否依然成立？我们看到，世界范围内的一些转型已经让后发展的语义变得含混不清。一方面，20世纪90年代以来，新自由主义在全世界攻城略地，中国"市场社会主义"所产生的社会与生态代价引人关注，印度开始融入世界市场，这些现象迫使我们对发展进行批判和反思。另一方面，东欧社会主义阵营解体，以及与之形成鲜明反差的南美进步政权上台，却体现出对发展空前迫切的需求。在这种情况下，质疑发展难免令人不快，尽管一些社会运动也援引后发展的概念展开批判。可以说，尽管存在上述复杂情况，当前对发展的批判和对后发展的构想仍然非常必要。尽管如此，一个重要的问题是，后发展概念是否仍像20世纪90年代初创之时那样有效，抑或需要重构？我将尝试在这一节的最后和第四节的最后做出回答。这里，我先简单回顾一下对后发展概念的一些回应。

对后发展的回应

简要而言，后发展指向一个不再将发展作为社会生活核心组织原则的时代。这并不意味着后发展的支持者将其视为一个业已来临的全新历史时期，纵然许多批评家如此理解。尽管如此，大量的深入讨论还是接连出现，一些在批评家看来具有相似视角的作者和论著被整合在一起，形成某种"后发展"的立场⑨。后发展的相关分析与倡议在20世纪90年代下半叶成为被批判和反驳的对象。批评意见主要集中在三个方面：第一，后发展的支持者过度强调了话语，忽略了发展的真问题，即贫困与资本主义；第二，后发展的支持者揭示了发展的本质，但忽视了发展在实践中其实已经存在多元争论，因为无论是发展战略还是发展制度，均存在巨大差异性；第三，后发展的支持者对地方传统和运动过度浪漫化，忽视了地方传统本身就嵌入在权力关系之中。当然，后发展的支持者对此做出回应，认为这些批评意见虽然不乏睿智之见，但其本身并非无可指摘。

后结构主义取向的后发展支持者指出，第一方面批评是对"真实"的天真辩护。批评称，由于过度强调话语和文化，后发展主义者未能窥见贫困、资本主义等社会现实。对于后结构主义者来说，这一批评不甚有效，因为它是基于（马克思主义或自由主义）对话语非物质性的假设，而未能认识到现代性和资本主义本身就是话语与实践的产物。第二方面批评的问题出在认识论层面。批评称，后发展的拥趸将发展视为同质，但发展实则是发散的、异质的、有争议的、不纯粹的、混杂的。后发展的支持者并不否认这一批评，但同时指出自己关注的是另一个目标，即后发展分析的对象是话语事实的整体，而非这个话语事实在现实场景中可能遇到的争议和混杂。既然认识论上的唯实论已经在后结构主义的挑战下变得晦暗不明，比起恪守唯实论以"求正解"，支持者更倾向于作为政治性的知识分子，构建可供讨论与行动的批判对象。第三方面批评称，后发展的支持者将地方传统和草根浪漫化了。对于后结构主义者、文化研究者来说，这一论调反映了许多学者长期固守的现实主义通病，即甫一见到任何对西方的激烈批判、对地方的辩护，就不分青红皂白地将这些辩护斥为浪漫。对此，后结构主义者还指出，对社会变迁的现实主义思维未能就物质、生计、需求等主题提出自己的见解（Escobar 2000，2007；Ziai 2007；McGregor 2009）。

随着 21 世纪第一个 10 年的展开，发展理论的整体性概括逐渐式微，取而代之的是多元的立场和跨范式的对话与融合（Simon 2007）。这可以被视作 20 世纪 90 年代激烈辩论的积极结果。许多研究者更愿意建设性地吸收各种不同的视角和范式。这一点在对很多议题的讨论中尤为明显，包括对发展的论辩、政治经济学与文化研究两派就发展与经济新近达成的共识、对发展与现代性关系的考察，以及关于发展政策与发展实践的新民族志方法（见下节）。这些趋势形成了对于发展是如何发挥作用以及发展是如何被改变的新的理解。

发展的新民族志

在发展的相关讨论中，以民族志的方法对发展项目进行研究近来备受关注。这些研究表明，民族志方法可以为解析政策的运作带来新的理解，这些新的理解又会进一步将社会政策、学术政治和贫困者的渴求有效地联结起来。民族志方法的主要倡导者这样说：

> 人类学在此间的任务是关注思维活动背后的社会关系，表明发展的传播理性从未脱离过社会情境：它们从社会关系、专业机构和专家群体出发，带着整套的信仰，来到其他的社会或制度世界，再逐一进行说明，或许通过当地合作者、官方同行、经纪人的利益过滤，又被政治重新殖民，产生复杂和非预期的结果。（Mosse 2008，120，121）

这些研究引入了一种"超民族志"（hyperethnography）的方法，这一方法令民族志学者得以洞悉整个发展网络，深入探究主要发展场域中的不同行动者、文化背景和地方群体对发展干预的实际利用。民族志的成果能够为理论家和实践者提供一种更加细致入微的解释，以揭示发展是一个永远处于改变和冲突之中的多维运作过程。鉴于发展的实际情况，批判性的民族志学者可以阐明更为成功的项目所需的条件，或提出更为有效的项目利用方式[⑩]。

超民族志方法通过深入检视发展项目中的行动者网络，为发展的去本质化做出了贡献，从而间接地促进了后发展的理论化。然而，新的方法在解决旧问题的同时，也制造了新问题。能动性的问题变得尖锐而含混：如果包括文本在内的万事万物皆具有能动性，那么我们该如何区分不同类型的能动性？联结性的激增也带来类似的疑惑：既然一切皆与一切相连，又应如何分辨事物之间形形色色的、各不相同的联结？哪些联结具有政治力量，哪些联结又意味着妥协？而且，有关差异的诸多问题还常常有待辨明：我们还不清楚那些真正涌现的事件中都发生了什么，或者那些用现有类别（包括现代科学的类别）无法解读的经验里，又发生了什么[①]？在我看来，由于这些问题未能得到有效解决，近来一些关于发展和国家的民族志可能滑向愤世嫉俗的边缘，成为博阿文图拉·德索萨·桑托斯（Boaventura de Sousa Santos 2007）笔下的"犬儒主义诠释学"（hermeneutics of cynicism），因为任何人无论怎么做，都难以挑战现实，难以产出新的思想。此外，有人认为，这类研究将对穷人渴望的承诺与发展的追求混为一谈（de Vries 2008）。毋庸置疑，发展的民族志令跨国专家群体清晰可见；该群体的专业训练、利益诉求、品位喜好、政治经济目标高度一致，因此，发展的行动者网络能够有效乃至高效运转。然而，这一点还需结合另一种需要批判的事实进行认识，即"在每一个阶段，新兴领域的专家都会聚集在一起，以便在专家知识的全球性应用中建立自己的角色"（Lohmann 2006，150）。这些来自南方国家和北方国家的跨国中产阶级技术专家，传播着规范化的理性和常识，产生了重大的文化和政治结果。

发展的新民族志亦得到来自政治经济学和后结构主义视角的回应。与发展的行动者网络相比，政治经济学和后结构主义视角更加强调权力与支配。例如，通过将批判性管理研究与后发展研究相结合，一些学者指出，将管理理念用于发展当中会产生新的政策实践，但正如民族志研究所强调的，这并不意味着这些实践的支配工具色彩会有所削弱（Dar and Cooke 2008）。另一个相关的观点是，援助话语朝"善治""伙伴""拥有"的转向，不仅"表达了根深蒂固的（西方）教化（他者的）意愿，也是在重申现代性、理性、政治中立性这些援助领域的神圣价值观"（Gould 2005，69）。换句话说，刺破任何一个管理计划的表面，你都将看到内在的权力和文化斗争，纵使它们常披着理性行动的伪装。在分析治理发展的政治时，罗哈斯（Rojas）与金多尔瑙伊（Kindornay）总结道：

> 发展的全球设计无力改善现状，这意味着它不得不一刻不停地重新包装解决方案和治理技术，以挽救主流政策与实践。50年来，尽管成功微不足道、失败不计其数、底层批判不绝于耳，主流的发展却被新的或更新的语言与实践一再重构。新的范式和短暂的风尚此起彼伏。但从根本上，发展仍承载着现代化的全球想象。（待出版，13）

辛哈（Sinha 2008）援引后殖民理论，将各类发展计划置入越来越强大的跨国体制中加以考量。他以20世纪初期以来的印度为例，将资产阶级伦理政治计划、国家权力、现代理性相勾连，勾画出发展的复杂地缘文化，这种地缘文化重新定义了底层性。他的观点呼应了贝宾顿（Bebbington 2004）的论断：发展体制，包括各类非政府组织，都在加剧贫穷与生计的地域不均等。对此最雄辩的证明之一，就是20世纪60年代，以现代发展之名推行的绿色革命对巴厘岛的古老灌溉系统与稻作农业的毁灭性打击。基于复杂适应系统（complex adaptive system）的视角，民族志研究发现，经过多个世纪的自我组织之后，巴厘岛的灌溉与稻作系统在功用性上本已十分"完美"。绿色革命对这一古老系统的破坏，使所有当地人口面临深重的社会和环境危机（Lansing 2006）。这类研究也揭示了发展的超民族志研究的局限性。

网络视角的确使能动性的讨论更加多元化，但其缺点通常表现为对现实层面观照不足。一些研究通过采取特定群体的视角并与他们合作进行研究，避免这一缺陷。这些研究视角在学院派的真理游戏中可能习以为常，但这并不意味着它们的分析不够精微；相反，它们兼具理论深度与政治立场。例如，高（Gow 2008）的研究展示了哥伦比亚西南地区原住民族群对发展的再定义，这些族群在当地创造了"反发展"模式，即发展规划以及教育与医疗卫生项目被重新安排，从而变成旗帜鲜明的文化政治行动，以建立一种原住民的现代性。这一现代性包含对文化差异的关切、对文化变迁自决权的坚守，以及对社会正义的追求。阿尔塞与龙（Arce and Long 2000）在对本地群体反发展行动的研究中，亦揭示了他们对多样化现代性的追求。反发展行动可以解构西方内在的优越力量，也可以赋予某一群体应时而变进行自我界定的权力。如此，反发展不仅为替代发展谱写了序章，也促进了后发展的前景。这并非否定世界各地的人们在遭遇发展与现代性之后对这二者产生的希冀和渴望。德弗里斯（de Vries 2007）指出，尽管这些渴望被发展项目弄得四分五裂、变得更加难以捉摸，但它们是真实存在的。包括后结构主义在内的批判性研究都忽视了这一点，但任何批判性发展研究都需要直面这一问题（de Veries 2007；Gow 2008）。

探究原住民群体如何设计他们的"生活计划"（life project）以"挺身阻挡发展"，或许有助于打破这个僵局。生活计划兼顾对现代与全球过程的回应以及源远流长的地方性文化逻辑，策略性地抓住发展所携带的可能机遇，但同时顽强地阻止发展的同一化进程，参与反对发展霸权的斗争（Blaser 2004）。在能源开发的大幕下，在北美印第安部落的领土上，就上演着这样的过程。原住民在传统和新兴技术之间切换自如，带来了对能源发展的文化政治的再认识（Powell 2010）。这些研究没有提出一个针对发展的明确立场。弄清楚地方对"发展"的理解，从来都是一项复杂的工作。梅代罗斯（Medeiros 2005）通过探究拉美框架下权力与知识的殖民性，对这一问题做出了回应。她对德国技术合作公司（GTZ）资助的位于玻利维亚高原的农村发展项目进行的民族志研究表明，当地人的发展愿望无法与当地历史背景相割裂：这片土地数百年来饱受歧视，国家独立以来的种种发展诺言都不曾兑现。尽管带着良好的意愿，但是由于缺少对历史背景的了解，发展项目常常只是再生产了旧有的权力与知识的不平等。梅代罗斯还证实了，原住民农民对发展的情景化认知，处处映射着他们对现代性和殖民性的历史经验。在当地，发展的意涵也包括掌握主要知识体系的种种工具，以帮助人们开拓属于自己的未来。地方对发展的讨论不只关涉发展本身，还关乎历史与文化，关乎国家、公民权利、差异、知识、剥削，关乎特定社群在世界现代殖民体系中的位置⑫。这些方面的动态呈现，多见于跨国发展网络和社会运动抗争相交叉的研究中，特别是在当代安第斯山脉地区，历史、文化、正义、差异等问题以及这些主题之间的复杂交汇表现得更加突出（Andolina，Laurie and Radcliffe 2009）。

那么，基于以上对学术文献的粗略回顾，我们该如何理解后发展的概念？对此问题，恐怕直到本文结尾方能从容作答。这里，可以在后发展这个概念在当下的作用这一点上稍作盘桓。我相信这一概念的核心思想仍然有效：消解发展作为社会叙事的中心地位，质疑发展的知识实践，持续批评增长、进步、现代性的观念。然而，历经过去 15 年的学术争论，这些内容也有所扩展和充实。关于发展机器如何运作，发展的民族志做了细针密缕的报告。有些研究关注新的行动者（如原住民、环保组织），揭示了这些行动者挑战发展主义真理体制的过程。针对 20 世纪 90 年代的话语批判关注总体性支配这一事实，政治经济学和后结构主义的分析也贡献了新的洞见，更加深刻地阐释了支配是如何透过资本主义和国家的特定操作而发挥作用的。

尽管如此，后发展似乎还有一个未解之题，那就是"替代发展"的概念。发展产业不仅延续至今，甚至比 20 世纪 90 年代中期有加无已。正如当今对发展最为清醒执着的批评家之一古斯塔沃·埃斯特瓦（Gustavo Esteva）在最近的分析中所言，"发展作为一项社会经济事业已然失败，但发展话语仍然玷污着社会现实。发展一词仍是强大又脆弱的语义系列的核心"（2009，1）。但是，一系列的危机、话语和具体的文化政治挑战，或许会让人们始终抱有对替代发展的想象与期待。我在本文余下部分讨论这一可能性。

三 转型话语：新浪潮

我们时代的标志之一，是反复争辩是否该用一场划时代的重大转型来化解当下的深刻危机。危机与转型的谱系在西方由来已久，或冠以"文明危机"，包括向资本主义转型或从资本主义过渡、末日危言、宗教或技术的风云骤变，乃至科幻叙事。此处我无意对这一话语谱系进行梳理[⑬]，但是我想指出，"转型话语"在当下蓬勃生发，其范围之广、程度之深、内容之丰富，令"转型研究"作为一个新生的学术政治领域初具雏形。转型研究和转型行动已积土成丘，蔚为壮观。对转型话语稍作梳理便能发现，关于转型研究的成果并不囿于学术界。实际上，对转型话语最具远见卓识的思想者都身居学术界之外，当然他们也与学术界的批评思潮保持着密切交流。世界各地的社会运动、民间团体与非政府组织、新兴科学范式以及置身于环境和文化抗争的知识分子，都成为转型话语的主要源流。在文化、生态、宗教与精神、替代科学（如生命系统和复杂性）、政治经济学、新兴的数字与生物技术等各个领域，转型话语的声量都不可忽视。本文仅对前三个领域聊作介绍。首先，让我们对转型这一概念做个概览。

梅扎德拉（Mezzadra）近期写道，"在转译的条件或规则被改写的每一个历史时刻，转型的问题都会重新浮现"（2007，4）。他所说的"转译"，指差异的甚至对立的历史文化经验彼此认识和通约的过程。在近代历史上，转译通过资本主义文化密码在全球范围内的不断强植而实现。梅扎德拉指出，这一过程已经难以为继，一种新的、异质语言（heterolingual）的转译亟待发生，基于不可通约的差异的新共识亟待建立。我要指出的是，当下的转型话语浪潮与不久前相比有一些根本差异。桑托斯（Santos 2007）特别强调了其中的两点差异。其一，转型和转译的过程无法被一般理论所解释。实际上，唯一可能的一般理论，是不存在任何一般理论，虽然左翼学界恐怕难以接受。其二，日益明确的是，转译涉及跨越文化和跨越认知的复杂的认识论过程，而它所倚赖的那种"认知正义"（cognitive justice）仍有待实现。基于这两点，第三点其实已不言而喻：转型和转译也牵涉到多元本体论。换言之，转型的全新设想，意味着从现代世界观的一元宇宙转向多元宇宙（其中并无预设的普遍性），又或者从"全球化"范式转向"星球化"范式。如果说前者强调的是在一套（欧洲中心的）普适原则下实现经济和文化的一体化与同质化，那么后者所倡导的是在共享的生态和政治理解基础上实现多重文化世界之间的沟通（Santos 2007）。扼要地说，向多元宇宙的转型，需要在本体论和认识论的维度上扩展"转译"的概念。

当代转型话语的一大特征是，它们设定了一种彻底的文化和制度转型，一种向着全新世界的转型。这一转型被称为范式转变[如"大转型倡议"（Great Transition Initiative，GTI），参见 Raskin et al. 2002]、文明模式转变（如 Shiva 2008；拉丁美洲原住民运动，见下文）、新秩序之诞生或量子翻转（Laszlo 2008），或被称为新型整体性文化的兴起，甚至是一个超越现代二元主义（如 Macy 2007；Goodwin 2007）、还原论（如 Kauffman 2008）或经济至上（如 Schafer 2008）思维的全新时代的来临。这一转型往往被认为已经迫近，或正在发生，虽然大多数转型话语也提示我们，转型的结果绝非胜券在握。我们来听一听关于转型的一些阐述：

> 全球转型的序曲已经奏响。一个星球社会将在未来几十年逐渐成形。但其归宿仍未可知……我们对环境和社会冲突的不同应对和解决方式，将使全球发展演变成迥然不同的图景。悲观地看，各地的人民、文化和自然都将陷入贫瘠和荒凉，前景黯淡，但这并非不可避免。人类有预见、选择和行动的力量。看起来或许渺茫，但是，向一个生活富裕、人类团结、生态健康的未来世界转型，仍然有希望。（Raskin et al. 2002, ix）

这个星球已经陷入困境。自然界的伤痕、生命的撕裂无处不在……我们的星球不断发出危险信号，频繁的预警似乎已经成为常态……这些信号告诉我们，我们生活的这个世界可能会走向终结，至少不再是有意识的生命体的家园。这并不是说它定会终结，而是说它有可能终结。这种可能性改变了我们的一切……种种变化如水赴壑，聚合一处，将问题指向人类文明的根基和方向。一场全球性的革命正在酝酿之中……许多人将其称为"大转折"（Great Turning）。（Macy 2007，17，140）

正如我们接受了人类肉身形式的死亡，我们或许也应该接受自身文明的终结……全球变暖即当前文明终结的先兆之一……我们可以通过停止（过度消费）、保持警醒来减缓这一进程，但要做到这些，首先必须接受当前的文明终将灭亡。（Hanh 2008，57）

以上学者对文明的定义未必一致，但大体来说，他们所指的都是过去几百年间纵横西方的那种文化模式："工业增长"模式［梅西（Macy）］、以消费为中心的生活方式［释一行（Hanh）］，以及被物质主义、市场资本主义和进步支配的意识形态［大转型倡议（GTI）］。我们会惊讶地发现，佛教大德释一行禅师（Thich Nhat Hanh）在召唤人们冥想当下文明的死亡，甚至很多最世俗的看法也在强调价值观的深刻转型。的确，我们之前关于社会转型的想象分散在不同维度的讨论之中，如本体论的、文化的、政治经济的、生态的、精神的，而最富有想象力的转型话语将不同侧面的现实联系在一起。因有着对人类苦痛和众生命运的深度关切，这些讨论汇聚到一起。我用"众生"指代在生物物理的、人类的、超自然的维度上万千的存在及它们的生成过程，它们无穷尽的存在方式即组成了多元宇宙。这个界定显然已经超越自然界本身，尽管大多数转型话语聚焦于生态议题。这又再合乎情理不过：毕竟转型话语所缘起和要回应的，是能源、食物、气候和贫困问题相交织的多重危机。

17

　　如"大转型倡议"那样，很多转型话语普遍认为，历经过去数十年现代性的加速扩张，人类已经来到一个分岔路口，即将开启星球阶段的文明进程，一个与过去任何历史阶段截然不同的全球系统正在成型。这一转型的性质，将取决于占主导地位的世界观。实现转型的关键，是能够预见正在显现的危机、展望替代性的未来、进行适当的选择。在这一点上，"大转型倡议"区别了三种世界观或思维观念，即进化的、灾难的、转型的，以及它们分别对应的未来全球图景，即因循惯例的常规世界、走向灾难的野蛮世界、大转型的实现⑭。只有最后一个图景能够长效地应对可持续性方面的挑战，然而它的实现需要价值观的彻底转变，以及社会经济和制度的新型安排。"大转型"范式以非物质的成就重新衡量进步。它构想一种非物质化的生产，强调联结性以及幸福与消费的脱钩，培养团结、伦理、共同体、意义等新的价值。它要创造一个具有可再生能源的时代。总之，大转型意味着以价值观为引导，实现全球愿景的转变，以"文明化的全球化"取代"工业资本主义"。

　　托马斯·贝里（Thomas Berry）提出的"伟大事业"（The Great Work）这一概念对转型话语影响颇深。这一概念指的是"从人类作为地球破坏性力量的阶段，过渡到人类成为地球的礼物并与地球互惠共生的阶段"（1999，11）。贝里将这个新时期命名为"生态纪"（Ecozoic）⑮。对他来说，"造成当下灾难的最深层原因，是人类的意识模式将人类与其他存在形式完全割裂，并赐予人类所有的权利"（1999，4）。这也是许多相关批评的基础共识：人类与非人类领域的极端割裂，以及自由主义理论中作为"个体"的独立自我及其与共同体的区隔，这构成了现代本体论最核心的特征。无论是宗教的还是世俗的构想，都认为在这两种裂隙之上架设桥梁，是修复社会和地球的必要步骤：不论是借助生态学中的联结性和共生概念，还是佛教中众生缘起的理念，抑或以共同繁荣为基础的自组织和复杂性框架。除了上述割裂之外，还存在另外一种割裂，即人类与精神或者理性与信仰之间的割裂，一些系统性与复杂性科学（如 Laszlo 2008；Kauffman 2008）曾对此做过解释。梅西（Macy 2007；Macy and Brown 1998）强调，地球是一个所有存在形式都彼此密切关联的有生命的系统，我们需要一场认知与精神的革命，以一种生态的、非二元论的自我取代现代意义的自我，这种新的自我将重建与所有存在的关联，恢复那种被资本主义现代性的线性时间观抹除的演化时间观。如此，我们才能学着"与未来的所有存在携手共进"（Macy 2007，191），并"复原我们碎裂的文化"（Goodwin 2007），沿着转型的道路前行。

许多转型话语强调指出，向后碳或后化石燃料经济的转型已迫在眉睫。对于这一点，范达娜·席瓦（Vandana Shiva）的分析鞭辟入里（尤见她 2005 年、2008 年的著作）。席瓦认为，从"石油到土地"（from oil to soil）的转型，即从以全球化市场为中心的机械的工业范式转向以人和地球为中心的"地球民主"（Earth democracy）范式，其关键在于再本土化的策略，在于在草根民主、地方性知识、地方经济、土壤保护和生态完整的基石之上建立分权化的、生态多样化的有机食物与能源系统。这类转型话语清晰地呈现了一种意识，这种意识体现在社区共同体对其地盘和资源所享有的权利方面，也体现在全球消费的分布不均、环境影响和资本主义所维系的剥削结构方面，还体现在为社会正义和环境正义而斗争的必要性方面。也正因此，这些转型话语不仅强调我们"迫切需要改变生活方式"以"超越石油依赖"，而且强调我们有必要"重新塑造社会、技术和经济"（Shiva 2008，1）。换言之，在对当前问题的各种分析和对解决方式的讨论中，资本主义批判、文化变迁（有时也包括精神层面）和生态学倡导等方面都是相互关联的（同时参见如 Sachs and Santarius 2007；Korten 2006；Santos 2007；Hathaway and Boff 2009；Mooney, ETC Group, and What Next Project 2006；Schafer 2008）。也有学者提出"转型生态学"（ecology of transformation）（Hathaway and Boff 2009），并将其作为对抗资本主义全球掠夺、建设可持续社区的路径。在哈撒韦和博夫（Hathaway and Boff）的愿景中，这一策略的主要元素包括生态正义、生物及文化多样性、生物区域主义（bioregionalism）、地方扎根、自立与开放、参与式民主和合作式自组织。"转型生态学"认为"解放宇宙学"与生态纪在精神上是协调一致的。

在向后化石燃料社会转型、以合理应对石油峰值与气候变化的各种具体方案中，有一个便是"转型城镇倡议"（transition town initiative，TTI，见 Hopkins 2008；Chamberlin 2009），即城镇和社区可以自行创造属于自己的转型话语、图景和实践。这一颇具说服力的方案既勾勒出一个后石油峰值时代的长远图景，也为城镇和社区实现转型奠定了基础。转型城镇倡议的核心要素同样包括食物、能源和决策过程的再本土化。此外，转型城镇倡议还建议：重振社区，使其更加本土化、更具自足性；建设低能耗（"节能"或"低耗"）的基础设施；极为重要的是，要研发器具和流程，以重建生态系统与社区的韧性，这一韧性已被几个世纪以来由专家主导的、去本土化的政治经济系统侵蚀。转型理论用韧性替代了可持续性这一传统概念。韧性的重建，需要在共同体的土壤中播撒多元化的种子，需要更多地依靠社会和生态的自组织，需要加强本土可以生产的能力，等等。然而，正如我们的分析所示，转型城镇倡议更像是一个发展替代方案而不是替代发展方案。在转型城镇倡议的愿景和后发展之间，还需要搭建重要的桥梁[⑩]。

从总体来看，这些尝试可以说是共同描绘了一种转型生态学，可以归入本节开始所说的转型研究。转型生态学设想的是文化、经济、科学与政治领域支配制度和实践的深刻转变，这个目标的确有点高。转型生态学强调再地方化和重建地方社区，这与大部分全球化的话语和力量针锋相对。它认为，"小的"不仅是有可能的，或许也是不可避免的（如 Hopkins 2008，68-77；Estill 2008）。它揭露了个体文化制度和市场文化制度的破坏性后果，让我们意识到重建身份和经济的必要性，并提示我们观照那些社会自然生活尚未被个人和市场的体制侵蚀殆尽的共同体。转型生态学拥护一种以社区共同体为坚实基础却并不一定局限于本土的多元经济（Gibson-Graham 2006）。许多转型话语对精神议题的关注，提示我们反思世俗学术界对这一重要领域的系统性排斥。此外，转型话语对自然与文化之间连续性的强调，突出了我们时代最关键的一个任务，即重建我们与彼此、与非人类世界的联结。这一点也是对多元宇宙的召唤，下一节将谈到这一点[17]。

四 拉丁美洲：迈向多元宇宙？

拉丁美洲的一些社会运动和学术讨论，勾勒了摆脱以现代化和全球化发展为特征的"文明模式"（civilizational model）的可行步骤[18]。原住民、非裔移民、女性和农民的一次次集会，控诉西方"文明模式"的危机是当今能源、气候和贫困等全球危机的唯一最重要根源。朝着文化和经济新范式的转向势在必行，且方兴未艾[19]。为改变整体社会模式而摇旗呐喊的不止部分原住民运动，也包括一些农业生态网络；后者相信，唯有建设本地化的农业生态食物生产系统，才能摆脱当下的气候与食物危机。它们的纲领与席瓦的倡议非常贴合，与全球行动网络"农民之路"（Vía Campesina）亦有部分共鸣。农民之路的核心是以小农农业为基础的食物主权。在厄瓜多尔、玻利维亚等国，近期对发展定义和自然权利（rights of nature）的讨论极为清晰地描绘了转型和后发展的意义。在这两国所处的整块拉美大陆上，正在发生新一波运动和斗争。这些运动和斗争可以被解读为两种不同但相互关联的过程，即激活关系性本体论和重新界定政治自主性。虽然这些趋势之间存在矛盾且饱受争议，但说明了后发展的重要性，也使后自由主义社会秩序的概念变得真实可触。

2008 年厄瓜多尔和玻利维亚颁布的宪法由于对发展（在厄瓜多尔宪法中，还对自然权利）进行了开创性阐释和规定，得到当之无愧的国际关注。应当强调，这两部宪法是复杂的社会、文化、政治斗争的成果，过去 10 年间这些斗争愈发激烈。两部宪法都引入了对发展的全新描述，而这一描述的核心概念是"美好生活"（living well）（即克丘亚语的 *sumak kawsay*、艾马拉语的 *suma qamaña*、西班牙语的 *buen vivir*，简称 BV）。厄瓜多尔宪法最重要的缔造者之一阿尔维托·阿科斯塔（Alberto Acosta 2009）指出，美好生活意味着与先前 60 年的发展在概念上全然决裂。"美好生活提供了一个集体构建新发展体制的机会"，而不仅仅是宪法中的一句宣言。尽管这一概念的诞生参考了一系列文献成果，包括发展和后发展的批判研究以及女性主义、生态与人类发展框架，但其最主要的贡献者仍然是原住民组织。在凯瑟琳·沃尔什（Catherine Walsh 2009，5）看来，"美好生活的内在愿景和基础条件，千百年来都是美洲大陆与非洲移民后裔的宇宙观、生命哲学和行为活动；如今，它们被重新发掘，成为玻利维亚和厄瓜多尔国家与社会重建的指南"。确如西班牙发展批判研究学者何塞·玛丽亚·托尔托萨（José María Tortosa）所总结的，美好生活生发于"全球边缘地区的社会边缘地带"（引自 Acosta 2010）。回首原住民与以欧洲为中心的现代和殖民世界体系的漫长斗争，秘鲁社会学家安尼波尔·奎加诺（Aníbal Quijano 2010）指出，美好生活是理解这些斗争历史意义的新视野。

简要而言，按照阿科斯塔的观点[20]，几个世纪以来，原住民的斗争与农民、非裔、环境主义者、学生、妇女、青年等多个群体的多元社会变革行动紧密相连，而美好生活的理念正诞生于这片共同斗争的沃土。美好生活的思想"作为集体共创一种新的生存方式的机遇"，凝结成 2008 年厄瓜多尔宪法的第 99 条（宪法共 444 条）（Acosta 2010，7）。我们不应当将"美好生活"的思想视为一次孤立的政治行动，而应将其纳入一系列开创性宪法创新的全景中看待，包括从多民族的角度再思考国家，从文化间性（interculturality）的角度再思考社会；包括对"权利"（包括自然所拥有的权利，见下文）含义的拓展和整合；还包括对发展模式的改革，使其目标与美好生活的目标完全重合。而且，所有这些革新都应该被视为多元文化、多元认识论的革新，被视为彼此间深入磋商且常常充满矛盾的政治建设过程。很显然，"美好生活"对长久以来的发展概念形成了挑战。

在原住民的本体论或"宇宙观"中，并不存在线性的发展概念，也不存在需要跨越的"欠发展"状态，更不存在信奉"稀缺性"或物质财富至上的价值体系。"美好生活"继承了这些原则，并宣告将它们所象征的不同生命哲学引入社会愿景。于是，一种使经济目标服从于生态标准、人类尊严、社会正义的发展伦理变得可能。"美好生活"的发展概念志在用新的方法联结经济、环境、社会与文化，主张社会经济与团结经济相融合；它使社会正义、代际正义成为发展的原则；它铭记文化差异与性别差异，以文化间性为指导准则；它使政治和经济有了新的关注点，如食物主权、对自然资源的控制、人类对水的权利。然而，正如阿科斯塔明确指出的，我们不应将"美好生活"视为一个纯属于安第斯地区的政治文化动议（Acosta 2010）。"美好生活"也受到西方思想中批判思潮的影响，其目标是影响全球范围内的讨论。即便如此，人们已充分认识到，原住民与非裔族群的知识长久以来已被边缘化，当下拉美思想界用"殖民性"（coloniality）指代这一情况。在这一点上，美好生活致力于颠覆殖民统治以来存续至今的现代和殖民世界体系中特有的权力、知识与殖民性（Quijano 2010）。在安第斯地区一些国家的讨论中，这被称为"认识论的去殖民化"。

许多关于美好生活的论述，也可用来阐释厄瓜多尔宪法中的另一个著名思想——自然拥有权利。美好生活与自然权利，二者的确密切相连。乌拉圭社会生态学家爱德华多·古迪纳斯（Eduardo Gudynas 2009a，2009b）认为，厄瓜多尔新宪法中明确宣告的自然权利，或帕查玛玛（*Pachamama*）[20]，代表了一种前所未有的

23

从现代性的人类中心主义到生物中心主义的转向。在古迪纳斯看来，此举与民族群体的宇宙观和生态学原则相一致。为自然赋予权利，意味着抛弃将自然作为可供剥削利用的客体这一旧有认识，转而承认自然的主体性。在新的观念中，自然的权利与人类生存的权利紧密相连。该宪法的这一部分内容，意在正面对抗现代和殖民资本主义体系的主要本体论假设——"人类与非人类相割裂"。该假设是生物物质存在被系统性毁灭的基础。该宪法的这部分内容也意味着对自我概念的拓展，即有别于自由主义，生态学意义上的自我与所有其他生命体乃至与地球整体都保有深刻的联结。古迪纳斯指出，新的自我构成了某种"元生态公民身份"（meta-ecological citizenship），这种多元的公民身份包含文化和生态两个维度，分别要求环境正义和生态正义，以履行对人类的保护和对自然的保护[22]。这样看来，厄瓜多尔宪法中的生物中心主义转向就是前文中转型话语所设想的"文明转型"的一个实例。

我想简要讨论拉丁美洲转型的最后一个方面，即关系性（relationality）的概念与实践，它与对自然权利的认可息息相关[23]。在某些哲学的、生物学的和原住民的叙事之间，存在一种有趣的交集：它们都断言生命是通过物质和能量的动态作用而生成的形态（形态变化、形态生成）[24]。这些观点认为，世界就是多元宇宙，是不断运动、不断变化的人类与非人类的相互关系之网。但有一点需要注意，通过意义赋予和权力实践的过程，多元宇宙可以使某些特定的行为和结构相对连贯与稳定。从这一意义上说，多元宇宙也是多元世界。如前所述，在现代本体论中，一些特定的建构和实践非常显眼。这些本体论所含的一系列假设包括，人类优于非人类（即自然与文化的割裂），一部分人优于另一部分人（即西方与非西方、现代与非现代的殖民区隔），自主个体与共同体相分离，客观知识、理性与科学是仅有的有效认知模式，经济独立于社会生活，市场是自我调节的实体。这些本体论信条统领下的世界和知识，形成了一个"宇宙"。这个宇宙也确实在某些社会自然形式上表现出一致性，如资本主义、国家、个体、工业化农业、宏观发展规划等[25]。

关于美好生活和自然权利的讨论，动摇的恰恰是这一系列假设。尽管我无法在此进行详尽分析，但可以看出，对现代建构的动摇意味着建立非自由主义或后自由主义社会秩序的世界[26]，其中，个体、私有财产、代议制民主等自由主义的基础概念不再重要。用人类学和哲学的术语来说，这些非自由主义的世界是地方性的（place-based），具有关系性世界观或关系性本体论的特点。关系性本体论规避了自然与文化、个体与共同体、我们与他们的区隔，而这些区隔对现代本体论而言至关重要。也就是说，在厄瓜多尔和玻利维亚发生的抗争［以及拉美其他地区发生的诸如恰帕斯州（Chiapas）和瓦哈卡州（Oaxaca）的自治抗争，哥伦比亚、秘鲁、危地马拉和另外几个国家发生的原住民抗争、非裔抗争和部分农民抗争］可以被视为本体论之争，它们有可能撼动作为自由主义秩序基石的二元论霸权（Blaser 2010；de la Cadena 2010；Escobar 2010a；Povinelli 2001）。抗争之所以发生，是因为现代性的普遍实践逻辑和单一阐释语言，决定了它必然试图驯服那些与自己不同的世界，从而抹除多元宇宙。聚焦于本体论的冲突，即不同世界之间的不平等际遇所引发的冲突，如当今涉及资源攫取剥削的诸多冲突，令多元宇宙变得清晰可见，这可以说已经形成一个专门的研究领域，该研究领域被布莱泽称为政治本体论（political ontology）（Blaser 2010）[27]。

关系性本体论的出现，挑战了现代政治学的认识论基础。就自然权利而言，将自然认同为帕查玛玛并赋予其"权利"，这超越了环境领域的政治正确，因为帕查玛玛并不能轻易被现代宪法的哲学架构所容纳，而后者认为自然是供人利用、无法活动的客体。于是，将帕查玛玛纳入宪法将打乱现代政治和认识论的空间，因为它发生在这一空间之外（de la Cadena 2010）。类似的分析也适用于美好生活。这两个概念有着相同的本体论假设，即一切存在都处于相互关系之中，而不是作为客体或个体独立存在。从这一角度来说，在当前拉丁美洲的许多文化政治动员中，关系性本体论的政治激活至关重要。这些文化政治动员是指"想象生命的不同方式"，或指另一种存在模式（Quijano 2010）。这些说法其实都指向多元宇宙。在萨帕塔（Zapatista）解放运动这一成功案例中，多元宇宙就是指"一个容纳许多世界的世界"。或许可以更为抽象地说，多元宇宙号召人们为"别样的世界和别样的知识"而斗争。这些别样世界与别样知识的建构基础，是不同的本体论认同、不同的认识论结构，以及关于存在、认知和行动的不同实践。

非自由主义和非资本主义实践的观念正在整个拉丁美洲积极形成，特别是在瓦哈卡、恰帕斯、厄瓜多尔、玻利维亚和西南部哥伦比亚的城乡群众动员中[28]。这些观念的提出绝非纸上谈兵，而是源自脚踏实地的政治分析。尤为典型的是，对自治（*autonomía*）的种种探索，就涉及非政府形式的权力，而这种非政府形式的权力起源于社区的文化、经济和政治实践（Esteva 1997，2005，2006；Patzi 2004；Mamani 2005，2006；Zibechi 2006；Gutiérrez 2008）。在一些案例中，如在恰帕斯州的萨帕塔社区或瓦哈卡州的原住民社区，社区政府的当代自治形式就根植于数世纪之久的原住民抵抗运动。在另外一些案例中，如在玻利维亚埃尔阿尔托（EI Alto）市的艾玛拉城市社区，新形式的领地权激发了对社区逻辑的创造性重建。自治组织大多采取一些关键性的实践行动，包括社区议会、轮流履责，以及横向分散的权力架构。也就是说，社区自治形式的权力不是通过自由主义代议制的方式运作，而是通过替代形式的社会组织行使。于是，自治既是文化过程，也是政治过程。它既包含自治的形式，也包含自治的政治组织和决策过程。正如萨帕塔社区的人们所津津乐道的，自治的目的并不是夺取权力来改变世界，而是要创造一个新世界。这样的自治，可以用完全民主、文化自决、自主治理等词语来描述。

这些论述引发了一个根本问题，即"可否及时地将一种规制形式稳固下来，使其外在于并抵御和超越资本主义生产和自由主义政府所强行施加的社会秩序"（Gutiérrez 2008，46）。这一设想包括三个基本要点：资本主义经济被逐步去中心化，被包括共有的、非资本主义经济形式在内的多元经济形式的扩大所取代；代议制民主被去中心化，被直接的、自治的、共享的民主形式所取代；建立认识论机制和文化多样性（或文化间性）机制，以联结不同的本体论和多样的文化世界。从后结构主义的视角来说，这将使后自由主义和后资本主义的社会组织形式成为可能。这里有必要再次明确"后"的含义。后发展表明，我们可以设想一个发展不再作为社会生活核心组织原则的时代到来，甚至可以认为这一时代正在到来。同样地，后自由主义作为一种时空建构，其社会生活不再完全被经济、个体、工具理性、私有财产等原则所支配。类似地，"后资本主义"意在将经济看作资本主义、替代资本主义和非资本主义等多种实践的复合体（Gibson-Graham 2006）。概言之，"后"意味着资本主义不再是经济的核心，自由主义不再是社会的核心，国家权力不再是社会组织的核心。这并不是说资本主义、自由主义和国家形态将不复存在，只是它们在话语和社会中的核心地位在一定程度上被取代，而那些有效可靠的替代方案和替代实践便可以得到扩展（Santos 2007）。

美好生活和自然权利的主张者坦陈，这些概念还在不断形成和形塑中，还谈不上完善完整，尤其是考虑到现有进步政府的大部分政策还在破坏实现美好生活和自然权利的现实条件。纵使它们与新自由主义经济模式的很多主要原则划清了界限，这些进步政府仍大多维持着以出口自然资源为导向的发展战略。出口物资包括农产品和油气等矿产，也有一些新的种类，如阿根廷和巴西的大豆。这些政府的主要政策革新在于财政支出的变化，格外强调通过再分配政策实现减贫。但这种新采掘主义导向的发展模式也面临巨大挑战，造成了政府与社会组织之间的紧张关系（Gudynas 2010a）。这种发展模式不仅容忍甚至可以说是必然招致环境毁灭，因此极大地阻碍了自然权利的落实（Gudynas 2010b）。当然，非常明确的是，美好生活和自然权利的概念已经成功地将敏感的发展问题再次提上议程，从而引出向后采掘主义社会转型的议题。尤其是在厄瓜多尔和玻利维亚，围绕后采掘主义和后发展的激烈论辩，将政府、非政府组织、社会运动、知识分子等各方都卷入其中。一方面，国家层面制定了具有一定的进步性但又固守经济主义和发展主义的政策；另一方面，社会运动自下而上地对政府政策提出质疑。二者之间形成了相持不下的僵局。或者说，在资本主义霸权和社会抵抗力量之间以及巩固统治和激进求变之间，形成了某种混杂（Colectivo Situaciones 2009）。这一情况在各国具体将如何发展，尚难预知，但其意义必然超出地区范围，因为全球殖民资本主义在世界范围内的资源攫取还在不断加剧，正如对电影《阿凡达》（Avatar）的批判性评论所阐明的，这是一场贪婪程度和破坏力量更胜以往的全球性再殖民。

那么，让我们再次回到本文最初的发问：后发展的概念是否仍然有助于对发展进行去中心化，并对发展实践进行重新定位？诚然，后发展已经裂变出许多迥然不同的含义。正因如此，我在本文的开篇再次试着对它做了仔细归纳。必须看到，学术研究和社会生活中的一些其他领域也与后发展相关，或者说推动了后发展[20]。与此同时，我们还可以看出那些直接受益于后发展分析的主题领域。例如，美好生活这般新空间的形成重构了人们对社会现实的认识，实现了对发展的去中心化；发展的知识生产条件的改变（即发展的"真理政治经济学"）令知识变得多元，包括社会运动者所生产的知识；对欧洲中心主义现代性核心信条的新一轮质疑（从线性进步和标准经济价值到自由主义个体和消极被动的自然），加强了非人类中心主义和非经济主义的存在方式。后发展的概念仍然有助于对现有发展进行批判和阐释（如新采掘主义），从而将讨论引向非经济主义方向，并维系人们对超越发展和替代发展的持续想象（如后采掘主义和文化生态转型）。当然，涉及全球化、自然和经济等关键性主题领域的变化，也可能是为了回应其他社会、学术和政治的进程，并非一定与发展本身有关。那么就此而言，一个更为严谨的结论是，后发展仍然可以作为分析和阐释当今许多关键问题的一个合适的概念。

美好生活是对发展的替代，而不是另一种发展途径。从这个意义上来说，它是在沿着"通往后发展的道路上"行进（Acosta 2010）。在自治的名义下，美好生活与自然权利等概念的出现及其引发的抗争，形成了一种后二元主义的理论与实践，这种实践是一种相生相在（interbeing）的实践。它们涉及关系性的存在方式与知行方式，是多元宇宙设计中的关键元素。这样，本节回顾分析的这些变化趋势也正好落在转型话语的范畴，这也令后发展的讨论更为彻底。所有的批判声音，无论是来自南方国家还是来自北方国家，都能够推动这场讨论。

结语:（我们熟悉的）全球化的终结

在《（我们熟悉的）资本主义的终结》一书中，女性主义地理学家 J. K. 吉布森–格雷厄姆（J. K. Gibson-Graham 1996）呼吁人们想象一个时刻，届时经济领域不再天然地被资本主义彻底占据。作者认为，发展与全球化研究等领域的政治经济学理论制造了一系列话语和思维习惯，进而（至少是部分地）人为制造了资本主义支配经济形式的现实。换言之，我们的理论本身赋予了资本主义强大的支配力和"穿透"力，以至于我们看不到那些实际嵌入社会生活的经济形式的差异。通过将经济从资本主义中心主义的掌控中解放出来，作者旨在从理论上阐明经济形式的多样性，并将经济形式的多样性转化为争取非资本主义主体性和建设别样世界的斗争号召力。

在我看来，所有的全球化话语都遭遇了上述类似的挑战。无论是主流还是左翼，这些全球化话语都默认一个"全球空间"的存在，默认这个"全球空间"顺理成章地被特定的社会自然生活方式完全占据，默认这种生活方式就是西方式现代性的延伸。不论效果如何，这些话语中的全球化永远等同于资本主义现代性的强化和普遍化。如果我们能够严肃看待转型话语以及美好生活和自然权利的概念，如果我们打算面对日益严重的生态危机，我们自然就能察觉到这一全球化图景的严重问题。换言之，翻看任何全球化话语，你都将发现一群不受约束、被称为"个体"的经济人（homo oeconomicus），正奋力成为资本主义的迷你克隆（如小额信贷、乡村发展的现代化）；线性的理性被默认为那些想在"竞争世界"中"功成名就"的人的唯一思维模式；大自然被视为可以不惜一切代价进行榨取的资源；甚至很多团体和社会运动为了解放的目的而在内部相互争夺现代项目。我在 1995 年的书中（见第四章）回应了加拿大女性主义社会学家多萝西·史密斯（Dorothy Smith）的研究，我认为这些话语反映的是一种统治者的世界观，一个从上方俯瞰的世界。这个世界的统治者部署了无处不在的权力装置，以组织和安排人们的感知与经验。

需要再次强调的是，这种将全球化视作普适、全然经济化、去本地化、文化多元（然而现代文化必须是其中最卓越者）的观念，这种为（富裕的）"个体"赋"权"而国家必须接受全球统一的理性以避免成为"失败国家"的全球化机制，因为公司体制的庞大权力而日渐成为可能，并因军事力量使混乱与秩序相对可控而得以维持。如此一来，全球化的阴暗背面，无他，正是全球殖民主义。然而，就是在这样的全球境况下，创造和反抗的苞芽萌发，使这种全球化带来的贫困、危害性与毁灭性越来越为人所见。

如布莱泽（Blaser 2010）所言，当下可被视作两种全球性（globality）激烈对抗的时刻，即是要作为放大版现代性的全球性，还是要作为多元宇宙的全球性？换作我的说法，是要作为一元宇宙的世界，还是要作为多元宇宙的世界[30]？我们不如绕开全球化的概念，用星球化进程来描述后一种可能性。星球化视野中的地球是一个有生命的整体，这个有生命的整体之形成源自各种生物物理的、人类的和精神的元素以及各类关系，这些元素和关系跨越生物圈、机械圈和人类圈，构成了多元宇宙。转型话语所构想的许多改变，如从再本土化策略到生态文明，都能在星球化的概念中找到希望和归宿。过去几个世纪以来二元论强加给地球的重担，需要到此为止；而对世界彼此深度关联、开放、多元等性质的认识，需要由此开始。为此，我们需要开始思考本体设计（ontological design）、别样世界与别样知识体系的设计等人类行动。本体设计的一个原则就是在设计中立足现有的多元性基础，或撒下多元设计的种子。这也是多元宇宙的设计原则。设计将不再需要为（某一部分）人类而驯化世界，正如贝里所慷慨号召的，它应去建设人类与地球以相互增益的方式而共存的多元世界（Berry 1999，11）。从更具政治性的角度来说，"按照这样的方式来捍卫人类的生存和这个星球上生命存在的条件，将可能成为我们理解世界上大多数人民的反抗斗争的新起点"（Quijano 2010，7）。

一个关于多元宇宙的新兴研究领域将远远超越批判理论的范畴。它将会甚至已经开始（如本文后两部分试图分析的）探索那些构成多元宇宙的多元世界的种种形式，而避免将它们化约为已知原则的不同表现形式。多元宇宙研究将专注于那些无法被现代社会科学的认识论框架轻易阐释的进程。正因如此，多元宇宙研究不能被看作全球化研究的对立抑或补充，它是一个完全不同的学术和政治计划。没有任何一种有关世界、人类、文明、未来乃至自然的概念，可以占据多元宇宙研究的全部空间。就算部分参考现代自然、人文和社会科学的批判传统，多元宇宙研究也将走它自己的路，并一路发现被这些科学间或瞥见或刻意掩盖的世界与知识。批判发展研究若要跟上这一步伐，需要经历比后发展更为深刻的转型。

致　谢

　　我要特别感谢位于蒙得维的亚（Montevideo）市的社会生态学中心主任爱德华多·古迪纳斯（Eduardo Gudynas），我们就后发展概念的现状在教堂山进行了持续数日的富有启发性的对话（2010年4月）。最后一部分关于拉丁美洲转型和多元宇宙的讨论，源自马里奥·布莱泽（Mario Blaser）、马里索尔·德拉卡德纳（Marisol de la Cadena）和我正在开展的一个学术研究项目，我对我们的合作深怀感激。我也感谢克里斯蒂娜·罗哈斯（Cristina Rojas）、卡洛斯·罗塞罗（Carlos Rosero）、利比亚·格鲁埃索（Libia Grueso）、查罗·米纳·罗哈斯（Charo Mina Rojas）、古斯塔沃·埃斯特瓦（Gustavo Esteva）、温迪·哈考特（Wendy Harcourt）、戴安娜·罗切洛（Dianne Rocheleau）、博阿文图拉·德索萨·桑托斯（Boaventura de Sousa Santos）、安尼波尔·奎加诺（Aníbal Quijano）、爱德华多·雷斯特雷波（Eduardo Restrepo）、霍奇特尔·莱瓦（Xochitl Leyva），以及我在教堂山的同事拉里·格罗斯伯格（Larry Grossberg）、迈克尔·奥斯特韦尔（Michal Osterweil）、约瑟夫·乔丹（Joseph Jordan）、约翰·皮克尔斯（John Pickles）、尤妮斯·萨勒（Eunice Sahle）和马克·德里斯科尔（Mark Driscoll），感谢他们就文中提及的部分问题与我展开讨论。感谢凯瑟琳·考克斯（Kathryn Cox）的研究协助。然而，我为文中提出的想法负全部责任。在过去 15 年间，还有其他许多人对我的思考产生了影响，限于篇幅，我不能一一提及。

注　释

　　① 中国农业大学自 2004 年开始招收发展研究方向的博士研究生，这是中国唯一的发展研究博士生项目。当然，其他高校（如中山大学）的博士研究生也可

能会做发展研究甚至发展人类学相关的博士论文研究。目前，中国有 40 余所高校开设发展研究领域的本科专业（农村区域发展），有些是实践和职业导向的，类似于本书所描述的发展的专业化过程，因为中国正在走现代化发展的道路（与中国农业大学叶敬忠教授的电子邮件，2010 年 8 月 8 日）。

② 在美国，关于华盛顿共识的终结和"后华盛顿共识"的形成，约瑟夫·斯蒂格利茨（Joseph Stiglitz 2006）的分析或许最广为人知。关于新自由主义在拉丁美洲和其他地区的起源，参见内奥米·克莱因（Naomi Klein 2007）的精彩论述。

③ 危机意味着金融资本垄断告终这一观点，主要是由马克思主义评论家提出的，如贝拉米·福斯特和马格多夫（Bellamy Foster and Magdoff 2008）以及帕尼奇和金丁（Panitch and Gindin 2008）。

④ 参见 2010 年 3 月 29 日世界银行研究院举办的加纳、埃塞俄比亚、坦桑尼亚、赞比亚与美国五国电话会议记录。该会议是世界银行围绕"后危机时代的全球化再思考"主题组织的一系列远程"发展辩论"中的第二场。http://wbi. world-bank. org/wbi/stories/experts-and-policymakers-trade-tips-boostexport-compe-ti-tiveness-africa.

⑤ 在此无法面面俱到地对农民研究的学术文献进行综述。《发展》（*Development*）刊物在过去 10 年间就食物与农业主题推出一系列专刊。一些新倡议将有关农业和食物的农民话语作为政治、经济和生态转型概念的核心，菲利普·麦克迈克尔（Philip McMichael 2006, 2008）对此做了十分有益的梳理。值得注意的是，从 20 世纪 70 年代初开始，以马克思主义视角分析农民和农政问题的标志性刊物《农民研究》（*Journal of Peasant Studies*）新近做出结构上的调整，以回应一些新涌现的议题。参见该刊物 2009 年第 36 卷第 1 期专刊"农村政治与发展的批判视角"以及温迪·沃尔福德（Wendy Wolford 2010）专著关于分析农村社会运动的新思路。另外参见关于农民组织和农民运动"农民之路"（Vía Campesina, www. viacampesina. org）国际网络的重要文献以及德马雷（Desmarais 2007）关于该国际网络的研究专著。

⑥ 同样，此处相关文献非常丰富，超出本文所能涵盖的范围。参见巴夫南尼、福伦和库里安（Bhavnani, Foran and Kurian 2003）以及哈考特和埃斯科瓦尔（Harcourt and Escobar 2005）对一些新方法的介绍。发展中的身体政治（Harcourt 2010，其中有精彩的总结和理论框架）是一个此前或多或少被忽视的重要主题。拉德克利夫、劳里和安多利纳（Radcliffe, Laurie and Andolina 2009）有效地分析

了发展的性别化结果，以及这些结果如何与原住民的跨国化运动相交汇，从而被赋能或失能。

⑦ 北卡罗来纳大学教堂山分校的社会运动工作组（www.unc.edu/smwg/）过去 5 年的工作主要围绕这一理念展开，参见《人类学季刊》（*Anthropological Quarterly*）2006 年第 81 卷第 1 期的专刊，该专刊是由该小组完成的。社会运动本身应被视作知识生产者，这是美国和英国一些研究团队的核心观点，包括美国得克萨斯大学奥斯汀分校（人类学）和康奈尔大学（发展社会学）（McMichael 2010），在拉丁美洲也是如此。在位于圣克里斯托瓦尔-德拉斯卡萨斯（San Cristóbal de las Casas）镇的墨西哥社会人类学高等调查研究中心（CIESAS），霍奇特尔·莱瓦（Xochitl Leyva）领衔的研究团队基于这一观点，出版了数卷著作（Leyva, Burguete and Speed 2008）。马萨诸塞州立大学阿默斯特分校的索尼娅·E. 阿尔瓦雷斯（Sonia E. Álvarez）与其同事主持的一个项目和来自美国与拉丁美洲的研究小组共同关注了知识的合作生产。位于布宜诺斯艾利斯的著名组织"共创社"（或"情境集体"）（Colectivo Situaciones）十余年来一直基于这一观点开展工作。关于这一趋势的文献介绍，可参见埃斯科瓦尔（Escobar 2008a）以及卡萨斯·科尔特斯、奥斯特韦尔和鲍威尔（Casas-Cortés, Osterweil and Powell 2006）。

⑧ 围绕"去增长"理念的社会运动由法国的塞尔日·拉图什（Serge Latouche 2009）、加泰罗尼亚（Catalunya）的霍安·马丁内斯·阿列尔（Joan Martínez Alier 2009）和霍尔迪·皮格姆（Jordi Pigem 2009）以及南欧和拉丁美洲的其他学者发起，我无法在此展开讨论。他们的倡议也不尽相同，有的基于政治动因，有的基于经济动因；有的适用于欧洲的高收入国家，有的适用于拉丁美洲的低收入国家［与霍安·马丁内斯·阿列尔和爱德华多·古迪纳斯（Eduardo Gudynas）的电子邮件，2011 年 1 月］。与本文最为相关的是，这一运动的各种倡议都批评以过度消费和增长为基础的经济模式，都赞同将发展逻辑转变为根据地球的生态条件来减少生产和消费。在 20 世纪 70 年代，达格·哈马舍尔德基金会（Dag Hammarskjöld Foundation）做了一个很有意思的尝试，即将瑞典等过度发达国家与坦桑尼亚等欠发达国家置于单一框架，作为"怎么办"（What Now）项目和"另一种发展"（another development）理念的一部分。这可被视作增长理论的前身。另外可参见该基金会的"怎么办"项目（2006-2009），是发展的批判性和替代性思维的优秀范例（http://www.dhf.uu.se/）。为了后发展而反增长者网络（The Network of Objectors to Growth for Postdevelopment）的建立也受到"怎么办"项目

的影响（www. apres-development. org）。关于拉丁美洲经济的讨论，在何塞·路易斯·科拉焦（José Luis Coraggio）和弗朗茨·欣克拉默特（Franz Hinkelamert）等人引领的社会经济与团结经济领域尤其热烈，可参见科拉焦主编的《运动中的拉丁美洲》（*América Latina en Movimiento*）2008 年第 430 卷专刊，http：//www. alai-net. org/publica/430. phtml。

⑨ 这些作者通常指《发展词典》（Sachs 1992）和《后发展读本》（Rahnema and Bawtree 1997）里的诸多作者，以及席瓦（如 Shiva 2004）、弗格森（Ferguson 1990）和里斯特（Rist 1997）。当然，也有评论家将这些作者区别看待。关于这方面的更多讨论和文献，可参见埃斯科瓦尔（Escobar 2000，2007），也可参见蔡（Ziai 2007）、西蒙（Simon 2007）和麦格雷戈（McGregor 2009）的综合分析。下文将对相关讨论做简略概括。

⑩ 参见莫斯（Mosse 2005），莫斯和刘易斯（Mosse and Lewis 2005），以及李（Li 2007）。

⑪ 我在其他文章（Escobar 2008b）里，将上述问题归纳为四种倾向，即激进能动性、激进联结性、激进情境性和激进历史性，这些倾向本身也存在问题，常见于很多社会科学文献中，强调了看待社会生活的各种视角，如行动者网络理论。

⑫ 如梅代罗斯（Medeiros 2005）所总结的，发展机构需要面对的问题并不是当地人处于现代性之外，而是现代性生产了当地人的具体方式，即权力的殖民性和殖民差异的问题。正是对现代性的历史经验，决定着当地人的愿景、疑虑和希望。

⑬ 一本正在写作的小书将就这一小节的内容做更充分的论述。书名暂定为《（我们熟悉的）全球化的终结：多元宇宙的设计》。该书也将包括本体设计的框架。

⑭ 简言之，第一种"常规世界"图景要么依赖市场力量（全球市场驱动全球发展），要么依赖政策改革（政府和国际的综合行动促进减贫和环境可持续），又或两者兼而有之。这些举措可能会在一定程度上缓和当前趋势，但它们不具备足够的政治意志以实现宣称的目标。第二种"野蛮世界"图景也有两种变体："崩溃"（制度崩溃）和"堡垒世界"（世界绝大多数人遭到排斥的全球种族隔离）。大转型倡议的相关著作论述了如何脚踏实地地推进制度和文化变革，以实现转型。大转型倡议的基础是阿根廷生态学家希尔韦托·加略平（Gilberto Gallopín）关于支点和图景推演的颇具影响力的研究，目前主要由保罗·拉斯金

（Paul Raskin）领导的泰勒斯研究所（Tellus Institute）推动。参见拉斯金等（Raskin et al. 2002）以及"大转型倡议"的项目主页：http://www.gtinitiative.org/。从社区到星球层面，各级复杂的、相互作用的社会自然系统形成了大转型倡议的愿景框架。有别于常规世界图景中明确的目的论，能够引向大转型倡议一类图景的是非线性的动态原则，它们是转型理论的一部分，包含局部改变和宏观改变等概念（见如 Goodwin 2007；Laszlo 2008）。应当指出，尽管大部分转型话语具有全球视野，但它们中很多仍将西方现代经验作为参照点和变革动力。在现代霸权结构下，这尚可理解，但批判性转型话语仍需切实地融合南方地区社会自然系统的经验和动力。

⑮ 参见格林（Greene 2003）以及赫尔曼·格林（Herman Greene）领导的教堂山生态纪研究中心的研究，http://www.ecozoicstudies.org/。

⑯ 转型方法是重要的理论和工具。它起源于英国德文（Devon）郡托特内斯（Totnes）镇（也是舒马赫学院所在地），并迅速传播。在转型手册的启发下，全世界有超过 100 个社区启动了转型行动。作为转型倡议的入门读物，手册的内容十分翔实可行。另参见相关网站，http://transitionculture.org/。

⑰ 这里，我将不再进一步讨论许多转型话语中隐含的所谓"转型政治"。这种政治常见于左翼和学院派方法（如自治派反资本主义想象、德勒兹与伽塔里派后资本主义政治、福柯派和女性主义生命政治与后人文主义分析、拉丁美洲自治、批判地理学等）当中，同时受到非欧洲中心主义、非生物中心主义的认识论与本体论的挑战。在我看来，桑托斯（Santos 2007）关于缺席与出现的社会学研究，为转型和转译的政治考量提供了一个最有用处的整体框架。

⑱ 对过去 10 年间拉丁美洲转型的详细论述，包括这里提到的部分以及完整的参考资料，参见埃斯科瓦尔（Escobar 2010a）。

⑲ 参见专门讨论"替代文明"的《运动中的拉丁美洲》2010 年 3 月第 453 期，http://alainet.org/publica/453.phtml。在达喀尔（Dakar）召开的世界社会论坛（World Social Forum）（2011 年 2 月 6~11 日）举办了题为"如何看待'文明危机'作为运动核心"的讨论会。该讨论会由罗伯托·埃斯皮诺萨（Roberto Espinoza）、珍妮特·康韦（Janet Conway）、贾伊·森（Jai Sen）和卡洛斯·托雷斯（Carlos Torres）协调，与会者来自几个大洲。

⑳ 对美好生活、自然权利和多元性国家身份概念的介绍与分析，参见阿科斯塔和马丁内斯（Acosta and Martínez 2009a，2009b，2009c）、阿科斯塔（Acosta 2010）以及古迪纳斯（Gudynas 2009a，2009b）的系列著述。

㉑ 帕查玛玛指安第斯土著人崇敬的女神，也称为大地母亲。——译者注

㉒ 古迪纳斯（Gudynas）和梅西（Macy）二人所论述的关于自我的这种概念转型，其基础是阿尔内·内斯（Arne Naess）深刻的生态学框架及其对生态自我的开创性观点。

㉓ 参见埃斯科瓦尔（Escobar，2010b）对地理学、人类学和生态学文献中关系性的全面梳理。

㉔ 在一些原住民的叙事中，形态的生成被视为事物从"模糊（无区别）"到"清晰（有区别）"的过程〔参见如布莱泽（Blaser 2010）所述巴拉圭伊希尔人（Yshiro）的情况〕。

㉕ 这里简略概括关于现代性的四种理解之间的复杂论辩：（1）现代性是起源于欧洲的普遍过程（欧美内部话语）；（2）替代现代性（同一普遍现代性的本土变体）；（3）没有单一来源或单一文化起源的多重现代性（Grossberg 2010）；（4）现代性或殖民性（即与殖民主义关于人的等级划分交织在一起的现代性）以及"替代现代性"或跨现代性的可能性。更为全面的分析见埃斯科瓦尔（Escobar 2008a）的第四章。

㉖ 参见埃斯科瓦尔（Escobar 2010a）关于玻利维亚的完整分析，尤其涉及艾玛拉（Aymara）及其他拉美知识分子对这一主题的研究。

㉗ 马里奥·布莱泽（Mario Blaser）、马里索尔·德拉卡德纳（Marisol de la Cadena）和我持续开展了一项合作研究，重点考察了新采掘主义经济体（neo-extractivist economies）涉及的本体论冲突。该项目的总体目标是对多元宇宙作为本体论政治实践空间进行理论建构。

㉘ 一些主要文献包括埃斯特瓦（Esteva 1997，2005，2006）、古铁雷斯（Gutiérrez 2008）、马马尼（Mamani 2005，2006）、西韦奇（Zibechi 2006）和帕特西（Patzi 2004）。

㉙ 在与古迪纳斯（Gudynas）关于后发展现状的讨论中（2010 年 4 月），我们发现了几个与后发展相关的主要领域或趋势。除了美好生活和生物中心主义外，还包括非物质化（dematerialization）与去增长、多元估价形式、领土性（territoriality）、乡村性（rurality）的新理解、去殖民性（decoloniality）、照护、精神、关系性本体论。显然，本文只对其中少数几个做了简述。

㉚ 或许有人会指出，"多元宇宙的世界"是一个矛盾的修辞。我的意图是提醒人们注意两种立场之间的矛盾和对立：一种是计算机科学家布赖恩·坎特韦尔·史密斯（Brian Cantwell Smith 1996）等所代表的一元认识论或形而上学一元

论，另一种是生态人类学家阿尔夫·霍恩堡（Alf Hornborg 1996）等所代表的不同世界共存且至少部分不可通约的立场。

参考文献

Acosta, Alberto. 2009. El Buen Vivir, Una Oportunidad por Construir. Ecuador Debate 75: 33-48.

_____. 2010. El Buen Vivir en el Camino del Post-Desarrollo. Una Lectura desde la Constitución de Montecristi. Quito: Fundación Friedrich Eber, FES-ILDIS.

Acosta, Alberto, and Esperanza Martínez, eds. 2009a. El Buen Vivir. Una Via para el Desarrollo. Quito: Abya-Yala.

_____, eds. 2009b. Plurinacionalidad. Democracia en la Diversidad. Quito: Abya-Yala.

_____, eds. 2009c. Derechos de la Naturaleza. El Futuro Es Ahora. Quito: Abya-Yala.

Andolina, Robert, Nina Laurie, and Sarah Radcliffe, eds. 2009. Indigenous Development in the Andes. Durham: Duke University Press.

Arce, Alberto, and Norman Long, eds. 2000. Anthropology, Development, and Modernities. London: Routledge.

Asher, Kiran. 2009. Black and Green: Afro-Colombians, Development, and Nature in the Pacific Lowlands. Durham: Duke University Press.

Bebbington, Anthony. 2004. NGOs and Uneven Development: Geographies of Development Intervention. Progress in Human Geography 28 (6): 725-745.

Bellamy Foster, John, and Fred Magdoff. 2008. Financial Implosion and Stagnation: Back to the Real Economy. Monthly Review 60 (7): 1-29.

Berry, Thomas. 1999. The Great Work: Our Way into the Future. New York: Bell Tower.

Bhavnani, Kum-Kum, John Foran, and Priya Kurian, eds. 2003. Feminist Futures. Re-imagining Women, Culture, and Development. London: Zed Books.

Bidaseca, Karina. 2010. Perturbando el Texto Colonial: Los Estudios (Pos)coloniales en América Latina. Buenos Aires: Editorial SB.

Biersack, Aletta, and James Greenberg, eds. 2006. Re-imagining Political Ecology. Durham: Duke University Press.

Blaser, Mario. 2004. Life Projects. Indigenous People's Agency and Development. In In the Way of Development. Indigenous Peoples, Life Projects, and Globalization, edited by Mario Blaser, Harvey Feit, and Glenn McRae, 28-42. London: Zed Books.

_____. 2010. Stoytelling Globalization: From the Chaco and Beyond. Durham: Duke University Press.

Blaser, Mario, Harvey Feit, and Glenn McRae, eds. 2004. In the Way of Development. Indigenous Peoples, Life Projects, and Globalization. London: Zed Books.

Casas-Cortés, Maribel, Michal Osterweil, and Dana Powell. 2006. Blurring Boundaries: Recognizing Knowledge-Practices in the Study of Social Movements. Anthropological Quarterly 81 (1): 17-58.

Castells, Manuel. 1996. The Rise of the Network Society. Oxford: Blackwell.

Chamberlin, Shaun. 2009. The Transition Timeline: For a Local, Resilient Future. Totnes, UK: Green.

Colectivo Situaciones, ed. 2009. Conversaciones en el Impasse. Buenos Aires: Tinta Limón.

Dar, Sadhvi, and Bill Cooke, eds. 2008. The New Development Management. London: Zed Books.

De la Cadena, Marisol. 2010. Indigenous Cosmopolitics in the Andes: Conceptual Reflections Beyond Politics. Cultural Anthropology 25 (2): 334–370.

De la Cadena, Marisol, and Orin Starn, eds. 2007. Indigenous Experience Today. Oxford: Berg.

Desmarais, Annette. 2007. La Vía Campesina: Globalization and the Power of Peasants. Halifax: Fernhood Publishing.

De Vries, Pieter. 2007. Don't Compromise Your Desire for Development: A Lacanian/Deleuzian Rethinking of the Anti-Politics Machine. Third World Quarterly 28 (1): 25–43.

_____. 2008. The Managerialization of Development, the Banalization of Its Promises, and the Disavowal of "Critique" as a Modernist Illusion. In The New Development Management, edited by Sadhvi Dar and Bill Cooke, 150–176. London: Zed Books.

Escobar, Arturo. 1992. Imagining a Postdevelopment Era? Critical Thought, Development, and Social Movements. Social Text 31/32: 20–56.

_____. 2000. Beyond the Search for a Paradigm? Post-Development and Beyond. Development 43 (4): 11–14.

_____. 2005. Economics and the Space of Modernity: Tales of Market, Production and Labor. Cultural Studies 19 (2): 139–175.

_____. 2007. Post-Development as Concept and Social Practice. In Exploring Post-Development, edited by Aram Ziai, 18–32. London: Zed Books.

_____. 2008a. Territories of Difference: Place ~ Movements ~ Life ~ Redes. Durham: Duke University Press.

_____. 2008b. Development, Trans/Modernities, and the Politics of Theory. Focaal 52: 127–135.

_____. 2010a. Latin America at a Crossroads: Alternative Modernizations, Postliberalism, or Postdevelopment? Cultural Studies 24 (1): 1–65.

_____. 2010b. Postconstructivist Political Ecologies. In International Handbook of Environmental Sociology, 2nd ed., edited by Michael Redclift and Graham Woodgate, 91–105. Cheltenham, UK: Elgar.

Esteva, Gustavo. 1997. The Meaning and Scope of the Struggle for Autonomy. Presented at the LASA Congress, Guadalajara, Mexico, April 17–19.

_____. 2005. Celebration of Zapatismo. Humboldt Journal of Social Relations 29 (1): 127–167.

_____. 2006. The "Other Campaign" and the Left: Reclaiming an Alternative. Unpublished manuscript, Universidad de la Tierra, Oaxaca.

_____. 2009. What is Development? Unpublished manuscript, Universidad de la Tierra, Oaxaca.

Estill, Lyle. 2008. Small is Possible: Life in a Local Economy. Gabriola Island, BC: New

Society Publishers.

Ferguson, James. 1990. The Anti-Politics Machine. Cambridge: Cambridge University Press.

French, Jan. 2009. Legalizing Identities: Becoming Black or Indian in Brazil's Northeast. Durham: Duke University Press.

Gibson-Graham, J. K. 1996. The End of Capitalism (As We Knew It). Oxford: Blackwell.

————. 2006. A Postcapitalist Politics. Minneapolis: University of Minnesota Press.

Goodwin, Brian. 2007. Nature's Due: Healing Our Fragmented Culture. Edinburgh: Floris Books.

Gould, Jeremy. 2005. Timing, Scale and Style: Capacity as Governmentality in Tanzania. In The Aid Effect: Giving and Governing in International Development, edited by David Mosse and David Lewis, 61–84. London: Pluto Press.

Gow, David. 2008. Countering Development: Indigenous Modernity and the Moral Imagination. Durham: Duke University Press.

Greene, Herman. 2003. Process Thought for What? The Ecozoic Era, the Great Work, and the Importance of Process Thought. Unpublished manuscript, Center for Ecozoic Studies, Chapel Hill.

Greenough, Paul, and Anna Lowenhaupt Tsing, eds. 2003. Nature in the Global South: Environmental Projects in South and Southeast Asia. Durham: Duke University Press.

Grossberg, Lawrence. 2010. Cultural Studies in the Future Tense. Durham: Duke University Press.

Gudynas, Eduardo. 2009a. El Mandato Ecológico: Derechos de la Naturalezay Políticas Ambientales en la Nueva Constitución. Quito: Abya-Yala.

————. 2009b. La Ecología Política del Giro Biocéntrico en la Nueva Constitución de Ecuador. Revista Estudios Sociales 32: 34–47.

————. 2010a. Las Nuevas Intersecciones Entre Pobreza y Desarrollo: Tensiones y Contradicciones de la Sociedad Civil y los Gobiernos Progresistas. Surmanía (Universidad Nacional de Colombia, Bogotá) 4: 92–111.

————. 2010b. Si Eres Tan Progresista, Por Qué Destruyes la Naturaleza? Neoextractivismo, Izquierda y Alternativas. Ecuador Debate (Quito) 79: 61–81.

Gutiérrez A., Raquel. 2008. Los Ritmos del Pachakuti. Movilización y Levantamiento Indígena-Popular en Bolivia. Buenos Aires: Tinta Limón.

Hanh, Thich Nhat. 2008. The World We Have: A Buddhist Approach to Peace and Ecology. Berkeley: Parallax Press.

Harcourt, Wendy, ed. 1999. Women@ Internet: Creating New Cultures in Cyberspace. London: Zed Books.

————. 2010. Body Politics in Development. London: Zed Books.

Harcourt, Wendy, and Arturo Escobar, eds. 2005. Women and the Politics of Place. Bloomfield, CT: Kumarian Press.

Hathaway, Mark, and Leonardo Boff. 2009. The Tao of Liberation: Exploring the Ecology of Transformation. Maryknoll, NY: Orbis Books.

Hernández, Rosalva Aída. 2009. Indigeneity as a Field of Power: Possibilities and Limits of Indigenous Identities in Political Struggles. Presented at the conference on

Contested Modernities: Indigenous and Afrodescendant Experiences in Latin America, Lozano Long Institute of Latin American Studies, University of Texas, Austin, February 26-28.

_____, ed. 2008. Etnografías e Historias de Resistencia: Mujeres Indígenas, Procesos Organizativos y Nuevas Identidades Polfticas. Mexico, DF: Publicaciones de la Casa Chata.

Hopkins, Rob. 2008. The Transition Handbook: From Oil Dependency to Local Resilience. White River Junction, VT: Chelsea Green Publishing.

Hornborg, Alf. 1996. Ecology as Semiotics: Outlines for a Contextualist Paradigm of Human Ecology. *In* Nature and Society, edited by Philippe Descola anad Gísli Pálsson, 45-62. London: Routledge.

Kauffman, Stuart. 2008. Reinventing the Sacred. New York: Basic Books.

Klein, Naomi. 2007. The Shock Doctrine: The Rise of Disaster Capitalism. New York: Metropolitan Books.

Korten, David. 2006. The Great Turning: From Empire to Earth Community. Bloomfield, CT: Kumarian Press.

Lansing, Stephen. 2006. Perfect Order. Recognizing Complexity in Bali. Princeton: Princeton University Press.

Laszlo, Ervin. 2008. Quantum Shift in the Global Brain. How the New Scientific Reality Can Change Us and Our World. Rochester, VT: Inner Traditions.

Latouche, Serge. 2009. Farewell to Growth. Cambridge: Polity Press.

Leyva, Xochitl, Araceli Burguete, and Shannon Speed, eds. 2008. Gobernar (en) la Diversidad: Experiencias Indígenas desde América Latina: Hacia la Investigación de Co-Labor. México, DF: CIESAS.

Li, Tania Murray. 2007. The Will to Improve. Durham: Duke University Press.

Lohmann, Larry. 2006. Activism, Expertise, Commons. Development Dialogue 47: 149-181.

Long, Norman, Ye Jingzhong, and Wang Yihuan, eds. 2010. Rural Transformation and Development. China in Context. Cheltenham, UK: Elgar.

Lugones, María. 2010. The Coloniality of Gender. *In* Globalization and the Decolonial Option, edited by Walter Mignolo and Arturo Escobar, 369-390. London: Routledge.

Macy, Joanna. 2007. World as Lover, World as Self: Courage for Global Justice and Ecological Renewal. Berkeley: Parallax Press.

Macy, Joanna, and Molly Brown. 1998. Coming Back to Life. Practices to Reconnect Our Lives, Our World. Gabriola Island, BC: New Society Publishers.

Mamani, Pablo. 2005. Geopolíticas Indígenas. El Alto: CADES.

_____. 2006. Territorio y Estructuras de Acción Colectiva: Microgobiernos Barriales. Ephemera 6 (3): 276-286.

Mander, Jerry, and Victoria Tauli-Corpuz, eds. 2006. Paradigm Wars: Indigenous People's Resistance to Globalization. San Francisco: Sierra Club.

Martínez Alier, Joan. 2009. Socially Sustainable Economic De-Growth. Development and Change 40 (6): 1099-1119.

McGregor, Andrew. 2009. New Possibilities? Shifts in Post-Development Theory and Practice. Geography Compass 3: 1-15.

McMichael, Philip. 2006. Peasant Prospects in the Neo-Liberal Age. New Political Economy 11 (3): 407-418.

———. 2008. Peasants Make Their Own History, But Not Just as They Please…Journal of Agrarian Change 8 (2-3): 205-228.

———, ed. 2010. Contesting Development: Critical Struggles for Social Change. London: Routledge.

Medeiros, Carmen. 2005. The Right "To Know How to Understand": Coloniality and Contesting Visions of Development and Citizenship in the Times of Neo-Liberal Civility. PhD diss. , Department of Anthropology, City University of New York Graduate Center.

Mezzadra, Sandro. 2007. Living in Transition: Toward a Heterolingual Theory of the Multitude. EIPCP multilingual webjournal, http: //eipcp. net/transversal/1107/mezzadra/en.

Mignolo, Walter. 2000. Local Histories/Global Designs. Princeton: Princeton University Press.

Mooney, Pat, ETC Group, and What Next Project. 2006. The What Next Report 2005-2035. Trendlines and Alternatives. Stockholm: Dag Hammarskjöld Foundation.

Mosse, David. 2005. Cultivating Development: An Ethnography of Aid Policy and Practice. London: Pluto Press.

———. 2008. International Policy, Development Expertise, and Anthropology. Focaal 52: 119-126.

Mosse, David, and David Lewis, eds. 2005. The Aid Effect: Giving and Governing in International Development. London: Pluto Press.

Nonini, Donald. 2008. Is China Becoming Neoliberal? Critique of Anthropology 28 (2): 145-176.

Oslender, Ulrich. 2008. Comunidades Negras y Espacio en el Pacífico Colombiano. Bogotá: ICANH.

Osterweil, Michal. 2005. Place-Based Globalism: Locating Women in the Alternative Globalization Movement. In Women and the Politics of Place, edited by Wendy Harcourt and Arturo Escobar, 174-189. Bloomfield, CT: Kumarian Press.

Panitch, Leo, and Sam Gindin. 2008. The Current Crisis: A Socialist Perspective. The Bullet. E-Bulletin 142, September 30, http: //www. socialistproject. ca/bullet/bullet 142. html.

Patzi, Félix. 2004. Sistema Comunal: Una Propuesta Alternativa al Sistema Liberal. La Paz: CEA.

Pigem, Jordi. 2009. La Buena Crisis. Barcelona: Paidos.

Povinelli, Elizabeth. 2001. Radical Worlds: The Anthropoloy of Incommensurabiliy and Inconceivability. Annual Review of Anthropoloy 30: 319-334.

Powell, Dana. 2010. Landscapes of Power. An Ethnography of Energy Development on the Navajo Nation. PhD diss. , Department of Anthropology, University of North Carolina, Chapel Hill.

Quijano, Aníbal. 2010. Buen Vivir: Entre el "Desarrollo" y la Des/Colonialidad del Poder. Unpublished manuscript.

Radcliffe, Sarah, Nina Laurie, and Robert Andolina. 2009. Gender, Transnationalism, and Cultures of Development. In Indigenous Development in the Andes, edited by Robert Andolina, Nina Laurie, and Sarah Radcliffe, 194-222. Durham: Duke University Press.

Rahnema, Majid, and Victoria Bawtree, eds. 1997. The Post-Development Reader. London: Zed Books.

Raskin, Paul, et al. 2002. Great Transitions. The Promise and the Lure of Times Ahead. Stockholm Environment Institute.

Rist, Gilbert. 1997. The History of Development. From Western Origins to Global Faith. London: Zed Books.

Rojas, Cristina, and Shannon Kindornay. Forthcoming. The Civilizing Missions and the Governing of Populations. In Politics of Development Encyclopedia, edited by H. Weber. London: Routledge.

Sachs, Wolfgang, ed. 1992. The Development Dictionary: A Guide to Knowledge as Power. London: Zed Books.

Sachs, Wolfgang, and Tilman Santarius, eds. 2007. Fair Futures. Resource Conflicts, Security, and Global Justice. London: Zed Books.

Sahle, Eunice. 2010. World Orders, Development and Transformation. London: Palgrave Macmillan.

Santos, Boaventura de Sousa. 2007. The Rise of the Global Left. The World Social Forum and Beyond. London: Zed Books.

Schafer, Paul. 2008. Revolution or Renaissance. Making the Transition from an Economic Age to a Cultural Age. Ottawa: University of Ottawa Press.

Shiva, Vandana. 2004. Monocultures of the Mind. London: Zed Books.

_____. 2005. Earth Democracy. Cambridge: South End Press.

_____. 2008. Soil, Not Oil. Environmental Justice in an Age of Climate Crisis. Cambridge: South End Press.

Simon, David. 2007. Beyond Antidevelopment: Discourses, Convergences, Practices. Singapore Journal of Tropical Geography 28: 205−218.

Sinha, Subir. 2008. Lineages of the Developmentalist State: Transnationality and Village India, 1900−1965. Comparative Studies in Society and History 50 (1): 57−90.

Smith, Brian Cantwell. 1996. On the Origin of Objects. Cambridge: MIT Press.

Stiglitz, J. 2006. Making Globalization Work. New York: W. W. Norton.

Suárez Navaz, Liliana, and Rosalva Aida Hernández, eds. 2008. Descolonizando el Feminismo. Teoría y Practices Desde los Márgenes. Madrid: Ediciones Cátedra.

Walsh, Catherine. 2009. Interculturalidad, Estado, Sociedad. Quito: Abya-Yala.

Wolford, Wendy. 2010. This Land is Ours Now: Social Mobilization and the Meaning of Land in Brazil. Durham: Duke University Press.

Yang, Mayfair. 1999. Putting Global Capitalism in Its Place. Current Anthropology 41 (4): 477−509.

Ziai, Aram. 2007. The Ambivalence of Post-Development: Between Reactionary Populism and Radical Democracy. In Exploring Postdevelopment: Theory and Practice, Problems and Perspectives, edited by Aram Ziai, 111−128. London: Zed Books.

Zibechi, Raúl. 2006. Dispersar el Poder. Los Movimientos como Poderes Antiestatales. Buenos Aires: Tinta Limón.

中译者序

叶敬忠

　　人们在憧憬未来时，常常高呼"主动选择，把握人生"的豪言壮语；在回首往事时，却又每每发出"人在江湖，身不由己"的感慨叹息，因为很多时候个人其实没有多少选择的余地。我原本学习自然科学，几经辗转，入了社会科学之门。在40余年的人生路途中，我的生活世界似乎一直没有离开"发展"二字。小学时的每篇作文都以"为实现四个现代化而奋斗终生"结尾；在"学好数理化，走遍全天下"的科学至上主义指导下，大学进入自然科学领域学习土壤化学，为的也是以实际行动投入国家的现代化建设；硕士阶段学习的是发展经济学的孪生兄弟——发展规划，即如何制定与实施发展政策和发展项目，随后便投身于在中国实施的大量国际发展合作援助项目。有着这样成长经历的一代人，也许怎么也不会对现代化发展道路产生疑虑。即便是博士期间学习的发展社会学，也没有脱离发展干预这个主题，只是在以往关于发展的线性思维中加入了冲突的视角，认识到不同的社会行动者在发展干预过程中的不连续性。其间虽然知道著名学者阿图罗·埃斯科瓦尔（Arturo Escobar）的《遭遇发展》，但由于语言和

本序涉及本书内容和思想的介绍文字很多出自本书，但因摘自书中的很多不同部分，因此没有一一标注页码。

1

理解能力所限，未能太多关注。直到 2007 年与他相遇，并正式投入该书的中文翻译工作，才发现所译内容竟是对自己以往所形成的发展思维和发展工作经历的彻底颠覆；震撼之余，我深为作者的思辨深度所折服。作者令我为译著作序，我自知力所不逮：作者深谙人类学、哲学和政治学，即便是受过系统社会科学教育的科班译者，也得费上一番功夫，遑论一个教育经历杂乱无章的人。然而，既然自称是用心移译，或许可以摘录些许学习笔记和心得，待与读者求异存同。

另外，就在该书中文版即将付梓之时，国际发展界的一件大事发生，即以 GDP 总量为标准，中国在 2011 年 2 月正式超越日本，成为仅次于美国的世界第二经济大国。在国人欢欣鼓舞，大庆增长盛世之时，推介《遭遇发展》，似乎有点不应时、不应景。但是，也许，此时正是出版该书中文版的最佳时刻，因为很多国家的发展历史告诉我们，与经济繁荣相伴相随的往往是日益扩大的社会矛盾和危机。因此，越是在享受饕餮盛宴之时，越应该保持冷静与清醒的头脑，正所谓"居安思危，思则有备，有备无患"。

发展的诞生与普适化

在今天这个世界上，任何一个国家的政府也许都不会不说自己是在发展的道路上奔跑，虽然有的慢些，有的快些，但它们对旅途选择和前进方向均认识一致，也算得上志同道合了。这种发展的特点是：以经济增长为主要目标，以现代化为主要理论基础，以工业化为主要途径，以英美为效仿和赶超的对象。新中国成立以来，我们的选择并无二致。特别是改革开放以来，中国社会的物质生产积累迅猛，经济建设成就斐然，发展速度举世瞩目。虽然对国家发展政策和发展计划也有各种讨论，但是我们发现，无论是农业支持工业，还是工业反哺农业，无论是城市化道路，还是新农村建设，无论是又快又好，还是又好又快，这些讨论的话语场域均为发展，不同的只是不同的社会行动者会倡导另一种发展罢了[1]。人们对现代化发展的选择坚信不疑。

　　然而，埃斯科瓦尔通过对二战后的世界发展战略进行知识考古学分析发现，"发展"并不是解决全球问题的常识性手段，发展是被发明出来的，它是一项历史和文化特异的计划。在二战结束后初期，亚洲、非洲和拉丁美洲大规模的贫困现象才开始被西方"发现"。按照西方的标准，这些地区成为"欠发达"的第三世界。欠发达和第三世界的概念在1945年之前根本不存在，它们是二战后衍生出来的话语产物，而发明这些概念的西方国家将此视为重新界定自身以及世界其他地区的工作原则，其目的是将穷人和第三世界变成其知识和管理的对象。全球贫困的问题化带来了制定符合西方发达国家理念与标准的新战略的需要。特别是1949年马歇尔计划在欧洲经济重建中取得巨大成功之后，西方国家越来越多地将注意力转向如何帮助欠发达地区解决贫困之类的远程问题上。新战略认为消除贫困的方法就是经济增长，因此发展成了不言自明的通用真理，现代化是唯一能够摧毁陈旧价值和制度的力量，工业化和城市化被看作通往现代化的必经之路。人们对资本和科学技术顶礼膜拜，而欠发达地区的贫困人口被看成是愚昧无知的。北美和欧洲的工业化国家不容置疑地成为亚非拉地区仿效的榜样。此时，发展战略成为将世界标准化的工具。1949年美国总统杜鲁门所提出的美国全球战略的"第四点计划"就是这种新战略的具体体现。这种二战后基于西方发达国家特殊利益的特定历史产物，被当成世界人民分享和平和富足的梦想，世界各国也都争相拥抱这一梦想。但其后40多年的发展结果是，发明这些新战略的理论家和政客许诺的富足之国并未出现，相反，发展战略带来的是大规模的欠发达和贫穷，是难以言说的社会不平等，是日益增多的营养不良和暴力事件。这些是霸权式发展战略和现代

---

[1]　叶敬忠：《发展、另一种发展与发展之外》，《中国农业大学学报》（社会科学版）2010年第1期。

性思潮失败的标志，第三世界的人民群众对它也越来越抵触[1]。

作为发展战略的一部分，西方国家通过发展专业化的过程，在第三世界引入专家知识和西方科学，通过一套技术、策略和学科实践来生产、确认和传播发展知识，包括学科专业、研究和教学方法、专业标准以及多种专业实践。发展的专业化是通过发展科学和分支学科的繁衍扩散实现的。在发展专业化的影响下，发达国家大部分知名大学开设了发展研究的课程项目，第三世界国家也以此为条件创办或调整了大学结构，以适应发展的需要[2]。在中国，农村区域发展以专业的形式于 1988 年被正式引入高等教育体系中，这是发展的专业化过程在中国的具体体现。

发展的"社会转型说"、"干预行动说"和"西方话语说"

在那些设有发展专业的大学里，面对如饥似渴的求知者，我们经常需要面对这样一个问题，即回答"什么是发展"。根据安迪·萨姆纳和迈克尔·特赖布（Andy Sumner and Michael Tribe 2008)[3]的总结，"发展"有三种定义。

定义一，发展是指长期的结构调整和社会转型过程，可简称为发展的"社会转型说"。这一定义看似价值中立，其实质离不开冷战期间的一种"元叙事"和社会转型的宏大蓝图，即对现代化的渴望和"欠发达"地区的解放。对于新独立的国家来说，尤其是指它们选择的通向工业化社会的路径。截至 20 世纪 80 年代末 90 年代初的实践证明，这种元叙事的结果不尽如人意。很多倡导现代化的政治学家、经济学家和政治家使用这一定义。

定义二，发展是指为了实现短期或中期目标的活动，可简称为发展的"干预行动说"。这一定义显然较窄，带有鲜明的技术统

---

[1] 摘自本书。

[2] 摘自本书。

[3] Andy Sumner, and Michael Tribe. *International Development Studies: Theories and Methods in Research and Practice*. London: SAGE. 2008. pp. 11–16.

治论思维和强烈的工具性。例如，为了实现联合国千年发展目标（MDG）的反贫困行动均属于这种发展。这样的发展，其目标往往偏离广大民众的期望，而变成政府官员和技术官僚的需要，真正的目标人口常常不能从中受益。尤其是，这种脱离历史背景的技术专家统治的发展，回避了财富积累和分配的社会过程，从而达到了詹姆斯·弗格森（James Ferguson）所称的"去政治化"（de-politicization）的效果[1]。国际多边和双边发展组织、非政府组织、发展项目职业工作者（基层实践人员、技术专家等）和为了发展项目的行动研究者多使用这一定义。

定义三，发展是指西方现代性的统治性话语，可简称为发展的"西方话语说"。这一定义与前两种具有根本性的不同，它是指将西方中心主义的发展观强加给第三世界或欠发达地区，因而导致了第三世界和欠发达地区发展状况的进一步恶化。很多后现代的理论家和反全球化的行动者坚持这一定义，包括埃斯科瓦尔、沃尔夫冈·萨克斯（Wolfgang Sachs）、马吉德·拉纳玛（Majid Rahnema）和范达娜·席瓦（Vandana Shiva）等，而埃斯科瓦尔对这一定义做出最为重要的贡献，本书就是对这一定义最为全面和彻底的诠释。

对"西方话语说"的理解[2]

二战后，发展的本质一直是有关亚非拉地区的讨论主题，寻求一种可以解决这些地区经济和社会问题的发展是理论家和政客的重要议程。整个社会对此深信不疑，即使是反对主流的资本主义发展方式的人也承认需要发展。人们可以批评某个既有的发展模式，对它做出修正或完善，但发展本身以及人们对发展的需要，从未被质疑过。各国政府都在规划和实施雄心勃勃的发展计划，

---

[1] James Ferguson. *The Anti-Politics Machine: "Development", Depoliticization, and Bureaucratic Power in Lesotho*. Cambridge: Cambridge University Press. 1990. pp. 254-256.

[2] 本部分所有内容均出自本书。

各类机构在世界范围内的城市和农村实施各种发展项目，各类专家都在研究欠发达现象并创造理论。对此，埃斯科瓦尔心存疑惑。

当代法国最光彩夺目的思想家、哲学家和思想系统的历史学家米歇尔·福柯（Michel Foucault）在 20 世纪 60 年代后期提出的话语分析方法，使人们可以对这类"现实殖民"进行分析。面对人们从未怀疑的、司空见惯的现实，话语分析可以使研究者"后退几步，绕过现实，去分析它置身其中的理论和实践的背景"[1]，这样就可以"超以象外，得其环中"[2]。话语分析工具恰好是为了对这样的一个事实给出解释，即某些表征如何占据了支配地位，如何永无休止地形塑着现实被构想和被作用的方式。对社会现实表征中话语和权力的分析尤其有助于揭示某些机制，通过这些机制，某种话语秩序能够生成一些被允许的存在与思维方式，同时压制甚至抹杀其他方式。爱德华·萨义德（Edward Said）、默丁比（V. Y. Mudimbe）和钱德拉·莫汉蒂（Chandra Mohanty）分别将福柯的这些思想与分析方法运用于东方主义、非洲主义和女权主义的研究，取得了大量著名的学术成果。这些成果表明，我们的社会现实已经被话语殖民，我们对周围被建构的存在不再怀疑，我们生活在被殖民的社会现实的桎梏与束缚之中。

而埃斯科瓦尔将福柯的话语分析方法运用到发展研究领域，对控制和统治社会的发展体制进行了最为彻底的剖析和批判。埃斯科瓦尔指出，应该将发展看作一种话语、一种历史的产物。当西方的专家和政客开始把亚非拉地区的某些情况看作问题，将其中大部分问题视为贫穷和落后，并将亚非拉地区按照西方的概念和标准表征为第三世界和欠发达时，一个新的思维和行动领域，即发展，就此诞生了。因此，应将发展作为一个独特的历史现象和一个被创造出来的思想和行动领域来考察，对发展的分析就是对其表征体制的分析。只有通过分析描述发展的知识形式、控制

---

[1] 〔法〕米歇尔·福柯：《性经验史》，佘碧平译，上海人民出版社，2005，第 107 页。

[2] 参见（唐）司空图在《二十四诗品》中论"雄浑"的话。

发展实践的制度和权力体系以及由发展话语创造出来的主体性形式，才能厘清发展的含义。也就是说，发展首先是作为一种话语开始运行的，它创造了一个空间，在这个空间里只有特定的事物可以被言说，甚至是被想象。

埃斯科瓦尔对二战后主导结构调整和社会转型路径的经济学，特别是发展经济学，进行了文化批判和话语分析。他指出，发展经济学的出现不是由于认识、理论、制度或者方法论上的进步，而是由于某一个历史局面改变了经济话语的存在方式，从而为新目标、新概念和新方法论的建立创造了可能性。我们应该清楚地认识到，发展经济学远不是实践者所预想的客观而普适的科学，它就像任何一个全球的或本土的模型一样，只是对世界的一种建构，而并不是关于这个世界的无可争议的客观真理。发展经济学的话语始终处于不断制造现实的动态变化和转型过程中，但万变不离其宗，其本质永远是为了西方发展话语的整体需要，是为了维持西方发展体制的霸权主义支配体系。例如，二战后初期，配合着将"欠发达"的第三世界贫困问题化的需要，"将贫穷国家的人民从水深火热的贫困之中拯救出来"这样的"贫困与经济发展的经济学""欠发达的经济学"吸引了很多人的关注，成为发展经济学的主题；而到了新自由主义兴起的 20 世纪 80 年代，"亲善市场的发展"盛行，之后更是变成世界银行在 1991 年《世界发展报告》中大力拥护的改革战略。而在发展经济学向新自由主义正统回归的过程中，理论家们宣扬，不要为人民的生活标准下降到史无前例的最低点而担忧，这只是进行结构调整时暂时需要付出的代价。此时，人民的福利被认为可以暂时放在一边，哪怕成千上万的人可能会因此付出生命的代价。另外，经济学在从古典主义向新古典主义转变过程中，抛弃了增长和分配这些概念，摒弃了劳动价值论，剔除了分配问题以及阶级和财产关系的问题，将完全竞争和完全理性视为包治百病的灵丹妙药。再者，在处理市场这只看不见的手和政府这只看得见的手的关系问题上，经济学家根据权力集团的统治需要，翻手为云，覆手为雨，其对知识和科学工具的运用挥洒自如，游刃有余，唯有是否心手相应令人生疑。埃斯科瓦尔指出，发展经济学的一切话语和话语形变完全是为霸权阶级的利益服务的，尤其是美国在二战后面临的种种急务形塑了发展经济学的性质。而第三世界的决策者也急于喝到经济知识的圣水，好一劳永逸地让他们的人民达到文明的程度，从而实现统治的目的。

虽然理论家研究了发展理论形成中的各种因素，如资本、技术、人口、资源、财政、产业、教育、文化、组织等，但发展不是对这些因素加以简单综合的结果，而是这些因素、机构和实践之间建立关系后的结果，是将这些关系系统化为一个整体的结果。发展话语能够系统地形成它所讲述的事物，并以某些方式将这些事物分组安排并赋予它们整体性。正是这些因素之间建立起来的关系体系，使对象、概念和战略的系统化建立成为可能，它决定了在发展的范畴内什么是可以思考的，什么是可以言说的。这些关系建立起一个话语实践，为游戏制定了规则：谁拥有发言权，从哪些角度发言，具有什么样的权威，根据什么专业标准来判断。人们必须遵循这些规则来认识问题、建立理论、对事物命名、进行分析，并最终转化为一项政策或计划。因此，人们，特别是各类专家，不断地发现问题，随之不同类别的需要服务的对象开始出现。发展正是通过话语生产了对象的领域和真理的仪式，发现和制造了"异常"（如"文盲""欠发达者""营养不良者""小农""贫困妇女"），从而令世人坚信需要对这些异常进行处理和改造，也就是使他们变成发展计划和发展项目中"被发展的群体"，而其中隐含的正是第一世界凌驾于第三世界之上的一整套话语组织和不平等的权力关系。

埃斯科瓦尔将国际组织和国内机构为了实现短期或中期目标而规划和实施的各种发展计划和项目（亦称发展干预）作为载体，分析了发展话语通过实践得以运用的过程，特别是发展话语通过实践进行的扩散以及发展干预行动所生产的相互关联的知识类型和权力形式。在发展干预过程中，发展机器通过将理性技术、专业知识和制度实践有机地结合起来，实现了各种类型的知识和权力的组织，进而将政府官僚、各类专家和第三世界的"受益人"联系在了一起。通过特定的话语组织、制度实践和文档现实的创造，发展机构的很多日常实践被认为是理所应当而且司空见惯，但是这些日常实践并不是完全理性或中立的，事实上，比发展干预本身更为重要的是，发展机构的日常实践促进了社会关系、劳动分工和文化形式的形成，并有效地制造了不为人觉察的权力关系。通过文档实践、标签化等表面上理性、实质上政治的知识过程，"被发展者"被发展机器和发展专家建构，并按照发展机器和发展专家眼里的世界再造一个世界。可以说，发展干预就是一种官僚政治，因为它致力于管理并转变人们对生活的认识和组织方式。所以，那些貌似理性和中立的发展话语体制，其实是现代世界权力实践的一部分。发展机器正是依赖这些实践，实现了对第三世界人民的支配和统治。

在发展干预最为常见的农村发展、妇女与发展和可持续发展领域，发展话语通过全景敞视将农民、妇女和环境置于发展机器的有效凝视之下，从而使农民、妇女和环境成为展览品，成为发展要服务的对象。世界银行、联合国机构等发展组织的话语实践，见证了建构农民、妇女和环境的表征体制基础，展示了表征和权力之间的关系。在这些领域的发展干预中，规划师和专家运用表征，并通过表征，使发展被赋予可见性。在此过程中，发展话语创造的可见性与权力行使紧密地联系在了一起。就像福柯谈到的监狱，它在实现改造犯人这一明确的目标上是失败的，但它成功地生产出一个规范化的、规训了的社会。发展话语将人们定位在一定的控制坐标上，其目的不仅仅是驯服一个个个体，还包括将人们的生活环境转变为一个高产的、标准化的社会环境，即要创造出现代性来。在此意义上，发展机器通过技术化凝视呈现出显著的生产力：它不仅进一步稳固了国家的地位，而且将它应当解决的很多问题去政治化，变成纯粹的技术问题，从而可以托付给发展专家来进行理性决策和管理。

发展话语在二战以后操控了亚洲、非洲和拉丁美洲许多地区的表征政治和身份政治，成为核心的、无处不在的话语。而宣称为真理的各种发展话语与创造并控制社会生活的各种实践和符号相联系，通过知识和权力的结合，创造、控制并统治着"欠发达"地区以及那里的人民。发展构造出一系列具体的因素和力量，新的发展语言从中找到了依靠和支撑，这就是发展取得的成果。

埃斯科瓦尔对西方中心主义的发展话语进行的解构和批判可谓淋漓尽致。他告诫人们不能被西方发展话语搽在表面的盗名欺世的脂粉诓骗。其实，西方发展话语一直最排斥的，也是发展应该围绕的中心，是人。西方发展话语把人和文化看作抽象的概念，看作在"进展"这个图表中可以上下移动的统计数字。发展成了第三世界文化的毁灭者，更为讽刺的是，它竟然打着为了人民的利益的旗号。

在对发展话语的解构和批判基础上，埃斯科瓦尔探讨了发展表征体制的转型问题。他指出，改变话语秩序是一个政治问题，需要社会行动者的集体实践和对既有的真理政治的组织进行重构。对于发展来说，这尤其需要从发展科学中抽身出来，以及部分地、策略性地脱离常规性的西方一般认识模式，以便为其他类型的知识与经验腾出空间。例如，在现代性危机下，拉丁美洲等地区出现的"混杂文化"应该成为文化肯定的模式。而对于替代方案，埃斯科瓦尔认为，我们不应该期冀寻求宏大的替代模式和替代战略，而需要考察在具体环境中可能的替代表征和替代实践，尤其是这些替代表征和替代实践存在于混杂文化、集体行动和政治动员的背景之中。而对替代方案的探索归根结底在于文化差异，文化差异包含了改变表征政治的可能性和改变社会生活本身的可能性。在混杂文化或少数民族文化以及第三世界人民的实践策略和抵制发展干预的多种形式中，可能会涌现建设经济、解决基本需求问题以及组成社会群体的其他方式。在此基础上，构想一个具有多元、差异和混杂特征的后发展时代。

"社会转型说"、"干预行动说"和"西方话语说"之间的联系

以上用了较大篇幅展示埃斯科瓦尔在本书中对"发展"的第三种定义的诠释。现在我们应该再次回到"发展"的三种定义。在学习埃斯科瓦尔论述的"西方话语说"之后，我们发现，这三种定义并非相互孤立，而是彼此之间具有深刻的历史和利益渊源。可以说，"社会转型说"是现代性的特殊变体，是二战后各国对北美和欧洲（西方）工业化发展的价值选择，其中包含了"人性解放"和"生产力解放"的元叙事。"干预行动说"则是"社会转型说"的帮手，就如发展经济学与发展规划一样，从一开始就是孪生兄弟，是将理论家和政治家的社会转型蓝图具体化为社会实践和具体行动的过程。"西方话语说"则建立在对"社会转型说"和"干预行动说"的研究和分析基础上。正是由于对二者的解构和批判，才形成了"西方话语说"。因此，若没有此二者，"西方话语说"就成了无源之水、无本之木。在这一意义上，我们可以说，"话语说的发展定义"本身就是一个自相矛盾的用语。从前面对本书内容的介绍可以看出，埃斯科瓦尔在本书的第二、三章中对发展的发明和经济学学科变迁的分析正是对"社会转型说"的有力批判；而第四、五章对综合农村发展、妇女与发展和可持续发展计划的分析，以及对世界银行、联合国组织等发展机器日常实践的制度民族志（institutional ethnography）分析，正是对"干预行动说"的彻底解构。

在社会学和哲学意义上，我们可以将"社会转型说"和"干预行动说"看成是结构功能性的，是现代性的发展主义，强调的是有计划的社会变迁以及对社会的支配和控制；而"西方话语说"是后结构主义的，是后现代的后发展主义，强调的是去中心的多

元混杂模式的共存和各种形式的抗争。这三种定义可以同代并存，但我们不能将它们仅仅看成是一般的学派之争，而应该看到这三种定义背后的知识体制与权力运行，以及分别倡导这三种定义的知识分子的性质与价值差异。按埃斯科瓦尔的分析，"社会转型说"和"干预行动说"正是发展话语的发明和运用的结果，其真正关注的并非"贫困""欠发达"和那些被置于全景敞视下的"被发展的群体"，其真正的目的是种族中心主义，通过催生技治主义思维而将社会问题去政治化，从而维护并扩张本身已处于中心的西方的进一步的权力霸权。"西方话语说"的权力取向则是对现代性霸权和中心主义的抵抗，为差异政治和文化肯定争取空间。福柯指出，知识分子本身就是权力制度的一部分[1]，就分别倡导这三种定义的知识分子来说，他们除了分别从事不同的事业领域并参与其权力生产之外，他们的认识论与价值也代表着不同类型知识分子的性质。倡导"社会转型说"和"干预行动说"的知识分子（若还可以使用知识分子一词的话）一般属于葛兰西所指的有机知识分子，福柯所指的特殊知识分子，或中国国内习惯所称的体制知识分子；而倡导"西方话语说"的或许更接近于葛兰西所指的传统知识分子[2]，福柯所指的普遍知识分子[3]，或中国国内的非体制知识分子[4]。若进一步思考，我们也许会发现，倡导前所称两种定义的学者不一定接触过或了解第三种定义，其主要原因不一定在于知识面的限制，更多是因为他们对于现代性的唯我独尊和不开放态度，除此之外，也许不乏昏睡未醒者。相反，倡导第三种定义的学者一定对前两种定义的内涵已然洞晓，本书

---

[1] 〔法〕米歇尔·福柯：《福柯集》，杜小真编选，上海远东出版社，2003，第206页。

[2] 〔美〕爱德华·萨义德：《知识分子论》，单德兴译，三联书店，2002，第11页。

[3] 〔法〕米歇尔·福柯：《福柯集》，杜小真编选，上海远东出版社，2003，第441~442页。

[4] 黄平：《知识分子：在漂泊中寻求归宿》，载许纪霖编《20世纪中国知识分子史论》，新星出版社，2005，第9页。作者将知识分子分为体制知识分子、非体制知识分子和反体制知识分子，我认为后两种均可称为非体制知识分子。

作者当然就是一个最好的例子。

　　学者的思想与其人生经历常常是密不可分的。本书的思想在一定程度上也是埃斯科瓦尔对自身经历不断反思和不断否定的结果。他于 1975 年在哥伦比亚瓦莱大学获得化学工程学士学位，1978 年在美国康奈尔大学获得食品科学与营养专业理学硕士学位，1987 年在美国加州大学伯克利分校获得发展哲学与政策计划专业博士学位。我虽然不能与埃斯科瓦尔比肩学术成就，但是也许可以暗自欣喜的是，我们的经历原来如此相似。若以我的思想变化来揣度，至大学，埃斯科瓦尔的世界观也是技术与工程至上的技术治国论和现代化思维，这与发展的"社会转型说"应该是一致的。他毕业后留校工作了一年，此后获得 PAN/DRI（国家粮食与营养计划/综合农村发展项目）奖学金，学习食品科学与营养专业，回哥伦比亚后还为国家粮食与营养计划工作了 8 个月的时间[1]。这段经历正是当时的国际发展新战略背景下发展专业化的结果。可以说，他对发展的"干预行动说"也有亲身的经验和体会。因此，在博士学习之前，埃斯科瓦尔恰好经历了发展的"社会转型说"和"干预行动说"的思想历程。而这种切身的体悟是他在思想上和世界观上进行自我反思和自我否定的基础，这与他对发展的发明和发展干预的分析一样，构成了其"西方话语说"的理论基础。

后发展主义与混杂模型

　　在本书中，埃斯科瓦尔将二战后的发展战略、经济学、发展干预行动和发展机器解构得支离破碎，最后他提出要摧毁发展，

---

[1] PAN/DRI 奖学金的经费来自联合国和世界银行。而我在中国农业大学本科毕业后留校工作了 3 年，后获得 CIAD（中德综合农业发展项目）奖学金（经费来自德国技术合作公司 GTZ），前往德国多特蒙德大学学习区域发展规划与管理研究生课程，简称 SPRING。该课程由德国技术合作公司资助，自 1981 年开始设立，目的是为第三世界国家培养发展规划的人才，目前仍在继续。埃斯科瓦尔参加的美国康奈尔大学食品科学与营养研究生课程，也是在国际发展新战略背景下发展专业化的组成部分。

构想一个后发展时代。我认为，他所批判和要摧毁的是一整套的发展话语体系，包括发展话语所控制的表征体制，发展话语所生产的真理体制，话语实践所制造的秩序体制，发展话语体制所实现的对发展对象的客体化凝视，以及发展话语所实现的西方对第三世界的软殖民和霸权性统治体系。因此，他指出，摧毁发展意味着与过去40年话语实践的决裂，想象着有那么一天，我们将不再接受，甚或不再言说那些造成40年间极度不负责任的政策和项目的思想。需要说明的是，我们不能把埃斯科瓦尔对发展的批判狭隘地理解为对经济增长和财富积累的排斥，甚至是置第三世界人民的生活福祉于不顾。事实上，他所批判的发展话语体系，以发展之名义，打着为了人民利益的旗号，导致了少数特权群体的财富飞速增长和社会不平等的进一步加剧。

在后发展时代，埃斯科瓦尔十分强调多元模型的共存和混杂模型的出现。与现代性一样，发展主义的典型态度是"霸道"，霸道者之所以霸道，是因为自以为是道，也就是真理的唯一拥有者[1]。而且，"同一性"思维和"齐一化"概念非常猖獗，极力以一元吞并多元[2]。发展主义试图建立一种普适的发展模型，并忽视或压制本土模型。埃斯科瓦尔指出，不管是本土的还是普适的，任何一个模型都是对世界的一种建构，而并不是关于这个世界的无可争议的客观真理，例如发展经济学。因此，我们应该提倡多元模型的并存。只要打破普适模型和宏大战略的乌托邦桎梏，给丰富多彩的本土模型以存在的空间，我们就不需要为替代方案发愁。因为一方面，各式各样的本土模型就是要寻找的替代方案；另一方面，在多元并存的后发展时代，替代战略本身就是一个伪命题。

例如，农业生产中的小农模型，它来自这样一个观念，即地

[1] 王治河：《后现代交锋丛书》汉译前言，载〔英〕乔治·迈尔逊《哈拉维与基因改良食品》，李建会、苏湛译，北京大学出版社，2005，第19页。
[2] 王治河：《后现代交锋丛书》汉译前言，载〔英〕乔治·迈尔逊《哈拉维与基因改良食品》，李建会、苏湛译，北京大学出版社，2005，第27页。

育万物，量力而出。人类必须通过劳动"帮助"土地孕育物产。人类和土地之间存在一种施与受的关系，这种关系被塑造成了互利互惠。农民认为需要"爱抚"土地，需要跟土地"说话"，等等。这样的本土模型是构成人们世界的基本部分，我们应该尊重民众自创的这些本土模型。这一认识不单单是一种政治上正确的态度，而且，它构成了一个完美的哲学和政治选择[1]。这就要求后发展主义对他者始终保持一种开放的心态，即要"使差异拥有立足之地"[2]。

但是，这些本土模型也不是以单纯的状态存在的，而是存在于与"主流"模型共同构成的混杂体中，有时甚至会赛博格化。这里，需要抛弃要么一概拥抱现代，要么一意固守传统的二元对立思维。例如，有些地区的农民已经形成一种既不受现代农业的逻辑控制，也不受传统实践逻辑支配的混杂模型。再如，在文化方面，今天的拉丁美洲既没有悲戚地根除全部传统，也没有得意地迈向进步和现代，而是处在复杂的文化混杂化过程中，包含着形形色色、各式各样的现代和传统。这一混杂化过程体现在城市和乡村的文化之中。无论是城市文化还是乡村文化，都是一种社会文化的混合，且难以辨清。在这种观点下，传统与现代、农村与城市、下里巴人与阳春白雪之间的差别失去了明显的棱角和必要性[3]。

然而，虽然文化政治学需要对处于统治地位的发展话语和第三世界保留下来的多元本土模型一视同仁，但在现实中，我们不能幼稚地忽视这样一种事实，那就是，在世界上很多地方，就在此时此刻，发展仍在埋头苦干、专心破坏。发展话语仍将继续它的元叙事，即发展仍会是一个自上而下的、种族中心主义的、技术专家治理的方法，发展仍会被看作一个几乎放之四海而皆准的

---

[1] 摘自本书。
[2] John B. Cobb, Jr. *Postmodernism and Public Policy*. Albany: State University of New York Press. 2002. p. 50. 转引自王治河《后现代交锋丛书》汉译前言，载〔英〕乔治·迈尔逊《哈拉维与基因改良食品》，李建会、苏湛译，北京大学出版社，2005，第22页。
[3] 摘自本书。

技术干预制度，以给"目标"人群送去"急需"的产品[1]。

在这里，我们可以发现，埃斯科瓦尔对发展主义的批判和对本土模型的倡导，与让-弗朗索瓦·利奥塔（Jean-Francois Lyotard）对现代性知识的批判和对小叙事的支持不谋而合、殊途同归。现代人普遍把科学知识、思辨理性和人性解放当作人类的救星，而利奥塔对现代社会的现代性以"科学知识"、"思辨理性"和"人性解放"为标志的"大叙事"或"元叙事"及其合法性提出质疑和批判。他指出，西方社会追求具有普遍性的救世方案，结果不但没有救世，反而成了迫害人性的工具。西方的现代社会尽管自我标榜为自由民主的社会，但仍然存在大叙事压抑小叙事的现象。大叙事把自己视为"正统"，对小叙事加以排斥，结果抹杀了差别性和异质性。利奥塔站在许多小叙事一边，对大叙事进行质疑，但是这并不意味着大叙事就此却步，也不意味着小叙事代表历史发展的新方向[2]。

为了进一步认识和理解埃斯科瓦尔的后发展主义，我们还可以参考后现代与现代的关系，从而得出这样的判断，即后发展与发展并非时间上的前后序列关系，这里后发展的"后"既不表示后发展与发展是一刀两断的关系，也不意味着发展之后的阶段或崭新的历史时代，而是表示对发展主义的深刻的再反思[3]。这样，后发展也许可以看成是发展的一个部分[4]。

---

[1] 摘自本书。

[2] 〔法〕让-弗朗索瓦·利奥塔尔：《后现代状态——关于知识的报告》，车槿山译，三联书店，1997，第113~132页；张庆熊、孔雪梅、黄伟：《合法性的危机和对"大叙事"的质疑——评利奥塔的后现代主义》，《浙江社会科学》2001年第3期。

[3] 夏光：《后结构主义思潮与后现代社会理论》，社会科学文献出版社，2003，第13页；张庆熊、孔雪梅、黄伟：《合法性的危机和对"大叙事"的质疑——评利奥塔的后现代主义》，《浙江社会科学》2001年第3期。

[4] 贺旭辉：《利奥塔"后现代"思想阐释》，《中国矿业大学学报》（社会科学版）2006年第3期；〔法〕利奥塔：《对"何为后现代主义？"这一问题的回答》，载包亚明主编《后现代性与公正游戏——利奥塔访谈、书信录》，谈瀛洲译，上海人民出版社，1997，第138页，转引自杨艳萍《论利奥塔的"科学游戏"与"合法化"》，《哲学研究》2001年第3期。

中国的发展与发展研究

本书对发展话语体制的霸权统治和发展主义的反思和批判，对分析和思考中国的发展现实具有重要意义。特别是在中国已经成为 GDP 总量意义上的世界第二经济大国时，如何清醒地面对增长的成就和繁荣背后的危机，也许本书可以使中国读者拓宽许多思考和分析的视角。若将发展的"话语说"运用到中国的发展研究中，那么在面对发展所加剧的城乡间的差距、群体间的不平等、地区间的不平衡、经济与社会的断裂以及人与自然的对立等问题时，我们或许可以打破思维的禁锢，在那些习以为常的技术思维之外，将关乎人民大众的发展问题再政治化（re-politicization）[1]。此时，我们也许会豁然开朗，因为将揭开覆盖在权力支配和控制结构上的那层薄薄的发展话语的面纱。追求现代性的发展话语在中国制造了同样的知识形式与真理体制，通过一个个国际或国内发展项目的制度化实践，使民众按照发展话语的指示，重新创造了一个发展话语所描绘的世界。人们信以为真，将其视为代表真理的真正真实的世界。身处其中，人们自然会接受发展话语所部署的那些新的劳动分工、社会关系和权力配置，虽然有时会心比天高，但同时只能叹息命如纸薄。这样，发展话语体制也就维持和强化了权力集团对普通百姓、城市对农村、东部对西部、资本对劳动的支配和控制。

纵观中国近 30 年的发展路径，可以发现，我们其实并没有脱离西方话语和西方思想的权力支配，因为我们践行的一直是西方支配下的发展主义道路。我们所追寻的仍然是埃斯科瓦尔所批判的现代化的普适模型，而没有留给其他选择任何空间。理论家和政治家充

---

[1] 发展问题以及广泛的社会问题原本也是一种政治问题，而资本主义和自由主义的实践成功地使这些问题去政治化了，因此，我们需要回到这些问题的本来现实，即重新回到"这些问题仍然是一种政治问题"的认识上来，这就是我们这里所说的"再政治化"。"再政治化"中的"再"有"重新""复""返"的意思。

分利用了发展问题化和技术化的策略，任何发展计划与发展项目都是建立在对问题的科学论证基础上的，而且经济学家主导了这一游戏过程。支配这一游戏的是 GDP、增长和快速的经济逻辑，以及"数字出政绩，政绩出干部"的政治逻辑。而那些内聚了生活方式、制度和文化的整体的地方性模型，被以"发展"之名的挖掘机、钻井、烟囱、现代生产摧毁。在人们的眼中，自然的价值在于效用而不是存在。人们生活的很多方面变得越来越经济化，包括人类生活、自然世界、人与人之间的关系以及人与自然之间的关系。生产、市场和消费的话语完全渗透到每日生活的语言中。创造和积累财富的主要手段已不再是劳动，而是资本，且更为有效；劳动则变成了维持生计的手段。人们对增长、财富和资本顶礼膜拜、唯命是从，结果被异化了。人自以为是物质的主人，却遭到异己的物质力量的奴役。而那些处于权力结构中的有机知识分子推波助澜，利用他们的"知识"来制造一种真理——"为了国家的发展，有些人需要付出代价，甚至是一代或几代人的代价！"——以掩盖发展中普遍出现的"利益私有化和代价社会化"的真相。在崇尚知识的中国社会，人们接受了这些知识分子创造的真理，因此，即使"强拆"是当下人们最痛恨的字眼，他们仍处于对资本横行的社会结构无意识的状态。对发展中出现的各种问题，虽然学界和政界也多有讨论，但是就如面对发展中的生态危机时提出的可持续发展战略一样，其目标只不过是从"增长的极限"转换成"极限的增长"，是发展话语为了统治目的的一种话语转型，其仍将以经济增长为中心的发展主义元叙事奉若宝典。

在普适化、主流化和中心化的一元模型越来越强烈地统治人们的发展意识时，我们应该再次思考如何为埃斯科瓦尔建议的本土模型和混杂模型留出生存的空间，这就需要我们打破发展主义的思维定式，以更开放的态度对待他者，对待历史和人类社会几千年的生活与知识积累。马歇尔·塞林斯（Marshall Sahlins）的研究指出，物质财富的积累观只是现代资本主义社会的产物，并不是原初社会的价值。原初社会的狩猎者和采集者虽然没有什么固定的物质资产，但他们并不贫穷，他们生活在物质的丰裕之中[1]。路易斯·亨利·摩尔根（Lewis Henry Morgan）1877年在《古代社会》中指出："自从进入文明社会以来，财富的增长是如此巨大，这种财富对人民说来变成了一种无法控制的力量。人类的智慧在自己的创造物面前感到迷惘而不知所措了……社会的瓦解，即将成为以财富为唯一的最终目的的那个历程的终结……政治上的民主，社会中的博爱，权利的平等和普及的教育，将揭开社会的下一个更高的阶段。"[2]卡尔·波兰尼（Karl Polanyi）在1944年出版的《大转型：我们时代的政治与经济起源》中就指出，19世纪出现的图利动机，在人类社会历史上几乎未被认为是有效的动机，这种动机也从未被提升到促成人类日常行为和行动的高度[3]。阿马蒂亚·森（Amartya Sen）对现代社会的研究也阐明了，我们的生活质量并不取决于我们的财富，而是取决于我们的自由[4]。

需要说明的是，对地方性模型生存空间的强调并不是要否定经济的增长和人们对财富的期望，特别是在西方支配的世界体系内，我们必须获得自主性[5]。但我们这里所讨论的是在民族自主性之外的社会观和生活观，其中包括两种相对的价值取向，即"我为物转"和"物为我转"。前者纵有万贯家财，身居豪宅，衣食无忧，还会继续索取，不论有道还是无道，人都变成了物质或者现代的奴隶，结果是骑驴找驴，这山望着那山高，永远没个结果。而后

---

[1] 〔美〕塞林斯：《原初丰裕社会》，丘延亮译，载许宝强、汪晖选编《发展的幻象》，中央编译出版社，2001，第56~77页。

[2] 〔美〕路易斯·亨利·摩尔根：《古代社会》，杨东莼、马雍、马巨译，中央编译出版社，2007，第400~401页。

[3] 〔英〕卡尔·波兰尼：《大转型：我们时代的政治与经济起源》，冯钢、刘阳译，浙江人民出版社，2007，第25页。

[4] Amartya Sen. *Development as Freedom*. Oxford: Oxford University Press. 1999. pp. 3-34.

[5] 汪晖：《环保是未来的"大政治"——打破发展主义共识 寻找新出路》，《绿叶》2008年第2期。

者，"一箪食，一瓢饮，在陋巷，人不堪其忧，也不改其乐"。正如梁启超所言，其实"苦乐全在主观的心，不在客观的事"。

怀疑和批判是科学进步的结果，这种进步也是以怀疑和批判为前提的。在本书中，埃斯科瓦尔透过超越现实的表象来剖析遭遇发展的本质，这正是在践行社会科学应该具有的批判性精神。他试图摧毁一元的、普适的宏大战略，就是为了给五彩缤纷的本土模型争取空间，这本身就是一种建设。我们不能期望在解构一种普适战略的同时再建构另外一种宏大战略取代过去，并再次主流化、一元化和普适化，否则，我们就再次掉入了同样要被批判的现代化陷阱。今天，我们必须认识到社会批判对社会建设的重要意义，特别是在共谋和结盟盛行，极力以一元吞并多元的现代社会里，某一种存在模式往往极力贬低、抹杀甚至吞并其他模式的现代社会里，社会批判可以使一元主导的社会保持某种张力，使社会能够向更加健康和更加和谐的方向发展。正如在中国现代思想文化里，幸亏有了鲁迅，才形成了某种张力，才留下了未被规范、未被收编的另一种发展可能性[1]。鉴于一些人对"解构"的误解，法国著名哲学家雅克·德里达（Jacques Derrida）的一连串反问也许可以给我们些许启示。他说："在我看来，解构就是履行责任，为什么人们一味地把解构看作虚无主义和怀疑主义的呢？为什么如果有人就理性——它的形式、它的历史、它的兴衰——提出问题，就会被说成是非理性主义的呢？为什么如果有人就人的本质以及'人'的概念之建构提出问题，就会被说成是反人道主义的呢？"[2]关于责任和人的本质，也正是埃斯科瓦尔所思考的，正如他在本书结尾处所提出的，"等待第一世界和第三世界的，或许是在后人文主义景象中学会如何做'人'"。

---

[1] 钱理群：《我们为什么需要鲁迅（代序）》，载孔庆东《正说鲁迅》，重庆出版社，2008，第3页。

[2] 转引自夏光《后结构主义思潮与后现代社会理论》，社会科学文献出版社，2003，第348页。

中文版前言

虽然本书的英文版付梓已有 15 载，但我相信对发展的批判分析时至今日仍然适宜且重要。在世界上许多地方，"发展"一直是需要与之斗争的社会文化力量。中国在 10 多年前设立了发展研究本科课程，2004 年中国农业大学又设立了首个发展研究博士点，这本身就意味着发展研究的思想在中国已趋于成熟。鉴于中国正在热情高涨地推进现代化和发展的进程，很多中国读者或许会大吃一惊，世界上居然有很多地区在对发展的诸多方面进行批判、抵制和反抗，其实这些斗争只是说明了从多个视角对发展进行严肃认真的分析至关重要。

过去的 20 年里，中国在全球经济中起到重要作用。这或许是本书首次出版以来，从发展研究的视角而言，世界上最重大的转变。在中国，发端于 20 世纪 70 年代晚期的深刻转型与改革开放，需要中国自己的学术研究和解释框架；有些方面不言自明，因为在世界范围内的发展讨论中都曾出现过，比如排斥农村、边缘化与贫困、日益扩大的不平等与环境破坏等。随着中国经济实力的增强，其对亚洲、非洲和拉丁美洲的影响力不断扩大，对非洲发展的影响尤为突出。从发展研究的视角来看，中国经济的跨国性是另外一个重要的研究主题。当然，还有其他许多主题，只有中国发展专业的学生才能预见，并在这些问题出现时加以研究。

毋庸置疑，中国是全球发展的最重要力量之一。中国也将在发展研究的国际讨论中发出同样重要的声音。在中国，正在进行的对发展专业不同层次学生的训练，尤其是对研究生的培养，以及正在积极开展的研究工作，都是让学术界激动不已且与社会息息相关的重要事业。这场即将到来的学术争辩不仅对中国重要，对世界和我们这个地球的未来同样十分重要。21世纪之初，拉丁美洲学者从批判的视角提出很多概念，其中最为人熟知的概念之一就是"另一个世界是可能的"。在那个世界里，社会更为公正，文化更为多元，环境更可持续。要使这样的世界成为可能，中国参与到对发展的讨论中来是必不可少的。我特别高兴本书能以中文版呈现给中国读者，这会为实现这一目标增添些许力量。我也非常荣幸中国农业大学和中国其他大学发展专业的学生与老师以及其他相关机构的研究人员能够阅读本书。

我诚挚感谢中国农业大学人文与发展学院叶敬忠教授对出版本书中文版的大力支持，感谢他译校了全文；感谢马春华、赖立里早期对这一翻译计划的支持。非常感谢本书的翻译人员，她们是汪淳玉、吴惠芳、潘璐、陆继霞、贺聪志和杨照。最后，感谢诺曼·龙（Norman Long）教授（荷兰瓦赫宁根大学）和叶敬忠教授邀请我参加2007年9月在北京举行的"政策干预与农村转型：发展社会学比较研究国际研讨会"。正是由于这一机会，我才看到了中国农业大学生机勃勃的发展研究事业。

阿图罗·埃斯科瓦尔

2010年8月13日

前　言

　　本书的创作源自我的一个困惑：多年以来，北美和欧洲的工业化国家被毫无疑问地当作亚非拉地区（即所谓第三世界）的典范，第三世界的国家必须赶上甚或变成像它们一样的工业化国家。许多地区的人们至今仍对此坚信不疑。尽管随着时间的推移，发展所许下的诺言不断破灭，并渐渐失去说服力，但无论过去还是现在，发展仍然是令人着魔的公式。人们一味相信发展是毋庸置疑的，从未质疑发展的愿望，这最让我心存疑惑。我创作本书就是希望能够解释这一现象，即第三世界与发展之梦的形成，这两者都是二战后社会、经济、文化以及政治生活不可或缺的部分。

　　本书创作的总体思路可以说是后结构主义的，更确切地说，是话语分析式的，因为话语和权力对于任何文化研究都十分重要。但本书不局限于对话语和实践的分析，还试图构建一个框架，从文化的角度对以经济学为基础的现代性进行批判，并形成以文化为基础的政治经济学。同时，本书还详细分析了20世纪70年代、80年代的一个现象：农民、妇女和环境成为发展机器服务的对象。再者，第三世界学者的叙述贯穿全书，其中很多学者讲述了美国和欧洲学术界觉得不必传播的故事。

　　本书的创作也运用了人类学方法。正如斯图亚特·霍尔（Stuart Hall）所言，"如果是文化吸引着你的心灵，那么你必须认识到自己将一直处于一个移置的领域"。无论是从人类学还是文化研究的意义上看，本书所做的分析均为文化的分析。为了提升人类学和文化研究的水平，使其更具批判性、学术性和政治性，学者已经开始了许多尝试，本书亦是其中之一。

正如本书书名所示，发展乃至整个第三世界也许正处于被瓦解的阶段。这并非因为第二世界（欧洲的社会主义国家）正在消亡，也并非因为二战后第一世界、第二世界和第三世界的"三圣一体"（Holy Trinity）终于崩溃，而是因为发展自身失败了，第三世界的人民群众对它越来越抵触。终止发展的呼声越来越多，也越来越响亮。本书可被视为这种呼声之一。我也希望本书能够成为构想和开拓另外一些道路的铺路石。

我诚挚地感谢以下各位：加州大学伯克利分校的谢尔登·马根（Sheldon Margen）、保罗·拉比诺（Paul Rabinow）和韦斯特·丘奇曼（C. West Churchman）；在人类学和社会运动研究领域的挚友与合作者杰奎琳·尤拉（Jacqueline Urla）和索妮亚·阿尔瓦雷斯（Sonia E. Alvarez）；感谢特蕾西·津川（Tracey Tsugawa）、珍妮弗·特里（Jennifer Terry）、奥林·斯塔恩（Orin Starn）、米格尔·迪亚斯-巴里加（Miguel Díaz-Barriga）、黛柏拉·戈登（Deborah Gordon）和罗恩·鲍尔德拉马（Ron Balderrama），他们也是我的朋友和合作者；感谢迈克尔·陶西格（Michael Taussig）、詹姆斯·奥康纳（James O'Connor）、洛德斯·贝内丽亚（Lourdes Benería）、阿黛尔·穆勒（Adele Mueller）、斯蒂芬·古德曼（Stephen Gudeman）和詹姆斯·克利福德（James Clifford），是他们给了我莫大的支持和启迪。

许多学者采用相关的方法对发展进行了研究，我从他们的著作以及与他们的讨论中获益良多，对此我深表感谢。这些学者包括马吉德·拉纳玛（Majid Rahnema）、阿希斯·南迪（Ashis Nandy）、范达娜·席瓦（Vandana Shiva）、希夫·维斯瓦内森（Shiv Visvanathan）、斯蒂芬·马格林（Stephen Marglin）和弗雷德里克·阿普菲尔-马格林（Frédérique Apffel-Marglin），以及以沃尔夫冈·萨克斯（Wolfgang Sachs）、伊凡·伊里奇（Ivan Illich）和芭芭拉·杜登（Barbara Duden）为核心的学术团队；感谢同辈的人类学家詹姆斯·弗格森（James Ferguson）和斯泰西·利·皮格（Stacy Leigh Pigg）；感谢同样研究哥伦比亚表征体制的玛丽亚·克里斯蒂娜·罗哈斯·德费罗（María Cristina Rojas de Ferro）。对我在伯克利分校做的博士论文，唐纳德·洛（Donald Lowe）和约翰·博雷戈（John Borrego）进行了评阅，并提出了建议。

哥伦比亚的一些学者为本书做出至关重要的贡献。我要特别感谢阿尔瓦罗·佩德罗萨（Alvaro Pedrosa）、奥兰多·法尔·博尔达（Orlando Fals Borda）、玛丽亚·克里斯蒂娜·萨拉萨尔（María Cristina Salazar）和马格达莱娜·莱昂·德莱亚尔（Magdalena León de Leal），感谢他们与我的学术交流，感谢他们的友谊。我在粮食、营养和农村发展领域的研究得益于达里奥·法哈多（Darío Fajardo）、帕特里夏·普列托（Patricia Prieto）、索菲娅·巴伦西亚（Sofía Valencia）和贝亚特里斯·埃尔南德斯（Beatriz Hernandez）。在美国，伦纳德·乔伊（Leonard Joy）、迈克尔·莱瑟姆（Michael Latham）、阿兰·德杨弗利（Alain de Janvry）以及诺拉·莱因哈特（Nola Reinhardt）对粮食和营养的研究也让我受益匪浅。在拉丁美洲，一些朋友和同事给予本书莫大的支持，他们是：布宜诺斯艾利斯的费尔南多·卡尔德隆（Fernando Calderón）和亚历杭德罗·皮希泰利（Alejandro Piscitelli）；加拉加斯的玛格丽塔·洛佩斯·玛雅（Margarita López Maya）、路易斯·戈麦斯（Luis Gómez）、玛丽亚·皮拉尔·加西亚（María Pilar García）、埃德加多·兰德（Edgardo Lander）和路易斯·兰德（Luis Lander）；圣地亚哥的埃德蒙多·富恩萨利达（Edmundo Fuenzalida）；里约热内卢的埃洛伊萨·博瓦尔克·德奥兰达（Heloisa Boarque de Hollanda）；利马的安尼波尔·奎加诺（Aníbal Quijano）。感谢伯克利分校的费尔南多·弗洛雷斯（Fernando Flores），他帮助我获得了在伯克利分校一年的写作经费支持。联合国大学为我提供了在哥伦比亚15个月

（分别在1981~1982年和1983年）实地调研的经费支持。

我在加州大学圣克鲁兹分校和史密斯女子学院的本科学生也时常热烈地讨论本书的很多观点。我要特别感谢我在圣克鲁兹分校的研究助手内德·巴德（Ned Bade），以及在史密斯女子学院的研究助手格兰尼斯·斯图尔特（Granis Stewart）和贝特·贝辛格（Beth Bessinger）。

从更加个人的角度来说（尽管在提及上述许多学者时，个人和专业的界限早已模糊不清），我要感谢在旧金山湾区的朋友，特别是塞尔索·阿尔瓦雷斯（Celso Alvarez）、凯瑟琳·蒂斯利（Cathryn Teasley）、塞·阿劳霍（Zé Araújo）、伊格纳西奥·巴莱罗（Ignacio Valero）、吉列尔莫·帕迪利亚（Guillermo Padilla）、马西奥·卡马拉（Marcio Cámara）、尤迪特·莫斯奇科维奇（Judit Moschkovich）、伊萨贝尔·德塞纳（Isabel de Sena）、罗恩·莱瓦科（Ron Levaco）、罗塞林·拉什（Rosselyn Lash）、拉斐尔·科托（Rafael Coto）、蒂娜·罗滕贝格（Tina Rotenberg）、克莱门蒂娜·阿塞多（Clementina Acedo）、洛雷纳·马托斯（Lorena Martos）、伊内斯·戈麦斯（Inés Gómez）、豪尔赫·迈尔斯（Jorge Myers）和理查德·哈里斯（Richard Harris）。感谢玛尔塔·莫雷略·弗罗施（Marta Morello Frosch）、朱莉安娜·伯顿（Julianne Burton）和戴维·斯威特（David Sweet），他们是我在圣克鲁兹分校教授拉丁美洲研究课程三年期间的朋友。感谢马萨诸塞州北安普敦的南希·古特曼（Nancy Gutman）和理查德·利姆（Richad Lim）。感谢我在史密斯女子学院人类学系的同事们，她们是伊丽莎白·霍普金斯（Elizabeth Hopkins）、弗雷德里克·阿普菲尔-马格林（Frédérique Apffel-Marglin）和唐纳德·乔拉莱蒙（Donald Joralemon）。在哥伦比亚，我要感谢的朋友有孔苏埃洛·莫雷诺（Consuelo Moreno）、海梅·费尔南多·巴伦西亚（Jaime Fernando Valencia）、梅塞德斯·弗朗哥（Mercedes Franco）和他们的孩子们，也感谢约兰达·阿朗戈（Yolanda Arango）和阿尔瓦罗·贝多亚（Alvaro Bedoya)。最后,我要特别感谢我的家人——雅迪拉 (Yadi-ra)、玛丽亚·维多利亚 (María Victoria)、齐皮 (Chepe)、特雷西 (Tracey) 和玛丽亚·埃伦娜 (María Elena)。我永远也忘不了我的父亲古斯塔沃 (Gustavo),父亲直到 1990 年过世时,都怀念着他的家乡小镇,他一直在大城市奋斗(尽管一直在努力,但按照常规的经济发展指标来看不算成功),因为只有这样,他的孩子们才能"获得成功",成为现代人。

普林斯顿大学出版社的编辑玛丽·默雷尔 (Mary Murrell) 提出的宝贵建议,对本书的成形起到重要的促进作用。我感谢她对这个研究的信任。最后,我想感谢为本书提供灵感的两个源泉:米歇尔·福柯 (Michel Foucault),他的思想在不同形式和不同层面上影响了本书;第三世界的音乐家们充满活力的音乐,特别是我居住在旧金山湾区时听到的音乐,无论它们是来自加勒比海地区、西非,还是拉丁美洲。第三世界的音乐在西方的文化生产中变得日益重要,这并非巧合。如果没有这些音乐,也许很多书,包括本书,都会截然不同。

第一章
导言：发展与现代性的人类学

没有痛苦的调整和改变，就没有快速的经济发展。旧的价值体系一定要被摒弃，旧的社会制度一定要被瓦解，种姓、教义和种族的桎梏一定要被打破，大批跟不上发展的人对美好生活的憧憬必将化为泡影。几乎没有哪个社会愿意为经济发展付出这样的代价。

——《欠发达国家的经济发展措施》，
联合国社会与经济事务部（United Nations,
Department of Social and Economic Affiars 1951）

1949 年 1 月 20 日，美国总统哈里·杜鲁门（Harry Truman）在就职演说中向整个世界宣布了他的"公平政策"（fair deal）的想法。此想法的重要内容之一就是向美国和全世界呼吁解决全球"欠发达地区"的问题。

全世界半数以上的人口正濒临悲惨的境地。他们食不果腹、疾患缠身，他们的经济生活原始落后、滞缀不振。无论是对于他们自己还是对于比较繁荣的地区而言，他们的贫困都既是一种阻碍又是一种威胁。人类有史以来第一次掌握了能够消除这些人苦难的知识和技术……我认为，为了帮助爱好和平民族实现他们对美好生活的愿望，应该使他们受惠于我们丰富的技术知识储备……我们构想的是一个以民主的公平交易的概念为基础的发展计划……促进生产是繁荣与和平的关键，而促进生产的关键是更广泛、更积极地运用现代科学技术知识。［Truman（1949）1964］

杜鲁门的声明开启了洞察和管理国际事务——尤其是涉及经济欠发达地区事务——的新纪元。这一声明雄心勃勃，试图创造出必要的条件，从而使全世界都具备标志着当时"发达"社会的种种特征：高度工业化和城市化、农业科技化、物质生产极大丰富和生活水准快速提高、现代教育和文化价值广泛推行。在杜鲁门的设想里，资本、科学和技术是实现这一大规模革命的重要因素。只有通过这个方法，美国对于和平与富足的梦想才能被地球上所有的民众分享。

这个梦想不是美国的独创，而是二战后特定历史环境的产物。短短几年内，世界上的当权者都热烈拥抱这个梦想。但没有人认为实现它很简单。可以预见，也许正是因为前路困难重重，实现梦想的使命感才被进一步加强。这一时期最有影响力的文件之一，是由联合国组织专家撰写的。该文件以制定有关"欠发达国家经济发展"的具体政策和措施为目标，现引用如下：

没有痛苦的调整和改变，就没有快速的经济发展。旧的价值体系一定要被摒弃，旧的社会制度一定要被瓦解，种姓、教义和种族的桎梏一定要被打破，大批跟不上发展的人对美好生活的憧憬必将化为泡影。几乎没有哪个社会愿意为经济发展付出这样的代价。［联合国社会与经济事务部（United Nations, Department of Social and Economic Affiars 1951, 151[①]）］

该文件所建议的无异于将"欠发达"社会整体重建。在今天看来，前文所引言论让人讶然，它狂妄傲慢，充满种族优越感，即便用最客气的话来说，也是幼稚无知的。但一个需要确切说明的事实是，人们当时不但这样说，而且认为它合情合理。这些论调体现了人们日益强烈的意愿，即大刀阔斧地改造世界上 2/3 的国家和社会，以实现物质的繁荣与经济的进步。到 20 世纪 50 年代早期，这一意愿在各国取得了霸主性的地位。

本书讲述的是关于这个梦想的故事，讲述了梦想如何逐渐演变成一个噩梦。20 世纪 50 年代理论家和政客许诺的富足之国并未出现，相反，发展的话语和战略带来的是大规模的欠发达和贫穷，是难以言说的剥削和压迫。发展进行了 40 年，债务危机、萨赫勒（Sahel）地区的饥荒、日趋严重的贫穷、营养不良和暴力反而是其最令人同情的失败标志。从这个方面来看，本书也可以说是一个梦幻破灭的历史，这个梦幻很多人曾真诚地相信会实现。但首先，本书讲述的是二战后初期发展的话语和实践如何甫一出现就创造了"第三世界"。

东方主义、非洲主义与发展主义

从出现到 20 世纪 70 年代后期，发展的本质一直是有关亚非拉地区讨论的主题。正如我们将要读到的，从 20 世纪 50 年代的经济发展理论到 70 年代的"人类基本需求战略"——该战略不仅强调一贯坚持的经济发展本身，也强调增长后的利益分配——寻求一种可以解决世界上这些地区经济和社会问题的发展是理论家和政客的燃眉之急。即使反对主流的资本主义发展方式的人，也不得不委婉地承认，需要发展，需要通过"另一种发展""参与式发展""社会发展"等理念来进行发展。简言之，人们可以批评某个既有的发展模式，对它做出修正或完善，但发展本身，以及人们对发展的需要，从未被质疑过。发展在社会的想象力中获得了稳固的地位。

确实，用其他词语来构想社会现实几乎是不可能的。无论往哪个方向看，人们都会发现发展反复出现、无所不在：各国政府在制订和实施雄心勃勃的发展计划；各类机构在城市和农村实施各种发展项目；各类专家在研究欠发达现象并创造令人生厌的理论。斗转星移，大部分人的生活条件不仅没有得到改善，反而进一步恶化，这一事实似乎并没有困扰这些专家。总之，现实已经被发展话语（development discourse）殖民化。对这个现状不满的人必须在发展话语的内部一点一滴地争取自由的空间，期待着能够逐步构建一个不一样的现实②。

但近年来，一些新的分析工具的出现使我们可以对这类"现实殖民"（colonization of reality）进行分析。这些分析工具发端于20 世纪60 年代后期，在80 年代得到广泛的应用。这些分析工具恰好是为了针对这样的一个事实给出解释，即某些表征（representation）如何占据了支配地位，如何永无休止地形塑着现实被构想和被作用的方式。福柯（Foucault）研究了话语和权力在社会现实表征中的生机与活力，这尤其有助于揭示某些机制，通过这些机制，某种话语秩序（order of discourse）能够生成一些被容许的存在与思维方式，同时压制甚至抹杀其他方式。福柯的观点被一些学者采用，用以分析殖民时代和后殖民时代的情形。这些学者，诸如爱德华·萨义德（Edward Said）、默丁比（V. Y. Mudimbe）、钱德拉·莫汉蒂（Chandra Mohanty）、霍米·巴巴（Homi Bhabha）等人，开启了思考第三世界表征的新门径。20 世纪80 年代人类学的自我批评和复兴在这一方面也有重要作用。

通过将发展看作一种话语，研究者得以继续关注发展的统治地位——正如早期马克思主义分析所做的那样——同时能够更有成效地探索发展的可能条件和普遍效果。话语分析营造了这样一种可能性，即研究者可以"从发展话语后退几步，绕过它那司空见惯的现实，去分析它置身其中的理论和实践的背景"（Foucault 1986，3）。话语分析能够使我们将"发展"分离出来，将它视为一个涵盖其他事物的文化空间，同时能够让我们抽身其外，从一个全新的角度去思辨发展。这正是本书希冀完成的任务。

将发展看作一种话语、一种历史的产物，意味着我们要探讨为什么如此多的国家在二战后初期开始认为自己是欠发达的，"发展"是怎样成为这些国家的首要任务的，它们又是如何通过对社会进行越来越系统、细致和广泛的干预，使自己"不再欠发达"。当西方的专家和政客开始把亚非拉地区的某些情况看作问题，并将其中大部分问题视为贫穷和落后时，一个新的思维和经验的领域——发展——就此诞生了。处理那些专家和政客所断言的问题的新战略也随之产生。这一战略起源于美国和西欧，短短几年内就成为影响第三世界的强大力量。

将发展作为话语的研究和萨义德关于东方的话语研究大有渊源。萨义德写道，"东方主义"（Orientalism）：

> 是负责处理东方的西方"集体制度"（corporate institution）：对之进行描述、遏制和控制，教授它和研究它，发表有关陈述，授权有关它的某种观点，对它进行统治。简言之，东方主义是西方用以控制、重构和君临东方的方式。……我的观点是，如果我们不把东方主义当作一个话语来研究，我们就不可能了解这个庞大的、系统的学科。西方文化正是通过这个学科在后启蒙时代去管控，甚至生成了所谓的东方，无论是在政治、社会、意识形态、科学的层面上，还是在人们的想象中。（Said 1979，3）

自出版以来，萨义德的《东方主义》一书已经在诸多领域引发了对第三世界表征的研究和探索。这些研究和探索数量众多，且具有创新性，尽管鲜有对发展的明确论述，但是其中某些研究所普遍提及的问题，可以被视为一个里程碑。从此，对发展的分析就是对表征体制（regime of representation）的分析。例如，非洲哲学家默丁比在他的杰出著作《非洲的发明》（The Invention of Africa）中，阐明了自己的目标，即"研究关于非洲的话语的基础这一主题……研究在西方话语中，非洲世界（是怎样）被建构为现实而被纳入了知识体系"（Mudimbe 1988，xii）。他所关注的内容超越了在人类学和哲学方面"作为科学学科的非洲主义（Africanism）的'发明'"（9），这是为了研究非洲学者对欧洲某些批判思想家，特别是福柯和列维-斯特劳斯（Lévi-Strauss）的著作进行的"引申和详述"。默丁比发现，即便是最为激进的非洲中心主义的观点，实际上也脱离不了西方认识论秩序的背景和影响。他还发现，在有些研究中，欧洲的批判思想被运用和推进得非常深远，就连研究者本人也没有预料到。默丁比指出，对于这些近期研究来说，重要的是摆脱了既有的"非洲"概念（认识论上、历史上和地理意义上）的束缚，并绕过它们，对非洲历史进行批判性的再诠释，这恰恰削弱了既有的关于"非洲"的概念。对默丁比来说，这意味着非洲人类学、历史学与观念上的根本突破。

默丁比坚信，这类批判性的研究可以开辟一条道路，即"在表征内部开始重构和重续被中断的历史"（Mudimbe 1988，183）。换言之，在这条道路上，非洲的人民有了更大的自主权，去决定自己如何被描绘以及如何建构他们自身的社会与文化模式。这些模式不一定与西方知识界和史书所传播的吻合——哪怕国际化的程度已日益加强。这一观点适用于整个第三世界，因为在西方现代史中，欧洲以外的地区已经按照西方的概念，被系统地改造，被并入了西方模式，这是一个非常危险的过程。将亚非拉地区表征为第三世界和欠发达，这正是沿袭了西方观念中有名的对亚非拉地区的谱系学（genealogy）[③]。

在分析欧洲对其他社会的表征体制时，蒂莫西·米切尔（Timothy Mitchell）揭示了另外一个重要机制。和默丁比一样，米切尔的目标是探索"那些特殊的方法，因为这些方法建立了标志着现代西方特质的秩序与真理"（1988，ix），以及这些方法对于 19 世纪埃及的影响。米切尔认为，这些方法和采用这些方法的政治利益群体，就是以 19 世纪世界展览的方式，将世界看成是一幅图画。对于现代（欧洲）民众而言，这意味着他（她）们将在与物质世界分离的状况下体验人生，他（她）们只是这次展览的访客。参观者不得不将外部世界框入画中（enframed），只有这样，才能厘清其含义。而在框构（enframing）过程中，人们所遵照的是欧洲的分类和标准。如此一来，一个客观主义体制出现了。在此体制中，欧洲民众必须服从于双重需要：既要远离现实、保持客观；又要融入当地生活。

一个奇怪的小把戏可以使参与观察成为可能，即把欧洲参观者的身影从图画中抹去（Clifford 1988，145）。具体来说，就是"从一个隐形的、远离的位置"，将（殖民）世界当作一个客体来观察（Mitchell 1988，28）。西方社会得以生活在一个"宛如被一分为二的世界里：一个是纯粹的表征王国，一个是'真实'世界；一个是一幕幕展览，一个是外在的现实；一个是由样品、描述或复制品构成的秩序，一个是原生秩序或事物自在的秩序"（32）。这个秩序与真理体制（regime of order and truth）是现代性的精髓。它已经被经济学和发展理论深化。无论是客观主义者还是经验主义者看来，它都宣告着第三世界及其民众"在那里"（out there），要通过理论和外部的干预来认识和了解。

现代性的这一特征带来了极大的后果。例如，当钱德拉·莫汉蒂质疑是谁从什么立场创造了关于第三世界妇女的知识时，她所指的就是这一特征。她发现在大部分关于发展的女性主义文献中，第三世界的妇女被描述为"贫穷的"，他们面临"问题"，但鲜有选择和行动的自由。从这个分析模式中浮现出一个普通的第三世界妇女的形象，这个形象是通过运用统计的方法和某些分类标准建构出来的。

因为其女性的身份（意味着性压抑），也因为她身处"第三世界"（意味着无知、贫穷、未受过教育、受传统束缚、主内、以家庭为中心、牺牲品等），这个普通的第三世界妇女过着被去菁存芜的生活。我认为，这与西方妇女（含蓄的）自画像形成了鲜明的对比，即西方女性是受过良好教育的、现代的，对自己的身体和性有主宰权，并有自我决策的自由。（Mohanty 1991b，56）

这些表征无疑采取了西方的标准去衡量第三世界女性。莫汉蒂相信，这导致了西方女性对于第三世界女性持有家长式的态度，更通俗地说，西方女性有一直占统治地位的西方式的优越感。在这个话语体制（discursive regime）中，诸多关于第三世界女性的研究与著作产生了一致的效果，即加固了那种统治地位。莫汉蒂总结道，"第三世界女性被压迫的状况在话语中不断被同质化和系统化，正是在这一过程中，近代西方女权主义的话语权得以体现，而这种话语权需要被释义、被命名"（54）[④]。

毋庸置疑，莫汉蒂的批判针对的是那些主流的发展文献。这些文献中存在着一群真正欠发达的主体，他们无权无势、消极被动、贫穷、无知、无法被阳光照到、历来缺乏能动性，他们仿佛等待着（白种的）西方人伸出援手。通常，他们由于自己的顽固、缺乏创新精神和固守传统而忍饥挨饿、愚昧无知、穷困潦倒并遭受压迫。这一形象已经很普遍，并且以一种与历史无涉的形式将第三世界的文化同质化了。这一描述只有从某种西方的视角来看才略有意义，从根本上来说，它更像是凌驾于第三世界之上的权力标记，而非对第三世界的真实描述。至此有必要说明，在一个西方支配第三世界的国际体系中，运用发展话语有着深刻的政治、经济和文化影响，这些影响值得探讨。

在不平等权力条件下制造话语就是莫汉蒂和其他学者所指的

"殖民主义者手段"（colonialist move）。通过这一手段，殖民地（或第三世界）的主体在话语中或通过话语被特殊地建构起来，其建构的方式使得西方权力能够凌驾其上。在霍米·巴巴看来，殖民话语（colonial discourse），尽管是"理论上最欠发达的话语形式"，但"对固化一系列差异和歧视起着关键作用，这些差异和歧视为话语和政治实践赋予了种族和文化等级化的特征"（Bhabha 1990，72）。巴巴对于殖民话语的定义尽管复杂，却很有启发性：

> （殖民话语）如同一台机器，设有承认或否认种族、文化和历史差异的开关。它最显著的功能就是通过创造知识，为受他国支配的"臣民"构建一个空间。根据这些知识，这些臣民被监管着，他们愉悦或忧伤的复杂体验被激发着……殖民话语的目的，就是根据种族起源，将被殖民者描述为一个不断退化的群体，从而证明征服他们是有道理的，证明建立管理和教导的体系是必要的……我所指的，就是这样一种形式的治理术（governmentality），它划定"附属国"，窃取附属国的财富，指挥和统治着附属国在许多领域的活动。（Bhabha 1990，75）

尽管从严格意义上说，上述定义的某些方面在殖民地语境下更适用，但发展话语受同样的规则支配。它已经创造了极其有效的机器，以生成关于第三世界的知识，并实现对第三世界的统治。这一机器在 1945~1955 年形成。从产生那天起，它就不停地生成新的知识和权力安排、新的做法、新的理论和新的战略，如此等等。总之，它成功地调动着凌驾于第三世界之上的治理体制和"受他国支配的'臣民'的空间"，以确保对第三世界在某种程度上的控制。

用萨义德的话来说，这个空间也是地缘政治意义上的空间，是一系列虚构的地理。发展话语必然包含着一个地缘政治的构想，这个构想形塑了40多年来发展的含义。这种对地缘和空间权力的构想是发展内涵中最具实质性的要素之一（Slater 1993）。它隐含在一些术语中，例如第一世界与第三世界、北方与南方、中心与边缘等。这些术语中隐含了空间的社会生产，与之相关的是差异、主体性和社会秩序的生产。尽管地缘政治中出现了一些调整，例如世界的去中心化、第二世界的消失、世界城市网络的出现、文化产品的全球化等，但它仍然在人们的想象中起着强大的作用。就第三世界而言，历史、地理和现代性之间存在着不可割裂的联系，尽管后来发生了重大的变化，催生了后现代地理学的出现（Soja 1989）。

总之，我建议将发展作为一个独特的历史现象与一个被创造出来的思想和行动领域来考察。我们可以通过分析三个维度的特征和相互关系来界定发展的含义：（1）描述发展的知识形式（form of knowledge），由于这种描述，发展得以产生，并被细化为对象、概念、理论等；（2）控制发展实践的权力体系；（3）由发展话语所创造出来的主体性形式，人们由此认识到自己是发达的或欠发达的。这三个维度所产生的集合组成了发展话语，借此诞生了一个有效率的机器，它将知识形式和权力技术（technique of power）系统地结合起来[5]。

因此，这一分析可以用话语和表征体制（regime of discourse and representation）的方式来表达。表征体制可以被解析为际遇之场（place of encounter），不同身份在此被建构，暴力由此而源起，并在此被符号化、被处置。哥伦比亚的一位学者创造了这一有用的分析方式，来分析其国内19世纪的暴力现象。这一分析方式基于巴赫金（Bakhtin）、福柯和吉拉尔（Girard）的研究成果，把表征体制看作语言际遇之场，即语言交汇碰撞的场所，如过去的语言和现在的语言（例如"文明"的语言和拉美独立后"野蛮"的语言）、内部语言和外部语言、自己的语言和他者的语言（Rojas de Ferro 1994）。20世纪40年代晚期，随着发展的出现，一个类似的表征体制产生，它的出现伴随着特殊形式的现代暴力[6]。

表征体制这一概念用以研究和分析通过表征或在表征内部建构第三世界的机制，以及这一建构所产生的后果，它是理论和方法论上的决定性原则。要解释发展话语如何创造了第三世界的表征体制，就要尝试绘制一幅结构图，说明知识结构和权力配置如何限定了二战后的世界格局（Deleuze 1988）。莫汉蒂补充道，这些也是抗争之图。尽管它们主要用于理解表述和定位第三世界人民生活的某些概念，但它们也揭示了人们斗争的领域，即便在很多时候这种揭示是间接的。本书则提供了一张总图，指引读者在众多话语和实践中穿梭。这些话语和实践能够说明今天第三世界占主导地位的社会文化和经济生产的种种形式。

本书的目的正是分析从二战后初期至今，发展话语和发展机器的建立及巩固的过程（第二章）；分析二战后的经济发展理论中"欠发达"这一概念是如何被建构的（第三章）；展示发展机器是如何通过特定领域知识和权力的系统生产来发挥作用的，例如在农村发展、可持续发展、妇女与发展领域（第四章和第五章）。最后，结论部分探讨如何构想一个后发展时代的表征体制问题，以及如何在今天的第三世界社会运动的背景下，探索其他的替代方案。

有人也许会说，这是将发展主义看作话语场域的研究。但不同于萨义德的东方主义研究，我更关注话语通过实践得以运用的过程。我想揭示的是，话语导致了某些思维和行动的具体实践，通过这些实践，第三世界被创造出来。为了深入地分析，我选择以 20 世纪 70 年代、80 年代在拉美实施的农村发展、健康和营养项目为例证。另一个与《东方主义》的不同之处源于霍米·巴巴的告诫，他说，"萨义德的论述总是暗示，鉴于权力的意向性与单向性，殖民地的权力被殖民者完全掌控"（Bhabha 1990，70）。这正是我努力避免的，相反，我考察了第三世界人民抵制发展干预的多种形式，考察了他们如何尽力打造生存与行动的其他方式。

　　与默丁比对非洲主义的研究一样，我亦欲发现，将第三世界看作欠发达地区的知识秩序（order of knowledge）和话语体系的基石究竟是什么。可以说，我想绘制发展的诞生之图。但我研究的重心并不是人类学和哲学，而是将发展置于现代性的整体背景下，特别是现代经济实践中来考察。从这个方面而言，发展揭开了现代性的人类学（anthropology of modernity）的新篇章，换言之，西方现代性将被视为文化和历史的特定现象来研究。如果真的存在支撑现代秩序和人类科学的"人类学结构"（anthropological struc-ture）（Foucault 1975，198），我们就必须研究在什么程度上该结构导致了发展体制（regime of development）的产生，也许它是作为现代性的特殊变体而产生的。这种现代性的人类学的总体研究方向已经明了，即将西方的文化产品视为"舶来品"，从而看清它们的本质。"我们需要将西方人类学化（anthropologize the West），从而展现西方所建构的现实曾多么奇异；着重强调那些被认为是理所当然、应该普遍接受的领域（包括认识论和经济学）；尽可能地使它们呈现为历史上特定的事物；揭示它们所宣称的真理是如何与社会实践联系起来的，又是如何成为社会世界中有影响的力量的"（Rabinow 1986，241）。

　　现代性的人类学倚重于民族志的方法，将社会形态看作是历史实践、知识和权力共同创造的。我们将努力探究，宣称的真理是如何与创造并控制社会生活的各种实践和符号相联系的。我们将发现，通过知识和权力的结合，第三世界被创造了出来，这点对于发展话语是至关重要的。这并不排除一个事实，从第三世界的很多方面来看，即便是最合理的西方社会文化行为，也可能是相当奇特的，甚至是怪异的。但是，至今，除非使用发展话语提供的那些术语，西方大部分民众（还有第三世界的许多民众）仍很难设想第三世界的情形和人民到底是什么样的。这些术语，诸如人口过剩、持久性饥荒、贫困、文盲等，是最为司空见惯的标记。这些标记已经被刻板化，并给发展带来了麻烦。传媒所描述的第三世界的形象是发展主义表征最为清晰的例证，而这些形象很难消散。这就是为什么有必要联系现代的认知、观察、计算和简略等体验来考察发展。

解构发展

发展话语分析始于 20 世纪 80 年代晚期，很可能将延续到 90 年代。它试图发出另一种声音，提出替代的表征和实践体制。但鲜有研究真正解构发展话语本身[7]。詹姆斯·弗格森（James Ferguson）最近对莱索托的研究是有关解构主义方法的重要代表作（1990）。弗格森对世界银行在该国开展的农村发展项目进行了深入的分析。若与原本设定的目标相比较，在莱索托实施的农村发展项目无疑失败了，但产生了其他方面的重要结果，包括国家权力进一步巩固，农村社会关系被重整，西方现代化影响加深，各种问题去政治化（depoliticization），等等。弗格森认为，必须在上述这些结果的层面上评估这一发展机器的有效性。

另外一位运用解构主义方法的学者萨克斯（Sachs 1992）分析了构成发展话语的关键概念或词语，例如市场、规划、人口、环境、生产、平等、参与、需求、贫困等。他简要追溯了每个概念在欧洲文明史中的起源，并分别分析了从 20 世纪 50 年代至今每个概念在发展话语中的运用和变化。他的目的是揭示这些概念的武断性、在文化和历史上的独特性，以及在第三世界的背景下运用这些概念所表现出来的危险性[8]。与此相关的是，以"知识体系"（system of knowledge）为分析思路而组建的一个研究小组坚信，文化的特征不仅包括规则与价值，也包括认知的方式。发展已经完全依赖于一种知识体系，即现代西方知识体系。这种知识体系占据统治地位，迫使非西方的知识体系处于边缘化和被抹杀的状态。该小组的学者认为，研究者和活动家也许能够在非西方的知识体系中发现不同于经济主义和简化论思维的其他理性，以指导社会行动[9]。

在 20 世纪 70 年代，人们发现发展干预"忽略"了女性。这一"发现"在 20 世纪 70 年代、80 年代后期引发了一个全新领域的扩张，即妇女参与发展（Women in Development，WID）。"妇女参与发展"被许多女性主义研究者作为表征体制加以研究，其中最为知名的是阿黛尔·穆勒（Adele Mueller 1986，1987a，1991）和钱德拉·莫汉蒂。他们对占主导地位的发展机构如何创造并管理它们的服务对象进行了富有洞察力的分析。对于发展的其他方面的类似分析，例如环境与经济学等，也将会继续进行。这类分析对于理解发展作为一种话语如何起作用做出了必要的贡献[10]。

一批瑞典人类学家致力于研究世界上不同地区、不同社会背景下，人们如何运用、解释、质疑和再生产发展和现代性的概念。一系列与这些概念有关的习惯性用法、运作模式和产生的效果将浮出水面。这些用法、模式和效果都极具本土特色。无论是在巴布亚新几内亚的村庄，还是在肯尼亚或埃塞俄比亚的小镇，当地版本的发展和现代性都遵循复杂的程序诞生。这些程序包括传统文化实践、殖民历史，以及该地在充斥着商品和符号的全球经济中的即时地位等（Dahl and Rabo 1992）。这些我们急需的有关发展与现代性的民族志是皮格（Pigg 1992）在研究尼泊尔健康项目时首先尝试的。下一章将介绍更多的类似研究。

最后，还有必要提及那些关注传统学科在发展话语中的作用的研究。艾琳·坚吉尔（Irene Gendzier 1985）考察了政治学，尤其是 20 世纪 50 年代的政治学在现代化理论形成中的作用，以及它与当时一些议题的关系，例如国家安全和经济需要。之后，凯瑟琳·辛金克（Kathryn Sikkink 1991）在政治学领域对 20 世纪 50 年代、60 年代在巴西和阿根廷出现的发展主义进行了研究。她感兴趣的主要是，在发展主义作为经济发展模式被采纳、实施和巩固的过程中各种观念所起的作用[11]。智利学者佩德罗·莫兰德（Pedro Morandé 1984）分析了 20 世纪 50~60 年代北美的社会学在拉丁美洲如何被采用并逐渐建立起统治地位，从而形成关于"发展"的纯粹功能论思想，即将发展视为从"传统"到"现代"的转型过程，而毫无任何文化上的考虑。一个类似的分析来自凯特·曼索（Kate Manzo 1991），她分析了发展的现代主义方法（如依附理论）的缺陷，并呼吁关注植根于第三世界草根行动者实践中的"反现代主义"（countermodernist）选择。本书的中心正是在对发展的批判分析基础上，呼吁文化，尤其是传统文化的回归。

正如以上简短的回顾所示，已经有一些研究对发展进行了话语批判，尽管数量不多，但相互连贯。本书将在这方面做全面的分析，对发展和整个第三世界的历史进程进行整体考察，并用一个特例来说明发展话语是如何起作用的。这些分析的目的是彻底解放话语场域，这样，构想替代方案的工作就可以在一些领域开始（或被研究者认为是一盏新的航灯），这些领域仍然生产着以发展为目的的学术和专家知识。先前所提及的有关本土发展的民族志为实现这一目标提供了有益的元素。在结论部分，我会拓展这些研究所取得的结果，并努力阐明"替代方案"的观点，这一观点既是研究问题也是社会实践。

人类学与发展遭遇

塔拉尔·阿萨德（Talal Asad 1973）在其主编的关于人类学与殖民主义关系的著名文集《人类学与殖民遭遇》（*Anthropology and the Colonial Encounter*）的导言中，提出了这样一个问题，即人们是否仍然没有发现，"令人不可思议的是大部分人类学家不愿意严肃思考人类学得以形成的权力结构"（5），即关于殖民主义与新殖民主义，以及它们的政治经济与政治制度的问题。今天的发展，难道不是如同上一个时代的殖民主义吗？它们都形成了"一种人与人之间的亲密关系，人类学的田野研究正是建立在这种关系的基础之上"。即使当时的被研究者有所行动，与研究者有所交流，

"这种亲密关系也被确保是单向的、临时的"（17）。此外，如果在殖民时期，"人类学的总体观点和倾向并没有对殖民体系所代表的不平等世界提出挑战"（18），那么发展体系不也正是如此吗？总之，难道我们不能同样地来谈论"人类学与发展遭遇"吗？

确实，从整体上说，人类学并没有明确地谈到发生在二战后期的一个事实，即发展话语构建起的穷国与富国之间的际遇。尽管许多人类学家，尤其是代表原住民的人类学家[12]，反对发展干预，但大部分人类学家参与了发展机构的事务，例如世界银行和美国国际开发署（United States Agency for International Development，USAID）等。这种令人生疑的参与在 1975~1985 年尤为引人注目，并被其他文献分析过（Escobar 1991）。恰如斯泰西·利·皮格（Stacy Leigh Pigg）所指出的，在大多数情况下，人类学家要么作为应用人类学家，置身于发展内部，要么就是原住民或"本地人观点"的真正捍卫者，身处发展之外。因此，他们会忽视发展其实是一个文化论战和身份建构的竞技场。但也有少数人类学家研究了抵制发展干预的形式和过程（Taussig 1980；Fals Borda 1984；Scott 1985；Ong 1987），关于在殖民背景下的抵抗可参阅 Comaroff（1985）和 Comaroff and Comaroff（1991）。

在将发展作为一种表征体制的讨论中，人类学家的缺席令人颇感遗憾，因为殖民主义如果真在许多方面被取代，那么通过发展形成的对第三世界的表征则和殖民表征一样深入有效，也许渗入范围更广，效果更显著。正如萨义德所指出的，在近期人类学中，"几乎没有任何文献将美国的粗横干预作为影响理论探讨的因素"（Said 1989，214；也请参阅 Friedman 1987；Ulin 1991），这实在让人烦扰。这种粗横干预发生在经济、军事、政治和文化等诸多层面上，通过发展表征交织在一起。萨义德进一步指出，西方学者对于第三世界知识分子数量众多、充满激情的批判文献熟视无睹，这也让人困扰。这些批判多集中于殖民主义、历史、传统和统治等方面，也许还要加上发展。第三世界呼吁摧毁全部发展话语的声音正在飞速增多。

斯特拉森（Strathern 1988，4）认为，20 世纪 80 年代人类学发生了深刻的变化，这为研究人类学开辟了一条新的道路，即研究人类学如何与"西方创造世界的方式"紧密联系在一起，以及人类学如何与表达第三世界民众利益的其他可能途径紧密联系在一起。他对人类学实践的批判性思考让人们认识到，"没有人再能把他者当作孤立的客体或通过几段文字来描述"（Strathern 1988，4）。一项新的任务因此慢慢出现：构想"更细致的、更具体的写作与阅读方式……将文化作为互动的和历史的新概念"（Clifford 1986，25）。在这一背景下人类学写作方式的革新，"将民族志推进到一个前所未有的程度，它拥有了强烈的政治及历史敏感性，改变了文化多样性被描绘的方式"（Marcus and Fischer 1986，16）。

自 20 世纪 80 年代中期开始，人类学被重新构想。这已经成为人类学家、女性主义者、政治经济学家、第三世界学者、第三世界女性主义者和反后现代主义者批判、论述或传播的对象。其中有些批判或多或少更具针对性和建设性，在此导言部分无须详述[13]。从这个程度上来说，80 年代的"试验期"相当富有成果，且成果的应用相当多。但重新构想人类学的历程显然还在继续，也还应该进一步深入，并将之带入其他领域和其他方面。在进行文字上的批判后，人们认为，现在人类学应该"重新进入"真实的世界。为此，人类学需要将它的实践重新赋予历史意义，并认识到自身的实践受诸多因素的影响，这些影响已经超出民族志学者可以控制的范围。而且，它必须愿意更彻底地审视该学科内最为珍视的一些概念，例如民族志、文化和科学（Fox 1991）。

斯特拉森呼吁，这种审视必须在西方社会科学的背景下进行，必须在西方社会科学"承认对社会生活的描述中存在某些利益"的情况下进行。斯特拉森的呼吁有着极其重要的意义。西方解构与自我批判存在着局限，这是在学科内部重新确立讨论中心时的关键问题。在解构和摧毁的同时必须构建起新的看待事物和行动的方式，这些至少对于那些为发出不同声音而斗争的学者来说，已经越来越明显。毋庸置疑，在对发展的讨论中，这点十分重要，因为人们的生存正面临危险。正如莫汉蒂所坚持的，解构和建构的行动必须同时进行。我在本书的最后一章也指出，这一同时进行的行动可以策略性地关注社会运动中的集体行动。这些集体行动不单单为商品和服务而斗争，还为生活、经济、自然和社会的意义而斗争。简言之，这就是文化的斗争。

巴巴希望我们了解，解构和其他形式的批判并不会自动导致"对其他文化和话语体系的清楚无误的解读"。它们也许在反对民族优越感上是必要的，"但如果不经过重新建构，它们就不可能代表文化的差异性"（Bhabha 1990，75）。而且，这些批判会有一种倾向，即主要以西方理性为中心来讨论文化的差异性，因而否认了文化的差异性是"隐含在特定的历史和话语条件下的，需要用不同的解读方式来建构"（Bhabha 1990，73）。在拉丁美洲，人们也持有类似的观点，即认为后现代主义必须许诺能够带来公正和建立替代的社会秩序，只有这样，才算是富有成效的[⑭]。这些第三世界的改良倾向正说明了很有必要提出替代的议题和战略来建构反殖民主义的话语（以及通过表征或者在表征之内重新建构第三世界，这些可能发展成为替代的实践）。目前许多当代理论号召学者质疑西方自我批评的局限性，这样我们就能预见第三世界民众的"话语革命"。这种话语革命是默丁比所倡议的，即"我们希望摆脱欧洲思潮的统治"（转引自 Diawara 1990，79）。

人类学需要从遭遇发展（或者更一般地来说，即现代性）后的空间里解放出来，这种解放可以通过仔细考察暗含其中的种种方式来实现，这是走向更为自主的表征体制的重要一步。在某种程度上，这也可以激发人类学家和其他学者去深入研究第三世界民众所采用的策略。第三世界的民众正是希望在集体政治行动中通过这些策略去重新界定和改变自己的现实。人类学曾经在 20 世纪 80 年代以饱满的热情重新构想社会现实，学者们现在所面临的这种挑战也许会使这种构想变得更为激进。

全书总览

第二章分析了发展话语和发展战略在二战后初期产生和不断巩固的过程，指出发展的出现和强化源于当时人们将贫困问题化。该章呈现了这一过程的历史条件，并指出了发展被利用的主要机制，即发展知识的专业化和发展实践与行动的制度化。在这一章，一个重要的方面就是话语的本质、动态变化、历史及其运作模式。这一方面的核心是识别构成发展话语的基本元素和基本关系。谈到发展，人们必须遵循某些陈述规则，这些规则可以追溯到最基本的分类和关系体系。该体系定义了发展的霸权主义世界观。即使发展的语言通常被大肆改写以适应当地环境，这一世界观仍然不断渗透并改变着第三世界城市和乡村的经济、社会和文化结构。

第三章试图对经济学进行文化批判。它分析了形塑发展领域的最有影响力的因素——发展经济学的话语。为了理解这一话语，人们必须分析这类话语形成的条件：话语是如何建立在已有的西方经济以及由此产生的经济学说（古典经济学、新古典经济学、凯恩斯主义和增长经济学理论）的基础上而形成的；发展经济学家如何建构了"欠发达的经济体"，并将发达资本主义的社会与文化的种种特征在其理论中加以体现；与这一建构有关的资本主义国家的政治经济；与发展经济学如影随形的规划实践，它也是生产和管理发展的巨大力量。经济学享有的特权使之能够渗入发展的全部实践。正如该章结尾部分所指出的，尽管最近的经济人类学研究提出了一些令人鼓舞的观点，涉及重新定义经济学的原则和分析方式，但没有迹象表明经济学家会这样做。"建模师共同体"（community of modelers）的概念（Gudeman and Rivera 1990）也许是一个建构文化政治学的方法，它能够批判性地，我希望也是中立地，与占统治地位的经济学话语进行交锋。

　　第四章和第五章将详述发展是如何起作用的。第四章的目的是说明在建构和处理一个特定的问题（营养不良与饥饿）时，理性的技术——诸如规划、测量与评价的方法、专业知识、制度实践等——是如何将彼此关联的、各种类型的知识和权力组织在一起的。该章探讨了在营养、健康与农村发展方面一系列学科（各种形式的知识）和战略的起源、发展及其衰落。在20世纪70年代初期，北美和英国大学的一些专家、世界银行与联合国组织规划了最初的全国性的营养与农村发展战略，其结果就是70年代、80年代在第三世界国家推行和实施的大量项目，这些项目主要由世界银行和第三世界国家政府提供资金。该章以哥伦比亚的一个此类项目为案例，说明发展机器（development apparatus）的运作模式。该案例来自我与一个政府规划小组的实地研究，他们负责设计和实施了该项目。通过仔细考察粮食与饥饿的政治经济学以及与之有关的话语建构，这一章和第五章说明了以后结构主义为导向的政治经济学的发展过程。

　　第五章延续了第四章的分析，其重点是解释建构农民、妇女和环境的表征体制的基础。该章特别分析了世界银行的实践，揭示了表征和权力之间的关系。这一机构被当作发展话语的例证和发展的蓝图。该章也特别分析了在近期的发展文献中农民、妇女和环境的表征情况，以及隐含在综合农村发展、妇女与发展和可持续发展中的矛盾性与可能性。规划师和专家在设计与执行项目中运用了表征，通过这些表征，发展被赋予了可见性。通过对这一过程的仔细分析，该章展现了在话语中创造可见性（特别是通过现代视觉性技术创造可见性）与权力行使的关系。这一章也解释了关于农民、妇女和环境的话语是如何在整个发展的空间中以类似的方式出现和起作用的，从而对话语的变化与转型进行理论阐述。

　　最后一章是总结，探讨了发展表征体制的转型问题，并提出了替代方案的可能性。第三世界和第一世界越来越多的呼声标志着发展的终结，该章对此进行了考察和评价。类似的，近来拉丁美洲的社会科学家研究了在现代性危机下，"混杂文化"（hybrid culture）如何成为文化肯定（cultural affirmation）的一种模式。在这些研究的基础上，我们可以对作为研究问题与社会实践的替代方案的形成进行理论解释。我认为，我们不应该期冀寻求宏大的替代模式和替代战略，而是需要考察在具体环境中可能的替代表征和替代实践，尤其是这些替代表征和替代实践存在于混杂文化、集体行动和政治动员的背景之下。这一提议产生在资本的生态阶段（eco-logical phase of capital），以及为全世界的生物多样性斗争的背景下。一方代表的是全球资本和生物技术的利益，另一方代表的则是当地社区和地方组织的利益，它们之间的斗争正在进入高级阶段，在此阶段，人们正在对发展和后发展的意义进行斗争。这种斗争常常涉及世界热带地区少数民族的文化，这就涉及一些关于文化政治学的前所未有的问题：关于社会秩序的设计、技术、自然和生活本身。

最后，这种分析以叙事为基础，但这并不意味着所描述的故事纯属虚构。正如唐娜·哈拉维（Donna Haraway）在分析生物学叙事时所说的，叙事不是虚构，也并不有悖于"事实"（1989a，1991）。确实，叙事就是历史的记载，其中交织着事实和虚构的成分，在这种意义上，即使是最中立的科学领域也是叙事性的。哈拉维坚持认为，将科学当作叙事并非不严肃，恰恰相反，这是对待科学最为严肃的态度。作为叙事的科学既不是故弄玄虚的"真理"，也不应受到许多科学评论中的怀疑主义的嘲讽。科学和专家的话语，如发展，制造了权威的"真理"，也制造了创造和干预包括我们在内的世界的种种方式；它们就是最好的例证，说明了"只要有可能，在争夺更为真实、更为现时的世界过程中，世界就会被不断再造"（Haraway 1989a，5）。叙事，如本书中的故事，已经和历史交融在一起，绝非不谙世事的虚构。我们是否能够摧毁发展，能否永远作别第三世界，同样取决于社会能否创造出新的叙事、新的思维方式和行动方式[15]。

第二章
贫困的问题化：三个世界与发展的故事

> "贫困"无疑是我们这个时代的关键词，每个人都在广泛地使用甚或滥用它。以贫者之名，人们耗费了巨额的资金。成千上万的著述和专家仍然在寻找问题的解决之道。然而奇怪的是，包括这些济贫活动的潜在"受益者"在内，似乎没有人对贫困有一个清晰的、公认的见解。原因之一是，几乎所有对"贫困"做出的定义都与"短缺"或"不足"交织在一起。这种观点仅仅反映了"贫困"概念基本的相对性。那么，哪些是生活的必需品？这些物品对谁而言是必需的？谁又有资格来对这一切进行界定？
>
> ——《全球贫困：一个贫困化的神话》，
> 马吉德·拉纳玛（Majid Rahnema 1991）

在二战结束初期，世界上所发生的众多变化之一，就是亚洲、非洲和拉丁美洲大规模的贫困现象开始被世人"发现"。看似不经意却又顺理成章，这一发现为全球文化和政治经济的重要重构指明了方向。战争话语被移植到社会领域和新的地理区域——第三世界，与法西斯主义的对抗则被抛在了脑后。在美国作为世界霸权的统治地位被迅速全球化的过程中，第三世界国家进行的"与贫困的战争"开始占据显著位置。雄辩的事实为这场新的战争提供了有力的证明，"以明确的营养性疾病来界定的话，世界上约有2/3（超过 15 亿）的人正生活在极度饥饿之中。这种饥饿也是他们贫困、邋遢与悲惨生活的原因和体现"（Wilson 1953，11）。

在 20 世纪 40 年代后期到 50 年代期间，关于贫困特性的这些表述盛极一时（Orr 1953；Shonfield 1950；United Nations 1951）。贫穷国家长期存在的贫困状态和社会不安定因素以及它们给发达国家带来的潜在威胁，使人们又开始重视贫困问题。贫困地区的问题闯入了国际视野。据联合国估计，1949 年美国的人均收入是1453 美元，而印度尼西亚的人均收入还不到 25 美元。这种现实使人们意识到必须采取措施以防止世界整体的不稳定因素继续恶化到无法收拾的地步。世界上富裕地区和贫困地区的命运也被视作是密切相连的。1948 年，一个专家组这样说道，"世界的真正繁荣是无法分割的"，"如果世界上一些地区的人们生活在贫困和恶劣的卫生环境中，那么其他地区的繁荣景象也不会长久"（Milbank Memorial Fund 1948，7；Lasswell 1945）。

全球范围的贫困是在二战后才被发现的。正如萨克斯（Sachs 1990）和拉纳玛（Rahnema 1991）所指出的那样，在 1940 年之前，人们对贫困的认识和对策与二战后相比，是截然不同的。在殖民地时期，人们相信，即使"土著人"能够在某种程度上因为殖民者的出现而开化，他们的贫困问题也没有太多方法能够解决，因为土著人的经济发展本身是徒劳的，而这种信念成为人们关注贫困的前提条件。土著人掌握科学技术的能力和经济发展的基础被视为零（Adas 1989）。这些学者还指出，在亚洲、非洲、拉丁美洲或者说美洲土著社会，以及欧洲历史上的大多数阶段，各个国家都采取了多种判定和应对贫困的方式，顺应了共有、俭省和富足的前景设想。我们并非要美化这些方式，但可以肯定的是，不管这些传统方式是什么，只有在市场经济的扩展割裂了人们与社区之间业已建立的纽带，并且剥夺了千百万人民使用土地、水和其他资源的权利之后，现代意义上的大规模贫困才开始出现。随着资本主义的巩固，系统性的贫困化成了不可避免的现象。

正如拉纳玛（Rahnema 1991）所提议的，我们不对贫困进行考古学式的研究，而只强调贫困的概念和贫困的管理在历史上的两次突变，第一次突变因欧洲资本主义的出现而发生，第二次突变则伴随着第三世界的发展，这种强调十分重要。19 世纪出现了以非个人组织援助为基础的贫困应对系统，拉纳玛据此描述了第一次突变。慈善事业在这一次突变中至关重要（Donzelot 1979）。穷人成为受助者，这一转变产生了深刻的影响。这种贫困的"现代化"不仅标志着地方性关系的破裂，也标志着新的控制机制的产生。穷人越来越像是一个需要社会采取新型干预方式的社会问题。的确，关于生命的意义、经济、权利以及社会管理的现代思维是与贫困相关联而开始出现的。"贫困、政治经济以及对社会群体的发现都是紧密交织在一起的。"（Polanyi 1957a，84）

社会着手解决贫困问题，也由此开始攻克新的领域。新生的资本主义秩序和现代性或许更多地依赖于贫困政治学，而不是工业和技术的力量。贫困政治学的目的不仅是创造更多的消费者，还包括通过将穷人变成知识和管理的对象来改变整个社会。这种运作所包含的是"一种使攻克贫困、创造贫困政治学成为可能的技术—话语手段"（Procacci 1991，157）。普罗卡奇（Procacci）解释说，姑且不论是对是错，贫困总是与一些特征相联系，例如流动、漂泊、独立、节俭、生活糜烂、无知、拒绝承担社会责任、不愿工作，以及拒绝服从"需求"扩张的逻辑。与之相应的是，对贫困的管理需要在教育、健康、卫生、道德、就业方面进行干预，并逐渐向穷人灌输合作、储蓄、育儿等方面的好习惯。这样做的结果就是全套的、全方位的干预，这些干预创造了一个全新的领域，也就是一些学者所说的"社会"领域（Donzelot 1979，1988，1991；Burchell，Gordon，and Miller 1991）。

作为一个知识和干预的领域，社会领域在 19 世纪开始出现，在 20 世纪随着福利国家的巩固以及社会工作全部相关技术的完善而达到顶峰。不只是贫困，健康、教育、卫生、就业以及城镇地区低下的生活质量都被视为社会问题，解决这些问题需要有关人口和社会规划的恰当模式的广泛知识（Escobar 1992a）。随着经济的概念化，"社会的管理"具有了一定地位，而且很快被人们视为理所应当。一个"穷人的专属阶层"（Williams 1973，104）由此产生。然而，这一现象最重要的方面就是知识和权力机构各就其位，承担起优化生活的职责，使之符合现代的、"科学的"条件。这样，现代性的历史就不仅仅是知识和经济的历史，更透彻地说，它也是社会的历史[①]。

就像我们将要看到的，发展的历史意味着这种社会的历史在其他地方的延续。这也是拉纳玛所提到的贫困史上的第二次突变：在 1945 年之后，世界上 2/3 的人口被界定为穷人，由此造成了贫困的全球化。如果说在市场经济社会里，穷人被定义为缺少富人所拥有的金钱和物质财产，那么贫困国家也是根据经济更发达国家的财富标准来界定。年人均收入成了界定贫困的经济学概念最理想的准绳。在全球范围内来理解贫困，"只是一个对比统计数据后的结果，这种操作最早在 1940 年才开始进行"（Sachs 1990，9）。当 1948 年世界银行将年人均收入不足 100 美元的国家界定为贫困国家时，一纸法令就使世界上 2/3 的人口成了贫困人口。如果贫困问题由收入不足造成，那么解决的对策无疑是经济增长。

于是贫困成了一个组织性概念（organizing concept），成了新的被问题化的对象。就像任何一个被问题化的例子一样（Foucault 1986），贫困的问题化也带来了新的话语和实践，并形塑着它们所涉及的社会现实。第三世界的本质特征是贫困，而消除贫困的方法是经济增长，因此发展成了不言自明的、必然的、通用的真理。本章分析的就是促成这一特殊历史事件的多重过程。它解释了第三世界的"发展化"（developmentalization）以及发展化如何不断嵌入思维和实践的体制中。在这种体制中，某些消除贫困的干预活动成了世界秩序的核心。本章也可以看作对三个世界产生过程的一个说明，也解释了围绕第三世界的发展所产生的争论。尽管第二世界出现了衰落和转移，但是三个世界的划分仍然是产生政治秩序的一种方式，这种秩序是"通过对边界的谈判来发挥作用的，而边界又是通过设置差异而形成的"（Haraway 1989a，10）。无论是过去还是现在，它都是一种将文化、种族、性别、民族以及阶级深刻而复杂地交织在一起的叙事。以三个世界和发展的故事为编码的政治和经济秩序，主要依存于种种意义（meanings）的输送。这些意义绘制出了关于存在与理解的新的领域，也正是这些领域在今天越来越多地遭到第三世界人民的挑战和摒弃。

发展的发明

新战略的出现

1949 年 7 月 11 日到 11 月 5 日，由国际复兴开发银行（IBRD，即世界银行，这一名称更加为人熟知）组织的一个经济代表团对哥伦比亚进行了访问，旨在为该国制订一个整体的发展计划。这也是由国际银行派往欠发达国家的首个此类代表团，包括 14 名来自不同领域的国际顾问：外汇，交通，工业、燃料和能源，高速公路与航道，社区设施，农业，健康和福利，金融和银行业，经济学，国民收入，铁路，石油精炼。与这个代表团一起工作的是一组来自相同领域的哥伦比亚顾问和专家。

这个代表团对它的使命以及所制订的发展计划的特点有如下评价：

> 我们把工作的范围理解为提倡一种综合的、内在一致的计划……哥伦比亚经济中不同部门的关系非常复杂，对这些关

系进行深入的分析对于制定协调的发展图景是十分必要的……这也是一个整体发展计划的前提和依据。片段的、零散的工作和努力最终改变不了整体的图景，只有通过对整体经济进行教育、健康、住房、粮食和生产力等方面的干预，才能最终打破贫困、愚昧、恶劣的卫生条件和生产力低下的恶性循环怪圈。一旦这个循环被打破，经济发展就可以自行持续下去。（International Bank for Reconstruction and Development 1950，xv）

这个计划呼吁在所有重要的经济领域进行"大量的改进和改革"。它构成了一个国家社会和经济现实的全新表征和全新方法，其中，最着重强调的特色之一是它的综合性和完整性。它的综合性要求在所有重要的社会和经济领域实施计划，而认真的规划、组织和资源分配保证了这些计划的完整性和顺利实施。这个计划还开出了一系列详细的处方，包括目标和可量化的指标、投资需求、设计标准、方法和时间安排等。

在这里，我认为很有必要详细地引用这个计划的最后一段，因为它反映了当时出现的这种路径方法的几个关键特征：

没有人能否认这样一个结论，那就是依赖自然资源没有带来最令人满意的结果。同样一个不可避免的结论是，有了揭示事实与经济过程的知识，有了设立目标与分配资源的良好规划，有了实施计划进行改进与改革的决心，我们就可以通过改变经济政策来满足经过科学确定的社会需求，以此来改善经济环境……摆在哥伦比亚面前的是史无前例的独特机遇。通过应用现代技术和有效的实践，它丰富的自然资源可以实现巨大的生产效能，它在国际债务和贸易中的有利地位使它能够从国外获得现代化的设备和技术。对欠发达地区进行技术和经济援助的国际组织和外国组织也已经建立。开创一个快速而广泛的发展阶段所需要的，只是哥伦比亚人民自身的决心和努力。通过这种努力，哥伦比亚不仅会实现自身的救赎（salvation），还会为世界上其他欠发达地区树立一个令人鼓舞的典范。(International Bank for Reconstruction and Development 1950，615)

救赎这个概念所传达出的类救世主的情感与类宗教的热情值得注意。在这种表述中，救赎包含着一种信念，它相信有一条正确的道路，那就是发展；只有通过发展，哥伦比亚才能成为世界上其他欠发达国家的"令人鼓舞的典范"。然而，救赎或者说发展的任务是极其复杂的。幸运的是，充足的工具（科学、技术、规划和国际组织）已经为这项任务而生，而它们在西方世界的成功应用已经证明了自身的价值。而且，这些工具是中性的、可取的、通用的。在发展出现之前，人们一无所有，只是"依赖自然资源"，而这不会带来"最令人满意的结果"。发展为人们点亮了一盏指路明灯，也就是满足"经过科学确定的社会需求"的可能性。因此，国家必须从昏睡的过去中醒来，遵循通往自身救赎的唯一道路。毫无疑问，这条道路就是"在悠久历史（也许有人会补充为'黑暗的历史'）上从未有过的独特机遇"。

这就是这个计划所展示的表征体系。然而，尽管在语言表达上采用了人性化目标和维护自由这样的措辞，但是这一新战略致力于营造对他国及其资源的新型控制。一种符合西方发达国家理念与期待、被西方国家认定为进化与进展标准路线的发展模式得到了提倡。就像我们将要看到的那样，通过用这种术语将进步概念化，发展战略成为将世界标准化的有力工具。1949 年世界银行派往哥伦比亚的代表团就是这一新形势最初的具体表现之一。

发展话语的先驱与前辈

正如下一部分将要说明的，以 1949 年世界银行派往哥伦比亚代表团为例证的发展话语在复杂的历史连接点上出现了。它的发明标志着欧美与亚非拉大多数国家之间历史关系的重大转变。它也使欧美文化形成了对亚非拉等世界其他地区的新的表征体制。但是，我们必须对这种话语的"诞生"进行简要的描述，有很多重要的早期发展话语预示了它在二战之后的全盛。

启动发展的缓慢准备工作也许在非洲表现得最明显。在非洲，一些研究（Cooper 1991；Page 1991）表明，殖民主义的衰落与发展的兴起之间有着重要的联系。在一战过后、二战烽火未燃前，发展制度作为一种重建殖民世界、重构殖民地与大都市之间关系的战略已经具备了依据和基础。正如库珀（Cooper 1991）所指出的，20世纪40年代英国发展法案首次将发展理念具体化，就是对20世纪30年代君权受到挑战的一种回应，因此必须被看作一种重振帝国的举动。这一点在非洲南部的殖民国家表现得尤为明显。在那里，正如佩奇（Page 1991）所说，劳动力和粮食供给等当务之急促使当局采取非洲部分人口现代化的战略，而非洲妇女所捍卫的粮食、共有等非洲中心视角沦为牺牲品。这些早期的尝试在20世纪50年代的社区发展计划中被明确下来。国际联盟（League of Nations）通过委任托管体系（system of mandate）协商去殖民化，它在亚洲和非洲的很多案例中同样起到非常重要的作用。在二战之后，委任托管体系被扩展为普遍的去殖民化过程，发展已开始由新的国际机构体系来推动（Murphy and Augelli 1993）。

一般说来，即便是看到了殖民主义与发展主义的表征体制有重叠之处，从这一有利视角仍然难以充分理解1920~1950年这一阶段。撒哈拉非洲以北及以南地区出现的一些情况已经引起人们的注意，包括：以阶级、性别和种族为特征的劳动力大军和现代农民阶级的形成，以及非洲粮食和文化生产自足系统的取代；在工薪人口"去部落化"（detribalization）、性别竞争升级、教育权利争夺等方面国家作为总设计师的角色和作用；在殖民主义背景下农业专家、医疗卫生人员、城镇规划人员与教育者运用的话语和进行的实践，以及它们与大都市话语和利益之间的关系，还有它们为殖民地重组而提供的说辞；在殖民遭遇中对这些话语和实践的修正，以及它们对当地知识形式的渗透、覆盖和影响；针对殖民权力和知识机构所进行的多种反抗形式（Cooper and Stoler 1989；Stoler 1989；Packard 1989；Page 1991；Rabinow 1989；Comaroff 1985；Comaroff and Comaroff 1991；Rau 1991）。

尽管也必须考察拉丁美洲早期发展话语的问题，但是拉丁美洲的情况与非洲相去甚远。众所周知，大多数拉美国家在 19 世纪早期就已经取得政治上的独立，虽然在很多层面上它们仍然处于欧洲经济和文化的控制和影响之下。到 20 世纪初期，美国的霸权已经遍布整个拉美地区。美国和拉丁美洲的关系在 20 世纪初期是一把双刃剑，一方面拉美国家的当权者认为存在公平交易（fair exchange）的机会，另一方面美国愈加感受到自身干预拉美事务的正当性。从 20 世纪初期干预主义的大棒政策（big stick policy）到 20 世纪 30 年代的睦邻原则（good neighbor principle），这两种趋势并存于美国对拉美地区的外交政策中，而睦邻原则对拉美的影响比前者更为重要。

美国前国务卿罗伯特·培根（Robert Bacon）举例解释了"公平交易"的立场。"那个时代已经过去了"，他在 1916 年去南美的考察报告中说，"那时在重重困阻之下艰难建立政府框架的国家大部分还不稳定，甚至隔几个月就会垮台……借用伊莱休·鲁特（Elihu Root）先生的话说，它们已经走出军国主义和革命的阶段，步入工业主义和商业繁荣的轨道，它们正在成为强大有力的国家"（Bacon 1916，20）。培根从正面角度提到的鲁特的观点，实际上代表了积极干预主义的一面。作为一位知名政治家和国际法专家，鲁特是影响美国外交政策制定的主要力量。20 世纪初期，美国军队占领了中美洲大部分国家，而鲁特在这个时期的美国干预政策中起到积极作用。1912 年，鲁特被授予诺贝尔和平奖，他在促成巴拿马从哥伦比亚分离出来的事件中发挥了非常积极的作用。对于那段历史，他这样写道，"不管有没有哥伦比亚的同意，我们都会开凿运河。这不是出于自私，不是出于贪婪或者牟利，而是为了世界商业，最主要的是为了让哥伦比亚从中受益……我们将连接大西洋和太平洋的海岸，我们将为人类带来无法估价的服务，我们将在荣誉与力量中成长，这种荣誉与力量来自对艰难任务的攻克，来自一个富有建设性的伟大民族对其天然权力的行使"（Root 1916，190）。

鲁特的立场暗含了当时美国盛行的对国际关系的理解[②]。从威尔逊（Wilson）总统到胡佛（Hoover）总统，美国在寻求自身战略利益过程中动用武力的倾向有所缓和。在威尔逊时期，进行干预的目的之一就是推行"共和"民主，即精英和贵族的政权体制。这些行为因美国种族中心主义的立场而变本加厉。美国所具有的优越感使它"确信自己有权利，也有能力对弱小的、黑暗的和贫困的国家进行政治干预"（Drake 1991，7）。对威尔逊来说，推行民主是美国的道义责任，也是拉美地区每一个"好人"的责任。他总结道，"我要教会那些南美的共和国怎样选举出好人"（引自 Drake 1991，13）。由于一战之后，特别是在 20 世纪 20 年代中期之后拉美地区民族主义情绪高涨，美国减少了公开的干预，转而表明了门户开放与睦邻的原则。美国尝试向拉美地区提供援助，尤其在金融机构、基础设施和卫生设施方面。在此期间，洛克菲勒基金会第一次活跃在这个地区的舞台上（Brown 1976）。然而总体而言，"不必支付永久性占领的成本而获得军事、政治和意识形态霸权"这一欲望仍然主导着 1912~1932 年的美国社会（Drake 1991，34）。

尽管这种关系状态反映了美国对拉美地区的兴趣日渐浓厚，但它还没有形成应对拉美国家的清晰而全面的战略。在接下来的几十年里，尤其是在二战之后，这种情况发生了深刻的变化。1945年 2 月 21 日至 3 月 8 日在墨西哥查普特佩克（Chapultepec）、1947年 8 月在巴西里约热内卢、1948 年 3 月 30 日至 4 月 30 日在哥伦比亚波哥大举行的三次美洲会议，对制定新的游戏规则起到关键作用。然而，随着冷战的逐渐加剧，这些会议也明显反映出拉美国家与美国的巨大利益分歧，标志着美国睦邻政策的瓦解。因为美国始终坚持它的军事和安全目标，而拉美国家比以往更加重视经济和社会目标（López Maya 1993）[③]。

在查普特佩克，一些拉美国家的总统解释了在民主政权巩固阶段进行工业化的重要性，并要求美国提供帮助，以实现从战时原材料生产到现时工业品生产的经济转型。然而，美国仍然坚持半球防御战略，将经济政策简化为警告拉美国家要放弃"经济民族主义"。这些分歧在里约热内卢的和平与安全会议上进一步扩大。1948 年的波哥大会议标志着美洲国家组织（Organization of American States）的诞生。与这次会议一样，里约会议也被高涨的反共产主义改革运动所主导。美国外交政策越来越军事化，而拉美对适宜的经济政策的需求以及对新生工业的保护在国家议程中占据了越来越重要的位置。在波哥大会议上，美国最终在某种程度上承认了这一现实。然而，其时美国国务卿马歇尔（Marshall）将军明确表示，拉美地区绝不可能得到像欧洲马歇尔计划（The Marshall Plan）那样的援助（López Maya 1993）。

与此形成鲜明对照的是，美国坚持门户开放政策，坚持它对所有国家的资源有自由进入权，坚持鼓励私营企业的发展和对外来资本的"公平"对待。在这方面，美国的专家完全误读了拉美国家的处境。一个研究 20 世纪 40 年代后期美国对拉美地区外交政策的学生这样写道：

> 拉美地区距离美国最近，对美国而言在经济上比第三世界其他地区更重要。然而美国的高层官员将拉美地区日益贬低为畸形而黑暗的地区，居住着无助和幼稚的人。当乔治·凯南（George Kennan）（美国国务院政策规划部主任）被派去再访那个被他描述为"不愉快的且没有希望的"环境时，他写下了他整个职业生涯中最尖酸刻薄的一份报告。即使是共

产主义在那里也不可行，"因为拉丁美洲的特性，那里的人倾向于个人主义，而且没有规矩"。……继续回到这个地区"幼稚"的特性这个主题上，他纡尊降贵地声称，如果美国像对待成人一样对待拉美人，那么美国人的行为举止也许就不得不像拉美人一样。（Kolko 1988，39，40）④

就像居里（Currie）所使用的"救赎"这个比喻一样，把第三世界描述为一个需要大人引领的孩童这种比喻极为常见，也恰到好处地融入了发展的话语之中。将第三世界幼儿化是发展作为一个"救赎的世俗理论"必不可缺的一部分（Nandy 1987）。

必须指出，拉美国家的经济需求反映了它们几十年来所发生的变化，这些变化为它们的发展奠定了基础——例如，一些国家工业化的开端以及扩展国内市场的需求；城市化的开始以及专业阶层的出现；政治制度的世俗化以及国家体制的现代化；为了抵制或支持工业化过程而掀起的有组织的工人运动和社会运动；对实证科学的日益关注；形式多样的现代主义运动。这些因素中有一些在 20 世纪 20 年代就已经开始出现，在 30 年代之后得到了加速发展⑤。但是直到二战期间，这些因素才更为明确地成为国家经济模型的动力要素。在哥伦比亚，有关国家工业发展和经济发展的说法出现于 20 世纪 40 年代初期到中期，这与社会感受到的平民阶级所带来的威胁有关。即使是在经济自由主义的整体模式下，国家干预主义也变得更加显眼，因为增加生产开始被视为社会进步的必经之路。伴随这种意识而出现的是用医生的视角来凝视政治问题。在这个程度上，平民阶级不再是种族意义上的概念，而是被理解成多病的、没有被喂饱的、无知的且生理脆弱的集群，因此对待这一阶级需要空前的社会行动（Pécaut 1987，273-352）⑥。

尽管这些历史过程非常重要，但是我们仍可以谈一谈二战后初期"发展"的发明。在战后几十年世界转型的重大时代背景下，富裕国家与贫困国家之间的关系经历了剧烈的变化。这些关系的概念化，它们的形式、覆盖范围和运行机制都经受了本质上的转变。在几年时间内，一个应对贫困国家问题的全新战略开始出现并成形。这对于贫困国家的文化、社会、经济和政治生活是非常重要的，它们的人口特征、文化特征、资本积累的过程、农业与贸易等都融入了这项新的战略之中。在下一部分，我会详细探寻这段历史，探寻它如何使发展的产生成为可能，然后对话语本身，也就是对权力、知识和支配力量三者之间的联系展开分析。

1945～1955年的历史环境

如果说在二战期间判定哪些国家属于第三世界主要出于战略性考虑和对第三世界原材料的获取，那么这些地区如何融入战争后期的经济政治格局中就变得更为复杂。在1945年旧金山举行的联合国成立大会上以及整个20世纪40年代后期，非工业化地区的命运都是谈判的焦点和热点。而且，关于欠发达和第三世界的概念是二战之后衍生出的话语产物，在1945年之前这些概念根本不存在。这些概念是西方国家在重新界定自身以及世界其他地区的过程中所使用的工作原则，东方国家也使用这些概念，但方式不同。到20世纪50年代初期，三个世界的概念已经巩固：第一世界是自由的工业化国家，第二世界是共产主义的工业化国家，第三世界则是贫困的非工业化国家。即使是在第二世界国家解体之后，第一世界（北方）和第三世界（南方）的概念仍然是地缘政治制度的一种表征体制⑦。

对于美国来说，它首要关注的是欧洲的重建。捍卫殖民制度是其中一项必需的任务，因为从殖民地持续获得原材料是欧洲重建的关键因素。亚洲和非洲地区民族独立运动呈上升之势，这些抗争导致了1955年万隆会议（Bandung Conference）上左翼民族主义以及不结盟运动的产生。换言之，在20世纪40年代后期，尽管美国注重扩大它对殖民地资源的影响力，中东石油或许就是最明显的例子，但它仍然支持欧洲维持其殖民统治[⑧]。

对于拉美地区来说，它对付美国的主要武器就是日渐壮大的民族主义。自大萧条（the Great Depression）时期以来，一些拉美国家着力通过工业化建立一个比以往任何时期更为自主的民族经济。中产阶级越来越多地参与社会和政治生活，有组织的工人阶级也登上了政治生活的舞台，就连左翼共产主义也取得了重要成就。笼统而言，民主在当时成为拉美国家人民生活中的基本要素，这体现在人们认同社会需要平民阶级特别是工人阶级的广泛参与，也体现在人们越来越认识到社会公正和加强国家经济建设的重要性。事实上，1945～1947年，很多民主政权得到了巩固，一些先前的独裁政权也在向民主转变（Bethell 1991）。就如前面所说，美国完全误读了这一情境。

除了亚非两洲反殖民主义的抗争和拉丁美洲民族主义的蓬勃兴起之外，其他因素也在形塑着发展的话语，其中包括冷战、开辟新市场的需求、对共产主义和人口过剩的恐慌，以及对科学技术的笃信不疑。

新市场的发现和没有硝烟的战场

1939年秋季，在巴拿马召开的美洲国家外长会议宣布了美洲诸共和国的中立立场。然而，美国政府意识到，要想使美洲大陆实现长久的一体化，就不得不采取特殊的经济措施，以帮助拉美国家应对失去和平时期的市场之后出现的困难阶段。第一步就是美洲发展委员会（Inter-American Development Commission）的成立。这个委员会于1940年1月成立，旨在鼓励拉美地区针对美国市场进行生产。虽然美国在战争期间针对拉美地区的财政援助相对而言并不太多，但是这些援助具有某些重要的作用。进出口银行（Export-Import Bank）和复兴银行公司（Reconstruction Finance Cor-poration）是两个主要的援助机构，二者都为战略物资的生产和采购计划提供了资金支持。这些活动常常包含对拉美地区的大规模技术援助和资金投入。拉美国家与美国的这些联系也使美国注意到需要为拉美经济提供更为系统的帮助⑨。

1945 年，国际事务发生了深刻的转变。这一年，美国在经济和军事方面占据了无可争议的卓越地位，将整个西方体系置于自身的羽翼之下。然而，美国的特权地位并非无人挑战。社会主义政权在东欧的影响日益广泛，中国共产党也逐步掌握了政权。在亚洲和非洲，古老的殖民地正在要求独立，以剥削和控制为基础的陈旧的殖民体系已经无力维持下去。总之，一场世界权力格局的重组正在发生。

在这之后的 1945~1955 年，美国的霸权地位在世界资本主义体系中得到了巩固。为自身产品扩展和深化海外市场，以及为剩余资本寻找新的投资场所，成为美国这一时期极为紧迫的需求。美国的经济扩张需要通过获得廉价的原材料来支持日益增长的工业产能，尤其是新生的跨国公司的生产。在这个阶段，有一个经济因素越来越值得注意，那就是工业生产与粮食和原材料生产之间关系的变化。粮食和原材料的生产在这种变化中受到损害。因此有必要制订行之有效的计划，以促进欠发达地区初级产品的生产。然而，这个时期最令人关注的问题是欧洲经济的复兴。大量的经济援助计划为西欧而设立，1948 年马歇尔计划的制订使经济援助计划达到了顶点⑩。

马歇尔计划可以被看作"一个具有历史重要性的不同寻常的事件"（Bataille 1991，173）。乔治·巴塔耶（Georges Bataille）沿袭了法国经济学家弗朗索瓦·佩鲁（François Perroux）在 1948 年对这个计划的分析，认为由于这个计划，资本主义的历史上首次出现了社会的整体利益超越个别投资者或者个别国家利益的情况。巴塔耶借用佩鲁的表述写道，这是"一项为（西方？）全世界利益而进行的投资"（177）。巴塔耶认为，伴随这项计划所发生的资金动员（1945~1950 年美国对西欧进行的援助达 190 亿美元）违背了利益法则（law of profit），完全颠倒了古典经济学的原理。

它是"向欧洲进行产品转移的唯一方法，不这样做的话这个世界的病症将恶化"（175）。至少在短期内，美国放弃了"奠定资本主义世界的根本原则。它有必要不计报酬地输送商品、分发劳动产品"（175）⑪。

第三世界国家则不配得到同等的待遇。与欧洲得到的190亿美元援助相比，在同一时期，美国援助资金中只有不足2%流向了拉丁美洲（Bethell 1991, 58）。在1953年第四点计划（Point Four Program）中，美国对第三世界国家的援助资金总额只有1.5亿美元（Kolko 1988, 42）。在他国的教导下，第三世界国家将目光瞄向国内外的私有资本，而这意味着第三世界国家必须营造"合适的环境"，包括承诺发展资本主义，抑制民族主义，对左翼、工人阶级和小农阶级加以控制。国际复兴开发银行（更为人熟知的名字是世界银行）和国际货币基金组织的成立与这一原则并行不悖。在这个意义上，"世界银行和国际货币基金组织在很多事务上的不足和无力，从反面映衬着马歇尔计划这一积极的新生事物"（Bataille 1991, 177）。这样一来，发展从一开始就发生了偏离。第三世界的命运仅仅在非常有限的程度上被看作人类"整体利益"的一部分⑫。

冷战无疑也是影响发展战略形成的最重要因素之一。发展的历史根源以及东西方政治的历史根源在同一个过程之中，那就是二战之后的政治格局重组。在20世纪40年代后期，东西方之间的真实对抗转移到了第三世界，而发展作为一项宏大战略使这种敌对状态升级，同时促进了工业文明的构想。如此一来，美国和苏联之间的对立也使现代化和发展这两项事业具有了合法性，使扩大政治和文化影响力成为目标本身。

很少有人探究军事利益与发展起源之间的关系。例如，1947年里约会议上美国与所有的拉美国家签署了军事援助协议（Varas 1985）。当面对与发展战略密切联系的国家安全原则时，这些协议会及时做出让步。在过去40年间，第三世界发生了大约150场战争，绝大多数并非出于偶然，很多战争有第三世界之外的力量的直接或间接的参与（Soedjatmoko 1985）。第三世界并非边缘，它对于超级大国间的竞赛和可能发生的核对抗起着重要作用。引发冲突和不稳定因素的制度与引发落后、欠发达的制度复杂地交错在一起。尽管冷战的结束与世界新秩序（New World Order）的出现改变了权力的配置，然而第三世界仍然是对抗上演的最重要的舞台（例如海湾战争、美国轰炸利比亚、美国入侵格林纳达和巴拿马等）。尽管南方日益分化，但它仍然是与逐渐一体化的北方相对立的阵营（且不论北方阵营局部化的种族战争），这一点也许比以往任何时候都更加明显。

反法西斯情绪很快被战后的反共产主义浪潮所取代。对共产主义的恐惧成了发展最有说服力的论据之一。20 世纪 50 年代初期公认的观点就是，如果贫困国家不能从自身的贫困中被解救出来，它们就会倒向共产主义。早期关于发展的大部分著作在不同程度上反映了这种偏见。当时不仅军界和学术圈信奉将经济发展作为击败共产主义的手段，甚至美国政府部门、无数的小型组织和美国民众都更为热烈地拥护这一信条。随着对朝作战的结束，美国在重新审视第三世界时所考虑的方面主要包括：对共产主义实施控制；为防止前欧洲殖民地区倒向苏联阵营而做出让步，尽管心存矛盾，但不得不承认它们的独立；对第三世界重要原材料的长久占有和使用，美国经济已经愈加离不开这些原材料。

贫穷而无知的民众

还有一些理由证明了反贫困大战的正当性，尤其是人们深信的"人口问题"的急迫性。关于人口的各种声明和观点开始不断涌现。在很多情况下，尽管经济学家和人口学家竭力去严谨而系统地阐述人口要素对发展的影响，然而一种形式粗劣的经验主义得到了追捧，从而不可避免地出现了马尔萨斯式（Malthusian）的论点和处方[13]。很多模型和理论试图将多种变量联系起来，以便为政策和计划的制订提供基础。从西方国家的经历来看，人口增长的速度有望随着国家的发展而减缓；但是也有很多人警告说，国家不应坐等这一过程的出现，而应通过更直接的方法来加快降低人口生育率[14]。

可以肯定的是，对人口问题的这种偏见已经持续了几十年，尤其是在亚洲[15]。在对种族和种族主义的讨论中，人口是一个中心话题，但讨论范围和方式有所不同。正如一位学者所说，"也许在过去 5 年里出版的关于人口问题的论述比以往年头的总和还要多"（Pendell 1951，377）。学术界或者新兴国际组织进行的讨论也呈现新的风格。他们把讨论的焦点集中在经济增长与人口增长的关系，人口、资源和产出之间的关系，文化因素与生育控制之间的关系等方面。他们同样关注另外一些话题，例如富裕国家的人口经历并据此推断贫困国家的人口经历，影响人口生育率和死亡率的因素，未来人口发展的趋势和预测，顺利实施人口控制计划的必要前提，等等。换言之，这与同一时期针对种族和种族主义的讨论极为类似[16]（尽管种族主义观点的叫嚣依然顽固），在人口学、公共卫生学、人口生物学这些"科学"领域里，人口的话语正在被重新书写。一种有关人口和采取科学技术手段管理人口的全新观念正在形成[17]。

科学和技术的承诺

战争期间新科学的出现重新燃起了人们对核物理和运筹学这类科学和技术的信心，这种信心在发展话语的阐述与理据中扮演着重要角色。1948 年，一位著名的联合国官员表达了这种信心："我仍然认为人类的进步依赖于对科学研究最大限度的发展和应用……一个国家的发展主要依靠客观因素：首先是知识，其次是对国内所有自然资源的开发和利用。"（Laugier 1948，256）

19 世纪，机器成了文明的指标，成了"衡量人类的标准"（measure of men）（Adas 1989）。从那时起，科学和技术成了文明的标志和卓越的标准。这种现代的特性随着发展时代的出现被重新点燃。1949 年，马歇尔计划在欧洲经济重建中取得了巨大成功，于是越来越多的注意力转向如何帮助欠发达地区进行经济发展这些远程问题上。杜鲁门总统著名的第四点计划就是在这种转向中出现的，我在本书开篇已经提到。第四点计划涉及将现代技术和资本这两大公认的重要力量应用到全球贫困地区。然而，这一计划对技术援助的依赖远远超过资本，因为决策者相信技术会以更低的成本带来社会进步。1950 年 5 月，美国国会通过了一项国际发展法案，授权资助和开展各种国际技术合作活动。同年 10 月，美国国务院专门成立了技术合作总署（Technical Cooperation Administration，TCA），负责新政策的实施。到 1952 年，这些机构在拉美的几乎每个国家以及亚洲和非洲的一些国家实施了项目活动（Brown and Opie 1953）。

人们相信，技术不仅会推动物质生活的进步，还会赋予这种进步以方向感和意义。在关于现代化的社会学的浩瀚文献中，技术被理论化为一种道德力量，这种力量可以通过为创新、收益和成果制定道德规范来进行运作。技术也因此促进了现代化理想在全球范围内的推广和普及。技术及时转移的概念最终会成为发展项目中的重要构成因素。人们从未意识到这种转移不仅要依靠技术因素，还要依靠社会和文化因素。技术被看作中立的、必然有益的，而不是一种创建文化和社会秩序的手段（Morandé 1984；García de la Huerta 1992）。

人们开始在第三世界进行田野研究，也重新觉察到第三世界在全球经济和政治中的重要性。这些使人们认识到应该对第三世界进行更精确的认知。这一需求在拉美地区表现得最为迫切。就像一位著名的拉美学家所说，"战争期间，人们对拉美地区的兴趣陡增。这个曾经只有外交官和先驱型学者才敢探索的地方，几乎在一夜之间成了政府官员、学者和教师关注的焦点"［Burgin（1947）1967，466］。这需要"对拉美地区的经济潜力以及实现这一潜力的地理、社会和政治环境进行更详细的了解"（466）。只有在"历史学、文学和民族学"中，这类知识才勉强算丰富。现在需要做的是应用那些正在美国校园里快速繁衍的新的"科学的"社会科学（例如帕森斯的社会学、凯恩斯的宏观经济学、系统论和运筹学、人口学和统计学）来获得这类精确的知识。1949 年，一位杰出的秘鲁学者巴萨德尔（Basadre）把"拉美研究的使命"描述为"通过学习和研究来提供一个背景，这个背景会帮助人们从历史学、地理学、经济学、社会学、人类学、社会心理学和政治学的角度客观地理解和评价当前发生的社会问题和事件"［Basa-dre（1949）1967，434］。

巴萨德尔的话也是对社会变革的一种积极呼吁，即使这种社会变革逐渐被发展模式控制。知识生产的早期模型是根据 19 世纪的惯例围绕一些经典专业形成的，但现在已被北美模型取代。这种模型的更迭波及大部分自然科学和社会科学，社会学和经济学就是受影响最深的两个学科。发展必须依赖于能够科学描绘出一个国家的社会经济问题和资源之图的知识生产。这就需要成立一些能够承担知识生产任务的机构。北方的"研究之树"（tree of re-search）被移植到了南方，拉美地区也因此成了跨国研究系统中的一部分。尽管这种转型创造出新的知识能力，但是就像有些人所认为的那样，这种做法也意味着自主权的进一步丧失和对不同认识模型的封锁（Fuenzalida 1983；Morandé 1984；Escobar 1989）。

大多数紧跟经验主义社会科学潮流的学者认为，科学被偏见与谬误玷污的日子已经随风而逝。新的客观性保证了表征的准确和公正。渐渐地，陈旧的思维方式屈服于新的时代精神，经济学家很快加入这股狂热的潮流中。拉丁美洲突然之间成了"经济史学家手中一张纯净的白纸"［Burgin（1947）1967，474］。那时，拉美经济思想与本土环境之间全无联系，它完全是欧洲古典主义经济学的附属物。新学者意识到"必须以这个地区本身为研究的出发点，因为只有依据它自身的历史发展和目标才能充分理解它的经济组织和经济运行"（469）。这个地区成了为迎接经济发展而准备的一块合法的理论试验田。

对经济系统运行方式更深入和更广泛的了解，使人们更有信心将物质繁荣遍及世界其他地区。这样一来，对经济增长毋庸置疑的渴望就与重新迸发的对科学技术的信仰紧紧联系在了一起。经济增长预示了存在从穷国到富国连续的统一体，成熟资本主义国家特有的社会环境（包括工业化，城市化，农业现代化，基础设施、社会服务的增加，以及较高的知识水平）也因此可以复制到贫穷落后国家。发展被看作从一个境况到另一种境况转变的过程。这个理念使积累和发展的过程被赋予了一种进步、有序和稳定的特性，这个特性在 20 世纪 50 年代后期和 60 年代初期的现代化理论与"经济增长阶段"（stage of economic growth）理论中（Rostow 1960）达到了顶峰[18]。

最后，还有一个因素在影响发展新战略的形成，即经济领域中公共干预的增加。与放任主义的视角（laissez-faire approach）相反，尽管公共干预是否可取仍然是一个有争议的话题[19]，但是人们普遍认可了需要进行一些规划和政府干预行动。在罗斯福新政（the New Deal）期间，社会规划和"规划了的社区"（planned community）代表了社会干预方面的重要方法和路径。前者被凯恩斯主义合法化，后者被构想并在部分美洲土著人社区和美国的日军俘虏收容所得到实施（James 1984）。同样具有代表性的，还有在工业国家由政府企业建立的法定公司（statutory corporation）和公用事业公司（public utility company），例如英国广播公司（BBC）和美国田纳西流域管理局（Tennessee Valley Authority，TVA）。拉美地区和第三世界其他国家也仿效 TVA 的模式建立了一些区域发展公司[20]。国家规划、地区规划和部门规划的模式是发展传播和运行必不可少的部分。

一般而言，这些是形塑新发展话语最重要的条件。世界格局进行了权力重组，尽管最终结果仍不明朗；生产结构发生了重大变化，这些变化必须适应资本主义体制扩张的要求，欠发达国家在其中扮演着愈加重要的角色，尽管没有得到充分的阐明。这些欠发达国家可以和权力的任何一方建立联盟。鉴于不断扩张的共产主义、持续恶化的生存条件、令人担忧的人口增长，这些国家所采取的急切而前所未有的行动在很大程度上决定了它们选择的发展方向。

然而，人们相信富裕国家具备金融和技术能力来确保世界各地的发展。回顾自身的过去，富裕国家渐渐坚信，这样做不仅是可能的（更不用说是被渴望的），而且很可能是不可避免的。迟早有一天，贫困国家会成为富裕国家，欠发达国家会成为发达国家。已经掌握新的经济知识，以及已经具备对社会系统进行设计管理的丰富经验，使这个目标看上去更加可行。现在的问题只是要采取适当的战略，启动适当的力量，来确保世界的进步和安乐。

在对新战略的人道主义思考和积极展望背后，新的更为微妙和精巧的权力与控制形式登场了。贫困人口安排和照顾自己生活的能力受到了比以往任何时候都更加严重的削弱。穷人成了更为复杂的实践行动的目标，成了一系列看似必然需要实行的项目的目标群体。这就是要积极推广的那种发展。它从美国和欧洲的新权力机构，从国际复兴开发银行和联合国的办公室，从北美和欧洲的高校、研究中心和基金会，从欠发达国家大城市的新兴规划机构出发，在几年时间之内触及所有的社会领域。现在让我们来了解一下这些历史因素是如何造就新的发展话语的。

发展的话语

发展的空间

发展首先是作为一种话语开始运行的，也就是说，它创造了一个空间，在这个空间里只有特定的事物可以被言说，甚至是可

43

以被想象。这是什么意思呢？如果话语是社会现实产生的过程，是对知识与权力、可见与可述的表达，那么发展话语是如何被个性化并与正在发生的技术、政治和经济事件相联系的？发展又是如何成为一个系统化地创造概念、理论和实践的空间的？

对发展作为话语这一本质的探究，可以从 20 世纪 40 年代和 50 年代对发展所做的一些基本假设中找到切入点。其中，一个组织性前提是这样一种信念，即无论以怎样的社会、文化和政治成本为代价，现代化都是唯一能够摧毁陈旧的迷信与关系的力量。工业化和城市化被看作通往现代化不可避免的、必然的进步之路。只有通过物质的发展，才能实现社会、文化和政治的进步。这种观点决定了资本投资是经济增长与发展中最重要的因素。因此，贫困国家的进步从一开始就被认为需要依赖大量的资本支持，以用于基础设施、工业化以及社会的整体现代化。这些资本从何而来？一个可能的途径是国内储蓄。但是这些国家已经陷入贫困的"恶性循环"之中，它们缺少资本，因此相当一部分"急需"的资本不得不从国外引入（参见第三章）。而且，政府和国际组织的积极作用是极为必要的，它们可以推动和协调必需的力量来克服普遍的倒退和经济滞后。

那么，综上所述，什么才是发展理论形成中最重要的因素？其中包括资本形成过程以及与它相关的多个因素：技术、人口与资源、货币与财政政策、工业化与农业发展、商业与贸易。还有一系列文化范畴内的因素，例如教育和培养现代文化价值观的需求。最后，还需要创立适当的机构，以便将来开展这些复杂的工作：国际组织（例如创立于 1945 年的世界银行和国际货币基金组织，创立于 20 世纪 40 年代中期的联合国大部分专业机构）、国家规划机构〔在拉美地区得到广泛推广，尤其是在 20 世纪 60 年代初期争取进步联盟（Alliance for Progress）宣布建立之后〕以及不同种类的技术机构。

发展不是对这些要素加以综合、研究或者深入阐述的结果

（其中一些主题之前就已经存在），也不是新理念引入之后的产物（其中一些理念已经出现或者必定会出现），也不是伴随新出现的国际组织和金融机构而产生的（这类组织的一些前身之前就存在，例如国际联盟）。更准确地说，发展是这些要素、机构和实践之间建立关系后的结果，是将这些关系系统化为一个整体的结果。由于这些关系，构成发展话语的不是它范畴内可能存在的事物的罗列，而是一种方式。发展话语能够通过这种方式系统地形成它所讲述的事物，以某些方式将这些事物分组安排并赋予它们整体性㉑。

要想理解作为话语的发展，不能只关注这些要素本身，而是必须关注在这些要素之间建立起来的关系体系。正是这个体系，使对象、概念和战略的系统化建立成为可能，它决定了在发展的范畴内什么是可以思考的，什么是可以言说的。在制度、社会经济过程、知识形式、技术以及其他要素之间建立起来的这些关系，界定了在何种情况下对象、概念、理论和战略可以被纳入话语之中。总之，关系体系建立了一个话语实践，为游戏制定了规则：谁拥有发言权，从哪些角度发言，具有什么样的权威，根据什么专业标准来判断。人们必须遵守这些规则来认识问题，发展理论，发现事物，对事物进行命名、分析，并最终转化为一项政策或计划。

1945 年之后，发展领域开始涉及数量众多且类型各异的研究对象。有些研究对象比较清晰（例如贫困、技术与资本匮乏、人口快速增长、公共服务不足、农耕方法落后等），有些研究对象则是以更加谨慎甚至隐秘的方式提出的（例如被认为与落后相连的文化态度、价值以及种族、宗教、地理甚至人种）。这些研究对象是在多个点上出现的：新近成立的国际组织、位于遥远首都的政府机关、发达国家的古老或新成立的机构、大学和研究中心，以及随着时间推移愈加增多的第三世界国家的机构。农村人口恶劣的居住条件、大面积的农田、城市、家户、工厂、医院、学校、公共部门、集镇和地区乃至整个世界，每一个事物都受到了这些新专家的关注。发展话语轻松掠过的这个广阔区域几乎覆盖了第三世界的整个文化、经济和政治地理范围。

然而，并不是这个区域内所有的行动者都能够提出应该研究的主题，并使他们的问题得到关注。一些明确的权威原则（principle of authority）在发挥着作用。这些原则涉及专家的角色——由谁来制定知识和能力的特定标准；机构的角色——例如联合国，它具有道德、专业和法律等多重的权威来提出主题、制定战略；国际信贷组织的角色——它们是资本与权力的双重象征。这些权威原则还涉及贫困国家的政府，它们对所管辖的群体具有合法的政治权威；富裕国家的领导地位，它们拥有权力、知识和经验来决定下一步要采取的行动。

经济学家、人口学家、教育学家以及农业、公共卫生和营养方面的专家从上述机构的角度阐述理论，给出评价和观察，并且设计项目计划。人们不断地发现问题，不同类别的需要服务的对象开始出现。发展是通过发现和制造"异常"（例如"文盲"、"欠发达"、"营养不良"、"小农"或者"失地农民"）而得以不断进行的，随后它会对这些异常现象进行处理和改造。一些与这种理性有关的方法成了权力和控制的工具，因为这些方法能够积极有效地消除物质的制约作用。随着时间的推移，新的问题被越来越多地、有选择地纳入其中。一旦一个问题被纳入话语之中，它就必须被归类，被进一步具体化。有些问题（例如本土的或者地区的问题）是在特定的层面被具体化，有些问题是在不同的层面被具体化（例如，家庭层面上的营养不良可以被进一步具体化为区域性的生产短缺，或者是影响某个特定人群的问题），还有些问题是根据某个特殊制度而被具体化的。在将问题具体化之后，发展话语并不是去努力阐明可能的解决办法，不是去认真分析问题的现实，也不是去寻找可以采取的解决措施。

这种将问题无休止地具体化的过程，需要对第三世界的村庄、地区和国家进行深入细致的观察，并且建立完整的国家档案，设计并不断完善信息技术。话语的这种特性使人们得以绘制国家经济和社会生活的地图，对第三世界进行了真实的政治剖析[22]。最终的结果是创造出一个思维和行动的空间，而空间形成阶段所提出的那些规则已经事先规定了这个空间将怎样扩展。发展话语界定了一个由观察网络、调查方式、问题记录以及干预形式所建构起来的知觉场（perceptual field）。简言之，发展所创造的这个空间并不是由它所论述和针对的全体对象来界定的，而是由一系列关系和一种话语实践来界定的，这些关系和实践系统化地生成了相互关联的对象、概念、理论和战略等。

当然，话语中已经增加了新的目标对象，引入了新的操作方式，也对一些变量进行了修正（例如，在抗击饥饿的战略方面，有关营养需求的知识、优先种植的作物品种和选择的技术都发生了变化）。然而不变的是这些要素之间的关系，这些关系通过相关机构的话语实践活动继续建立起来。而且，似乎彼此对立的路径也能在同一个话语场域（discursive field）内和谐共处［例如，在发展经济学中，结构主义学派和货币主义学派几乎是处于公然对立的状态，然而它们属于同一个话语形构（discursive formation）并且源于同一个关系系统，这一点大家在下一章里将会看到。大家还会看到，农业改革、绿色革命和综合农村发展都是构建"饥饿"这个统一体的战略，我在第四章会有介绍］。换言之，尽管发展的话语经过了一系列的结构变迁，但是在1945～1955年这个阶段构建的话语形构体系始终没有改变，这确保了发展话语能够适应新的环境。这样，时至今日，发展战略和子战略（substrategy）仍然能够薪火相传，并总是处于同一个话语空间的范围之内。

我们清楚地认识到其他历史话语也对发展的特殊表征产生了影响。例如，有些路径强调个人在社会中的角色，有些方法要依赖个人创新和私有财产，共产主义的话语就影响了这些路径和方法的推广。如果不是冷战期间出现了持久的反共产主义学说，个人和私有的话题在发展的背景中不会得到如此多的重视，如此强硬的教化立场也很可能不会存在。另一个类似的例子是，经济发展严重依赖于对外汇的需求，这助长了用于出口的经济作物的推广，损害了用于满足国内消费需求的粮食作物的生产。然而，发展话语组织这些要素的方式并不能简化为因果关系，这一点我会在后面的章节里提到。

类似的，父权制（patriarchy）和种族中心主义（ethnocentrism）也对发展的表现形式产生了影响。原住民不得不被"现代化"，而现代化意味着接受"正确的"价值观，也就是少数白种人或者大多数具有白人血统的混血人种所持有的价值观，以及那些有教养的欧洲人的理想中所包含的价值观。然而，工业化和农业发展的项目不仅掩盖了妇女作为生产者的角色，还企图使她们的附属地位永久性地持续下去（见第五章）。于是，阶级、性别、种族和民族方面的权力形式进入发展的理论与实践之中。权力形式与发展理论和实践之间不存在直接的因果决定关系，更确切地说，它们都是发展话语形构中的要素。

对任何一个特定对象的考察，都应该在话语整体的语境中进行。比如说，重视资本积累是一个复杂关系体系中的一部分。在这个关系体系中，技术、新的金融机构、分类系统（人均国民生产总值）、决策系统（例如新的国民核算和公共资源分配机制）、知识模式和国际因素都扮演着各自的角色。发展经济学家之所以成为特权人物，就是因为他们在这个复杂体系中所处的地位。不管是具有特权优势的路径，还是遭到排斥的路径，我们都必须根据整个话语的动态变化来认识它们。比如说，为什么发展话语推崇经济作物的推广，而不是粮食作物的生产（为了保证外汇，这也是资本和技术的要求）；为什么推崇集权化式规划（以满足经济和知识的需求），而不是参与式和分权式规划；为什么推崇基于大型机械化农场和化学产品投入的农业发展，而不是结合小型农场、生态因素、种植与病虫害综合管理的其他农业生产模式；为什么推崇快速的经济增长，而不是健全国内市场以满足大多数居民的需求；为什么推崇资本密集型的发展方式，而不是劳动密集型的发展方式。随着危机的深化，一些先前被排斥的选择引起了人们的思考，尽管大多数时候对这些选择的思考仍然局限在发展主义者的角度上。可持续发展战略就是其中的一个例子，我会在后面的章节中进行讨论。

最后，什么才是真正的发展议题也许取决于在话语之中建立起来的具体关系。例如，专家意见与国际政治之间的关系（这可能会决定一个国际组织在专家组建议的基础上所开出的行动处方），一个权力部门与另一个权力部门之间的关系（例如工业部门与农业部门），或者两种或多种权威形式之间的关系（例如，营养学家和公共卫生专家，他们和医学专业人士之间的制衡可能会决定发展农村卫生保健事业的方式方法）。其他需要考虑的关系类型包括发展议题出现的地点之间的关系（例如农村与城镇地区之间），需求评估的程序（例如世界银行代表团提出的对"实证数据"的使用）和评估实施者的权威地位（这可能会决定所形成的建议书及其实施的可能性）之间的关系。

这类关系控制着发展实践活动。这种实践并不是静态的，它仍然在自己所应对的目标要素之间不断再生产出相同的关系。正是这些关系的系统化，赋予了发展极具动态活力的品质：它在变幻莫测的环境中表现出的内在适应性，使它时至今日仍然能够生存，甚至是繁荣。1955 年，一个话语已经出现，它的特征不是某个统一的对象，而是众多对象和战略的形成；它的特征不是新知识，而是将新事物系统地纳入自己的辖域之中。然而，这个话语一直最排斥的，也是发展应该围绕的中心，是人。在很大程度上，发展曾经并且仍会是一个自上而下的、种族中心主义的、技术专家治理的方法，它把人和文化看作抽象的概念，看作在"进步"这个图表中可以上下移动的统计数字。发展没有被看作一个文化的过程（文化是一个残余变量，它会随着现代化的推进而消失），相反，发展被看作一个几乎放之四海而皆准的技术干预制度，目的是给"目标"人群送去"急需"的产品。因此，发展成了第三世界文化的毁灭者，这不足为奇。更为讽刺的是，它竟然打着为了人民利益的旗号。

发展的专业化与制度化

发展是对二战之后将贫困问题化现象的回应，它不是一个逐渐认识问题、解决问题的自然的知识过程。发展必须被看作一个历史建构，它构建了一个空间，使人们在这个空间里能够了解和深入认识贫困国家，并对贫困国家进行干预。说到发展是一个历史建构，就需要分析使发展成为活跃的真正力量的机制。这些机制是由知识形式和权力形式构造的，我们可以通过发展专业化（professionalization）和制度化（institutionalization）的过程来进行深入的探究。

专业化主要是指将第三世界引入专家知识和西方科学所组成的政治领域的过程。这一过程是通过一套技术、策略和学科实践（disciplinary practice）来完成的，其目的是产生、确认和传播发展知识，包括学科专业、研究和教学方法、专业标准以及多种专业实践。通过这些机制的作用，一套真理政治（politics of truth）得以创造和维持；也是通过这些机制，某些特定的知识形式被冠上了"真理"的名号。发展的专业化是通过发展科学和分支学科（subdiscipline）的繁衍扩散而实现的。发展的空间逐步将问题纳入其中，并以适合已有知识和权力系统的方式来揭示问题。发展的专业化使这一切成为可能。

发展的专业化也让我们有可能把所有的问题移出政治和文化的领域，而重新置于一个显然更加中立的科学领域内。在发展专业化的影响下，发达国家大部分知名大学开设了发展研究（development studies）的课程项目，第三世界国家也以此为条件创办或调整了大学结构以适应发展的需要。从20世纪40年代后期开始流行

（尤其是在美英两国）的实证主义社会科学在这一点上具有工具性作用。具有同样作用的还有领域研究（area studies）课程项目，这些项目在二战后的学术和政策制定领域内风行。就像我已经提到的那样，发展越来越浓厚的专业化特点导致了拉美地区和第三世界其他地区知识机构的彻底重组。用居里的话说，专业化的发展所需要的知识生产能让专家和规划师"用科学方法确认社会需求"（Fuenzalida 1983，1987）[23]。

一种探知第三世界一切事物的愿望就像病毒一样不受抑制地、旺盛地繁殖起来，这种情形前所未有。就像盟军在诺曼底登陆一样，一大批专家在第三世界登陆，每一位专家负责就第三世界社会的某个细小方面进行调查、测量和理论化[24]。从这个广阔的知识领域中创造出的政策和项目不可避免地会带有强烈的归一化（normalizing）成分。我们所谈论的是一种知识政治（politics of knowledge），它听任专家归类问题、制定政策、对所有的社会群体进行评价并预测他们的未来，简言之，制造出一个关于他们的真理和规范体制（regime of truth and norms）。这种知识政治是非常危险的，其在这些群体和国家中所产生的后果难以估量。

发展专业化的另一个重要后果是必然要将第三世界人民和他们的利益转译为西方资本主义范式下的研究数据。这种情况中隐含着更深层的悖论。就像一位非洲学者所指出的，"我们自己的历史、文化和实践，无论好坏，在被发现和被转译之后出现在发达国家的期刊上，返还给我们的是在语言和范式上被重新概念化的表达，听起来完全是新奇的"（Namuddu 1989，28；引自 Mueller 1991，5）。这种操作貌似中立，其实具有深刻的意识形态偏好。在接下来的章节里，我会对它所覆盖的范围与影响进行全面的探讨。

发展的诞生必然会伴随一个制度领域的出现。在这个领域中，话语被生产、记录、确立和修正，并投入循环使用之中。这个领域与发展的专业化过程紧密地叠盖在一起，它们共同构成了一种机器，该机器将知识形式的生产与权力形式的配置紧密地联系在一起。发展的制度化存在于所有层面上，从国际组织和第三世界的国家规划机构到地方发展机构、社区发展委员会、私人志愿组织和非政府组织。从 20 世纪 40 年代中期主要国际组织的出现算起，这个过程逐渐蔓延，并最终形成了有效而稳固的权力网络。通过这个网络的行动，居民和社区被绑定到特殊的文化和经济生产圈内；通过这个网络，某些特定的行为和理性也得到推广。一方面，这一干预领域依赖于无数的地方权力中心；另一方面，地方权力中心得到在当地传播的知识形式的支持。

生产出来的有关第三世界的知识通过项目、会议、国际咨询服务、当地推广实践等途径在这些机构内被使用和传播。这个过程带来的必然结果是建立起一个不断扩大的发展事业（development business）。正如约翰·肯尼斯·加尔布雷思（John Kenneth Galbraith）在提到 20 世纪 50 年代美国大学的思潮时所写的那样，"将贫穷国家的人民从水深火热的贫困之中拯救出来，这样的研究主题吸引了这么多人的关注，是其他经济学领域所望尘莫及的"（1979，29）。贫困、无知，甚至是饥饿，成了规划人员、专家和公务员所在的赢利行业的生存基础（Rahnema 1986）。这样说并不是否认这些发展机构的工作偶尔也能给人民带来好处，而是要强调这些发展机构所做的工作并不是单纯地为了穷人。或者说，发展的成功之处在于它能以日益深入和广泛的方式对国家和人民进行整合、管理和控制。就算它没有解决欠发达的基本问题，或许我们也可以有针对性地说，它成功地创造出一种欠发达的状态，而这种状态在很大程度上可以通过政治和技术手段加以管理。当第三世界的民众越来越善于展示自身的处境时，制度化的发展与第三世界民众生存处境之间的纷争也在跟随发展的脚步而不断增多。

"泛型村庄"的发明：地方层面的发展

詹姆斯·弗格森（James Ferguson 1990）指出，发展机器的一个本质特征是通过发展文献将第三世界国家建构为欠发达国家（类似于 1949 年世界银行代表团将哥伦比亚建构为落后国家）。以莱索托为例，这种建构依赖于三个主要手段：其一，把这个国家描绘成与世界市场相脱离的土著经济体；其二，把这个国家的人口描绘成农民，将它的农业生产描述为传统型农业生产；其三，假设这个国家是一个国民经济体，发展这个国家是中央政府的职责。类似于"欠发达国家"的修辞在无数场合以多种不同的版本反复出现。另一个很好的例证是米切尔（Mitchell 1991）对以"拥挤不堪的尼罗河流域"这个比喻来描绘埃及所进行的分析。他指出，关于埃及的发展报告无一例外地会在开篇提到，这个国家98%的人口挤塞在尼罗河沿岸不足 4% 的国土面积上。这种描述所带来的结果是学者们从自然条件的制约、地形学、物理空间和社会再生产的角度来认识和理解"问题"，进而呼吁完善管理、应用新技术和控制人口等解决方式。

米切尔对这个虽然简单却强有力的比喻进行了解构。他首先承认了一点，"分析的对象并非自然出现的现象，而是在一定程度上由描述它们的话语建构的。分析的对象越显得自然而然，这种话语建构越不显山露水……地形学的表述和图像具有自然性，它为发展建构了一个对象。该对象似乎是一个外在事物，它不是某研究的一部分，而是外在于该研究"（1991，19）。而且，一个更为微妙的意识形态操作（ideological operation）在上演：

> 发展话语希望将自己表现为一个独立的理性与智慧的中心。西方世界与非西方世界之间的关系会通过这些话语得以建构。西方世界掌握着专门知识、技术和管理技能，而这些是非西方世界所缺乏的。正是这种欠缺导致了非西方世界的问题。权力和不平等的问题则不在讨论之列。为了对这两个问题保持缄默（因为发展自身的存在也牵涉其中），发展话语需要一个看似独立于它自身之外的对象。为了达到这个目的，

还有什么事物会比被沙漠包围、被快速繁衍的上百万居民挤占、狭窄的尼罗河流域更具有自然性呢？（1991，33）

发展话语的修辞在所有的层面上自我重复着。尽管迄今为止鲜有研究涉及发展话语在地方层面上的运作模式和效果，然而已经有一些迹象表明发展的图像和语言是如何在地方层面上传播的，比如在马来西亚的村庄，受过教育的村民和政党官员已经能够熟练地使用由国家政府和地区政府倡导的发展语言（Ong 1987）。同样醒目的还有对发展技术（例如绿色革命）的实践，以及对符号的众多抵制和对抗（Taussig 1980；Fals Borda 1984；Scott 1985）。然而关注发展话语和实践的地方层面的民族志研究刚刚起步，例如，发展话语和实践是怎样被引入社区环境中的，它们的操作模式，它们被转换或者利用的方式，它们对社区认同的形成和结构的影响，等等。

斯泰西·利·皮格也许是从事这类研究的第一人，她对侵入尼泊尔社区的发展图像进行了卓越的研究。皮格（Pigg 1992）把分析的焦点集中在"村庄"这个修辞的建构上，它是发展话语侵入后形成的。她的兴趣点是展现现代化和发展的意识形态如何影响了当地的文化。同时她警告说，这个过程不能被还原为简单的同化或者对西方模式的挪用。相反，发展概念经历了复杂的"尼泊尔化"（Nepalization）过程，它成为尼泊尔历史和文化的特有现象。尼泊尔化的发展概念（bikas）通过各种方式成了一个重要的社会组织力量，包括成为社会进步尺度的一部分。这个尺度是根据居住地点（城市和农村）、生计方式（从游牧到办公室工作）、宗教信仰（从佛教到更正统的印度教）和种族（从中亚人到雅利安人）建立起来的。在这个尺度上，发展（bikas）更多地涉及一极而不是其他极，因为村民把现代化的意识形态融入当地社会认同中，以变成发展者（bikasi）。

发展改变了"村民"的定义。这是"村庄"被发展话语建构的结果。就像在"欠发达国家"这个比喻中一样，话语制造出一个泛型村庄（generic village）：

> 泛型村庄里应该住着泛型的村民（generic villager）……发展规划工作者"知道"村民有某些习惯、目标、动机和信仰……村民的"无知"并不是知识的缺乏，而是被过多地灌输本土信仰的表现……发展工作者彼此相告，也告知国外的来访者，问题在于村民"搞不清楚状况"。"搞不清楚状况的那些人"是认定"村民"的一种方式。只要发展的宗旨是转变人的思维，村民就必须是那些搞不清楚状况的人。（Pigg 1992，17，20）

尼泊尔的发展工作者所要推广的态度和习惯与村庄原有的态度和习惯之间具有不一致性，他们时常能够理解这一点。他们意识到地方情况是复杂多样的，不同于被同质化的村庄。然而，由于本土发展工作者所了解的真实村庄不能自下而上地被转译成发展的语言，他们又重新落入了将"村民"建构成"搞不清楚状况的人"这个窠臼中。皮格也指出，发展的社会类属（social category）并不是被简单施加给村庄的，它们以复杂的方式在村庄层面上传播，改变着村民对自身在地方社会和国家社会中的定位方式。根据实现发展的程度不同（水管、电力、新的山羊品种、保健站、道路、电视、汽车站的数量），各个地方被逐一安排和筹划。尽管人们知道发展来自外界，他们仍然接纳了发展的思维，使自己成为发展者。民众因此在两种本土身份的体系中穿梭：一种是根据年龄、种姓/种族、性别、庇护人等本土差异进行的分类；另一种是根据在国家社会中的中心或边缘地位、发展的程度进行的分类。

随着发展机器在提供工作机会和其他社会财富与权力形式中变得愈加重要，越来越多的人想要从中分得一些好处。的确，人们并不十分渴望成为发展项目的受益者，他们知道自己不会从这些项目中得到很多，他们所期望的是成为发展项目实施过程中可领取酬劳的劳动者。总之，皮格展现了发展的文化是如何处于地方文化之中并通过地方文化来起作用的。她补充说，与其说发展遭遇是两种文化体系的碰撞，不如说两种文化体系形成了一个交集，它创造出的情境让人们以特定的方式认识彼此。在这个过程中，即使那些普遍表现社会差异的类别（例如种姓、阶级、性别等）没有消失，社会差异也被以新的方式呈现出来，并被赋予了新的意义，新的社会定位形式也同时出现。

这个案例研究提出一个一般性问题，即发展和现代性的语言在第三世界不同地方的传播和产生的效果。这个问题的答案因地而异，取决于一个地区融入世界经济的历史、殖民传统、嵌入发展领域的方式等。还有三个简单的例子可以清楚地说明这一点。尼泊尔村庄里的发展"bikas"在巴布亚新几内亚的小村子迦普恩（Gapun）被称为"kamap"（意为"上升"）。在那里，寻求发展已经成了一种生活方式。历史上，天主教传教士、澳大利亚殖民政权和美日两国士兵对迦普恩村有着绵延不断的影响，而这一段历史成为发展图像的储备库。发展图像还受到当地货物崇拜（cargo cults）的影响，尤其是村民相信他们的祖先会死而复生，给他们带来白人拥有的所有货物。在经济作物出现之后，发展的象征符号随着人们经济活动的多元化而丰富起来。今天，像袋装大米和雀巢咖啡这样代表显赫身份的食品成了发展最主要的标志。正如在尼泊尔，坚持传统的生活方式和背负重物这些特征等于缺乏发展，现在孩子们在学校要学习有关白种人的知识，以及他们的生活和行为方式。

然而，这并不意味着迦普恩村正在变得现代化。事实上，村民获得的大部分现金用在了传统的支出方式上，例如节日盛宴，尽管在节庆场合按惯例准备了山药和猪肉，但除此之外，又加入了大米和雀巢咖啡这样的食品。尽管发展（kamap）标志着迦普恩村人的生存方式开始依赖外界，但"上升"（coming up）"并没有被视为一个过程，而是被视为一个突然的转型、一个奇迹般的转变——把他们的房子变成波纹钢建造的，把他们的沼泽地变成柏油铺就的高速公路网，把他们的食品变成大米、罐装鲭鱼和雀巢咖啡，最重要的是，把他们的皮肤变成白色"（Kulick 1992，23）。这种转型不是科学或者经济方面的，其本质是宗教性的。事实上，迦普恩村的发展是一种非常复杂的货物崇拜，读写能力、学校教育和政治都被作为货物来估价，即使是本地的语言也因为 20 世纪60 年代引入学校教育而消失。简言之，即使是用一种极其不同的语言和文化实践来表达，迦普恩村人也非常明了发展意味着什么以及发展要将他们引向何方。

　　另一个在地方层面对发展特性的研究，关注的是肯尼亚的小镇——拉姆（Lamu）镇的妇女对发展和现代性的理解。这个社区的发展模式更加多元化，除了有来自西方世界的力量，还有多个其他的来源，如伊斯兰运动（宗教复兴运动者或修正主义者）、从富裕的阿拉伯国家返乡的移民带回的文化产品，以及录像带和大众传媒传送来的印度音乐、电影和肥皂剧。问题的关键在于妇女在保持她们穆斯林身份的同时逐渐认识到什么是发展，什么是现代化。女性的身份认同是这个过程的核心，它带来了一系列问题，包括面纱的使用、女童的学校教育、获得现代商品的机会、更大的流动性等。随着过上好生活的愿望逐渐强烈，年轻女性开始寻求来自欧洲国家和其他国家的商品以改变生活，并且疏远了佩戴面纱这样传统的行为方式，但她们并不把佩戴面纱看作地位低下或受人控制的标志，而是觉得佩戴面纱不切实际或不够新潮（Fuglesang 1992）。

　　时尚、看印度流行电影以及拥有现代家电构成了现代性最重要的几个指标，也是塑造新的身份认知和女性概念的途径。尽管这个过程中明显发生着现代化，但是这个过程并不能简单地与现代化画上等号。印度电影明星的照片可能会和迈克尔·杰克逊、霍梅尼的照片一起出现在妇女房间的墙上。祈祷时刻穆安津（muezzin）频繁地发出召唤，意味着妇女必须暂时忘记那些由移民从沙特或迪拜带回的最新电影中的画面，而去做 5～10 分钟的祈祷。生活和性别关系肯定在发生变化——虽然妇女不想再成为"幽灵"，但是她们所想象的现代女性气质不同于西方女性解放运动中的描述。

如近期在哥伦比亚的太平洋沿岸地区引入的农村发展项目所表明的那样，技术知识常常成为发展的一个重要标志。在这片热带雨林地区生活的非裔哥伦比亚农民，最近在政府推广机构的帮助下，开始渐渐了解会计、农场规划方法、商业化合作社以及杀虫剂等现代农业生产资料的使用。无一例外，这些农民把学习技术知识看作他们生活质量上的一个重要转变。大部分农民是在他们的居住地学习到这些技术知识的，尽管他们中有一些人也常常去内陆城市接受新的农业生产和规划活动的培训。这一部分农民可能会成为发展的热心倡导者。

而且，这些农民开始认为，在项目介入之前他们的生活充满无知和无趣。他们说，在项目开始之前，他们完全不知道自己种的作物为什么会死，现在他们知道椰子树是因为一种特殊的害虫而死的，使用一些化学药品就可以对付这种害虫。他们还明白了应该把家庭劳动力用在一块农田上，并且应逐天逐月对这块农田上的耕作活动进行周全的规划，这种做法比以往花费几小时时间从一块农田走到另一块农田、同时耕种两三块农田的习惯做法要好。他们说，以前那样不能算干活儿。总之，他们已经适应了"效率"这个词语。然而，就像其他例子中已经讨论过的那样，农民仍保留了很多以前积累下来的信念和实践。比如，除了"效率"这个词，我们还会听这些农民提到需要"爱抚"土地、跟土地"讲话"，他们仍然会花一些时间去照料那些分布较远、"没有技术化"的农田。简而言之，他们已经形成一种混杂模型（hybrid model），他们既不受现代农业的逻辑控制，也不受传统实践逻辑的支配。我会在最后一章重新回到混杂模型这个概念上来[25]。

由此我们可以说，发展的表征对地方层面的影响是深刻的。在这个层面，发展和现代性的概念遭遇了抵抗、与地方形式的混杂、转换等；简言之，它们具有一种需要我们更深入理解的文化生产力（cultural productivity）。要想充分理解话语的操作模式，需要在地方层面开展更多有关发展语言的研究。这需要对发展境遇进行深入的民族志研究，如前文所举案例。皮格总结道，对于人类学家来说，他们的任务就是追溯发展的轮廓和文化效应，同时不得采用或复制发展的术语。当讨论到作为现代文化和传统文化实践混杂产物的第三世界文化以及介于现代文化与传统文化之间的多种文化形式时，我会再次提到这个原则。

小　结

本章讨论了二战后初期出现的一个重要开端和转型。它并非激进的认识论或政治突破的产物，而是许多因素重组后的结果。第三世界得以展示出全新的姿态，并闯入了新的语言领域。人们在第三世界广阔而深厚的表面上凿刻出一个新的空间，并将之置于权力场域中。欠发达成了政治技术（political technology）的研究主题，后者想要彻底消除世界上的欠发达现象，结果却是这种现象无限地繁殖下去。

发展催生了一种思维方式，这种思维方式将社会生活看作一个技术问题、一个可以被托付给发展专家进行理性决策和管理的问题。发展工作者的专业知识使他们足以胜任这项任务。这些发展工作者并没有把变迁视为一种过程，并没有认识到变迁的基础是对每个社会历史和文化传统的理解与诠释（这正是第三世界不同国家的一些知识分子在20世纪20年代、30年代想做的，甘地就是他们当中最杰出的代表），而是将其看作企图修正社会的机制和程序，使社会去适应一个已经先行存在的、体现现代性结构与功能的模型。正如之前的例子那样，发展工作者宛如魔法师的学徒（sorcerer's apprentice），他们再次唤醒了理性之梦，而他们的双手制造出一个令人不安的现实。

有时候，发展对于第三世界国家来说如此重要，以至于第三世界国家的领导者同意让他们的人民接受各种各样的干预，让他们服从于更广泛的权力形式和控制系统；以至于第一世界和第三世界的精英视这一切为发展的必要代价：大规模贫困，将第三世界的资源随意贩卖给竞标者，损害他们的自然生态和生态环境，杀戮、折磨、声讨原住居民，将他们逼入绝境；以至于很多第三世界国家的人民开始认为自己是低等的、欠发达的、无知的，开始怀疑自身文化的价值，决定拜倒在理性与进步的旗帜下；以至于最终发展的成果混淆了人们的视听，人们没有意识到发展似乎一直无法兑现许下的承诺。

虽然发展话语绵延发展了40年，但对第三世界的大部分理解和表述遵循同样的原则。现有权力形式的运作借助的不是镇压，而是标准化；不是无知，而是被控制的知识；不是人文关怀，而是官僚化的社会行动。由于形成发展话语的条件变得更加苛刻，它只能加强已有的控制、完善方法，并将它的触角向更远处延伸。我们应该清楚一点，这些条件实质上并不是由某个"客观的"知识体系召唤来的，而是由经济学家、政治家和各类发展专家的理性话语绘制的。发展构造出一系列具体的因素和力量，新的发展语言从中找到了依靠和支撑，这就是发展取得的成果。因此，发展话语是一个真实的历史产物，尽管它建立在一个人为的概念（欠发展）和一个特定的物质性（materiality）（被界定为欠发展的那些状况）基础上。要想挑战或废止发展话语的权力，必须以不同的方式对这两点进行概念化。

当然，还有一种经济剥削情况必须加以认识和应对。权力在剥削这个层面表现得太过冷嘲热讽，应该以权力之矛（即权力所规定的条款）来抵制权力。生活条件的某种物质性也非常引人注意，我们需要对这个问题投入更多精力和关注。但是那些想要通过发展来理解第三世界的人，长期以来想在这种物质性的基础上建立一个海市蜃楼般的现实，却对物质性本身视而不见。了解西方世界的知识和权力进入第三世界的这段历史，可以在某种程度上改变这一基础，这样我们就能从不同的视角、不同的范畴来看待这种物质性。

不同发展话语取得的效果具有一致性，这是它们成功占据表征霸权地位的关键：凭借表述者的特权，将贫困和欠发达建构成全球性的、事先存在的主题；通过话语同化，使发展对整个第三世界的权力实施成为可能（这需要抹去第三世界人民的复杂性和多元性，这样不管是墨西哥城的棚户居民、尼泊尔的农民还是撒哈拉沙漠里的柏柏尔游牧民，都会变成贫困和欠发达的群体）；实现对第三世界自然、人类生态环境以及经济的统治和殖民[20]。

发展采用了一种目的论，这使它提出"本地人"迟早会被改造的思想。然而，它又始终坚信，与完美的欧洲相比，第三世界是另类的、低等的，是人性受到限制的地区。在这个前提下，发展不断再生产出改造者和被改造者之间的分离与间隔。发展正是依存于这种永不停止的对差异的认同和否认。巴巴（Bhabha 1990）把发展的这个特征看成是它与生俱来的一个本质——歧视。"贫困""文盲""饥饿"等，这些语言符号已经变成与"欠发达"无法分割的固定所指。或许再没有其他任何因素能像经济学家的话语一样，把"贫困"和"欠发达"牢牢地黏合在一起。下一章是我专门为他们奉上的。

第三章
经济学与发展的空间：增长与资本的故事

所有社会都受到经济因素的制约。19世纪文明具有独特而鲜明的经济意义，因为它选择图利（gain）作为文明的基础——而图利在人类社会历史上几乎未被认为是有效的动机，这种动机也从未被提升到作为人类日常行为和行动标准的高度。自我调节的市场体制正是源自这一动机。这是一种将图利动机变为实际行动的机制，其产生的效力只有历史上最狂热的宗教热情才能与之匹敌。在整整一代人的时间内，它对整个人类世界的影响都不曾消弭。

——《大转型》，

卡尔·波兰尼（Karl Polanyi 1957a）

发展经济学的到来

1979年，哈佛经济学家、罗斯福政府官员劳克林·居里（Lauchlin Currie）在哥伦比亚首都波哥大的一次纪念晚宴上，回忆了世界银行派出的首个代表团，他在30年前曾随该团访问过这个国家。他说：

> 不知道我这个保守的加拿大血统怎么会赋予我改革者的热情，但必须承认我有这种热情。有些人遇到问题就不可能袖手旁观，而我碰巧就是这些无聊人中的一个。所以你能想象哥伦比亚是如何影响我的。那么多实际上不能解决的问题！这儿真是一个经济传教士的天堂。在来之前，我并不知道这些问题是什么，但我的热情一刻也没有消散，相信只要世界银行和这个国家肯听我的，我就会拿出很多种能解决大部分问题的对策，这个信心一刻也没有动摇过。我在大萧条中经历了战火的洗礼。我参与设计了罗斯福新政中的经济复苏计划，以帮助美国走出前所未有的低迷。二战期间，我在政府工作中也一直起着积极作用。（引自 Meier 1984，130）

这段回忆录直白地反映了殖民时期和后殖民时期北美人的一些根深蒂固的特点：具有"改革者的热情"，追求改革，热衷于传道、授业、解惑；具有乌托邦式的态度，在一块受困于"那么多实际上不能解决的问题"的土地上寻找"传教士的天堂"；认为所有的错误都能被纠正，所有的人类冲突都能被消除。在居里的例子中，这些特点随着经济的复苏和欧洲的重建而重新凸显。很多像居里这样的"发展先驱"和经济学家有同样的特点，他们后来成了发展领域的领军人物——在战后，他们带上了本专业的工具，有时甚至带上一份循序渐进的日程，满怀善意地登陆了第三世界。他们的学科恰好有助于完善凯恩斯主义思想，这个事实极大地鼓舞了这些经济学家。

然而，在这个故事里，我们有些超前，因为在居里首次抵达哥伦比亚时，还没有出现近似于发展经济学的事物。让我们重新回到第二章里讨论过的哥伦比亚代表团，来听听居里早期的回忆：

　　1949 年，我奉命组织并率领世界银行的第一支考察团。这类代表团是史无前例的，发展经济学也没有诞生。我只是假设这是一个将经济学各个分支用来解决一个国家具体问题的案例。因此，我招募了一群来自公共财政、外汇、交通、农业等领域的专家。我也让一些工程师和公共健康方面的技术人员加入进来。这些专家在很多领域提出了一系列建议。我更愿意把这一活动看成是"制订计划的基础"，而不是社会经济计划本身。（Currie 1967，31；引自 Meier 1984，131）

　　居里的回忆让我们想起现代性的一个精髓部分：需要把世界绘制成图。如果说在居里到达哥伦比亚时他所认识到的只有问题、黑暗和混乱，那是因为哥伦比亚拒绝化身为一幅居里可以阅读的图画。发展需要将世界描绘成图，这样我们就能像掌握一个结构或者系统那样以有序的方式来掌握整个世界。对于经济学家来讲，这幅图画是由经济理论提供的。居里带领的所有专家都需要将哥伦比亚组合成图。而荒谬的是，他们所看到的是另一种表征，那就是哥伦比亚"欠发达的"经济，而"真实的"哥伦比亚永远退隐在背景之中。对这种浮世图的需求，是所有经济发展理论的核心[①]。

　　居里认为当时世界上缺少与发展相关的特有经济理论，然而20 世纪 50 年代经济理论的繁盛很快使这一评论不复为事实。约翰·肯尼斯·加尔布雷思在 1979 年写的文章中很好地抓住了这一学科转型的显著特点。1949 年，当他开始在哈佛大学讲授"贫困与经济发展的经济学"时，他遇到的现实情况是：

　　贫困国家的经济学作为一个独立的研究领域，一直被认为是不存在的。在随后的 15 年里，这一认识在美国发生了明确的转变……经过较长的一段时间之后，福特基金会在 1950 年到 1975 年的捐赠金额超过 10 亿美元，洛克菲勒基金会、卡内基基全会和中央情报局支持的一些基金会捐赠金额略少……越来越多的知识分子对大规模贫困问题产生了兴趣。有关经济发展的研讨会和课程在整个美国的高校里普及开来……将贫穷国家的人民从水深火热的贫困之中拯救出来，这样的研究主题吸引了这么多人的关注，是其他经济学领域所望尘莫及的……对贫困国家的关注为学者在这个研究领域提供了立足点，而这个研究领域必定会不断扩展和持续下去。（Galbraith 1979，26，30；着重号为本书作者所加）

就像我们将要看到的那样，20世纪80年代一些领军人物就发展经济学的起源和演变提出一些包罗万象的分析，他们用批判的眼光回顾了自己在过去近40年间的经历。凭借在享有盛誉的机构里建立的牢固地位，这些到现在已经是老行尊的经济学家宣布了这个古老领域的灭亡。"发展经济学已经死了。愿它安息。当它还存在的时候，尽管还有很多严重的问题没有得到解决，但它仍然是非常令人振奋的，它在现实世界中过得很好。现在让我们对自己的期望更现实一些，认识到我们学科的局限性，把我们打算解决全世界问题的幼稚梦想果断地抛到脑后。让我们重新回到熟悉的理论上去吧。"这些听上去像是墓志铭的句子似乎就出自这个领域的先驱最近出版的书籍。

发展经济学的毁灭和重塑，无疑与新凯恩斯主义的没落和新自由主义的兴起联系在一起。现在争论的焦点是20世纪80年代第三世界迫于国际货币基金组织的压力所进行的严苛的经济改革，尤其是在货币和外汇管制、公共企业和政府服务的私有化、减少进口、开放国际市场等方面。这一改革也暗含在"亲善市场的发展"（market friendly development）战略中。世界银行在1991年《世界发展报告》中大力拥护这一战略，称其为90年代的首要主题。这一事件象征着发展经济学中新自由主义正统的回归，如影随形的还有自由市场在东欧的发展。不必为人民生活标准下降到史无前例的最低点而担忧，可以预见，这只是进行必要调整时暂时付出的代价。"本质问题是要强制进行结构性改革"，这句带有魔力的话语被反复吟诵。人民的福利可以暂时放在一边，哪怕成千上万的人可能会因此付出生命的代价。市场万岁！

发展经济学的话语给我们许下了一连串的承诺。它许诺通过20世纪50年代、60年代对经济的积极干预、对发展阶段的规划，80年代的稳定和调整政策，以及90年代反干预主义的"亲善市场的发展"，就能实现第三世界的繁荣。本章探究的是这种话语如何在经济话语的整体秩序内出现，又是怎样在制度、经济过程和社会关系领域被表达出来；历史上贫困的问题化如何会产生这种奇特话语（这种话语又形成了自己的史实性）；发展经济学是怎样通过它带来的规划技术实现发展的。本章的目的不是裁决早期发展经济学家的是非对错，而是从历史性、认识论和文化上认识和了解他们做抉择时身处的环境。即使这些经济学家工作的话语领域不是由个体的认知行动创造出来，而是在历史的背景下通过多人的积极参与创造出来，他们做出的选择仍包含了这样的承诺：他们的选择将带来社会和文化后果。

本章的第一部分提出一种将经济和经济学作为文化建构来考察的方法，在现在来讲，这种方法几乎没有先例可循②。第二部分关注的是在发展出现之前古典主义和新古典主义经济话语中的一些核心概念，尤其是那些为发展经济学的建构提供基石的重要概念。第三部分详细分析了20世纪40年代、50年代和60年代的经济发展理论，以及规划作为发展经济学实践应用的一面。第四部分的分析基础是近年来经济人类学的相关文献，这些文献断定当今第三世界平民阶层的实践中隐藏着边缘化的经济模型。这一部分讨论了文化政治学的必要性，文化政治学对处于统治话语地位的主流经济学和第三世界暗暗保留下来的多元本土模型一视同仁。本章最后总结性地指出，我们要在全球政治经济的背景下转变经济话语，这是一个在经济学和发展之外探求其他选择的策略。本章还提出了进行话语转变的方式。

作为文化的经济学

毋庸置疑，经济学家并不认为他们的学科是一种文化话语。在他们漫长而杰出的现实主义传统中，他们的知识被看成是对世界的中立的表征，是关于世界的真理。帕特里夏·威廉姆斯（Patricia Williams 1991）对法律的描述同样适用于经济学，经济学的知识不是"强加秩序，亦非强迫人们接受某种世界观"。威廉姆斯接着写道，"现在争论的焦点是一个镌刻了文化密码（cultural code）的结构"（Williams 1991，19；着重号为作者标注的强调部分）。就像哲学家查尔斯·泰勒（Charles Taylor）所解释的那样，经过长时间的发展，经济行为才成为一种文化：

> 有一些特定的规律支配着我们的经济行为，这些规律的变化非常缓慢……但是文明经过漫长的发展，才形成了这样一种文化：在这一文化中人们表现出一定的行为。这种行为得到文化的许可，行为的秩序被广泛接受，行为本身也被推广和普及……经济学渴望成为一门科学，有时候它似乎已经非常接近科学，因为我们已经形成了一种文化，在这个文化中某种形式的理性是一种（如果不是唯一的）具有统治地位的价值观。（Taylor 1985，103）

什么是经济学结构中的文化密码？什么样的文明的广泛发展产生了现在的经济概念和实践？这个问题的答案过于复杂，在这里我们只能给出一个提示。的确，欧洲历史上占统治地位的经济观与实践的发展和巩固，也是现代性历史的最基本篇章之一。一门以经济为中心的研究现代性的人类学引导着我们去探究市场、生产和劳动的故事，这些要素是西方经济的根源。它们的故事被当作认识生活的正常和自然的方式，很少受到质疑，因为"事情本来就是这样的"。然而，经济、市场和生产这些概念的出现只是历史上的偶然事件。我们可以追溯它们的历史，划分它们的谱系，并揭示它们的真理和权力机制。简而言之，我们可以对西方经济进行人类学分析，并会发现西方经济是由一系列特别的话语和实践构成的。这些话语和实践在文化历史上非常独特。

人们想到西方经济的时候，通常认为它是一个生产系统。然而在研究现代性的人类学视角下，西方经济必须被看作一个由生产、权力和意义等不同系统组成的制度。这三个系统在 18 世纪末期结合在一起，不可避免地与资本主义和现代性的发展紧密相连。我们应该把这三个系统视为文化形式，人类凭借它们才成了生产的主体。经济不仅仅是，或者说不仅仅主要是一个物质实体（material entity）。它首先是一种文化生产，是一种生产人类主体和某种社会秩序的方式。尽管生产层次上的西方经济历史已经广为人知——市场的出现，生产力和生产关系的变化，人口的变化，每日物质生活的转变，以及土地、劳动力和货币的商品化，但是对权力和意义的分析远未如此深入地进入西方经济的文化历史中。

那么权力是怎样进入经济的历史中的？简单地说，18 世纪和 19 世纪市场体系制度化的同时需要人们在个体层次上的转变，也就是福柯（Foucault 1979）所说的生产出驯服的身体（docile body），以及对人口进行规范，使之与资本的流动相一致。因为人们并不是高高兴兴地自愿进入工厂的，所以需要一套完整的纪律与规范化体制（regime of discipline and normalization）。除了将农民和奴隶逐出土地、创造一个无产阶级，现代经济还需要对身体、个人和社会形态进行深刻的重构。对个人和社会的重构，一方面通过形式多样的规训来实现；另一方面通过构成社会领域的那套干预措施来实现，这一点我已经间接提到。这个过程的结果是创造出一个标准化的主体——经济人（homo oeconomicus），其在特定的物质和文化条件下进行生产活动。为了积累资本、传播教育和健康、管理人与财富的流动，至少需要建立一个规训社会（disciplinary society）（Foucault 1979）[3]。

在意义这个层次上，我们要考虑的第一个重要历史方面是经济是作为一个自治领域（autonomous domain）出现的。我们已经很清楚，现代性的精髓之一就是将社会生活分割成不同的功能领域（经济、政治、社会、文化等），每一个领域都有自己的规则。严格来讲，这就是一种现代化的发展。作为一个单独的领域，经济必须由一门适当的科学来表达，这个出现于18世纪末期的科学被称为政治经济学。在亚当·斯密、李嘉图和马克思的古典主义表述中，政治经济学是围绕生产和劳动的概念被组织起来的。然而，除了将资本主义生产进行理性化，政治经济学还成功地将生产和劳动的意义强加于整个社会生活。简单地说，现代人开始透过生产这面镜子来看待他们的整个生活。生命的很多方面变得越来越经济化，包括人类、非人类的自然世界、人与人之间的关系以及人与自然之间的关系。生产和市场的话语完全渗透到人们每日生活的语言中。

有人（Reddy 1987；Baudrillard 1975）认为，马克思借用了他所批判的政治经济学的语言，这使他摆脱政治经济学的最终意愿破灭了。然而，历史唯物主义取得的成就不容忽视：形成了一种以使用价值代替交换价值的人类学；以剩余价值的概念取代了绝对剩余，使进步的概念不再基于剩余的增加，而是基于资产阶级对剩余价值的占有（剥削）；反对认为个人心智中存在真理的主流认识论，强调知识的社会属性；对比了信奉个人是全能行动者的单线演化历史观和信奉社会阶级才是创造历史的动力的唯物主义历史观；否定市场经济的自然属性，将资本主义生产方式概念化，将市场看作历史的产物；洞察了资本主义社会中商品拜物教的范式特征。

然而，马克思的哲学在编码层次上有一定的局限性[4]。市场作为社会模式与思维模式，占据了霸权地位，其所隐蔽的是政治经济学在意义密码上的霸权地位。不仅是经济学家，所有生活在价格和商品世界之中的人都与市场文化签下了契约。从符号层次上说，"经济人"难免受到市场、生产和商品等概念的调节与调和。人和自然被分割成不同的部分（个人和资源），并被重组为市场商品、知识和交换的对象。因此，批评市场文化的分析家呼吁，祛除政治经济学在现代性历史上被赋予的中心地位，通过建立一个包含市场本身的更宽泛的参照系来取代作为一般参照系的市场（Polanyi 1957b，270；Procacci 1991，151；Reddy 1987）[5]。我建议这个宽泛的参照系是现代性的人类学。

人类学家普遍应用了经济、政治、宗教和亲属关系等概念，将它们视为构成所有社会的基本模块。从这个意义上来说，他们也是现代经济学理性化的同谋。我们必须摒弃这种认为这些模块或领域先于社会而普遍存在的观点。相反，"我们必须问，是什么样的符号过程和社会过程使这些领域成了所有社会中不证自明甚至可能是'天然的'活动领域"（Yanagisako and Collier 1989，41）。因此，要想将经济学作为文化来分析，首先必须仔细审视这些貌似天然的领域内明显存在的社会组织。我们必须抑制自发的冲动，不再在"每一个社会里寻找与西方资本主义社会相似，而与其他社会关系相分离的'经济'制度和关系"（Godelier 1986，18）。

要开展这项文化批判的工作，首先必须清楚地认识到经济学是一套构建特殊经济图画的话语。用斯蒂芬·古德曼（Stephen Gudeman）的隐喻来说（Gudeman 1986；Gudeman and Rivera 1990），我们通常所认为的经济学仅仅是经济学的一种。这种经济学主导了几个世纪，好在其历史进程已经被勾勒出来。古德曼揭示了人类学中所谓的普适经济模型，这给了我们很多启发：

> 建构普适模型的那些人指出，在民族志资料中存在一种客观的既定现实，观察者可以通过形式模型（formal model）捕捉和解释它。他们使用的是一种"重建"方法，通过这种

方法，观察者首先用一种形式语言（formal language）将观察到的经济实践和信条重新表述出来，然后根据效用、劳动和剥削等核心标准进行演绎或评价。尽管经济人类学中使用的具体理论非常多元，但它们的理论假设是相同的，即相信存在一种普适性的模式，它可以解释任何一个给定的实地数据。从这个角度来看，一个本土模型往往是自我辩解、文过饰非、故弄玄虚或凭空想象。它至多仅仅代表观察者有特权进入的隐晦的社会现实。（Gudeman 1986，28）

然而，不管是本土的还是普适的，任何一个模型都是对世界的一种建构，而不是关于这个世界的无可争议的客观真理。这也是对作为文化的经济学进行分析的基本指导思想。现代经济学逐渐占据了优势地位，这意味着很多其他已有的对话和模型被窃用、压制或忽视。古德曼和里维拉（Rivera）坚持认为，在资本主义世界经济之外，还存在并将继续存在其他的经济模型、其他的对话，虽然它们不是诺贝尔奖获得者的成果，也不是由方程式来表达，但这些都无损于它们的科学性。例如，在拉美国家的农村，这些模型依然鲜活，不同对话的重叠已经存在很长时间。在本章的最后一部分，我会回到本土模型这个概念上来。

于是，经济学中存在的一种东方主义必须被揭示出来，即通过敬奉一种经济观点、打压其他经济观点的表征体制而取得的一种霸权效果。最后，对作为文化的经济学的批判必须与著名的将经济学作为"修辞学"的分析区分开来，后者是麦克洛斯基（Mc-Closkey 1985）主张的。麦克洛斯基的研究旨在展示经济学的文学特征，以及经济学为盲目追随现代主义的科学态度而付出的代价。他揭示了文学修辞如何系统而又不可避免地渗入经济学之中，目的是把经济学引入修辞领域从而使其得到完善。本章的目的则截然不同。尽管一些修辞分析的方法也得到应用，尤其是在 20 世纪 50 年代、60 年代经济发展理论的文献中，但是对作为文化的经济学的分析已经远远超越经济学修辞的形式。那么，具体的经济概念是怎样出现的？它们是怎样作为文化力量来发挥作用的？它们创造了哪些实践，产生了哪些文化秩序？从这些概念的角度来看待生活，又会产生什么样的结果？

经济学的世界和世界的经济学：早期的发展经济学理论与实践

"静态的插曲"和经济学的世界

阿瑟·刘易斯（W. Arthur Lewis）1954 年撰写的《劳动无限供给条件下的经济发展》，或许是关于经济发展的最著名文章。在文章的第一段，他这样写道：

> 本文是遵循古典学派的传统而写成的，提出古典学派的假设与问题。从斯密到马克思，所有的古典经济学家都假定或者认为，只要支付维持生活的最低工资，就可以获得劳动力的无限供给。然后，他们考察了生产是怎样随时间而不断扩大的。他们发现，答案就在于资本积累。对此，他们根据对收入分配的分析进行了解释。这样，古典经济制度就自发地决定了收入分配和收入增长，相伴随的还有商品的相对价格这个次要的副产品。[Lewis（1954）1958，400]

让我们停顿片刻，先来回忆一下"古典学派"的一些相关方面。古典增长理论的基础是资本积累（是从它的"资产阶级"意义上来理解的，而不是作为一个辩证的过程），并伴随着越来越专业化的劳动力。资本与劳动生产率的变化被认为是极其重要的，而自然资源和制度被看作常量，技术进步被看作一种外生变量（马克思之外的其他古典主义经济学家都这样假设）。古典主义经济学家还相信自然资源是有限的，自然资源的稀缺性成了不可回避的规律。由此造成的必然结果是资源枯竭愈加严重，经济增长受到阻碍（报酬递减原理），并可能呈现停滞的状态⑥。这种阻滞效应只有通过技术进步才能抵消。根据古典主义理论，经济会达到一个点，在这个点上工资会超过维持生活的最低水平而不断上涨，利润空间因此受到不断挤压而迫使投资停止，然后平均工资会出现回落，技术进步会让劳动生产率提高，经济恢复增长，各种力量再一次使经济回到停滞状态，如此等等⑦。

对李嘉图来说，政治经济学的主要研究议题是如何调节国民产值在地租、利润和工资之间的分配。利润水平是至关重要的，因为它决定着资本积累和经济增长的水平。因此，李嘉图的经济理论是由地租理论、糊口工资理论、农业中报酬递减对利润率的影响解释和劳动价值论构成的。李嘉图最重要的贡献之一就是他的劳动价值论。劳动成了和所有商品一样的单位，是价值的来源，因为它具体体现为生产活动（Dobb 1973）。事实上，劳动似乎成了抽象的普遍概念，使关于生产规律的客观知识得以形成。经济则成了以劳动为基础的连续生产的制度（一个过程中的劳动产品进入另一个过程）。这个经济概念催生了按时间序列积累的观点，使经济学与历史连接了起来。生产和积累开始对现代观念与历史经验产生不可磨灭的影响（Foucault 1973）⑧。

劳动是所有价值的基础这一观念并没有持续多长时间。19 世纪 70 年代的"边际革命"（marginal revolution）希望通过引入另外一种价值和分配的理论来戳穿李嘉图的论述。有趣的是，人们不再找寻决定价值的绝对因素。"根据主流的意见，价值的起源是劳动，而不是效用"，概念革命（conceptual revolution）之父杰文斯（Jevons）写道，"一遍遍的反思和质询让我产生了一些新奇的想法，那就是价值是完全依附于效用之上的"（引自 Dobb 1973，168）。杰文斯认为效用是"一个事物具有的能为人所用的抽象品质，它因此可以被称为商品"，而经济的问题是"用最少的努力最大限度地满足我们的需要……让我们的舒适和快乐最大化"。随着某种商品的供给不断增加，它的效用开始递减，直到接近"满足或饱和"（Dobb 1973，166-210）[9]。

一个全新的经济分析领域（通常被称为新古典主义经济学）在这个特殊法则基础上建立起来。经济能够实现一般均衡（general equilibrium）这一观点成了经济理论的核心。这一观点最初是由法国经济学家莱昂·瓦尔拉斯（Leon Walras）作为与许多经济变量（包括产品和服务的价格与数量，供家庭和公司购买的产品或生产要素）相关的一组联立方程提出的。根据这个理论，在竞争的条件下，供给与需求的相互作用会促使一个商品价格的均衡模式建立起来，这样所有的市场都会被"清空"。之所以会有这样的情况出现，是因为所有生产者和消费者的经济行为都彼此"连接和相互依存"，因为存在某种"经济生活的循环流转"。熊彼特（Schumpeter 1934，8）剖析了具有自我调节功能的市场中的这一循环流转：

> 因此，在经济系统的某处，一项需求可以说正在等待一项供给。在这个系统中，没有一个地方是有商品而没有它的补充物，这些补充物就是人们所持有的其他商品。这些人会根据经验，用它们来交换上面所说的货物。根据所有商品都能找到市场这一事实，经济生活的循环流转结束；换言之，所有商品的卖家又以买家的身份出现，他们充分购入这些货物来维持自己的消费，并购入在现有水平上下一个经济周期所需要的生产设备，反之亦然。[10]

这是一种极其和谐的经济观，它不涉及政治、权力和历史。这是一个完全理性的世界。随着时间的推移，以及数学工具的应用日渐增多，这个观点甚至变得更加抽象。为什么新古典主义经济学家要抛弃增长和分配这些古典主义的概念？一个通常的常识性解释是：因为资本主义在19世纪后半叶逐渐巩固，它取得了惊人的经济增长，提高了大众的生活标准，完全消除了人们对于增长会停滞的古老恐惧，在这种情况下把分析焦点放在增长上似乎就是多余的了。经济分析从动态的增长转向静态和短期理论（例如资源配置的优化以及个人与公司的决策行为），这很合乎逻辑[①]。一旦资本主义果断地运行起来，经济学家的兴趣就会转向如何调整这个系统的运作，包括决策的理性化以及调整市场表现使其实现最优均衡。于是，经济中动态活力的一面被这些静态的考虑遮蔽。发展经济学家恰当地将其称为静态的插曲（the static interlude）（Meier 1984，125–128）。

前进的道路必然有兴衰变迁，在19世纪末尤其如此，如出现物价下跌、失业、企业亏损、阶级冲突、工人组织兴起等。但是这些问题最终会平息下去，因为人们对经济会持续增长深信不疑。尽管到19世纪末人们对自由放任主义的信念有所动摇（特别是关系到有必要抑制垄断经营的方面），但是在1870年大多数观察家仍相信，全世界的自由贸易会畅行无阻。这就好像，当经济在一定程度上取得明显稳定，经济学家便忙于那些虽然更世俗却能给人带来理论快感的日常领域。这种信心会随着大萧条的到来而被粉碎。但是当这种情况真的出现时，"新古典主义大厦"这座建于19世纪70年代并在接下来的一百年间被布置得完美无缺的伟大建筑依旧岿然不动，影响着这个学科的话语领域。

然而对于熊彼特（Schumpeter 1954，891–909）来说，新古典主义革命并未触及古典主义理论中的很多要素，包括古典主义的"社会学框架"。它对经济过程的大致认识也仍然与穆勒（Mill）的时代基本一样。简言之，尽管新古典主义经济学摒弃了劳动价值论，但它继承了古典主义时期形成的基本的话语组织，并在这个组织中运作。新古典主义强调满足个人的需要，这强化了这个学科的原子论倾向。比古典主义思想更甚的是，新古典主义将经济体系与市场视为一体，而将经济问题与产生交换的市场条件（尤其是价格）等同起来。分配问题则彻底被从政治和社会关系领域扫地出门，简化为投入和产出的定价问题［分配的边际生产力理论（marginal productivity theory of distribution）］。通过进一步将经济系统分离出来，阶级和财产关系的问题被剔出经济分析的范畴，经济分析的焦点则集中在最优化的问题上（Dobb 1973，172-183）。最终，关注于特殊的静态均衡对从更整体的角度（例如马克思主义者或熊彼特主义者）分析宏观关系和经济发展产生了不利的影响。

伟大的"新古典主义大厦"依靠两个基本假设的支撑：完全竞争和完全理性。知识的完善和普及确保了现有的资源会得到优化利用，从而实现充分就业。"经济人"可以安心经营自己的事业，因为他确信边际效用和一般均衡理论等组成的理论库能为他提供所需的任何信息，使他能最大限度地利用自己的稀缺资源，因为这些理论能够追索到关于某事物的所有知识。新古典主义世界里隐含着一幅关于秩序与宁静的图画，一幅自我调节、自我优化的经济系统的图画，这个观点无疑与当时风行的英国统治下的和平（Pax Britannica）的奉承歌颂有关。

这就是处于世纪拐点上的新古典主义世界。人们相信，在这个世界里，理论所呈现的就是真实的经济，就像钟表能显示出时间一样；在这个世界里，那些粗俗的人能把"吝啬的自然"制服，并从自然界中榨取最宝贵的产品；在这个世界里，看不见的手可以确保经济顺利运行，大多数人的福利不受保护主义的桎梏。1914年到大约1948年之间袭击资本主义世界经济的危机，为新古典主义的大厦又增添了一些重要元素。这些元素中也包括对增长重新燃起的兴趣。重新回忆这些事件的细节或许是值得的，因为就是在这种情况下，发展经济学家找到了自己入门的阶梯，并无比兴奋地决定建立自己的家园。

"理论热的岁月"和世界的经济学

我们已经看到古典主义政治经济学怎样随着边际革命而发生

重要的变化。在持续差不多一个世纪的英国统治下的和平之后，资本主义世界经济陷入深重的危机，由此引发了经济话语的第二次重要转型。让我们来总结一下这方面将要展开的一些论据。在一战和二战之间，一个新的社会系统成形。它依赖于国家和经济之间古老界限的消融（对新古典主义经济学家来说是如此宝贵）、前所未有的制度安排的发展，以及新古典主义再次形成的对经济的重要理解。历史学家认为，在 20 世纪 20 年代，政体与经济的法团主义控制形式得到发展，公私权力之间的配置被重构，这使欧洲的资产阶级得以重塑。世界经济也在重新定位自己的中心，占据资本主义体系核心位置的国家变成了美国。这个时期形成的经济干预风格和形式在之后的 30 年代到 50 年代之间得以保留和延伸，并在发展年代达到鼎盛。

从凯恩斯主义和复苏的增长经济学中，我们能读到对这些过程的理解和理性解释。所有这些变化不仅为美国霸权治下的和平（Pax Americana）中边缘国家（那些后来被称为第三世界的地区）的新一轮融合清扫出了场地，也为指导和佐证这种融合的经济发展理论提供了基石。古典主义的增长理论经过新的宏观经济学和增长数学模型的完善之后，已经可以为新的话语提供基本要素。20 世纪 20 年代形成的新的管理和规划形式同样如此。1945 年以后，欠发达国家在资本主义世界经济中取得了前所未有的重要地位。在此之前，从来没有一种话语能如此精确地描述它。

20 世纪的第一个 10 年不仅见证了 19 世纪经济组织的崩溃，还经历了前所未有的战争和法西斯主义。卡尔·波兰尼（Karl Polanyi 1957a）对这个时期开始的经济和社会转型的深度进行了最有力和最深刻的论述。波兰尼发现这次转型源于"经济自由主义徒劳地试图建立一个自我调节的系统"（1957a，29）。因此，市场具有自我调节功能的假设成了这些变化中的第一个牺牲品，这个假设破灭了。第一次世界大战为经济和社会事务管理与规划的新方法开辟了一条道路。在硝烟弥漫的战场废墟上诞生了产业和劳动的组织形式，这些为战后新经济的诞生奠定了基础。这种新经济建立在一个信念的基础上，即经济过程不能只交给私人市场；经济和政治权力之间的界限逐渐变得模糊。国家对价格、劳动力和资源的控制力越来越强，新的管理和议价机制也随之出现。在一些国家（法国、德国和意大利），不同的利益部门（工业和农业）和群体（劳动者和军队）被以法团形式组织起来（Maier 1975）。

新型工程师和职业商人的办公室里出现了一种针对经济的技术专家治理论的观点。泰勒主义（Taylorism）、美国主义（Americanism）和福特主义（Fordism）这些科学化管理技术深深扎根并不断扩展，以努力实现对劳动力和资本的更高效利用。我们不能低估这些技术的出现。葛兰西（Gramsci）将美国主义和福特主义所带来的转变描述为"迄今为止最强大的集体努力，以前所未有的速度、历史上无与伦比的目标意识来创造一类新的工人和新的人类"（引自 Harvey 1989，126）。尽管最初工人抵制泰勒主义和福特主义的工作方式，但这种转变在短短几十年的时间里实现了。左翼分子强调工厂民主化的呼声与右翼分子强调通过科学管理实现理性化的要求纠结在一起。总之，在经过战争的黑夜之后，19世纪的秩序在其暮年看到了新的秩序诞生，尽管在重重转变之后，旧秩序仍在苟延残喘。"拯救资产阶级欧洲意味着对它的重塑：应付各种社团（或者像意大利那样创造伪协会），让国家机构来管理控制市场，在国家结构中培养不同利益群体的代言人。"（Maier 1975，594）[12]

随着市场自我调节假设的破产，有关完备知识的假设也被抛弃，尤其是在 20 世纪 20 年代末和 30 年代初，那时的经济理论"不得不对动荡不安的、混乱的现实世界做出让步"。一名研究这一时期经济理论的学生写道，"直到 20 世纪 30 年代，经济学都是研究基本稀缺性的科学。30 年代之后，它成了人们应对稀缺性和不确定性的解释说明。这是经济理论在 30 年代取得的最大成就"（Shackle 1967，7）。英国统治下的和平的辉煌在人们的意识中灌输了一种自然的、无可辩驳的秩序。沙克尔（Shackle）论述道：

> 正如约翰·梅纳德·凯恩斯（John Maynard Keynes）所说，"没有什么好怕的"……宁静的生活消失了，这就是现在这个世界和20世纪30年代那个世界最本质、最大的区别。与失业问题相比，琼·罗宾逊（Joan Robinson）教授提到的"一杯茶的价格"问题已无关紧要。投资动力不足产生了失业问题（凯恩斯是这样解释的），而这种投资动力不足主要应归咎于这个世界上无数的不确定性所导致的对商业精神的突然抑制。无论是在现实生活里，还是在理论上，都不再可能有均衡。（1967，289）

凯恩斯是这场新革命中的英雄。他论证了在就业不充分的情况下，更确切地说是在任何一个产出和就业层次上，都可能存在均衡。"理论热的岁月"［1926~1939年，由凯恩斯、卡恩（Kahn）、罗宾逊、哈罗德（Harrod）、缪尔达尔（Myrdal）、希克斯（Hicks）、卡莱茨基（Kalecki）、萨缪尔森（Samuelson）和卡尔多（Kaldor）等经济学家发起］提出了就业与增长理论，这源于人们认识到决策者不得不面对信息缺乏的根本问题。完全竞争变得不再充分［皮埃罗·斯拉法（Piero Sraffa）在1926年的著作中论证了公司内在因素的存在，并称之为规模经济，认为它让完全竞争的假设成为泡影］，完备知识变得含混不清，取而代之的是不确定性。经济学对静态环境的关注消退之后，它所留下的空白很快被对增长动力的探究填补，现在经济增长动力学被供奉在理论的神坛之上。知识的局限性使我们不得不打磨手中应对现实的工具。因此，出于对秩序与控制机制的需要，公共政策和规划重新引起人们的重视。

这些创新准确地反映了这个时期发生的一系列事件：通货紧缩、工资降低、20年代的失业、30年代的经济危机以及失业恶化。凯恩斯给政府开出一服处方，即通过适当的国家开支、投资、财政和预算政策促进全面就业。经济学家认为这一时期的理论取得重要的成就。然而，多布（Dobb 1973，211-227）认为，新的理论并没有挑战新古典主义的价值论，它只是在自己的总体框架下发展［凯恩斯认为新古典主义理论是他的通论（General Theory）中的一个"特例"］。新理论彻底挑战了静态均衡具有唯一性这一观点，这种唯一性的假设反过来暗含了对资源的充分利用，但新理论对已有观点的挑战就此止步。但必须承认，凯恩斯使那个极为理性而平稳的新古典主义世界崩塌了，这点非常重要。然而，凯恩斯的后继者很快将理性和经济学的数学化招入麾下，忽略了凯恩斯理论中最根本的训诫（Gutman 1994）[13]。

对这种根据传统理性和模型建立方式而进行理论建构的模式，增长经济学表示了充分的信任。在 20 世纪 30 年代后期，一些经济学家［哈罗德在 1939 年，以及多马（Domar）在 1946 年］紧跟凯恩斯的通论，将注意力集中在产出（国民生产）和收入的增长率上，将它们作为一个真正的动态理论所要解释的基本变量。增长理论应用起来与一般均衡理论一样抽象和宽泛，但理论界出现了详细阐述增长理论的倾向。这种理论的关键是投资和总产出之间的关系——投资的速度怎样影响了总产出的水平，总产出的加速又怎样反过来影响了投资速度。人们认识到，投资不仅会增加收入，也会带来产能的增加。资本存量的净增加会带来国民产出（国民生产总值，或者说 GNP）的相应增加，这种对应性是由当时的经济学家所指的资本产值比率（capital-output ratio）来表示的。哈罗德将资本产值比率定义为每增加一个单位产值所需要的资本货物（capital goods）的价值。

我们必须从某个地方找到增加投资所要的资本，这个答案就是储蓄。必须储蓄一部分国民收入以替换损耗的资本货物（设备、建筑、物资等）并创造新的货物。这时的关键问题就是确立必要的"储蓄率"（需要储蓄起来的国民产值的比例）。储蓄率连同特定的资本产值比率能够产生预期的国民生产总值增长率。每一个经济体都会有一个"自然增长率"，它是在人口增长、资本积累和技术进步允许范围内的最大限度的增长率。因为我们不可能对这些变量进行精确的控制，所以增长的过程必然是不稳定的。很显然，这个理论不仅与"古典主义问题"和"古典主义假设"相容，还与凯恩斯主义的创新完全一致。凯恩斯主义的创新将经济的扩张或收缩与储蓄和投资联系在了一起。尽管哈罗德－多马（Harrod-Domar）理论后来又发生了一些重要的变化，但这一理论仍然形塑着新生的发展经济学。就像我们在后面将要看到的，这一理论的应用产生了巨大的影响。

让我们暂时回到世界的经济学这个话题上来。在 20 世纪 20 年代后期和 30 年代后期，最强大的几个国家声称它们已经实现了经济稳定，但这种稳定中也存在矛盾。作为一个与众不同的积累体制，福特主义直到 1945 年之后才完全成熟，从那时起它成为战后经济繁荣的基础，这种繁荣一直持续到 20 世纪 70 年代初期。到福特主义开始衰落的时候，它已经"较少是一种单纯的大规模生产的制度，而更多的是一整套生活方式"（Harvey 1989，135）。它不仅带给我们一种新的工作和消费文化，还用自己对功能和效率的关注在现代主义审美观的基础上建立了一种新的审美观，并推动了现代主义审美观的发展。

让我们再来看一下受马克思主义启发的政治经济学家怎样解释这个时期资本主义的动态变化。福特主义式的积累使边缘国家（periphery）能够以新的方式融入资本主义世界经济[14]。资本主义世界经济中的横向（地理）融合到 1910 年已经大体完成，此时纵向融合开始出现（针对边缘国家，通过非地理扩张的方式实现剩余价值榨取率的增加）。到 1913 年，主要的核心国家（core nation）（英国、美国、法国和德国）拥有半边缘国家（semiperiphery）（西班牙、葡萄牙、俄罗斯、日本、澳大利亚以及东欧部分国家）和边缘国家（拉丁美洲、亚洲和非洲的大部分国家）所有资本投资的 85% 左右。然而，一些因素也带来了不稳定性，如来自半边缘国家（尤其是俄罗斯和日本）的竞争增加、边缘国家反核心的意识形态和社会运动的高涨（随着外国投资和军队直接干预的增加）、核心国家内部阶级结构的变化，以及核心国家之间为争夺边缘国家日益重要的自然资源的控制权而彼此竞争⑮。

美国在资本主义世界经济中日渐提升的地位对边缘国家产生了重要影响。拉美国家与美国进行的贸易明显增加，美国在这一地区的直接投资也大幅上升。特别是在20世纪20年代这一时期，主要由美国银行家支持的大规模信贷项目开始启动。20世纪20年代是拉美大陆"现代化"的第一个10年，在1910~1930年拉美地区一些较大的国家经历了社会和经济结构的重要转型。大萧条给拉美经济带来了沉重打击。核心国家从拉美地区的进口额锐减。很多国家在20世纪20年代欠下的大量债务成了它们无法承受的负担（这个情况与20世纪80年代的债务危机没有什么不同），实际上到1935年，大多数债务已经成为坏账。20世纪20年代的繁荣带来的欣然心情已经被忧郁取代。在这种情况下，人们需要以适当的方式适应低迷的国际环境（拉美地区的多数国家采取了这样的行动），或者需要通过进口替代（import substitution）战略进行自己的现代化，也就是在国内生产那些原先需要进口的产品（一些较大的国家，如巴西、阿根廷、墨西哥和哥伦比亚选择了这条道路）。处于边缘地位的国家被迫放弃原有的自由主义，改为实施积极的国家政策来保护和发展本国经济⑯。

二战之后，自由企业制度（free enterprise system）处于危境之中。为了挽救这个制度，美国面临种种急需处理的事务：保证资本主义制度中现有核心国家的团结和发展，这需要资本主义持续的扩张，并努力避免共产主义的蔓延；为在战争期间积累的剩余资本寻找投资方向（尤其是海外投资，这样可以获得最大利润）；工业产能在战争期间翻了一番，这就需要为产品寻找海外市场；确保对原材料来源的控制，以应对世界竞争；在全球范围内建立强大到无人挑衅的军事网络，以确保它对原材料、市场和消费者的享有权（Amin 1976；Borrego 1981；Murphy and Augelli 1993）。《布雷顿森林（Bretton Woods）协定》建立了国际货币基金组织和世界银行，宣布了一个新纪元的到来。凯恩斯理论为强化私营部门、扩大国内外市场、在跨国公司的领导下复苏国际贸易提供了指南。于是，核心国家的生产过程重新与它们的政治机器和新兴的国际金融组织融合在一起。

波兰尼用精妙的笔触描绘的"大转型"，标志着19世纪最宝贵的一些经济原则轰然崩塌。自由放任主义和过时的自由主义让位给更有效率的、更无孔不入的经济和人口管理方式，或许只不过是因为这些管理方式是在科学的合法羽翼下采取的，是为了"人民的利益"（尤其是随着20世纪50年代福利经济学的发展）。虽然"静态的插曲"已经结束，但是新的经济学对改变古典主义和新古典主义的话语边界几乎无所作为。理论更加精巧，数学技术更加复杂，例如里昂惕夫（Leontief）20世纪30年代提出的投入—产出分析法，但是它们并没有明显脱离古典主义经济学的基本话语组织。因为美国在战争后期面临的那些急迫事务，拉美地区和世界其他边缘国家被纳入资本主义世界经济中，但它们与其他国家之间存在泾渭分明的界限。

作为这一部分的总结，让我们再回到这一章的引言中。我曾提到发展先驱的态度表现出改革主义者的特质。这种特质部分地与他们经历了大萧条有关。的确，正如改革派的哈佛经济学家斯蒂芬·马格林（Stephen Marglin）所认为的那样，从经济学所吸引的群体和它所致力解决的问题来看，大萧条的经历改变了整整一个时代的经济学。1935～1960年，一些经济学家甚至认为资本主义可能会走向消亡。在这个阶段末期，加尔布雷思、库兹涅茨（Kuznets）、居里和马格林等学者对他们的研究主题以及他们想要面对的问题获得一种政治上的处置权［有人还会想到一些拉美经济学家也是如此，如劳尔·普雷维什（Raúl Prebisch）、安东尼奥·加西亚（Antonio García）、塞尔索·富尔塔多（Celso Furtado）

和费尔南多·恩里克·卡多佐（Fernando Henrique Cardoso）]。这个时期的宏观经济理论也从非殖民化的背景中产生。对于这些经济学家而言，非殖民化意味着帝国的最终毁灭。尽管帝国的需求是将殖民地引入市场，但是殖民地人民的安宁幸福表明，如果没有外部干涉，他们会生活得更好[17]。

一些经济学家曾认为人民福利和干预主义政策之间存在矛盾。福利和发展在二战之后才成了并列的、兼容的目标。但马格林强调，很多早期的发展经济学家在他们研究的初期信奉渐进式的发展。我并非要对这一看法提出异议，就像这一部分所展现的那样，几十年来世界的整体活动为发展经济学的最终到来奠定了基础，强调这一点是非常重要的。在这种动力的激发下，发展经济学家满怀希望和梦想来到第三世界，他们迫切地想把自己最好的知识应用到这项复杂却激动人心的事业中。在下一部分我们将看到，这些经济学家的话语极具影响力，这种话语仍然是第三世界文化历史上的重要篇章。

发展经济学的发展

早期理论：建构话语

在 1948～1958 年的 10 年，发展经济学作为一项关注特定问题、由特定个人执行、受特定社会使命委托的实践活动得到发展和巩固。在这些年间，发展经济学从前面所回顾的历史和理论过程中建构出自己的研究对象——"欠发达的经济"。为了进一步考察话语政治（politics of discourse）和表征体制，我们还需要对这种建构到底是怎样发生的进行更详细的分析。

我们在理解二战之后的经济发展概念时，可以追溯很多重要的早期文献。例如，阿恩特（Arndt 1978，1981）指出，"发展"一词在 20 世纪 30 年代之前被使用的时候，人们通常从自然主义的意义上理解它，认为发展指某个事物随时间的推移而逐渐出现。熊彼特是一个例外，我们稍后讨论他于 1911 年用德语出版的关于经济发展的著作。英国的一些历史学家是第二个例外。第三个例外是马克思，他从冷酷的黑格尔辩证法中找到了自己对发展的理解。我们已经在第二章中提到，现在所使用的"发展"一词，最明确的早期文献出处是 1929 年的《英国殖民发展法案》。在殖民地背景下，经济发展并不是一个必然的历史过程，而是一项政府必须推动的活动。经济体系没有建立，资源却必须得到开发。"马克思意义上的经济发展源于不及物动词，殖民主义意义上的经济发展则源于及物动词。"[1]（Arndt 1981，460）

　　阿恩特发现，作为及物动词意义上的"经济发展"一词的使用可以（一定程度上）追溯到澳大利亚和加拿大，这两个地区的经济发展并不是自发形成的。他还顺便提到中国伟大的民族英雄、爱国主义者、民主革命的伟大先驱孙中山在 1922 年的一项研究，其中提出中国经济发展的宏伟计划。但是直到 20 世纪 40 年代中期，"欠发达地区"（underdeveloped area）这个词才被用于经济发展中。大萧条和二战将充分就业和增长的问题推到了台前。就像阿恩特（Arndt 1978）在他的研究中所说，"经济发展"这个概念起起落落，最终"回归到稀缺性"和"普遍的贫困问题"上来。增长开始被看作拯救贫困和失业的良方，而不是目的本身。

　　已知的经济分析工具被首次应用于贫困国家。借由当代的增长理论，古典主义中有关资本积累的论述对于这种尝试起到核心作用。强调投资意味着对储蓄的关注，以及开放国外援助和国外投资的渠道，因为人们很快意识到很少有贫困国家能拥有足够的资本来满足经济快速增长所需的资金。大多数贫困国家人口增长速度较快，而国民生产总值的增长幅度必须超过人口的增长，这方面的考虑更加强化了贫困国家对国外资本的需求。而且，一个

---

[1] 在英语中，作为不及物动词的"发展"一词有"发育，生长，逐步显现"的含义，而作为及物动词的"发展"有"使某物进步"的含义。——译者注

享有特权的投资领域被发现，这个领域的资本积累所带来的利润高于任何其他领域，这个领域就是工业化。工业化将为落后经济体的现代化铺平道路，也有助于正确的理性在原住民之中传播，如阿瑟·刘易斯1946年提到牙买加的工业化时所写的，"培训劳动者，让他们适应工厂规则"（引自 Meier 1984，143）。工业化也将成为农村地区大量失业和未充分就业的劳动力进入生产领域的最有效的途径。

同样，工业化也是贫穷国家摆脱在国际贸易中结构性缺陷（structural disadvantage）的唯一途径。这种结构性缺陷在于贫穷国家作为主要的初级产品生产者，需要面对来自工业化国家的高价商品和高水平生产力。通过工业化，贫穷国家会停止生产"不合适的东西"，而着手生产具有较高交换价值的产品。再次引用刘易斯关于牙买加报告中的话，工业化是发展的关键，这一点"清晰得如同白昼"（引自 Meier 1984，143）。工业化实际的出现方式构成了20世纪50年代大多数发展模式的核心。很明显，工业化不会自发地出现。要想克服工业化过程中可以预知的障碍，必须付出审慎的努力。这需要一种规划，来确保有效配置稀缺资源、纠正市场价格、使储蓄最大化、对国外资本的投资方向进行正确引导。总的来说，就是根据一个均衡的规划来协调经济。因此，发展规划从一开始就是发展经济学的孪生兄弟。当1949年世界银行代表团访问哥伦比亚时，这一点就已经非常明确。

总之，20世纪50年代普遍倡导的经济发展战略包含的主要因素有：（1）资本积累；（2）审慎的工业化；（3）发展规划；（4）外部援助。然而，人们认为欠发达的经济具有的一些特征使它们不同于正统经济学所研究的经济，这就需要修正现有的理论，亦即赫希曼（Hirschman）所说的，要摒弃"单一经济学的主张"（1981）。欠发达经济的特征包括农村就业严重不足、工业化水平低、工业发展存在一系列障碍，以及国际贸易中处于劣势地位。前三个特征引起大多数构建模型的理论家注意。起初，人们关注的焦点是发展道路上的"障碍"，以及那些为了使模型起作用而必须补充的"缺失的要素"。这些模型的共同特点是都努力清除发展道路上的障碍，提供发展缺失的要素，以此实现工业化的迅速腾飞[⑱]。

古典主义和新古典主义的增长理论为这些模型提供了基石。古典主义增长理论的里程碑是资本积累、劳动进一步分工、技术进步和贸易。正如我们所看到的，二战后的增长理论还受到凯恩斯对储蓄和投资相互作用的分析的影响。回忆一下哈罗德和多马所假定的增长模型的本质也很有益处。为了实现增长，经济中的一部分国民生产总值必须用于储蓄和投资。在一个特定的储蓄和投资水平下，经济的实际增长率取决于新投资活动的生产能力，而投资活动的生产能力可以用资本产值比率来测量。投资创造着新的产能，反过来说，产能又必须和新的社会需要相符。因此，劳动力的工资也必须按相应的比例上调，以防止生产资料的闲置。

这些模型中预设了一些特征，这些特征非常符合工业化国家的国情，但对欠发达的经济体并不适应。它们假定了一个不变的资本产值比率，并预设了恒定不变的贸易条款，但没有分析价格变化带来的影响（它们是货真价实的模型）。但是欠发达经济体一般面临着因初级产品生产而日益恶化的贸易条件（term of trade）（相对于工业化国家的工业制品）、对快速技术进步的迫切需求，以及由经济通货膨胀的趋势造成的物价持续变化。它们的储蓄率也低得多。因此，发展的主要障碍是可用资本的短缺。而且，即使国内储蓄有可能增加，仍然会存在一个"储蓄缺口"（saving gap），这个缺口必须通过国外援助、贷款或者国外私人投资来弥补。尽管工业化国家与欠发达经济体之间存在这些差异，在工业化经济背景下形成的增长理论还是在极大程度上形塑了经济发展模型。

让我们更加深入地考察一下几个最重要的模型。罗森斯坦-罗丹（Rosenstein-Rodan）根据他对 20 世纪 20 年代、30 年代相对低迷的东欧经济的经验指出，要实现工业化，需要"大力推进"（big push）投资，以调动农村剩余劳动力。对他而言，工业化要想成功，需要一个巨大的、经过周密计划的初始力量，如果力量太小、太分散，那么工业化很可能失败[19]。其他模型有同样的观点：或者认为工业化的成功需要一个临界最小努力（critical minimum effort）（Liebenstein 1957）；或者认为这些国家陷入了"低水平均衡陷阱"（low level equilibrium trap），只有付出一定力度的努力才能将它们解救出来（Richard Nelson）。罗斯托（Rostow）的经济史模型（1960，1952）假设所有国家在通向现代化的过程中都会经历一条分为不同阶段的线性路径，其中一个阶段就是进入自我持续增长的"起飞"（take-off）阶段。他的模型在 20 世纪 50 年代末和 60 年代初非常著名。同样著名的还有纳克斯（Nurkse）的"平衡增长"（balanced growth）概念［它预言一个国家只有将资本协调地用于多个行业才会逃脱陷入"贫困的恶性循环"（vicious circle of poverty）的命运］，以及赫希曼（Hirschman 1958）将工业化过程理性化的"前向与后向联结"（backward and forward linkage）的概念。所有这些概念很快被吸纳到联合国和国际借贷组织以及贫困国家自己出版的大量文献资料中。这或许是因为理论家造访了第三世界，并常常在当地长期逗留；或许是因为第三世界学生留学于北美和英国，这种留学在 20 世纪 60 年代变得十分普遍[20]。

纳克斯和刘易斯在 20 世纪 50 年代初期提出的模型最具影响力，我们有必要对它们进行简要的考察，但不是考察它们的经济理性，而是将其视为一种文化建构以及发展话语政治学中的核心内容。纳克斯的书（Nurkse 1953）写于 1952 年，基础是作者一年前在里约热内卢所做的一系列讲座，目的在于分析与"贫困的恶性循环"有关的因素和打破这个循环的可能方式。在纳克斯的概念中，多种力量的循环导致了贫困，这个循环将粮食匮乏、健康状况不佳、工作能力低下、收入较低联系在一起，最后又回到粮食匮乏上来。与这个恶性循环并行的是经济领域的一种循环关系。

在世界上受贫困困扰的那些地区，资本形成（capital formation）的供求两方面都存在一种循环关系。在资本的供给方面，实际收入水平低导致储蓄能力低。实际收入水平低是生产率低的一个反映，而生产率低在很大程度上归咎于资本匮乏。资本匮乏是储蓄能力低的一个结果，这样就形成了一个循环。在资本的需求方面，人民购买力低会造成投资动机不强，而人民购买力低是由他们的实际收入水平低导致的，低收入水平又是由低生产率造成的。然而，生产率低是生产过程中资本不足的结果，资本不足反过来又可能是（至少部分是）由投资动机不足造成的。（Nurkse 1953，5）

在这种"恶性"经济循环背后，还暗含了这样一个观点，稳健的经济以"良性"的经济循环为基础。平衡增长的目标被乏味地描述成"扩大市场规模、创造投资动机"，在这其中，资本无疑是至关重要的。只增加一种商品的生产是不够的（纳克斯以鞋子为例），如果要充分扩大需求，需要同时增加多种消费品的生产。商业政策随后应该适当地指导富余的储蓄和外部资本以便扩大国内市场，使国内市场规模达到实现经济起飞和自我持续增长所需要的程度。

有趣的是，对于纳克斯来说，资本形成的问题并不仅因为储蓄能力低下，还由于投资动机不足。在这一点上，他和熊彼特非常相似，他也明确地提到熊彼特。然而，不管是纳克斯还是其他任何一个发展经济学家，都没有采纳熊彼特的观点，这其中的原因从话语政治的角度来看是发人深省的。熊彼特《经济发展理论》一书的英文版于 1934 年出版发行。与熊彼特的大多数著作一样，这本书的写作风格严密而统一，强调层层论证（熊彼特在序言中写道，"这本书中的论点形成了一个相互连贯的整体"）。但出人意料的是，这本书对一战后的发展思潮产生的影响极为微弱，这可能是由几个方面的因素造成的。首先，西方经济学家将这本书看成是一种商业周期的理论，而不是发展的理论；其次，熊彼特对私营企业家角色的强调似乎排除了它在贫穷国家的应用，因为尽管也有一些反对意见，但多数人认为企业家精神在贫穷国家几乎是不存在的（Bauer and Yamey 1957）。贫穷国家缺乏企业家精神这一断言也受到第三世界人民落后甚至懒惰这种认知的影响。

熊彼特的理论似乎与早期发展经济学家关注的问题相关。他关注的不是经济生活中的细微变化，而恰恰是发展经济学家在他们的"大推进"和"起飞"理论中倾注感情的革命性变化。然而，要追随熊彼特的理论框架，就需要认真考虑让当时大多数经济学家头疼的几个方面。例如，熊彼特认为单纯的增长不是发展，而只是"数据上的变化"，又或者"人民的经济状态并不是以前的经济状况的简单呈现，而是以前的全部形势的整体反映"（Schumpeter 1934，58）。那么，这些观点怎样才能转变成可以控制的模型和规划方案㉑？

阿瑟·刘易斯的二元经济模型最初发表于1954年，具有和纳克斯的模型相同的影响力（如果不能说影响力更强的话）。这个模型话语操作的关键是将一个国家的经济和社会生活一分为二：现代与传统。发展包含了现代对传统的不断侵蚀，以及货币经济在广袤的生计世界（或近似于生计世界）的持续扩展。这种傲慢在大多数经济学家和国际组织的发展观中风行了几十年（本书第一章开篇从一份委员会报告中摘录的引言就是明证。刘易斯是这个委员会的五名参与人之一）。从话语组织（discursive economy）的观点来看，这种二元建构的影响是巨大的。在刘易斯的建构中，传统等于落后，它是一个必须尽快处理掉的包袱，在经济结构中对发展过程一无是处。如果采用欠发达经济的非二元主义观［例如布罗代尔主义者（Braudelian）、熊彼特主义者（Schumpeterian）、马克思主义者，更不用说那些立足于非西方传统的学者］，发展必须包括社会生活的所有组成部分，这样产生的影响就会大不相同。

在现代与传统的二分法中，还有一个机制在运行。这种分裂将对立的两极远远分开，并将传统这一极驱逐至蛮荒之地。这种话语的特征绝不只局限于经济学，它已经深深地嵌入社会科学和西方文化整体中。在用人类学分析时间的使用时，乔纳斯·费边（Johannes Fabian 1983）发现了被他称为"同代否定"（denial of coevalness）的特征，这也是论及他者文化的著作的主要特征。尽管民俗学家、研究者或经济学家在田野工作时或在完成经济学家的使命过程中需要分享他者（他者指那些"原住民""欠发展的人"）的时间，但是这个他者却被置于另一个时间阶段（在一些教科书中，他者甚至被认为处于石器时代）。所以我们说，时间被用来创造人类学或经济学的研究对象，一种特殊的权力关系也在这个过程中产生。通过将他者建构成生活在另类时间中的客体，这些科学家无须再认真考虑这些他者，而是站在权力的高地上唱着独角戏。这些特征也体现在刘易斯对二元经济的描述中：

> 我们发现，少数像矿业或电力行业这种高度资本化的工业与最原始的技术并存……我们还在他们的经济生活之外看到同样的反差。有一两个拥有雄伟建筑物、自来水、交通和通信设施的现代化城市，人们不远万里从几乎属于另一个星球的其他城镇和乡村涌向这些城市。同样的反差甚至存在于人和人之间，有为数不多的完全西化的当地人，他们衣冠楚楚，接受过西方大学的教育，讲着西方语言，以贝多芬、穆勒、马克思或爱因斯坦为荣；也有一大群生活在另一个世界里的乡巴佬……处于黑暗中的经济，其发展之路必然充满艰辛。[Lewis（1954）1958，408]

在这一话语中，传统的那部分是一个充满黑暗经济的世界。在这个世界里，不可能有新的创意出现，缺少足够的建筑（尽管对于居住者来说似乎已经足够了），没有交通和通信设施（因为只有飞机、汽车、电视机才算是交通和通信设施）——简而言之，这里就是另一个星球。这个星球上的"外星人"也是人类，他们占这个世界总人口的80%，当然这些都已经不重要（尽管那些属于现代部分的人更像是"人类"，因为他们讲着高贵的语言，听着贝多芬，记住了爱因斯坦的方程式，熟知萨缪尔森、弗里德曼或马克思）。因为他们生活在一个极其不同的时代，他们的存在也如同尘埃，所以他们必然会被启蒙运动的硕果和经济学家的艰苦努力连同他们的时代一起拂去。本地精英对现代世界情有独钟，这似乎也佐证了现代性先驱行动的正确性，尽管在这些精英身上原住民的一面偶尔也会冒出来，例如当他们变得"腐败"或"不合作"的时候。

源于这一观念的经济发展也是其逻辑的延伸。刘易斯写道，"经济发展理论的中心问题是如何理解一个储蓄和投资占国民收入的比例不到4%或5%的社会转变为一个自愿储蓄占国民收入的比例增加到12%到15%以上的社会的过程"［Lewis（1954）1958，416］。他补充道，"它之所以成为中心问题，是因为经济发展的中心就是快速的资本（包括与资本有关的知识和技能）积累"（416）。实现这一壮举的方式就是传统部门为现代部门提供燃料。这需要调动"农村剩余劳动力"，由于数量众多，这些劳动力可以被转移出农村而又不会降低农业产出（用经济学家的行话说，劳动力的转移之所以能实现，是由于农业劳动的边际生产率可以忽略不计或者近乎为零）。富余储蓄和国外投资建立起新兴工业部门，这些部门会以接近糊口水平的工资雇用这些"剩余劳动力"。历史"记载"和经济理性都证明只要人们能在现代部门中拿到更高的工资，他们就会流动起来。

发生在农村人口身上的事情（不用管他们本人的想法）无关紧要。从经济的角度来看，这些人并没有被计算在内。

我们对一般人并不感兴趣，而只谈其中 10% 的收入最高的人，在那些劳动力过剩的国家，这些人的收入占国民收入的 40%……其余 90% 的人从来没法拿出收入中可观的一笔钱用来储蓄。重要的问题是，为什么最上层的 10% 能够积蓄更多？……对这个问题的解释是……储蓄相对于国民收入增加，是因为储蓄者的收入相对于国民收入增加。经济发展的一个重要现实，就是收入分配变得有利于储蓄阶级。［Lewis（1954）1958，416，417］

不出意料，这一类理论使收入分配比例倒退到一个令人汗颜的数值。直到 20 世纪 70 年代初期，经济学家才充分认识到这一现实，尤其是艾伯特·菲什洛（Albert Fishlow）对 20 世纪 60 年代末和 70 年代初"巴西奇迹"（巴西的经济增长率连续多年超过 10%）的经验进行研究后发现，巴西的经济增长不仅造成了收入分配的更加不平等，而且从绝对价值来看，使低收入群体的生活更加恶化。需要注意的第二个重要方面是，在大多数情况下，失业问题并没有如理论所预言的那样得到缓解，工资和生活水准也没有显著提高，相反，劳动力剩余成了持久的现象，这倒正合跨国公司的心意。贫困和失业不可避免地加剧，而与它们并行的是国民生产总值不断增加。这些"不尽如人意"的结果、这些"痛苦的现实"（经济学家在回顾这段"发展历史"的时候常常这么委婉地说），绝不是这些经济模型的边缘末梢，而是存在于它们的内在结构之中[22]。

20 世纪 40 年代后期和 50 年代，在圣地亚哥新成立的拉丁美洲经济委员会（CEPAL，以下简称"拉美经委会"）工作的一群拉美经济学家提出经济发展的第三种模型，这个模型产生了重要影响，尤其是对拉美地区。拉美经委会的经济学家通过经验研究指出，不利于边缘国家初级产品出口的贸易条件在历史上经历着不断的恶化。拉美经委会经济学家的方法就是建立在这一发现之上。拉美经委会创造出的"核心和边缘"这些术语（后来演化为20世纪60年代更激进的依附理论）是他们解释这一现象的要素。贸易条件的恶化反映了技术进步成果集中在工业化中心国家这一事实。拉美经委会的学说和刘易斯不无关系。因为边缘国家每个工人的产出较低，再加上劳动力剩余，拉美经委会的经济学家得出边缘国家资本积累的能力较低这一结论。因此，边缘国家需要一个特别的工业化政策。工业化的缺乏严重影响了外汇的获得，而外汇决定着一个国家进口资本货物的能力，是经济增长的关键因素。于是，工业化缺乏这个问题的答案是制订国内工业化计划，让这些国家在本国生产那些原本需要进口的产品。这一战略被命名为"进口替代工业化"（import substitution industrialization），它成了拉美经委会的一个标志[22]。

拉美经委会的理论家也关注其他引人注目的话题，例如通货膨胀、发展的结构性障碍，尤其是农业部门的迟滞和经济部门之间的协调不足。对拉美经委会理论的评价成了这一时期拉美地区争论的焦点问题[23]。例如，菲什洛（Fishlow 1985）十分准确地看到拉美经委会进口替代工业化战略中自相矛盾的一面。这个战略恰恰加重了那些它企图纠正的问题，增加了外汇的脆弱性，扩大了部门失衡的某些方面，并加剧了增长过程中通货膨胀的趋势。然而不可否认，拉美经委会的经济学家挑战了正统经济理论（尤其是国际贸易理论）中的一些信条，提出一个更为复杂的发展观，这种发展观包含结构性的考虑，并表现出对普通大众生活水平的更多关怀。尽管存在这些差异，但在经济学家眼里，经济发展本质上仍然是一个资本积累和技术进步的过程。简言之，正如卡多佐（Cardoso 1977）的尖锐评价，拉美经委会的思想构成了"一个有创意的复制品"（the originality of a copy）。

拉美经委会投身于国际专家和国内精英迫切想进行的现代化过程之中，从这个意义上说，拉美经委会的提案很容易被已有的观点吸纳。拉美经委会将面临的命运就是被并入统治性话语的权力网之中。有人也许会泛泛地说，从话语规则（discursive regulari-ty）的角度来看，拉美经委会的学说无法构成一个激进的挑战。然而，这并不意味着它没有产生重要的效果。从思想史的观点来看，辛金克（Sikkink 1991）说，我们应该感谢那些在 20 世纪 40 年代和 50 年代提出独特的发展主义模型的拉美经济学家，他们做出了令人钦佩的贡献。在辛金克看来，拉美经委会式的发展主义被一些可行的模型借鉴、采纳，这一事实反映了这个时期的拉美经济学家和政策制定者在面对国内和国际上风云变幻的机遇与挑战时的足智多谋。

最后，马克思主义或新马克思主义的发展理论直到 20 世纪 60 年代才通过依附理论、边缘资本主义（peripheral capitalism）和不平等交换等观点引起人们的重视（Cardoso and Faletto 1979；Amin 1976；Emmanuel 1972）。保罗·巴兰（Paul Baran）1952 年一篇颇具影响力的文章和 1957 年一部典范之作是大多数马克思主义发展理论的出发点。他于 1952 年发表了题为《论落后的政治经济学》（*On the Political Economy of Backwardness*）的文章（见 Baran 1958），其中包含着对西方资本主义和落后国家的中上层阶级不能使自己国家发展起来的讽刺。对巴兰来说，根除落后国家封建制度并代之以市场理性是一个进步的信号。在这个层次上，他和统治性话语非常接近。然而，他所使用的辩证方法让他有了更多先见之明。他谴责了当时政策的不恰当性，并一针见血地指出，政治框架和占优势的阶级联盟急需结构性变化。

那么，马克思主义或新马克思主义观点在何种程度上被统治性话语包围、侵蚀或推翻？那些理论中使用的很多概念可以以古典主义政治经济学的概念为基础来描述。即使是"依附"和"不平等交换"这样的新概念，也是在已有的话语空间中运行的。然而，因为它们在一组不同的规则（马克思主义政治经济学规则，其中的一些概念，例如利润和资本，建立了一个不同的话语实践）构成的系统内运行，所以从话语策略（discursive strategy）的层面而言，它们对统治性框架形成了挑战。总之，尽管它们并没有成为取代发展的另一条道路，但它们相当于一种不同的发展观，并对资产阶级发展经济学提出重要批判㉕。

谢里尔·帕耶（Cheryl Payer 1991）从债务危机这一当代视角，对发展经济学中的早期理论提出有力控诉。帕耶发现，债务危机的根源恰好在这些早期的经济模型中。早期的理论假定，发展中国家是"天生的资本进口者"（natural importers of capital），而且只有外部资本的流入才能确保它们的发展。这一神话建立在一系列荒谬的假设基础上：（1）国外资本会一直是本国储蓄的补充（在很多例子中，情况并非如此，而是将赠款或低息贷款用于投资，将国内储蓄转移到政治导向的社会项目中，这样做更有意义）；（2）外部市场会一直开放，这样第三世界国家就可以用出口赚得的外汇偿还贷款（更常见的现象是核心国家对来自第三世界国家的产品征收高额关税）；（3）投资增加会减少对进口产品的需求，这样就会实现工业化［这种想法很不现实，因为国家会更加依赖资本货物（如机械）的进口，来生产原先需要进口的产品，这样就会使国际收支问题恶化］；（4）国外资本必然会激发增长（挪威和澳大利亚等国的历史经验表明，情况恰恰相反）。

帕耶强调，经济学家忘记最关键的一点，即贷款是必须偿还的。他们解决这一困境的方式是假设这些国家永远能获得贷款来偿还以往的债务，并可以无限循环下去，或者说他们完全忽略了债务的利息问题。帕耶把这比作庞氏骗局（Panzi scheme），在这个骗局中，最初的投资者获得的报酬是后面投资者的投入。一个根本的前提是贷款必须合理地用于投资并且要有高回报率，这样才有可能偿还贷款。然而在很多时候，情况并非如此，原因就是上文所提到的那些方面。经济学家还根据对英美两国经济史的研读，假设存在国际收支的不同阶段：国家必须经过从不成熟的债务人（就像 20 世纪 50 年代的第三世界国家）到成熟的债务人（国家不再需要援助的时候，已经具备有效使用商业贷款的能力），再到不成熟的债权人，最后到成熟的债权人（资本的净出口者）的过程。要让这个理论行得通，成熟的债权人就不得不以前所未有的尺度向债务人出口商品，因此债务问题会更加恶化。

　　然而，这些模型忽视了一个重要因素，即二战之后的第三世界和一个世纪之前的英美两国处于截然不同的历史背景中。核心国家在它们能够制定游戏规则、能够从各自的殖民地榨取财富（虽然这种榨取不是永远的，也不是在所有的殖民地发生）的时候就开始了工业化，而二战后的第三世界国家不得不在逆境（边缘国家贸易条件的恶化、核心国家对贸易顺差的攫取、政策制定中处于附属地位等）中举债发展。坦白地说，就像19世纪的欧洲靠它的殖民地养活一样，今天的第一世界在靠第三世界养活，20世纪80年代的拉美地区年均偿债金额多出贷款额300亿美元就是最好的明证。

　　至此，我们可以这样总结，发展经济学的先驱或多或少地将发展理解成简单地应用储蓄、投资和生产力进步就能实现。在大多数情况下，他们的发展理念不是结构的，也不是辩证的，没有把发展看作社会、经济、文化和政治因素整体辩证互动的结果。就像著名的拉美经济学家安东尼奥·加西亚所指出的，这些经济学家所假设的"欠发达"概念必然是机械的和零碎的：

　　　　这一概念建立在一个理论假设——"发展是由某种技术创新和促进储蓄—投资的某种平衡机制引发"的基础上，因此它是机械的。它把社会生活看成是一些不同部分（经济、政治、文化、伦理）的算术加和，这些部分可以被随意分离和任意处置，因此这个概念是分割化的。（García 1972，16，17）

　　早期的模型有一个隐含的样板，即繁荣的、发达的国家，因此必须用西方的发展标杆来测量发展。发展经济学家的欠发达概念就这样占领了话语空间，排除了其他话语出现的可能性。生产率低下、资本缺乏和工业化不足三者的恶性循环，成了欠发达经济的特征。通过这一建构，发展经济学家创造出了一种现实观。在这个观念中，只有不断增加的储蓄、增长率、吸引国外资本、发展工业能力等才有价值。它无法形成一种社会变迁观，即把社会变迁看作一项工程，它不只发生在经济领域，而是更应该被看作一项整体生活的工程；在这一工程中，物质不是目标，也不是界限，而是一个可以使更广泛的个人和集体行动成为可能的文化空间。

人们常说，古典主义政治经济学是为某些霸权阶级利益辩护的理论：为以英国和英国资产阶级为中心的资本主义世界经济辩护。联想到二战之后核心国家发起的资本主义现代化工程，可以发现发展经济学同样是为霸权阶级的利益服务的。的确，美国在战后所面临的种种急务（前面已经提到这五个方面：巩固核心国家的地位、寻找更高的海外利润率、确保对原材料的控制、为本国产品拓展海外市场、部署军事保护系统）形塑了发展经济学的性质。然而，发展经济学不应该被视为这一系列急务在意识形态或上层建筑方面的反映。这种理解只会将一种描述性话语（一组关于某个特定经济体的主张，如这五项急务）与另一种以理论命题的形式表述的话语（即发展经济学）联系在一起。也就是说，我们应该避免落入"理想"（理论）与"现实"（经济）的分野，而是应该研究话语生产的认识论与文化环境，正是这些环境操控了真理的力量，并决定了话语在特定历史场景中的具体表达方式。

从这个观点来看，发展经济学的出现不是由于理论、制度或方法论上的进步，而是由于某一个历史局面改变了经济话语的存在方式，从而为新目标、新概念和新方法论的建立创造了可能性。基于新的理论诠释体系（凯恩斯主义和增长经济学）和新的社会管理技术（规划和项目），人们呼吁经济学去改变那些所谓的欠发达社会。换言之，这个时期的经济、政治和制度变化形塑了经济学家的思想和认识。这种形塑体现在许多方面，例如，经济扩张的需求影响了经济学家对增长的关注，跨国公司的兴起影响了经济学家通过工业化实现资本积累的观点，等等。然而，这些变化也通过其他机制对经济话语施加着影响，例如，通过开辟新的领域来建构经济目标，赋予经济学家和经济学新的地位，增加话语生产和话语实践付诸实施的场所。

发展经济学能够将历史事件作为经济话语的对象来加以阐述。我们所说的世界经济学（1914~1948年的危机、二战之后接踵而来的种种状况，以及世界经济面临的急迫处境）影响了经济学世界的构成。历史事件中的利益团体和斗争的参与方设法介入经济话语，并在话语中部署各自的策略。于是，贯穿这一时期的一个基本结构被搭建而成，它包括一个理论库、传播和控制该理论库的形式、一个实践主体（例如下一部分将要讨论的规划）——国际组织（在国际组织的范围内进行着有关建立国际资本和边缘经济之间新关系的谈判）以及第三世界的决策中心。第三世界的决策者急于喝到经济知识的圣水，以一劳永逸地让它们的人民达到文明的程度。这个系统超越了那些模型本身，正是这个系统才能被恰当地称为发展经济学。

发展经济学家在这种新的话语领域扮演了一种特殊角色。最热门抢手的专业知识掌握在他们（几乎总是男性）手中[20]，他们知道人们需要什么；他们决定着配置稀缺资源的最有效方式；当人口学家、教育家、城镇规划师、营养学家、农业专家以及其他众多发展实践者坐在一起想要改善这个世界的时候，是他们主持着整个圆桌会议，好像其他人就是他们的随从一样。在这个局面中，发展经济学家为自己保留了一个更神圣的角色——指明行动的大方向，因为是他们的真理为工作和任务划定了界限，是他们的真理以科学、进步和自由的名义赋予了工作和任务的合法性。留给其他人的工作和任务则是社会监督和干预这些日常琐事，以及开展发展活动的具体工程和项目。这个整体系统全靠发展经济学家来支撑，终有一天，在发展经济学家的凝视下，第三世界的奥秘会被暴露得一览无余。为了保持笛卡尔的优良传统，这种凝视绝对是客观中立和不带偏见的。

随着发展经济学话语地位的逐渐巩固，与它相关的机构和实践也得到加强，如经济研究机构及其工作人员，更为重要的是规划机构不断加强。下一部分将简要介绍关于规划的讨论。后面的章节会更详细地分析规划如何作为一个知识领域和权力技术发挥它的作用。

管理社会变迁：发展规划的设立

在 20 世纪 60 年代，经济增长理论占据了"尊贵的地位"（Arndt 1978，55）。增长不等于发展这一异议的出现还是 10 年后的事情。当时一个普遍的信念是，增长是可以被规划的，这个信念使增长理论更加牢固。规划不再是社会主义左翼和苏联国家的事情。即使是在英国和法国这样的国家，人们也认同有必要实行某种长期规划来协调经济增长。但是，规划不仅仅是理论知识的应用，它是一种让经济学变得有用、能与政策和国家直接相联系的工具。在规划的实践层面，真理早已被经济学家的话语传唤而来，它会为自己辩护。规划师从事的是一种应用和试验，而这些在经济学家看来，是他们必须去发现并引起每个人注意的系统真理。

世界银行给欠发达国家的第一笔贷款是 1948 年给智利的贷款。世界银行的一位官员将智利最初申请贷款的 7 页计划书称为"一张完全未经整理的项目单"。对于世界银行的经济学家来说，这清楚地表明了他们还要带领那些拉美社会科学家和政府官员走多远才能让后者做出一份令人满意的项目计划书。因此，一位早期的世界银行经济学家这样说：

> 1947 年，我们派出第一支代表团去智利考察我们支持的一个能源项目。这时，我们发现了问题。展示给我们的计划

书用黑色摩洛哥皮革装订得极为精致，但是打开后发现我们所看到的更多是关于这个项目的理念，根本不是一个准备充分的项目，而对于一个准备充分的项目，我们应该能够准确预算出项目对资金、设备、人力资源的需求……在贷款最终落实之前，世界银行的工作人员对资金计划和工程上的变化提出建议，拿出这个项目的经济分析，并帮助执行这个项目的公司学习了完善企业组织的方式。当我们最终贷出这笔款的时候，这个项目已经经过调整和完善，借款机构已经得到强化，一个能源扩建项目的基础已经在智利得到奠定，这个项目得以稳步推进。（引自 Meier 1984，25）

迈耶（Meier）引用这段轶事作为世界银行和其他发展机构逐步取得"成就"的例子。这段轶事展示了"一个能源扩建项目"，尽管主要不是针对电力能源。它揭示了这样一个现实，即拉美社会科学家和政府官员面临彻底转变活动风格和范围以适应发展机器需求的巨大压力。拉美地区的社会科学家不知道世界银行官员所说的"项目"是指什么，他们对那些风靡美国、成为实证社会科学组成部分的新技术（例如调查和统计分析技术）也并不熟悉。这段轶事也强调了项目准备和一般规划在发展机器扩展中的重要性。更为重要的是，它在这个时候将注意力吸引到这样一个方面，即发展机器需要把那些可能发明和控制话语、实践以及现代性符号的社会技术人员组织起来，形成一支骨干队伍（Rabinow 1989）。

哥伦比亚的案例说明了那些几乎毫无保留地接受规划的国家所遵循的路线。《哥伦比亚发展计划大纲》是 1949 年由劳克林·居里带队前往哥伦比亚的世界银行代表团提交的报告，是哥伦比亚在过去 40 年所制订的一长串计划清单中的第一个。从 20 世纪 50 年代后期开始，哥伦比亚每一届政府都会发布一个国家发展计划。1945 年，哥伦比亚宪法改革第一次引入了规划的概念，也为规划机构的发展创造了条件。随着居里代表团的到访，这个国家刚刚萌生的对规划的关注变得清晰可见，有关规划的技术组织也开始成立。我们在哥伦比亚规划机构的历年记录中可以找到成立于 1950 年的国家规划理事会（Consejo Nacional de Planeación）和经济发展委员会（Comité de Desarrollo Económico），以及相继成立的规划办公室（Oficina de Planeación）（1951）、国家规划委员会（Comité Nacional de Planeación）（1954）、国家政治经济与规划理事会（Consejo Nacional de Política Económica y Planeación）和规划与技术服务部（Departamento Administrativo de Planeación y Servicios Técnico）（1958）、国家政治经济与社会理事会（Consejo Nacional de Política Económica y Social）和国家规划部（Departmento Nacional de Planeación）（1966）。这其中还包括一个发展部（Ministerio de Desarrollo），以及在大多数其他部委（农业、卫生、教育等部委）中成立的规划单位[27]。

然而，20 世纪 50 年代哥伦比亚的规划活动表现平平，因为这一时期该国受到一系列社会和政治因素的影响，这些影响随着 1958 年《民族阵线协定》（*National Front Pact*）的签署而结束。例如，经济发展委员会在 1950 年 9 月至 1951 年 9 月的任务是根据居里报告的建议为政府谏言，包括制定外部资金支持的有关规定。哥伦比亚的第一个发展规划是由一个外国代表团制定的，外国专家在这个国家"规划时期"的前两个 10 年，也就是 20 世纪 50~60 年代，担任该国规划组织的顾问［居里和赫希曼在 50 年代初期；勒布雷特（Lebret）在 1957 年和 1958 年；世界银行的沃特森（Watterson）在 1963~1964 年；1960~1970 年的哈佛代表团；1959~1962 年的拉美经委会代表团；1970 年的世界银行代表团；1970 年的国际劳工组织代表团］。这反映了哥伦比亚本土此类人才的缺乏。除了寻求外国专家的建议，哥伦比亚还派出学生到国外高校学习，尤其是到美国。在那里，学生能学到最新的规划技术知识，并建立这个新兴事业所需要的精神与思维模式。

在 20 世纪 50 年代初期，短期的外部技术援助常常得以开展，这些短期技术援助有时也得到外部资金的支持。这类技术援助并不总是局限于为国家规划提出建议，还包括具体项目的设计。考卡河谷自治区域发展公司（Corporación Rigional Autónoma del Cauca, or Autonomous Regional Development Corporation of the Cauca Valley，缩写为 CVC，以下简称"考卡发展公司"）的成立就是一个例子。考察外部技术援助在这个例子中扮演的角色，可以揭示在发展背景下出现的一些咨询和规划实践。

1954 年 10 月，在考卡河谷当地实业家和农业企业家的一系列推动下，哥伦比亚政府批准成立了考卡发展公司。部门规划委员会（Departmental Planning Commission）在前一年已经成立，旨在为该地区制定发展规划。1954 年初，田纳西流域管理局（TVA）的前任主席戴维·利连索尔（David Lilienthal）应哥伦比亚官方邀请访问了该国。他的考察报告紧密结合了田纳西流域管理局的经验，对考卡发展公司概念的形成有很大帮助。考卡发展公司的章程在 1955 年 7 月最终获得通过。此外，考卡发展公司还要求国际复兴开发银行在界定公司任务、制定任务执行的技术和财务规程方面提供帮助。

由六人组成的国际复兴开发银行代表团于 1955 年 2 月抵达哥伦比亚，并在那里停留了两个月。代表团团长在同年 9 月重返哥伦比亚，与考卡发展公司的官员讨论他们在华盛顿起草的报告内容。这份报告（国际复兴开发银行 1955）涉及一整套的技术问题（洪水控制、电力、灌溉、当前的和潜在的农业活动、农业项目、交通、矿业、工业、财务上的考虑等），还提到今后外部技术援助的提供。从那时起，考卡发展公司成了富饶的考卡河谷地区资本主义转型中最重要的因素。在这个意义上，它成了区域发展规划的国际展示窗。

考卡发展公司的成立很好地证明了 20 世纪 50 年代世界银行与其他国际借贷组织的利益和实践。它们的总目标受发展经济学支配：通过特定类型的投资项目推动增长，如果有可能或者必要的话借助国外资金。根据在工业化国家形成的方法，实现这个目标需要生产机器（productive apparatus）的理性化，这方面最知名的例子就是田纳西流域管理局，它成为第三世界国家不同地区类似项目的模板，这些项目常常有利连索尔的直接介入，就像在哥伦比亚的情况一样。生产机器的理性化只有通过数量越来越多的发展技术人员和发展机构在日常行动中的新实践来实现。这些微观实践（被各层面上许许多多技术人员不断重复）的重要性不容忽视，因为正是这些实践才构成并推动了发展。

这些新实践涉及很多活动和领域，其中包括技术评估，制度安排，各种咨询活动，知识的产生、传播和扩散，人员培训，报告的日常准备，以及官僚机构的结构设置，等等。正是通过这些实践才形成了发展，就像在下一章详细讨论的粮食与营养计划中所看到的。尽管国家在这个过程中仍然扮演关键角色，但它的作用不是通过一个统一的干预形式，而是通过对经济的多点干预（经济规划，农业、卫生和教育规划，计划生育，以及很多领域的项目设计与实施）来实现。然而，在20世纪60年代后期出现的规划这座宏伟大厦对国家的步步紧逼与发展政治（politics of development）的出现脱不了干系，而这里的发展被看成是整个国家的问题。规划和发展经济学话语的基本系统在20世纪50年代初期确立后，逐渐影响了社会政策和社会思维的性质，即便直到10年以后它才得以巩固。这种巩固尤其体现在大多数拉美政府承诺实施规划和农业改革，以及1961年争取进步联盟在埃斯特角城（Punta del Este）会议的召开。

随着发展经济学和规划的巩固，一些比较古老的知识与援助风格逐渐消失。二战之前的经济调查已经不能满足新科学提出的建立模型和实证研究的需求（Escobar 1989）。在政治上，关键是要用新的风格和方式去对待贫穷和落后问题。1945年之后，各国政府开始将贫困与规划所部署的生产机器捆绑在一起，让贫困有所价值。一种彻底的功利主义和功能主义的贫困概念出现了，它不可避免地与劳动和生产联系在了一起。根据经济和福利上的缜密考虑，新的规划机构在城市、部门、乡镇和农村地区等层面上繁衍。通过这种权力的网络，"穷人"、"欠发展的人"、"营养不良的人"和"不识字的人"都被带入发展的领域，他们身上刻下了发展的政治技术（political technology of development）的烙印。发展技术（development technology）超越了资本需求，变成一个影响极其深远的社会生产机制。就像我们将要看到的那样，在这项任务中发展机器只取得了部分成功。

转变经济话语：本土模型和全球经济

20世纪80年代：失落的10年和现实主义的回归

见证发展经济学诞生的知识环境和政治气候开始在 20 世纪 60 年代发生改变。从那时起，这个学科内发生了一些重要变化——早期的经济统制主义（dirigisme）和对增长的过度关注遭到摒弃，在非马克思主义阵营中，"增长+分配"战略、出口带动经济增长的假设、国际货币主义、新结构主义和新自由主义相继出现。尽管这些变化总是受到已有经济话语的限制，而且这些已有话语的形成法则并未改变，但是一定程度上的创新和结构突变还是出现了。在 20 世纪 80 年代中期，一位著名的分析家指出，支配拉美经济学的是一种务实的调整：既不是自由放任主义的回归，也不是经济统制主义的复兴，而是因对一些特殊问题（尤其是债务、通货膨胀和国家角色问题）的思考而采取的折中的实践，对这些问题的思考重组而不是重新发明了理论观点（Fishlow 1985）。

最为剧烈的环境变化发生在 20 世纪 80 年代，根据权威观察家的判断，当时亚洲、非洲和拉丁美洲的大部分地区爆发了那个世纪最严重的经济危机。拉美地区的 80 年代被称为失落的 10 年。1982 年，墨西哥宣称无力履行债务合约，臭名昭著的债务危机由

此开始。对于之后发生的事情，我们现在已经很清楚：反复尝试
稳定和调整经济；采取财政紧缩措施（austerity measure），致使平
民阶级和中产阶级的生活水平急速下降；在强有力的新自由主义
和自由市场经济政策实施之后，很多国家出现工业衰退，一些国
家甚至出现经济负增长；总之一句话，发展出现了逆转（Portes
and Kincaid 1989；Dietz and James，eds. 1990）。这些变化隐含的社
会和政治意义同样麻烦而危险。社会排斥和暴力明显增加。在这
个 10 年的前半段进行的向民主的转向，在之后变得难以巩固。甚
至连大自然也在和这个地区作对，龙卷风、火山爆发、地震和霍
乱的再次来袭让这个地区陷入比以往更为严峻的困境。这些困境
的产生固然与自然有关，却在社会范围内加剧了更多的苦难。

这些变化促成了对发展经济学意义深远的重新评价。在这个
10 年的前半段，领军的发展经济学家发表了一系列文章，想对这
个领域过去 40 年的经历进行评价[28]。其中一篇文章的开头写道，
"几乎没有哪个学科领域会像发展经济学这样，在过去的 30 年里
经历这么多波折和转变"（Livingstone 1982，3）。20 世纪 80 年代
的评价强调，尽管起初的一些错误已经被发现，但在实证研究的
类型、针对性和明确性、一些分支领域的理论进展等方面还有很
多需要学习的地方。而且，另一些范式（新古典主义、结构主义
和新马克思主义）似乎也已经开始出现，并与发展经济学分庭
抗礼。

然而，同时出现的还有尖刻的批判。其中最辛辣的批判来自
拉美经委会的首任主任、"中心—边缘"概念的创造者劳尔·普雷
维什。他在提到新古典主义经济理论在第三世界的应用时，这样
写道：

> 为了努力追求严格的一致性……这些（新古典主义）理
> 论将社会、政治、文化现实的重要方面和社会整体的重要历
> 史背景搁置一边。他们固执地对学说进行无菌化处理，在真

空里、在时间和空间之外发展自己的学说……如果新古典主义经济学家只是要建造一座空中楼阁，而不是声称他们代表着现实，那将是一项令人敬佩的智力消遣，他们挑选杰出海外代言人的独到眼光时常还会让人钦佩不已。但是，如果不考虑社会结构，不考虑边缘国家发展的延迟，不考虑资本盈余和边缘国家资本主义的所有特征，却想要解释边缘国家的发展，那就是另外一种情形了……现在，那些茁壮的分支在拉美国家迅速生长，这时重新回忆这些是很有意义的。（Prebisch 1979，168）

必须记住的是，普雷维什在 1979 年提到的那些"茁壮的分支"是指南锥（Southern Cone）国家（尤其是智利和阿根廷）独裁政权进行的新自由主义试验，这些试验到 20 世纪 80 年代后期成为整个拉美地区的标准方法[②]。鲍尔（P. T. Bauer）从一个完全不同的立场提出类似的批判。鲍尔认为，20 世纪 50 年代初期的发展经济学家完全误读了欠发达国家经济中的一些主要特征（贸易问题、所谓缺乏资本和企业家精神、贫困的恶性循环和停滞）。在这些误读的基础上发展出的一系列理念，成为经济发展文献的核心。"即使其中的一些核心要素从很多学术著作中消失"，他总结道，"它们也依然支配着政治和公共话语，这些被抛弃的理念依然有挥之不去的影响力"（1984，1）。

达德利·西尔斯（Dudley Seers）认为，早期理论使经济学家和政策制定者将注意力集中在技术问题上，而不考虑社会与政治问题，这促使这些理论被快速采纳。与这一点相关的另一个因素是"专业上的便利和职业兴趣，尤其是在'发达'国家，这个领域的大多数理论进步是从那里发源的"（1979，709）。艾伯特·赫希曼（Albert Hirschman 1981）从另外一个角度分析了这个学科最初几年的发展。赫希曼认为，发展经济学在初期被"不合理的希望"刺激着，这反映了民族中心主义的行为，这一行为是西方社

会企图干涉其他文化的主要特征。用他的话说，

> 那些在二战之后关注（亚洲、非洲和拉丁美洲国家）的西方经济学家相信，这些国家根本没有那么复杂：只要它们的人均收入能充分提高，它们的主要问题就能迎刃而解……随着经济增长新学说的出现，对这些国家问题的轻视也表现得更为老到：突然之间，人们理所当然地认为，只要这些国家实施正确的综合发展项目，它们的发展道路就会是一马平川！考虑到欠发达国家中压倒一切的首要问题是贫困，经济学家希望这些欠发达国家能像发条玩具一样，一心一意地轰隆隆"摇晃着走过"发展的各个阶段。（1981，24）

在有些情况下，这些反思伴随着一些具体的建议。例如，西尔斯（Seers 1979）提倡将发展经济学融入一个更广泛的发展研究领域，这样它才能严肃对待发展的社会、政治和文化等方面的问题。迈耶认为，发展经济学应该"超越新古典主义经济学"。我们很难理解他这句话的含义，因为就像很多其他经济学家一样，迈耶始终坚信"不论是在马拉维，还是在世界上的其他地方，其逻辑规律都是一样的。但是马拉维的经济问题在实证含义上可能与其他国家截然不同"（Meier 1984，208）。这种相同的"逻辑"使他断言，"人口问题比发展任何一个其他方面的问题都更加让人担忧"（211）。人们或许想用下面的方式来解读这些主张："不管是在马拉维还是在美国，体现新古典经济学思想的资本主义发展方式都必须遵循完全一致的逻辑规律。只有这样，人口的问题、失业的问题和其他问题才能得到解决。"对迈耶来说，逻辑是一个与历史无关的事实。这就是为什么在他的话语中，经济学家更像是"理性的监护人"（the guardian of rationality）而不是"穷人的受托人"（the trustee of the poor）的原因。他认为经济学家必须平衡这两个角色。

世界银行的发展经济学领军人物霍利斯·钱纳里（Hollis Chenery）认为，不必明显改造发展经济学，就可以实现对它的重塑。他认为，"从新古典主义模型着手的做法已经奏效，即使它看上去还需要更多深入的调整以适应发展中国家"（1983，859）。他的建议是，通过开展更多实证研究、构建"可计算的一般均衡模型"与更复杂的算法，来更好地改造模型（859）。钱纳里对更多实证研究的呼吁受到开展这些研究的理论框架的支配，这些实证研究只能强化这一框架。他希望通过开展更多实证研究，经济学家能最终修正模型，并避开这个框架本身是否恰当的问题。最终，像普雷维什和西尔斯这样的经济学家，还有一些新马克思主义者指出，新古典主义经济学并不是理解贫穷国家状况的合适的理论工具。

所有这些建议都坚持一项基本假设，即细致开展的经济科学研究通过遵循自然科学的模型，能逐渐把握欠发达的现实。在这一观点中，经济理论是从庞大的事先存在的现实中搭建出来的，这样的现实独立于理论家的观察之外。这个假设刺激了进步和经济增长一般理论的发展，尤其刺激了发展经济学观念的发展。在经济理论历史上几次最重要的发展中，19世纪70年代和20世纪30年代的创新被奉为圣典，成为名副其实的科学革命，这使经济学的观念被进一步合法化。就像一位著名的经济史学家所说，"呼吁范式的论证很快成为经济学争论中的常见特征，现在'范式'成了每个经济思想史学家的口头禅"〔布劳格（Blaug 1976，149）；见亨特（Hunt 1986）关于发展经济学范式的讨论〕[30]。

进入20世纪80年代后，在新自由主义经济学这个大标签之下，一种混合式方法在拉丁美洲和大部分第三世界国家的精英阶层中逐渐占据了主导地位（就像在美国和英国一样）。中央集权论和再分配观点被贸易和投资领域的自由化、国有企业的私有化、国际货币基金组织控制下的稳定和重组政策取代。这是一场引人注目的政策逆转。里根总统1981年在坎昆的南北峰会上发表了

《市场的魔力》（"magic of the market"）这一演讲，公开宣布这个逆转的到来。一本关于东亚自由交易制度优势（向世界经济敞开大门）的读物论及了"新兴工业化国家"的经验，非洲的《伯格报告》（Berg Report）也颇具影响力（World Bank 1981），再加上从理性选择方面对政府干预扭曲效应的批判，所有这些都促成了直到 20 世纪 70 年代依然流行的经济发展方法的解体（Biersteker 1991）。20 世纪 90 年代世界银行的总体战略，即"亲善市场的发展"（1991），是新自由主义回归的最终结晶。大多数经济学家把这些变化看作向现实主义的回归。

在经济学领域内，连可持续发展的方法都被新自由主义渗透。就像 1991 年世界银行发展经济学年会指出的，"可持续经济增长"的成就有赖于"一个没有扭曲的、完全竞争的、运行良好的市场"（Summers and Shah, eds. 1991，358）。就像以前一样，这些所谓经过完善的经济理论是由少部分精英经济学家生产出来的。这些精英生活在著名大学的庇护之下，又得到世界银行和国际货币基金组织的支持。在拉美地区，提出一种"新结构主义"（Sunkel 1990）的胆怯尝试没有得到多少人的响应，即使一些国家（如哥伦比亚）在整个 20 世纪 80 年代一直试图努力维持一种混合的经济政策，这些国家只部分地承诺实行新自由主义并开放自由市场。就像大部分拉美国家一样，在哥伦比亚这个案例中，任何可能有过的对新自由主义的抵抗在 20 世纪 90 年代初都消失了。经济的完全放开（伴随着新一轮的私有化和所谓的国家现代化）成为那个时代的秩序。经济开放政策（apertura económica），曾被认为是一个时代的错误而受到各方面的反对，然而现在全世界的精英似乎已经对它臣服[30]。

简言之，20 世纪 80 年代进行的对发展经济学的评价，并没有给这个学科带来明显的重塑。似乎我们所看到的一直是它的不断解体。不同于上文综述的学者评论中所假设的那样，经济发展理论的突变（例如，新概念的产生、更好的模型和算法）可能并非来自经济学领域，而是来自对发展领域更广泛的批判。相反，任何修正发展理论和实践的策略都不得不考虑当前的经济思想和实践活动。然而，这个批判的过程并未展开。相对于 20 世纪 80 年代重塑发展经济学的尝试，最近一些人类学和政治经济学研究提供的要素让经济调查得到更具创新性的阐述。

经济话语的文化政治学：全球化背景下的本土模型

时至今日，我们应该很清楚，发展经济学远不是实践者所预想的客观而普适的科学，它"就像任何一个全球模型或本土模型一样，只是对世界的一种建构"（Gudeman 1986，28）。本章详细展示了这种建构的本质。现在是从发展经济学与其他潜在模型关系的角度探究这种分析的结果的时候了。如果的确有其他的建构存在，那么怎样让这些建构显形？这些建构与占统治地位的主流模型的关系是什么？考虑到话语和权力的全球政治经济环境支配着不同模型与其社会文化条件之间的互动，其他建构与主流模型之间的关系怎样才能被修正？

经济史学家和人类学家调查了不同的经济模型，其中既有古代社会的，也有"原始"社会的。但这些努力和尝试屡屡陷入认识论和民族中心论的陷阱，波兰尼、古德利尔（Godelier）、古德曼和其他在讨论作为文化的经济学时被提及的学者已经对此进行了谴责。简言之，不管是新古典主义者、实体主义（substantivist）者还是马克思主义者，他们提出的普适模型都"在外来材料中不断地发现并再造自己的假设"（Gudeman 1986，34）。在这个过程中，他们否认人们具有为自己的行为构建模型的能力，也不认为人们能够通过再生产话语形式来巩固由表征形式决定的社会和文化统治地位。

研究本土建构的方式之一是关注平民阶级如何抵抗资本主义实践活动的入侵。20 世纪 80 年代的抵抗民族志遵循的就是这个路线，例如纳什（Nash 1979）、陶西格（Taussig 1980）、斯科特

（Scott 1985）和王爱华（Ong 1987）的民族志研究。陶西格在分析哥伦比亚西南部考卡河谷资本主义农业的扩张时，非常清楚地表述了抵抗运动的文化基础。推广甘蔗种植遭到这个地区非裔哥伦比亚农民的强烈反对。利害攸关的并不仅仅是物质上的抵抗。用陶西格的话说，

> 那些在我们这些生活在商品社会中的人看来已经是日常经济生活中非常自然的，因此在世界上各个地方也应该是非常自然的事情，在农民看来则显然是反自然的，甚至是邪恶的行为，会招致他们的抗议。这种抗议只有在农民被无产化的时候才会出现，它与资本主义生产关系组织的生活方式有关。它不会凭空出现，也与小农生活方式无关。（Taussig 1980，3）

陶西格让我们在这类抵抗中看到农民"对他们认为是邪恶的、破坏性的经济生活安排方式"（17）的反应。其他学者也在迥然不同的背景下得出类似的教训，例如，法尔·博尔达（Fals Borda 1984）对20世纪末哥伦比亚北部带刺铁丝网和其他技术引入的分析；斯科特（1985）对马来西亚绿色革命技术结局的研究。然而，20世纪80年代的研究更多是通过描述抵抗阐明权力的实践，而不是阐明被殖民者的逻辑。近年来，一些学者对后一方面投入了更多关注，引入了思考这一逻辑的新方式（Guha 1988；Scott 1990；Comaroff and Comaroff 1991）。例如，在对南非地区殖民遭遇的讨论中，科马罗夫（Comaroff）夫妇断言，殖民地人民"并不认为交换就是合并，也没有把学习新技术等同于臣属关系"（1991，309），相反，他们对殖民者的活动赋予了自己的意义，并努力中和、弱化殖民者的戒律。尽管非洲人民肯定会因为遭遇殖民而改变，但是从这种以更低层的行动者为导向的抵抗观念中，我们看到霸权主义比以往人们所想的更不稳定、更脆弱，也更有争议。

拉纳吉特·古哈（Ranajit Guha）也呼吁历史学家"从另一个

与之相反的历史体系"来看待这段臣属的历史（1989，220）。这里存在一种底层人民反剥削的历史，这段历史不能被贬低为其他事物，例如资本或现代性的逻辑。我们只能用它的术语来解释它。我们再回到经济的本土模型上来，它们存在于"另一个与之相反的历史体系"中吗？在这一点上，有一件事情是肯定的：本土模型不是以单纯的状态存在，而是存在于与主流模型共同构成的混杂体（hybridization）中。然而，这并不是否认人们在用特有的方式为他们的现实建立模型。本土模型是构成人们世界的基本部分，这意味着这些模型不能凭实证主义科学的客体化轻易地被观察到。

我已经介绍过古德曼和里维拉的观点，他们将本土模型理解为主流对话背景下出现的对话。的确，根据这些学者的观点，最有价值的事情就是调查本土和"中心"（主流）对话的连接方式，包括过去的铭文（inscription）与今日的实践之间的关系、中心的议题与边缘的声音之间的关系、中心的"公司"与边缘的"家庭"之间的关系。于是，中心和边缘并不是作为空间上固定的、外在于彼此的点而出现，而是一个不断移动并不停变换相对位置的地带。在这个地带中，展开对话的实践与经济活动交融在了一起。边缘性成了这种动态的一种结果。古德曼的早期著作（特别是1986 年的著作）论述了巴拿马本土经济模型的重要性和连贯性，这个观点后来在有关哥伦比亚的研究中进一步得到提炼。对于这些人类学家来说，今天哥伦比亚安第斯山区的小农模型（peasant model）是从亚里士多德到斯密和马克思时代"广泛对话的结果"，"这种对话已经存在几千年并仍然在很多地方出现"（Gudeman and Rivera 1990，14）。这些对话被并入本土社会实践中，产生了一种经济的本土模型[②]。

小农模型的根基来自这样一个观念——地育万物，量力而出。然而，人类必须通过劳动"帮助"土地孕育物产。人类和土地之间存在一种施与受的关系，这种关系被塑造成互利互惠并最终被上帝认可。土地的物产可能丰富，也可能匮乏；大多数人认为现在土地给予他们的东西比以前少了，稀缺的特征更明显了。因此，稀缺并不是一个形而上学的特征（事物的存在方式），而是与发生于土地、家庭和市场之上的种种事情相关联。如果稀缺性持续存在，那是因为地球需要更多帮助，尽管农民也知道，与有机肥料相反，化学产品会"灼烧大地"并"消耗"它的力量。粮食作物从土地中吸取能量，人类转而从粮食作物和动物产品中获得能量和力气，人类的力量用于土地上，这种耕作劳动会产出更多的力量。劳动被理解为一个具体的体力活动，即对土地能量的最终"耗尽"。

> 这个解释让模型成了一个圆满的循环。从土地到作物、到粮食、到人类，再到劳动，这中间有一股能量流帮助土地有更多的能量产出。人们从大地获得能量，随着人类越聚越多，这股能量将被耗尽。人们对这一过程的控制是通过家庭建立起来的，因为凭借家庭的资源可以维持他们的劳动，可以获得对自己劳动成果的控制权。（Gudeman and Rivera 1990，30）

家庭有两个主要用途：自身再生产和增加自身的"根基"（土地、储蓄和工具等库存）。家庭并不纯粹是市场参与者，世界上某一地区的农民会把他们与市场的交往最小化，他们往往把市场看作一个具体的地方，而不是一个抽象的机制。然而，农民也意识到自己正在被不断地推向市场。他们把这个事实理解为他们可活动的空间在缩小。在他们可活动的空间里，家庭模型持续发挥着作用，而公司模型（它们是市场经济的缩影）尚未占据统治地位。家庭和公司处于对位的关系中，后者总是企图将前者的内容并入自己范围内[③]。家庭经济建立在生计基础上，而公司经济以获利为基础。农民意识到他们参与了两种类型的经济。对于自己的劳动成果是如何被操控市场的人消耗掉的，农民也有自己的一套理论。

因此，本土模型中包含着一种经济生活循环与均衡的观点，尽管它与古典主义的观点和新古典主义的观点有很大区别。我们可以认为，小农模型与重农主义（physiocrat）中以土地为基础的模型非常相似，"力量"一词的使用也可以与马克思主义中劳动力的概念联系在一起，尽管"力量"同等地应用于劳作、土地和粮食。除了这些不同，两种模型之间还有一个关键的差异，这个差异源于家庭模型以每日实践为基础这一事实。本土模型是生存中的实验，家庭模型"是通过使用而建立起来的……它必然与土地、食物和每日生活有关"（Gudeman and Rivera 1990，14，15）。这与小农模型是过往与现在的对话以及对话经实践改造后而形成的产物这个断言并不矛盾。

不只是家庭模型，在拉美地区，家庭经济也逐渐进入人们的视野。作为不同形式的结合，家庭经济虽然"充满活力和文化的多元性，但又脆弱而不稳定"（Gudeman 1992，144），可以说是一个"拼凑之物"（bricolage）（de Certeau 1984；Comaroff and Comaroff 1991）或混杂体（García Canclini 1990）。我们可以从这些比喻中理解家庭经济。它是由部分重叠的实践领域构成的，对这些领域必须进行民族志研究。古德曼和里维拉相信，这种普遍的动态特征也标志着现代经济学的发展，即便现代经济学随着资本主义的发展变得越来越技术化[39]。这种观点具有深远的意义。我们不仅要抛弃那种普适经济模型的念头，还有必要认识到生产形式不能独立于它们所处社会生活的种种表征（也就是"模型"）。因此，发展的改造必须从审视本土建构开始。从某种意义上说，这些建构是一个民族的生活和历史，也是孕育变化和服务于变化的条件。这使人们开始考虑模型和权力的关系。古德曼和里维拉提倡一种基于"建模师共同体"的过程，在这个过程中本土模型和主流模型都享有发言权。但是这些建模师共同体包括哪些人，又由谁来组织？而且，我们现在看到的是本土力量和全球化力量、大众知识和科学知识之间的对立。现在要讨论的议题是全球化力量的分布，以及它与话语组织（economy of discourses）的关系。

这样，在从经济角度反思发展的时候，就有两个层面必须被考虑进去。第一个层面指认清多种经济模型共存的必要性。这需要置身于本土建构的空间中。但是仅仅这样无法达到反思的目的。即使将来建模师共同体成功建立起来，并成为发展设计过程的一部分（对于这种设计，世界银行自己来做也不是不可能的），铭刻（inscription）的过程也不会停止。还有需要关注的第二个层面，即必须有一个关于通过各种力量来推动这种刻写实践的理论，使刻写系统（inscribing system）具有适当的地位。在这些层面上，需要研究本土文化知识和经济资源通过怎样的机制（例如，中心和边缘之间、乡村和城市之间、不同阶级之间、不同性别之间和不同种族之间的不平等交换和剩余价值榨取机制），被更大的力量窃用。反过来，本土的创新和收获可以通过怎样的方式作为本土经济和文化力量的一部分被保留下来。

对这方面的探究，已经在政治经济学尤其是帝国主义、不平等交换、世界体系和边缘资本主义等理论中取得一定的进展。然而，这些理论仍然没有完成这项任务，特别是因为它们没有触及全球经济和文化生产系统融合本土形式时的文化动力。必须有一种更合适的政治经济制度，以将当地文化对跨地区资本形式的调停作用推到前台。站在本土的角度来看，这意味着要考察外部力量（通常是资本和现代性）是怎样被本土社区加工、表达和重新设计的。本土层面上的发展民族志（ethnography of development）（例如第一章中讨论过的那些）和混杂文化理论（在结论中有分析）朝这个方向迈出一步，尽管它们对限制本土文化建构的资本主义力量的分析仍有缺憾。

因此，关于全球经济和文化生产的政治经济学必须同时解释资本积累的新形式与实现全球资本形式配置的本土话语和实践。简言之，它必须解释"在全球政治经济的结构化系统中，文化差异是如何产生的"（Pred and Watts 1992，18）。在遭遇发展和现代性的过程中，本土社区运用了自己的物质和文化资源。例如，本土和混杂经济模型的持续存在，反映的是当资本企图改变社区的生活时，文化论战随之出现了。的确，全球经济、文化和政治生产体系构建了种种关联形式，而文化差异部分地成为这些形式的结果。它们是阿尔君·阿帕杜莱（Arjun Appadurai 1991）所说的全球族群图景（ethnoscapes）的一部分。

事实上，作为一台全球机器、一个"世界范围内的公理"（Deleuze and Guattari 1987），今天的全球资本不再那么依赖对外在的第三世界的同质化过程，而更多地依赖自身对多元而异质的社会形态的控制能力。这些学者认为，在后福特主义时代，资本需要某种"边缘多晶型现象"（peripheral polymorphy）（Deleuze and Guattari 1987，436），因为它积极地打破了自己的局限性。在这里，我们找到了古德曼和里维拉对民间声音和中心议题的辩证描述。尽管全球经济的中心议题不断对多种形式的民间声音施加影响，但后者并不一定会加入和谐的西方大合唱中。一些边缘的形式由于与国内市场的联系不足而成为这种不和谐的声音，但这并不意味着资本对它们的组织力度不够。资本在这个层面上有另外的任务：将这类从资本编码过程中逃脱的边缘形式组织起来（Deleuze and Guattari 1987，451）。例如，热带雨林地区的少数社会组织并没有完全被资本编码，（像正式的城市经济那样）成为资本的领土。然而，全球经济成了世界范围内的一个公理，从这个意义上来说，即使这些少数的边缘形式也成了社会征服的目标。因此，全球经济必须被理解成一个具有多种（如符号的、经济的和政治的）俘获装置的非中心（decentred）系统。研究每个本土群体参与这样一个如机器一般的复杂过程的特殊方式，以及这些群体怎样躲避资本主义巨型机器最具剥削性的俘获机制，对我们来说至关重要。

现在让我们来看看，发展的政治经济制度是否依然能为这个可预见的两相对立的过程贡献出有用的标准，在此过程中是否可以使本土建构像与之并立的全球力量那样清晰地呈现出来。萨米尔·阿明（Samir Amin 1976，1985，1990）的研究或许比其他人的研究更有说服力，他想为资本主义世界经济领域中另类发展秩序的建立提供一般性的标准。阿明认为，实现这个目标的主要准则是鼓励以自我为中心的自主式积累（autocentric accumulation）。这是一种经济模型，在这个模型中，与世界市场的外部关系要服从于内部资本积累的需求。以自我为中心的自主式发展（autocentric development）设想了一个完全不同的经济、社会和政治秩序。它有一系列的要求，例如农村和城市之间、现代部门和传统部门之间收入的平等，在很多国家优先发展农业，由平民组织和社会运动控制生产，国家扮演新的角色，进行技术创新以满足新的需求结构，对国际市场的极大限制或者说部分与国际市场脱钩（delinking）。当然，这些并不是我们讨论的重点。不用说，将边缘国家重组成以自我为中心的自主式经济模式面临巨大的障碍。在阿明看来，其中一些障碍可以通过南南合作的新形式加以克服，其中包括几个沿着社会主义路线的国家所形成的区域性集团⑧。

阿明的多中心主义（polycentrism）和以自我为中心的自主式积累的概念，可以作为宏观经济和政治层面上有益的行动原则。然而，有必要强调一点，阿明的处方遵从了普适主义的模式和现实主义的认识论，这些恰好是我们在这里所批判的。然而，在构想当今世界和当今语言之外的可能选择时，作为一种依靠统治性的主流语言来努力解释霸权秩序的当今世界的描述，现实主义政治经济学的作用还是不容小觑的。然而，我们还是有必要坚持一点，如果必须在这种背景下进行政治经济制度的分析，那么这种分析不会是稳固不变的。该分析中必须加入表征领域的再定位，这种再定位是非常具有策略性的。生产形式和表征形式的区分只是为了便于分析。对政治经济制度的修正涉及本土系统中物质和符号的抵抗，也包括物质和符号的强化。

无疑，尽管底层语言的社会投射在很大程度上取决于社会运动，但它也需要一些修正本土、地区和国际政治经济制度的策略。然而，这一修正的主要目标不应该是更健康的积累和发展制度（就像阿明的例子中所提到的），而应该是提供条件来促进以自主（混杂）模型为基础的本土和地区试验。而且，如前所述，对政治经济制度的分析必须从它与本土形式结合的角度进行。该分析还应该有益于改变话语生产的政治经济制度，并有助于话语中心的增多。从古典主义政治经济学家到世界银行的新自由主义者，经济学家已经垄断了发言权。我们需要用新的方式展现这种霸权产生的结果，以及经济学中心地位的逐渐没落。让其他模型进入人们的视野，是推动这项工作的一种方式。"（在建模师之间）建立沟通或者建立一种跨文化的对话网络，是人类学的一项重要工程。"（Gudeman 1992，152）的确，还得补充一句，这也是一项重要的政治工程。

我们应该考虑民众自创的模型，这个建议不单单是一种政治上正确的态度，它还构成了一个完美的哲学和政治选择。在哲学上，它遵从诠释社会科学（interpretive social science）的要求（Rabinow and Sullivan，eds. 1987；Taylor 1985）。我们把主体当成能够自我定义的行动者，他们的实践被自我认识形塑。这种自我认识可能会被研究者或行动主义者通过民族志的方法掌握。这并不意味着研究者或行动主义者必须采纳该主体的观点，也不意味着该主体的观点总是正确的。文化相对主义者常常陷入这个双重圈套中。这意味着诠释社会科学学者必须考虑民众自己的描述，以此为理论的出发点，即以那些需要诠释的部分为出发点[㊱]。

我在本章所讨论的是一种与商品和话语的组织（economy of goods and discourses）相关的社会力量。在表征体制的层面，这种力量基本上没有遇到明显的挑战，尽管它常常在多个层面遭到抵抗。这种类型的社会力量以一种不引人注目的阴险方式侵蚀着社会生活中最隐秘的角落。在那些性命攸关的领域，同样如此，例如粮食与饥饿，就像下一章里将要看到的。我会详细考察当今营养、农村发展和医疗卫生方面的实践是怎样出现的。它们的出现不是意识提高、科学进步或技术改进的结果，而是在生存手段被普遍经济化的背景下，饥饿的问题化所引发的权力效应。

第四章
权力的扩散：粮食与饥饿的故事

要想治疗自己所患的一种疾病，就必须有其他人用他们的知识、资源和怜悯加以干预；一个病人只能在社会里治疗他的疾病，因此，某些人的疾病变成了其他人的经验……对穷人的行善，转化成了能够应用于富人的知识。

——《临床医学的诞生》，

米歇尔·福柯（Michel Foucault 1975）

饥饿的语言和语言的饥饿

在发展中，饥饿最为简单明了。难道我们不应该为忍饥挨饿的人提供粮食吗？保障需要帮助的人一直获得充足的粮食是应有之义。在悠悠岁月中，饥饿的象征意义影响深远。从史前的饥荒到 20 世纪 80 年代及 90 年代早期拉丁美洲的粮食骚乱，饥饿一直是一种强大的社会和政治力量。从《圣经》到克努特·汉姆生（Knut Hamsun）、狄更斯（Dickens）、奥威尔（Orwell）、斯坦贝克（Steinbeck）和 20 世纪拉丁美洲的西罗·阿莱格里亚（Ciro

Alegría)、豪尔赫·伊卡萨（Jorge Icaza）以及格拉西利亚诺·拉穆斯（Graciliano Ramos），很多国家的作家曾被个体或群体的饥饿经历打动。电影也多次呈现了饥饿的形象，其中早期的巴西新电影运动（Cinema Novo）在 20 世纪 60 年代的上半期最具影响力。作为这个运动的发起人之一，格劳贝尔·罗查（Glauber Rocha）鲜明地指出，"从《阿鲁安达》（*Aruanda*）到《贫瘠的生活》（*Barren Lives*），新电影运动讲述、描绘、吟咏、讨论、分析和激发了饥饿这个主题：人们吞食泥土和草根，人们偷盗、杀人、逃亡，都只是为了有口吃的"（Rocha 1982，68）。罗查把他的宣言称为名副其实的"饥饿的美学"（aesthetics of hunger）。它是当时第三世界新殖民主义环境下唯一适合在反抗者的电影院中播放的内容。

在现实生活中，人们普遍不具有文学和电影作品中虚构的人物所享有的种种自由。作为巴西的医师和联合国粮农组织（FAO）理事会独立主席（1951～1955），若苏埃·德卡斯特罗（Josué de Castro）在发展的时代降临之时这样描述饥饿：

> 由于它极具争议的政治和社会含义，这个主题（饥饿）一直是我们文明的禁忌之一……毫无疑问，饥饿从来都是社会悲剧的最大根源，但是我们的文明却不敢正视它，害怕面对这个悲惨的现实。人们高声谈论着战争，为了颂扬战争是优胜劣汰的工具，人们创作了无数首赞美诗歌以歌颂战争的闪耀光辉……因此，当战争变成西方思潮的中心时，饥饿仍只是平民的体验，它的影响不应当从潜意识中浮现出来。而人们带着炫耀和蔑视，有意识地否认饥饿的存在。[（1952）1977，51]

二战之后，饥饿不可避免地进入科学知识的政治学领域，它的这种卑微身份随之发生了戏剧性的改变。20 世纪 60、70 年代的饥荒［比夫拉（Biafra）地区、孟加拉国和萨赫勒地区］使公众开始关注大规模的饥饿。但是，在 10 年之前，比饥荒更难处理的持续营养不良和饥饿就已经进入科学的领域。从 20 世纪 50 年代至今，一大批科学家——营养学家、卫生专家、人口学家、农学家、规划师等——忙于研究饥饿的方方面面。这种（科学）语言的饥饿带来了多种战略的形成，这些战略此消彼长，贯穿于发展的整个时代。从 20 世纪 50、60 年代的强化食品、食品补充剂、营养教育和粮食援助，到 20 世纪 60 年代后期开始的土地改革、绿色革命、综合农村发展以及国家粮食与营养计划，饥饿的语言变得越来越详细和广泛。无论"营养问题"是蛋白质摄入不足、卡路里不足、营养教育缺乏、食物摄入不足、卫生保健条件差、收入低或农业生产效率低的结果，还是这些因素中很多因素共同作用的结果，都有一群专家随时待命，随时为第三世界饥饿和营养不良的人们设计应对策略和项目。

我们可以直率地说，一副营养不良的身体——西方很多杂志封面上挨饿的"非洲人"，或者在这些杂志的广告里一个月 16 美元等待"领养"的无精打采的孩子——是第一世界拥有凌驾于第三世界之上的权力的最明显标志。这副身体里隐含了一整套话语组织与不平等的权力关系。根据特丽莎·德劳丽蒂斯（Teresa de Lauretis 1987）的看法，我们可以说这是表征的暴力在起作用。而且这种暴力是非常极端的，对饥饿和"人口过剩"（它们经常被同时提起）的科学表述是最不具人性和最为客体化的。当提及饥饿或人口时，我们谈论的是人，是人的生命；但是对于西方科学和媒体而言，它们成了无助而散乱的（蒙昧）群体，成了被人口学家和营养学家计算和测量的项目，或者成了生理学家和生化学家信奉的人体模型中具有反馈机制的系统。饥饿的语言和语言的饥饿联合起来，不仅仅是为了维持某种社会秩序，而且是要动用符号暴力，以净化那些关于挨饿和营养不良的人的讨论，使之更容易让人接受。如此一来，我们在西方消灭了饥饿；这是因为学者和专家的语言所带来的间离效果（distancing effect），使我们对苦难和痛苦无动于衷。而让语言恢复生机，并使之重新具有政治上的功效，是几乎不可能的事（Scheper-Hughes 1992）。

如果考虑到为解决饥饿和粮食供给问题而实施的战略不但没有解决问题，反而使之进一步恶化，那么现实情况就显得更为荒谬了。苏珊·乔治（Susan George 1986）用《更多粮食　更多饥饿》作为标题，对这些战略进行了最尖锐的讽刺。二战结束时尚能在粮食方面自给自足的国家——其中很多国家甚至向工业化国家出口粮食——在发展的时代则成了粮食净进口国。这些国家发展经济作物，接受西方的低价粮食，顺从被跨国粮商统治的农业市场法则。在这些压力下，它们自给自足的粮食生产能力萎缩，国内饥饿问题随之加重。尽管大多数国家的农业人均产出有所增加，但这并没有增加大多数人获得粮食的可能性。尤其是第三世界城市的居民，他们越来越依赖于国外出产的食品。

我们应该怎样解释这种对权力的讽刺？这让我们再一次思考话语是如何发挥作用的问题，话语如何生产了"对象的领域和真理的仪式"（Foucault 1979，194）。发展话语并非与"真实世界"无关的"意识形态"；它也并非当权者制造的一种机器，用来隐藏另一个更基本的真相，即由美元符号展现出来的赤裸裸的现实。发展话语在实践中已经形成，并促使第三世界人民调整每日生活。它的力量是如何在这些国家与社区的日常社会和经济生活中发生作用的？它又是如何影响人们的思维和行动方式，以及生活和感受生活的方式的？

到目前为止，我还没怎么谈及发展工作者整天都在做些什么。我仍然需要展示发展话语是如何在实践领域或通过实践扩散的，它又是如何与具体的干预行动相联系的。这些干预行动生产了相互关联的知识类型和权力形式。我们有必要认真考察国际借贷组织和第三世界政府执行项目的具体实践，考察它们如何将政府官僚、各类专家和第三世界的"受益人"（如农民、贫穷的妇女、城市边缘人群等）组织在一起。这就是本章的任务：深入探究发展是如何开展的。

本章研究在营养不良和饥饿领域内专业化和制度化机制的具体形式，并回顾粮食与营养政策规划（Food and Nutrition Policy and Planning，FNPP）这一战略。该战略由世界银行和发达国家的一些大学及研究机构在 20 世纪 70 年代早期发起，70 年代和 80 年代在一些发展中国家陆续实施。营养不良和饥饿的复杂问题不能由孤立的项目解决，而是需要在国家层面采用综合性的、多部门的规划战略，这一认识催生了 FNPP。在这种认识的基础上，上述机构提出一系列理论，并设计和实施了国家粮食与营养计划（National Food and Nutrition Plan，PAN），其中包括一连串雄心勃勃的项目，这些项目涉及与粮食有关的方方面面，如粮食生产和消费、医疗卫生、营养教育、食品技术等。在考察 FNPP 理论的产生过程之后，我们将探讨 1975～1990 年这项战略在哥伦比亚的实施情况。

要分析发展的实践，就必须分析发展机构在做什么。这些机构的实践之所以重要，不仅因为它们能够解释和说明大部分所谓的发展，更因为它们促进了社会关系、劳动分工和文化形式的生产及形成过程。因此本章的目标——描述发展如何发挥作用，并不简单轻松。它需要我们分析饥饿的话语产生的过程；分析这些话语在特定社会经济和技术条件下的表达，而这些话语反过来也有助于这些条件的形成；最后也更为重要的是，考察与这些问题相关的机构所开展的实际工作。要充分理解发展是如何开展的，我们必须将话语、政治经济学和制度民族志（institutional ethnography）结合起来讨论。

这些机构的日常实践并非完全理性或中立。事实上，一个机构能够有效地制造权力关系，是由于有些实践不为人察觉，准确地说，是因为它们被认为是合理的而不为人注意。那么，揭示和理解这些实践就需要一些新的分析工具。因此，在本章的第一部分，我阐述了制度民族志的一些概念，以达到此目的。第二部分重构了 FNPP 诞生、发展和消亡的过程，主要着眼于 FNPP 所创造的饥饿概念以及使之成为现实的实践活动。在第三部分，我总结了 1950～1990 年关于拉丁美洲农业危机的政治经济学观点，分析了哥伦比亚政府和国际发展组织对这场危机的反应。我特别关注所谓的综合农村发展战略，这一战略在 20 世纪 70 年代早期由世界银行提出，在 70 年代中期到 90 年代早期由世界银行和其他国际机构共同在哥伦比亚实施。在第四部分，我以 FNPP 为例证，解释了发展是如何开展的。

　　这个分析有一个基本前提，即只要发展机构和专业人士在物质、文化和意识层面成功地繁衍，特定的支配关系就将一直盛行；在这种情形下，发展仍将由当权者来定义。一方面，希望通过关注构成这些机构日常工作的实践，阐明权力是如何运作的，即它是如何通过制度和文档记录过程来实现的。另一方面，将话语作为研究的重点，希望借此揭示某个主体性在获得特权地位的同时，将那些本该是发展接受者的主体性边缘化的过程。最后，这一边缘化过程显然是由某个既定的表征体制催生的，它也是制度化的权力关系不可分割的一部分。

制度民族志：有关第三世界知识的科层化

　　当发展初现端倪时，第三世界超过 3/4 的人口生活在农村。目前这个比例在拉丁美洲很多国家已经降到不足 30%，这本身就是一个很惊人的现实。正如很多计划公然宣称的那样，似乎缓解农民的苦难、改善营养不良和饥饿的状况并不需要提高农村的生活水平，而是要一举消除作为文化、社会和生产群体的所有农民。然而，农民并没有如同马克思主义和资产阶级经济学家的自信预言那样，随着资本主义的发展而彻底消失。关于这一事实，我已经在前一章关于抵抗的简要论述中提及。

　　发展项目将农民建构成一个长期的服务对象，这一点与总的经济、政治、文化以及话语过程有关。它需要倚重发展机器系统性创造客户类别的能力，如"营养不良者""小农""无地劳工""哺乳期妇女"等类似群体。这种能力使发展制度得以根据现代资本主义关系的生产和再生产，将个体和整个人口进行社会分配。农民作为生产者，或是作为某个秩序中将被取代的元素，被有关饥饿和农村发展的话语调节和组织着。常规的人类学发展研究的首要研究对象是那些"将要被发展"的群体。而要理解这些"被发展的群体"的话语与制度的建构过程，需要将注意力转移到"正在进行发展"的制度机器上来（Ferguson 1990，xiv）。将制度机器本身变成人类学的研究对象，需要制度民族志方法。制度民族志从研究这些制度机器的文档和工作实践，转向考察这些实践对世界产生的影响，换言之，研究它们如何建构了人们的思考和生活环境。制度是最强大的力量之一，它创造了我们生活于其中的世界。制度民族志正是要揭示这种社会文化生产的过程。

沿着这条路线进行分析，我们可能会首先注意到，农民在与一些代理人（规划师、研究者和发展专家）互动之前就已经被社会建构。社会建构在这里指客户和代理人之间的关系被他们彼此互动之前就已存在的科层和文档机制结构化。但是，代理人或发展机构仍然毫不犹疑地将互动的结果当作"事实"来展示，即将其作为体现客户真正情况特征的真实发现。这些机构的日常工作实践嵌入了图式（schemata）和结构化程序（structuring procedure）。这些图式和程序将特定情况的现实性（actuality）呈现为事实，或曰事物的本来面目。为了让这种操作获得成功，这些结构化程序必须隐形，恰如在电影中所有的发声源记号（mark of enunciation）（导演的工作、表演、摄影机的角度等）都要隐没，以便制造出体现真实感的特征（Metz 1982）。

加拿大女性主义社会学家多萝西·史密斯（Dorothy Smith）开了从这一视角分析制度的先河（Smith 1974，1984，1986，1987，1990）。史密斯观察到，专业话语提供了一些分类类别，根据这些分类类别，"事实"能够被命名和分析，因此这些专业话语在构建现象的过程中起着重要作用，而这些现象正是该系统所认识和描述的。"事实"以标准化的方式呈现，所以如有必要，它们能够被重述。从这种意义上来看，事实必须被视为社会组织的一个方面，或一种认识的实践，它通过运用预制的分类类别，建构出外在于认识者且独立于认识者的对象。统治集团的代表占据了中央集权组织的领导地位并做出决策，整个组织的工作因此向当权者倾斜。"我们与我们这个社会内外其他人的关系被居支配地位的社会组织调节。"我们的"知识"因此具有一定的意识形态，因为该社会组织所坚守的概念和表述方式描绘的是统治者的世界，而非被统治者的世界（Smith 1974，267）。

这有着意义深远的影响，因为我们常牵涉其中，并在这一过程中起积极作用。但是社会现实的制度化生产是如何发挥作用的？其基本特征之一是依赖文档和文件形式展现和保存一个既定的现实。因此，文档不可避免地会脱离它本应代表的事实的地方环境和历史背景。

> 科层制如此优异而卓绝，治理的方式将治理效果与具体参与治理的个人分离开来，使组织独立于特定的个人和当地的环境……如今，大型组织将其运行的过程刻写成文档，作为组织持续不断运行的特征……这（产生了）一种社会意识形式，它是组织的产物，而非当地历史条件下个体的集合。（Smith 1984，62）

制度和传统社会学将之视为"一个理性行动的系统"。常人方法论者已经指出，组织的文档不能被视为对外部现实的"客观"记录。理解组织的文档必须联系其产生和诠释的背景，以及组织对文档的使用和目标（Garfinkel 1967）。一个组织的文档基础并非理性行动体系，而是将知识客观化的手段；它生成了该组织特有的社会意识形式，而非个体试图理解问题的产物。对当地史实的客观化和超验化（transcendence）是通过铭刻的过程实现的，借用拉图尔和伍尔加（Latour and Woolgar 1979）的术语，是将一个事件或客体转化成文本的形式。在这一过程中，组织的话语系统预设了它对事件的认识和排序。当地历史反过来嵌入文本操作之中，在很大程度上由外部机构的实践决定。让我再次引用史密斯的话来总结这一点：

> 话语生成了关于当地对象的外来的且外在于当地对象的社会意识形式……话语促进了社会意识的传播，提供了图式与方法，将当地的现实置换为标准化的概念和类别形式……游走于当地史实和文本媒介的话语（textually mediated discourse）之间，是当代众多社会形式的特征。（Smith 1984，63）

因此，文档记录实践绝不是无关痛痒的，而是已经嵌入外部社会关系且深深地卷入统治机制中。正如我们即将具体看到的，通过文档记录实践，组织的内部过程和外部社会关系联系起来，包括政府、国际组织、公司和第三世界的社区。文档记录实践指导和管理着这些不同组织间的关系，因此必须被视为社会关系的重要构成因素，即便这些文档已经明显脱离它曾帮助组织的社会关系（因为专业人士的工作，文档从社会背景中脱离出来）。总之，文档记录程序是当今世界权力运作实践中的一个重要方面——即便它一直是批判性分析最为忽略的方面。

从制度民族志的角度来看，当地情景不仅是一个研究案例，而且是研究制度力量和话语力量的切入点，也是研究制度力量和话语力量如何与更为广泛的社会经济过程相联系的切入点。重要的是，要描述组织人们日常经验的实践，"以揭示当地历史上存在过的秩序的外部决定因素"（Smith 1986，9）。对于机构本身，必须探讨专业培训如何提供可以支配机构成员实践工作的类别和概念，以及机构如何整合了地方的行动；换言之，一种文本媒介的话语如何替代实际的关系和"受益人"的实践活动，并将后者的经验埋葬在代表机构呈现的母体之中。回到我的例子，我们必须分析农民的世界是如何被一套制度过程组织和支配的。我们也必须探讨制度性实践（institutional practice）和专业话语如何协调和渗入不同层次的社会关系，即不同行动者（农民、母亲和孩子、规划师、国际机构、农业企业等）之间的关系如何只是通过一套从专业话语中产生的类别来解释；最后，这些类别如何卷入其他关系类型，如阶级和性别。

我们要特别提及标签化，它是组织的基本特征。我已经间接提到发展的话语在通过客户类别和"目标群体"的形式广泛地使用标签，如"小农""孕妇""无地劳工""贫民窟居民"等。对于处理第三世界问题的那些机构而言，这些标签对它们的工作非常关键（"第三世界"本身就是一个标签）。标签绝不是中性的，它体现了具体的权力关系，影响了我们用于思考和行动的类别。杰夫·伍德（Geof Wood）深刻地总结了标签化的基本原理：

> 标签的有效性并不是实质性的客观问题，而是在行动中有效地将标签作为标示使用的能力。这些标示界定了思维和行动的参数，稳定了环境，确定了能力范围和责任区域。如此一来，标签化通过这些标示成为创造社会结构这一过程的一部分。人们通过为自己和他人创造需要遵循的规则而创造了历史……所以问题不是我们是否给人们贴标签，而是我们创造了怎样的标签，以及在什么情况下谁的标签占了上风，并得以界定整个情景或政策范围，而这又产生了怎样的结果？……标签更多揭示了权威标示的过程以及议程设置等，而不是被标签者的特征……在这种意义下，标签确实有效地揭示了贴标签者和被贴标签者之间的权力关系。（1985，349）

标签决定了资源的获得，因此人们必须调整自己来适应这样的分类，以便成功地与机构打交道。这里，起关键作用的机制是将一个人全部的生活现实简化为一个单一的特征或特点（如拥有土地，或没有读写能力）；换言之，这个人成为"处理对象"。很少有人注意到，这个"处理对象"正是机构如何建构"问题"的反映。因此，农村贫困的整体动态变化被简化为解决与结构性因素明显无关的"处理对象"的问题，与农村人口的共同经历更加毫不相关。因此，对贫困的解释脱离了对非贫困人口的考量，而且"极容易被解释为是由穷人内在品质导致的贫困"（Wood 1985, 357）。这种归咎是通过关注一小部分目标群体实现的，而且通常会提到病状或短缺等，这些病状或短缺可以通过某种技术手段隔离或治愈。这种类型的标签化不仅包含社会实践的抽象化，也是专业垄断的行为，这些专业垄断与统治阶级的利益是一致的。正如南茜·弗雷泽（Nancy Fraser 1989）在美国妇女运动中所阐明的，依靠专家话语来诠释需求的政治学正面临危机。专家成了形形色色的掮客，他们在社区、国家以及（在某些情况下）社会运动者之间周旋着关系。

作为表面上是理性过程但本质上是政治过程的一部分，机构不断地发明和维持着标签。尽管这一过程会不时对被标签群体产生破坏性的影响——例如将人们的经历刻板化、归一化和碎片化以及对穷人群体进行瓦解等，但是这也给反标签化行动提供了可能性（如"不结盟国家"是"欠发达国家"的反标签），也是制度与知识民主化和去科层化过程的一部分。为了达到这个目的，我们有必要深入讨论标签在具体的制度环境下是如何作为权力机制发挥作用的，以便通过集体政治行动阻止强加于个体的标签化过程。

除了已经讨论过的文档记录实践和标签化，制度民族志方法还应该考察机构的其他重要实践与做法。例如，参与规划的组织会遵循某种规划模式，因为这种规划模式不但可以使他们建构出他们能够驾驭的问题来，而且可以使他们避开计划的总体实施责任。规划机构根据貌似理性的程序和"常识"创造出主题、议程、"部门"、"分支学科"等。正如克莱和谢弗（Clay and Shaffer, eds.1984）在他们关于公共政策实践的有益讨论中所提到的，这种常识规划模式是将政策去政治化与科层化的主要途径。这两位学者揭开了官僚政治这个领域的面纱，其中，政治和官僚化过程相互勾结，维持了社会里一切既定的看法和做法。我们在考察哥伦比亚的国家粮食与营养计划时，会详细讨论常识规划模式。

通过探究发展机构的文档记录实践，揭示话语和组织的这些特征，这一点至关重要。我们必须分析农民是如何被发展专家的工作实践建构的，即前者的具体经验是如何被后者的专业话语阐述的。这种阐述脱离了农民自身问题的产生背景，转向了机构言说和行动的环境。这一抽象化工作是一个必要的条件，以此为基础，发展才能为发展机构的客户和受益人描述、探寻、解释和设计处理问题的方式。尽管多数时候这一抽象化和结构化的过程——很多情况下是不知不觉地展开的——发生在上层（国际或国家层面），但它不可避免地延伸到地方层面。正是在地方层面，发展的大部分工作得以完成。可以说，地方层面必须按照上层眼里的世界再造一个世界。

在饥饿问题方面，地方的情况被分门别类地归入农业经济学家、规划师、营养学家、推广工作者、医疗卫生人员等的专业话语之中。只有某些类型的知识被视为适合处理营养不良和饥饿问题，那就是由专家（如世界银行官员和受过西方传统熏陶的发展中国家的专家）掌握的知识，而这些知识都是为了便于发展机构认识它们的客户。对这类知识的需求是实地工作人员（推广工作者、卫生工作者）与客户互动的前提，而且这种互动早已被运行已久的科层制操作习惯性地结构化[1]。类似的，获取资金的需求也是国家层次的规划人员与世界银行的官员互动的前提条件，这一互动被世界银行的日常工作程序所构建。毋庸置疑，我们在这里可能永远找不到有关农民抗争和受压迫的记录，也找不到关于农民的世界中可能包含另一种看待问题和对待生活的方式的记录。相反，浮现出来的观点是："营养不良者"或"文盲农民"是一个需要通过有效的发展来解决或摆脱的问题。人们罔顾受益人的实践活动，预设了这个问题。整个过程不仅影响了所有行动者的观念，还维持了特定的支配关系。我们必须让这一隐蔽的操作现出原形。

因此，具体的计划与项目必须被视为国际组织、第一世界和第三世界的大学与研究中心、第三世界的专业机构，以及各类专家话语之间互动的产物。这种互动反映在文档记录实践中，也正是这些文档记录实践使这种互动显得有条不紊。这些文档记录实践包括精心撰写的项目描述、评估报告、研究报告、会议记录、学术论文等，这些无休无止的文档撰写也是互动过程的一部分，其在很大程度上只是用于自我参考。撰写这些文档的目的并不是阐明一个既有的问题，而是保证这些文档能够加入组织的文档流程之中。在多萝西·史密斯的研究基础上，阿黛尔·穆勒研究了与第三世界妇女有关的知识被科层化地组织起来的过程，并将问题简要总结为：

> 不同于发展机构所宣称的那样，发展文档描述的并非第三世界妇女的状况，而更应被视为发展机构自己制造的状况。对第三世界妇女的描述往往展示的是一位贫苦的妇女，居于狭小的茅屋，生育了过多的孩子，文盲，在经济上依赖于一个男人而生存，或因为什么都没有而穷困潦倒。这是否在一定程度上准确地描绘了妇女的形象并不重要，重要的是谁有权力制造这些描述，并宣称它们是可以获得的最接近现实的描述（即便不是最准确的描述）……发展话语体制中的女性形象并没有说明贫穷妇女的兴趣、需求、关注和梦想，而只是一套应对策略，用以解决在第三世界的发展机构看来妇女所代表的问题。（Mueller 1987b，4）

40 年以来，抗击饥饿的话语和战略一个接着一个，反复无常，令人瞠目结舌，但是我们也发现，本应被根除的问题却持续存在且不断恶化，对于这些，我们必须给出解释。在此方面，一个总的问题是：为什么以及通过什么样的过程，对饥饿的体验带来了接连出现的土地改革、绿色革命、单细胞蛋白计划、综合农村发展、粮食与营养计划、营养教育，如此等等？为什么许许多多的粮食与营养计划被实施，为什么诸多营养、农业和经济科学被应用于解决这一问题？它们产生了怎样的影响？这些战略是为了怎样的本地目标而出现的？它们又制造了什么样的知识形式？这样的知识形式又与什么样的权力类型相关联？我们要努力识别，形成这些战略的系统是如何就位的；所有这些战略如何瓜分了一个共同的空间，以及它们是如何相互转化的。换言之，我们要阐述"构建变化的转换系统"（Foucault 1972，173）。

可以说，饥饿是被所有关于饥饿的话语建构的；正由于这些宏大战略的存在，饥饿问题才令人瞩目；这些战略的出现也给人们带来进步和改变的幻象。我们应该审视这些战略（如 FNPP）如何在话语场域形成一个具体的组织，以及这个场域如何被制度过程安排。这里的制度过程决定了行动的具体方式，促进了社会关系的紧密联结，并参与组织了与文化、地缘、阶级和性别因素相关的劳动分工。这种分析从具体转向一般，从具体的实践转向能解释发展运作的权力形式。

制度民族志方法的目的就是揭示机构和官僚的工作，培养我们自己去观察那些在文化上我们被教导应该忽视的事物，即机构的实践参与了创世的过程。形形色色的机构的日常活动单调却有效，它们编织了概念和社会的空间，这些空间宛如前所未有的精美的蜘蛛网，我们不得不生活于其中，甚至在其间生产自我。制度民族志则有助于我们辨别这些生活和生产的方式。这种民族志工作试图解释机构生产文化的过程，而机构本身也是一种文化产品。

粮食与营养政策规划的诞生、延续和消亡

政策实践的知识和科层化：一个新学科的诞生

1971 年，55 个国家不同领域的专家和规划官员会聚于美国麻省理工学院（MIT），参加第一届国际营养、国家发展与规划大会。大部分专家来自发达国家的大学、研究中心和基金会，而大多数规划师来自第三世界。这种集会并非第一次。20 年来，世界各地的专家和官员多次聚集，共同讨论和评估农业、健康和营养方面的科学与实践进展。这些会议一般由某个国际组织、双边组织或基金会赞助，如联合国粮农组织、洛克菲勒基金会、美国国际开发署或世界卫生组织（WHO）。这次会议讨论的主题是崭新的：营养、国家发展与规划。这次会议实际上催生了一个崭新的学科：粮食与营养政策规划。

在此之前，国际营养领域（即一般认为的关于第三世界营养不良和饥饿问题以及应对措施的研究）一直属于科学家和技术专家，包括医生、生物学家、农学家、植物遗传学家、食品技术专家、统计师、营养学家等。由于专业知识的特性，他们一直将这个问题保留在严格的科学话语范围之内。实验室和临床研究控制了健康和营养的生物化学，农学、植物学及食品科学则涵盖了食品生产和加工领域。直到 20 世纪 60 年代晚期，营养干预本身还是相对适度的，大部分情况下仅限于为儿童喂养补充剂、进行营养教育、对严重营养不良进行临床治疗，以及在特定食品中增加维生素、矿物质或氨基酸。在粮食生产方面，则采用了两种战略：土地改革和所谓的绿色革命。后者承诺通过应用在植物和农学方面的科学和技术最新突破，将人类从饥饿的灾难中解救出来。自20 世纪 70 年代早期至中期，它的失败显而易见。

在那时，还没有人将营养看作国家发展的一部分，营养和健

康仍然处于医学专业的严格控制之下。然而，尽管食品科学、营养生理学及营养生物化学方面的知识不断进步，医学专家提出的各种策略却无一能够阻止营养不良和饥饿的肆虐之风。虽然在 20 世纪 50、60 年代，粮食供应稳定增长，增速甚至与人口增长速度持平，虽然众多国家在同期取得卓越的经济增长率，但满足所有人基本需求的梦想似乎变得更加遥不可及。在 20 世纪 60 年代，许多营养学家和经济学家尝试了新的营养计划。这些计划具有更宽泛的概念和范围，尤其是在印度和南美一些国家，其营养不良的现实已经严重到令人震惊的程度。面临这一局面，各国政府也曾尝试提出新的愿景。这些专业人员都参与了这一过程，那时他们大多就职于美国国际开发署或其他主要国际组织，或是在这些机构的资助下工作，他们推动形成了解决粮食和饥饿问题的新路径的形成[②]。

1972 年秋，这些人再次会聚于麻省理工学院，正式创立了国际营养规划项目（International Nutrition Planning Program）。这一项目首先由洛克菲勒基金会资助，后来由美国国际开发署补充了资助资金。它被认为是麻省理工学院营养与食品科学系及国际研究中心联合开展的多学科项目，因此不仅涉及营养学家、食品科学专家以及医学专家，还涉及经济学家、人口学家、政治学家、工程师、人类学家和城市研究专家。1977 年，这一项目与联合国大学的"世界消除饥饿计划"（World Hunger Programme）和哈佛大学公共卫生学院实现联合，得到充实和加强。哈佛大学/麻省理工学院的国际粮食与营养项目以及康奈尔大学的国际营养项目成为主要的培训机构。许许多多外国学生在本国政府或国际组织的资助下参加了该项目，在国际食品科学与营养这一全新领域接受高级培训[③]。

解决第三世界营养不良和饥饿问题的新方法在一些大学和研究中心被同时开发出来，尤其是在美国和英国（一些来自第三世界的参与过之前提到的试点项目的健康与营养专家也参与了这项工作）。这一小群学者和研究机构的成果被汇编为两卷著作，并在 1973 年出版，他们的工作也因此得到推进。其中的一卷由这一新领域的主要参与人（Berg，Scrimshaw and Call 1973）编写，是根据 1971 年在麻省理工学院召开的大会写成的[④]。第二卷为艾伦·伯格（Alan Berg）的《营养因素》（1973），以期在 FNPP 的形成过程中发挥关键作用。事实上，从该著作中可以找到这一新战略的文本依据，作者充分论述了营养必须被看作国家发展政策规划中基本要素的理由。他认为，当面对正在影响第三世界的严重问题时，过去几十年里实施的有限和零碎的干预远远不足。伯格坚信，"综合性营养规划和分析是最为迫切的需要"（Berg 1973，200）。

这种新方法（学科）被命名为营养规划，后被称为粮食与营养政策规划。这一战略如何在 20 世纪 70 年代初平地冒起，蓬勃发展，10 年后晦暗消退，以及如何在第三世界生成一整套知识体系、无穷无尽的项目和新的机构组织，正是研究"发展"究竟如何运作的一个绝佳例子。伯格在记述当时被广泛接受的营养计划（如机构化儿童喂养、营养教育、生产富含蛋白质的食品、医院和卫生中心的小儿营养科建设以及粮食援助）时说："大多数国家对营养不良的反应是保守的、琐碎的，而且缺乏操作性。营养要在发展领域占一席之位，就必须关注营养规划和项目的形式和范围……所有这些都需要根本性的变革。"（Berg 1973，198，200）此外，

目前在其他领域广为应用的规划方法能够也应该为营养领域所用……营养不良问题与社会经济因素密切相关，这就要求有一个综合的、系统的规划分析方法……重要的是，营养计划方面需要强有力的领导以及一个以目标为导向、任务明确且富有活力的组织机构。（Berg 1973，200，202）

新的专业人员应该与以科学为导向的专家有明显的区别，后者当时毫无争议地统治着营养领域：

> 在一项成功的营养行动中……问题已超出诊所、实验室和实地试点项目的范畴。关注点转移到操作、沟通、组织、管理和效益上，而需求转向专业规划师、项目设计师和项目管理者……所有这些都提出一个新的要求，即需要一个崭新的学科或营养学的分支学科来起作用，包括具有规划和项目设计能力的专业人员。需要营养项目设计师或"宏观营养学家"把科学的发现转化为大规模的行动项目。（Berg 1973，206，207）

这个新学科声称是一个系统的、多学科的方法，可以使营养规划者设计出综合的和多部门的计划。这些计划能够在发展规划过程中起到引领作用。这一分支学科的支柱一方面是精心制作的复杂的因素模型，这些因素控制了特定人群的营养状况；另一方面是一系列复杂的方法论，这些方法论是为了使规划者能够成功地设计和实施粮食与营养计划。这些方法论的核心是营养规划程序，伯格和马斯喀特（Muscatt）起初是这样总结该程序的：

> 营养规划程序首先是界定营养问题的本质、范围和趋势，以初步设定总的目标。然后是描述营养状况呈现的系统。在追溯（营养问题）成因的过程中，规划师开始识别哪些项目或政策与目标相关。然后在可供选择的项目之间进行比较，以构建一个项目之间相互关联的营养计划。目标、计划和项目需要经过预算和政治程序来最终确定。在此过程中，抗击营养不良的计划会与其他计划相互竞争，争夺资源。在必要的情况下，（抗击营养不良的）计划需要根据实际分配的预算进行重新设计。最后一步是对开展的活动进行

评估，并把评估结果反馈给下一轮的规划过程。（Berg and Muscatt 1973，249）

伯格和马斯喀特也提供了实施营养规划程序的详细规定，包括如何识别"问题"、确定"目标群体"、设立目标、分析原因和选择行动路径等。为了与当时的规划精神一致，他们声称问题识别和解决方案都遵守了系统方法。换言之，他们不仅想要找到营养不良问题的直接成因并加以解决，而且认识到营养不良问题具有系统性，因此有必要对造成这一局面的多个因素采取联合行动。在 1973 年至 1982 年间，所有遵循伯格和马斯喀特模型的方法论都声称采用了系统的方法。我不想在此讨论这些不同的模型、它们的区别以及相对的优缺点，对于这些，其他学者已经做了很好的研究[5]。相反，我想将粮食与营养政策规划作为一个话语场域来讨论，分析它所涉及的政策实践及其对饥饿的建构效果。

粮食与营养政策规划作为一个分支学科，出现于 20 世纪 70 年代早期。当然，划分不同的学科领域以及专家对这些领域的割据，并非什么新鲜事物，而是现代国家体制兴起和巩固的显著特征。新的分支学科会引入新的做法，这些做法可以使机构组织得以控制政策主题，摒弃某些议题，并改变社会关系，但这些往往是不被人们所注意的。即使那些长期受追捧的万能药，例如时至今日仍顽强存在的绿色革命，那时也被巧妙地打上了失败的烙印或被认为还不充分，目的是为 FNPP 开辟空间，而人们并没有彻底检查那些万能药为什么失败或者它们都制造了些什么。毋庸置疑，绿色革命本身并没有被废除，而是被纳入这一新战略之中。FNPP 提出的关于饥饿的观点更加超然而无害，因为它以规划的语言来表达，而且以规模空前的数据为支撑，这些数据是通过更为复杂的方法收集来的。

在 20 世纪 80 年代初之前，FNPP 举办了数量空前的国际学术会议，出版了数之不尽的出版物，使许多营养和农村发展计划在拉丁美洲和亚洲的很多国家得到实施[6]。联合国负责粮食和饥饿的技术职能部门（联合国粮农组织、世界卫生组织）在一份联合技术报告（FAO/WHO 1976）中将这些新计划奉若宝典，并与世界银行及许多国际发展机构一道，积极宣传并资助了这些新计划。与以往的许多次一样，"国际营养/发展共同体"再次持有这样的信念，即实现对营养不良和饥饿的控制已经指日可待。当然没有任何人对这个结果的来临又一次被推迟感到惊讶，因为在 80 年代中期之前，在 FNPP 的魔力下现成的大多数计划均已破产[7]。

以抗击营养不良与饥饿之名实施的计划数不胜数，但荒谬的是营养不良和饥饿问题持续存在。若将这一状况解释为发展机构必须经历的"学习过程"，是"发展工作"的一部分，则显得过于随意且不负责任。但是人们开始怀疑，问题的症结并不是消除这些计划本身（即便规划人员全心全意想这么做），而是这些计划在一个更为精美的网络中繁殖和扩散，是对多变的可见性的操纵，这是人们难以觉察到的。正如弗格森在莱索托地区开展发展研究后清晰地阐述的那样，失败的发展项目也总会产生巨大的效果。而且，因为失败是常态而非例外，所以考察营养、健康和农村发展计划这类项目在什么层面上、以什么方式产生了结果是至关重要的。这一问题可使我们更加深入地了解这些战略产生和实施的动态变化。

FNPP 在拉丁美洲：常识性规划的隐性操作

20 世纪 70 年代早期是粮食与营养政策规划在世界各地酝酿的时期。在 1970 年的拉丁美洲，在那些了解新趋势的卫生和农业部门以及国际组织的驻地代表中，设计国家粮食与营养政策的兴趣开始增长。其结果是联合国数个下属机构，如联合国粮农组织、世界卫生组织、泛美卫生组织（PAHO）、联合国儿童基金会（UNICEF）、拉丁美洲经济委员会（ECLA）和联合国教科文组织（UNESCO）在 1971 年创立了促进国家粮食与营养政策的跨机构项目（the Inter-Agency Project for the Promotion of National Food and Nutrition Policy，PIA/PNAN）。这一项目总部设在智利的圣地亚哥，负责在拉丁美洲推广粮食与营养政策规划的新学说。

PIA/PNAN 完成的第一个任务是为国家综合粮食与营养政策规划（Planning of Integrated National Food and Nutrition Policy）制定一份《方法指南》（PIA/PNAN 1973a）。1973 年 3 月，一群国际专家和拉丁美洲专家被召集到圣地亚哥参加会议，讨论《方法指南》，其中大部分专家为国家政府或联合国机构工作。这个为期 10 天的会议旨在确认最令人满意的规划方法，由 PIA/PNAN 在拉丁美洲的各国政府中传播，因为粮食与营养问题"源自一系列密切关联的经济、社会、文化、环境和卫生因素"，因此"一个多部门方法非常必要"（PIA/PNAN 1975a，1）[8]。该跨机构项目是这样界定其方法的：

> 这里的粮食与营养政策是指由国家决定采用并由其下属机构实施的一整套连贯的原则、目标、优先序和决策，其目的是为本国所有人提供足够的粮食，并提供与充足粮食和营养福利不可分割的其他社会、文化和经济保障。这个政策应该作为国家发展计划中一个不可或缺的部分，而且每个国家都应根据自身能力、资源和发展阶段，努力推行这一政策。（PIA/PNAN 1973b，6）

《方法指南》附有精美的流程图，包含关于规划过程的说明和如何着手实施的详细讲解。《方法指南》强调粮食与营养的整体战略和政策分析，其最终目的是形成一个全国粮食与营养计划。PIA/PNAN 坚持这样的分析，即特定人群的营养状况是一系列因素导致的结果，这些因素可以被分为三大方面：粮食供应、粮食需求和粮食的生物利用。每个方面包括如下要素：

（1）粮食供应：粮食生产（根据一国的资源基础、作物类型、耕作条件、粮食政策、制度支持等）；粮食贸易平衡（进出口、外汇、国际价格、商品协定、粮食援助）；粮食商品化（营销、道路、储存设施、价格、粮食加工）。

（2）粮食需求：人口因素（人口规模和增长率、年龄结构、地区分布、人口流动）；文化因素（总体受教育水平、营养教育、文化价值观和饮食习惯、断奶和儿童喂养习惯、居住和烹饪条件）；经济因素（就业和工资、收入分配、生产资料的获得、所处城乡位置）；消费因素（饮食结构、食品补贴）。

（3）粮食的生物利用：卫生因素（卫生服务、传染性疾病的防控、免疫接种、卫生教育）；环境因素（供水、卫生设施、污水处理系统、食品质量控制）。

PIA/PNAN 模型的基础是对这三方面因素如何相互关联、共同造成营养不良问题的分析。PIA/PNAN 将自己的方法称为"关于拉丁美洲营养不良问题产生过程的解释模型，它揭示了这些因素如何相互关联、共同造成了影响拉丁美洲绝大部分人口的严重的营养不良问题"（1975b，1）。在《方法指南》的指引下，PIA/PNAN 相继出现在拉丁美洲的大部分国家。与伯格的规划步骤非常相似，PIA/PNAN 的第一步工作便是收集信息，以诊断被讨论国家的粮食和营养状况。根据现有数据或通过专门设计的调查，与粮食供应、粮食需求以及粮食的生物利用相关的所有因素的信息被收集起来。在此方面，普遍应用的工具包括国家粮食平衡表，即对国内不同种类的粮食进行估算，将其转换成卡路里和营养素，在与推荐的标准对比之后，得出总的"营养缺口"（nutritional gap）。其他工具还有消费者支出调查、家庭粮食消费调查，以及医学调查与人体测量，尤其是对儿童营养状况的评价。此外，关于健康、卫生设施、就业、农业和人口方面的信息也被收集起来。这些数据被用来确定缺粮情况、识别营养问题、判断服务充足与否。这样就形成了一个关于被讨论国家"营养问题"的意见。

第二步是对粮食供应和粮食需求进行预测，目的是按照作物类型确定农作物产量的总体缺口，而这是农业生产政策的基础。这些预测是按照规范的统计学和计量经济学方法（生产函数、需求函数、预算约束等）进行的，并充分考虑了经济和人口因素（GNP 增长、人口增长率、生产率增长、收入分配趋势、对不同食品的需求的收入弹性等）。一旦完成预测，

> 下一步是考虑实现这些预测的政策。为此，《方法指南》介绍了一系列政策，包括与粮食生产、商品化及国际贸易相关的所有政策，与人口、收入、教育及粮食援助相关的所有政策，与卫生设施、健康及营养相关的所有政策。在根据问题诊断和已设定的目标对这些政策进行审查之后，根据国家的条件和可行性来选择最合适的政策和项目，这是一个技术和政治的过程。这时，必须确定优先序，且需要分配资源，同时确定好政策和项目的实施任务和时间框架。与此相关的国际技术合作和财政合作也应被确定下来……项目实施一段时间后，需要定期接受评估。（PIA/PNAN 1973b, 3, 4）

该跨机构项目建议在国家规划署内设立一个专门的营养规划办公室来执行上述设计。伯格（Berg 1973）、乔伊和佩恩（Joy and Payne 1975）也曾经建议设立这一办公室，该办公室向国家粮食与营养委员会负责，该委员会由政府最高级别官员组成，包括总统和相关内阁成员或他们的代表。大学、研究所、政府的专业部门如营养研究所，当然还有国际咨询专家，都将提供技术支持。

PIA/PNAN 是如何在拉丁美洲传播它的信条的？第一步，借助作为联合国项目的地位，与各国相关部门建立联系，告知它们自身的存在。第二步，组织相关部门（包括国家规划署、卫生部、农业部、教育部、经济和发展部以及国家营养研究所）的代表开

会，并在会上介绍和讨论自身的框架和方法。此刻，关键的一步是推动设立专门的营养规划办公室，为它提供财政和技术支持，以帮助它启动国家营养政策的制定过程。在有些国家，其他一些组织，尤其是联合国粮农组织和美国国际开发署，还为此提供了补充性财政和技术支持。谈判和咨询如影随形，直至某个国家开展第一个国家营养计划。一旦计划开始，在大多情况下，该跨机构项目的参与就被严格地限定为向计划提供评估，这是 PIA/PNAN 参与过程的终点⑨。

截至 1975 年，PIA/PNAN 在拉丁美洲和加勒比海地区的大约 15 个国家开展了活动，包括哥伦比亚（相似的计划也被介绍给亚洲的几个国家，包括菲律宾和斯里兰卡）。然而，在讨论哥伦比亚国家粮食与营养计划形成过程中 PIA/PNAN 的作用之前，我们有必要略作停顿，先探讨这种规划话语所隐含的某些假设。这种方法的基础是对营养问题的界定。在这一方面，首先要提出的问题是，"政策实践宣称要解决的问题之外是否存在一个问题的客观世界"（Shaffer 1985，375）。换言之，规划师认为他们的实践是对现实的真实描绘，而不受他们与现实之间关系的影响。规划师不接受这样的观点，即把粮食与营养系统的特点界定为三个方面（供应、需求和生物利用）可能是政治、社会和文化逻辑的具体表现。然而在实践中，"政策针对能被解决的问题设定了各种议程。随后议程中不同的项目被用特定的方式标签为问题。比如说，人们被指称为不同类型的目标群体，以接受各类项目服务"（Shaffer 1985，375）。

即便在这种实证主义的思维方式下，对肆虐的营养不良和饥饿的估计也仍然漏洞百出。对全球营养不良人口的数量有各种估计，多至总人口的 2/3，少则仅占总人口的 10%～15%。选择哪种估算结果，就会影响选择哪种政策；事实上，营养不良发生的范围和标准（营养充足的标准和要求）本身就是一个活跃的科学政治斗争的领域⑩。举例来说，尽管已经充分证明计算总体粮食短缺水平存在很多困难，而且已提出新的替代方法，但国际和国家层面强调的仍然是总体数字。其中的一个替代方法便主张从一些少量数据以及具体某人如何营养不良的叙述入手，然后对由特定的生态、社会和经济因素引起营养不良的人群建构出功能性的分类（Joy and Payne 1975；Pacey and Payne，eds.1985）。这种方法呼吁本土化的干预，正如其拥护者所建议的，它也应是参与式的。这一方法与世界银行这样的机构的做法相悖，后者往往是建立在确定大规模粮食生产短缺的基础之上，认为这种总体短缺可以通过宏观政策解决，这种宏观政策会考虑农业部门的利益，这在世界银行的思维中尤为明显。

还有其他一些实践活动引发了我们的深入探究。类似于农村发展和营养规划的战略被认为"（它们）好像外生于（对它们来说）必要的社会和政治环境"（Apthorpe 1984，138）。换言之，干预被看作政府或国际社会亲手敷在痛处的有效药物，而痛处是外在的。规划师名声不佳，因为他们看不到自己就是他们所规划的系统的一部分。他们把所有的注意力放在政策规划的所谓理性技术（如调查、预测、大量运算、成本效益分析）上，而这些技术忽略了当地的情况和具体的历史因素。尽管很多规划人员明知标准的方法从来没有被严格执行，但人们仍认为这些理性技术是有效的、适用的。这种方法的使用可以避免讨论何人在何地、在何时做出何种决策。正如谢弗（Shaffer）所指出的，这种对责任的逃避是公共政策实践的根本特征。可以预见，政策实践者正是被他们运作的制度机制庇护着，无从实现对他们的问责。在某种意义上，规划其实并没有具体的社会行动者。

谢弗认为 PIA/PNAN 这样的模型是规划的主流观点或"常识"。这种观点将政策规划看作系统的、以信息为基础的过程，并包含固定的几个阶段（问题界定、可选方案的识别和评价、政策表述、项目实施以及评估）。这种模型给人的印象是，政策是互不关联的、自愿主义式的行动，而并非彼此冲突的利益达成协议的过程。在这一过程中，人们做出了抉择，实现了排斥。人们彻底忽视了新政策和伴生的技术是如何被设计和被选择出来的。如此一来，议程安排和决策似乎是自然而然地出现的；决策被认为是经过分析过程后自动生成的，而与之不同的其他决策似乎从未出现过。实际上，决策是先前已经预设的结论，它的发端几乎无从考究，因为这一模型掩盖了那些不同的选择和争论。当政策被认为是通过理性的目的—手段过程而得出的结果时，对是否存在其他可能的政策和选择的探究也就此止步。

将规划看作一个个线性的阶段，带来了另一个后果，即政策制定与实施的割裂，似乎政策实施是别人（即实施机构）的问题，与政策本身无关。这种分离在评估政策效果时经常被利用：政策失败或无效，或是因为"政治"妨碍了它；或是因为实施机构没有做好它们的工作；或是因为缺少资金与受过培训的人员；或是因为一长串的"实施障碍"，而这些障碍与政策的最初形成毫无瓜葛。总有类似的安全出口被用来解释项目因何失败，借此呼吁对规划过程进行新的投入。具体化的数据也助了一臂之力。正如哈金（Hacking 1991）所指出的，有了特定数据，就有了行政管理措施和对人口的分类，这种分类使人们与官僚话语和实践体系相契合。当人们需要资源缺乏或服务不足这样的理由时，就更是如此。规划得以全身而退的另一个安全出口则是，认为我们可以脱离政治来谈论或多或少属于理性的选择。理性通过使用物理主义的话语（Apthorpe 1984）而得到强化，这是一种强调物理方面（生产要素、价格、医学因素）的话语类型。即便人们考虑了社会问题，它们也被还原为概率的语言或其他技术手段，例如对收入分配的讨论。

总之，与PIA/PNAN类似的模型，使政府和组织在构建政策和问题时采用了一种可以把建构过程本身隐藏起来的方式。传统的分析关注的焦点是模型哪里出错了，或模型本身是否让人满意。这忽略了更为重要的问题：以规划之名，机构究竟做了些什么，这些行动又如何与政策结果相关联？换言之，政策应该被视为一种实践，它涉及有关政策决策、知识类型与管理技巧的理论，以及科层化的过程，而所有这些都带有强烈的政治色彩。对规划的解构能使我们得出这样的结论：只有将这些隐藏的实践问题化——通过揭露政策、惯习和数据诠释的专横性，以及通过提出其他可能的解读和结果——我们才能在貌似中立的发展过程中揭示权力的游戏（Escobar 1992a）。

哥伦比亚的农业危机与规划遏制政策，1972～1992年

通往营养规划之路

1971年，PIA/PNAN负责人与哥伦比亚政府进行了第一次接触。同年，哥伦比亚同意参与PIA/PNAN[⑪]。在这些早期事件中，哥伦比亚的一位重要当事人记录了PIA/PNAN的重要性：

> 哥伦比亚政府承诺参与总部设在圣地亚哥的联合国促进国家粮食与营养政策的跨机构项目（PIA/PNAN），这有着至关重要的意义。这一行动之所以重要，不仅因为它引起了政府对于粮食和营养的高涨的兴趣，也因为它提供了技术支持和方法论途径。此外，该跨机构项目还与联合国儿童基金会一起为国家粮食与营养政策委员会的一些关键活动提供了有限但及时的资金支持[⑫]。（Varela 1979，38）

哥伦比亚政府在1972年7月成立了国家粮食与营养政策委员会（National Committee on Food and Nutrition Policy），旨在为政府提供粮食和营养方面的政策建议。这一进展并非仅PIA/PNAN影响的结果。当时，在饥饿这一悲伤舞台上登场的一起重要事件是世界粮食危机，后者直接导致了1974年11月著名的世界粮食会议（World Food Conference）的召开。这次会议由联合国粮农组织在罗

马主持召开，世界上所有国家都在会议上承诺消除饥饿，且为此发布了重要的指导方针，包括规划方法（参见 FAO 1974a，1974b）。这次会议极大地刺激了规划师去构想空前庞大的行动。这次会议的文件也摆上了很多第三世界国家规划官员的案头⑬。

让我们再回到前面引用过的哥伦比亚国家粮食与营养计划先行者的回忆：

> 该计划是过去 30 年来知识、经验和制度发展过程的顶点……该过程的第一步可以追溯到 1942 年，当时哥伦比亚的一群专业人员在哈佛大学开始了他们的研究生学习。哥伦比亚与哈佛大学长期且有益的关系由此开始，此后哈佛大学的专家曾为哥伦比亚提供建议，甚至实施了合作项目。（Varela 1979，31）

其中的一个合作项目便是在福特基金会的资助下，哥伦比亚、北美和联邦德国的科学家在波哥大开展的对营养不良与心理发展关系的纵向研究。20 世纪 70 年代，一项类似的研究在卡利（Cali）开展。该研究由洛克菲勒基金会和美国国家科学基金会（U.S. National Science Foundation）资助，由美国西北大学的两位心理学家负责实施（Mckay，Mckay，and Sinisterra 1978）。这些关于营养不良和心理发育的项目，以及那些在 20 世纪 70 年代盛行的关于营养不良与工作能力的项目，都有一个基本原理——如果从科学上证明营养不良将导致儿童智力发育受损，进而导致成人工作能力下降，政府将更加积极地采取有力的应对行动。除了这些项目之外，当时波哥大和卡利周边地区也在开展一些其他研究课题和试点项目。这些项目得到美国和欧洲科学家的积极参与，也得到一些基金会的积极支持，研究主题主要包括初级卫生保健、农村发展和妇幼营养等。

这些项目创造了讨论营养问题的公共空间，这一空间一直被局限在科学的范围之内[14]。尽管 20 世纪初以来洛克菲勒基金会在拉丁美洲很多国家的公共卫生活动中已非常活跃[15]，但营养研究本身直到 1947 年（哥伦比亚）卫生部（现名公共卫生部）成立营养研究所之后才得以真正开展。1954 年，食品补充剂计划（food supplementation program）开始利用已有的卫生和教育机构，分发国际组织捐赠的食品。这些国际组织包括最初的国际关怀组织（CARE）和明爱组织（CARITAS）以及 20 世纪 60 年代加入的美国国际开发署和世界粮食计划署。这些国际组织使营养项目活动扩展到更广的范围。20 世纪 60 年代中期，在国际组织和志愿机构的大力支持下，实用营养综合计划（Integrated Program of Applied Nutrition）首次开始尝试协调和整合营养活动（添加食品补充剂和营养教育）与卫生及农业项目（推广服务、学校和家庭菜园工程、技术转移）。在整个 20 世纪 60 年代，众多一定规模的营养调查、卫生项目和食品技术研究也得到开展和实施（Grueso，日期不详）。

尽管有这些活动，但全面的粮食和营养政策并不存在。众所周知，大多数营养项目与国际粮食援助有关，而粮食援助的起源是美国自身的需要，即通过向友好的第三世界国家捐赠来处理自己的农业剩余产品（Lappé，Collins，and Kinley 1980）。随着 20 世纪 70 年代早期世界粮食危机的到来，在 PIA/PNAN 登陆哥伦比亚之际，形成一个范围更广、更综合战略的时机成熟了。当然，与现成新战略所需的缓慢的制度累积相比较，20 世纪 50 年代以来农村发生的变革或许更为重要。在 20 世纪 60 年代后期，这种变革伴随空前的农民政治运动和严重的农业生产危机达到一个高潮。当哥伦比亚和拉美其他很多国家都面临这样的情景时，新战略应运而生。

为了清楚地解释 20 世纪 70、80 年代哥伦比亚的粮食和营养政策，我们有必要全面分析反映哥伦比亚农村特征的政治经济环境。这些政治经济环境既要求对哥伦比亚农村的社会、政治和经济状况进行一种新的安排，也帮助了这种新的安排。营养和农村发展

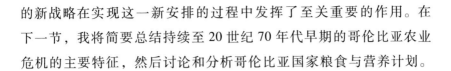

的新战略在实现这一新安排的过程中发挥了至关重要的作用。在下一节，我将简要总结持续至 20 世纪 70 年代早期的哥伦比亚农业危机的主要特征，然后讨论和分析哥伦比亚国家粮食与营养计划。

粮食和营养的政治经济学：1950～1972年

1950 年，哥伦比亚大约有 2/3 的人口生活在农村，农业产值占国内生产总值（GDP）的近 40%。到 1972 年，这些数字分别降至不足 50% 和 26%（1985 年，农村人口的占比约为 30%）。相反，大城市人口以每年 7% 或更高的速度增长。伴随经济的持续多样化以及整个国家经济的重心从农村转向城市，制造业也得到快速发展。然而，农业的萎缩并非一个平衡的进程。通过细致的观察，我们会发现停滞倾向（尤其是农民耕种的作物）与快速增长（资本主义农场主在现代技术条件下耕种的作物）并存。我们还会发现存在剧烈的社会和文化变迁以及大规模的农民贫困。这些方面——小农生产的停滞、农民的贫困化以及伴生的社会和文化变迁——构成了 20 世纪 70 年代和 80 年代卫生、营养和农村发展策略的背景。

从 1950 年到 1972 年，农业变迁最显著的特征是快速增长的现代资本主义条件下的农作物（如棉花、甘蔗、稻谷和大豆）耕种——高度机械化、化学产品和技术的高投入。总体来看，这些商品化农作物的产量在 22 年间以年均 8.2% 的速度增长，几乎是传统方式耕种的农作物（如豆类、木薯和大蕉）增长速度的 5 倍，是其他混合方式（资本主义条件下的耕种方式和传统耕种方式的混合）耕种的农作物（包括玉米、咖啡、马铃薯、小麦、烟草、可可和香蕉）增长速度的 3 倍。最初，商品农业快速发展是因为国内市场的欣欣向荣，而国内市场的发展源于工业对农产品需求的增长以及家庭收入的部分提高（城市化和工业化的结果）。这一需求被满足后，商品农业主要通过海外市场继续扩张。此外，快速发展的食品加工业大多为城市生产产品，并不断替代传统产品。然而，传统农作物的产量几乎没有任何增长。如果说商品化农作物产量出现了惊人的快速增长，传统农作物则陷入了停滞。这是哥伦比亚（以及拉美很多国家）农业在发展的最初 20 年里的首要特征：现代部门的快速发展和传统部门的相对停滞[16]。

我们来看一下马克思主义政治经济学如何解释这种不平衡的农业发展方式。根据其分析模式，部分原因在于农业生产的阶级基础（Crouch and de Janvry 1980）。所谓的传统粮食品种主要由农民生产和消费，尽管其中部分也供城市消费（哥伦比亚的豆类就是如此）。但商品化农作物由资本主义农场主生产，目的是满足城市消费［如稻米、糖等工资商品（wage goods），稻米是城市工人阶级的主粮］，或工业和奢侈消费（大豆、棉花、牛肉、蘑菇），或供出口（鲜花、香蕉或咖啡，这些大多由 10～100 公顷甚至更大的农场生产）。因此，社会阶级成为生产和消费的主要决定因素。资本家生产的稻米增长率在拉美许多国家最高，而农民生产的粮食增长率一直最低，还有一些作物的增长率在这两者之间。

反过来，这种现象也是一系列历史、政治和农业经济等决定因素的反映。在政治方面，资本主义农场主比农民拥有更大的政治影响力。在哥伦比亚，拥有土地的精英是传统的强者。尽管政府已经对他们施加压力要求其对生产方法进行现代化改进，但他们对国家机器仍拥有很强的控制能力。事实上，哥伦比亚政府在20 世纪 60 年代初期发起的土地改革，其首要目标就是迫使拥有大片土地的地主接受更有效率的耕作方式。当时的公共政策体现了政治的影响，如对商品化农作物的贸易保护措施和获得服务、研究、技术、信贷和灌溉的特权。举例来说，稻米得益于最好研究所的研究成果，免受低价进口商品的威胁，并且享有信贷服务和价格支持；与此同时，小麦——哥伦比亚小农的作物——的生产则陷入停滞，这是因为政府允许以粮食援助的方式低价进口小麦。与此形成鲜明对照的是，在墨西哥，小麦是资本主义农场主耕种的作物，因而享受了类似于哥伦比亚稻米的各种政策。墨西哥的小麦和哥伦比亚的稻米成为绿色革命的奇迹并非巧合。在农业经济的决定因素中，农作物对生产投入、灌溉、地理条件、劳动强度以及需求条件等因素的不同反应，决定了它是资本主义方式生产的作物，还是传统方式耕种的作物（Crouch and de Janvry 1980；de Janvry 1981）。

按政治经济学的解释，鉴于美国剩余粮食的输入量减少，为了平息农村地区频现的社会动乱，在拉丁美洲增加粮食生产是很有必要的。发展理论的重点也已转向农业现代化。这种转变的第一个产物就是有名但声誉不佳的绿色革命。它尽力地压制社会动乱，解散政治化的农民，并增加产量，提供可出口的剩余产品。另一个促进绿色革命快速扩展的因素是生产农业投入（化肥、农药和改良品种）的跨国公司扩张市场的利益需求[17]。德杨弗利（de Janvry）总结了这些因素及相应的反应：

> 到20世纪60年代中期，出口至拉丁美洲的"用于和平"的粮食趋于减少（P.L.480，480公法，也称"粮食用于和平"法案）。粮食短缺的国家因为国内粮食生产出现停滞，而无法弥补优惠性进口粮食的减少。同时，以低价粮食为基础的工业化战略受到连累。发展商品农业、提高粮食生产成为改良主义者关注的焦点。这需要通过以下途径实现：向拉美地区转让资本和技术；大量增加对粮食作物的研究支出（绿色革命）；加强农业推广服务；提供更多的农业信贷；跨国公司进入农业生产、农业投入以及农产品加工和分配等领域。1962~1968年，农业研究的实际支出增长了一倍，而同期农业推广服务的支出增长更多。各种国际农业研究中心纷纷成立，研究小麦和玉米（1966年成立于墨西哥的国际玉米小麦改良中心，简称CIMMYT）、热带粮食作物和牛（1968年成立于哥伦比亚的国际热带农业中心，简称CIAT）以及马铃薯（1972年成立于秘鲁的国际马铃薯中心，简称CIP）。世界银行农业贷款项目（主要用于大型灌溉工程）的贷款额大幅升至总贷

款额的 23%。这一时期土地改革的首要目标也是经济的：主
要通过诱导（以不改革就没收为要挟）未改革部门实现现代
化来增加产量。(de Janvry 1981, 199, 200)

什么是"以低价粮食为基础的工业化战略"？它有何作用？根
据德杨弗利的分析，世界边缘国家的工业化依赖于廉价的劳动力，
而这主要通过供应低价粮食和剥削农民及城市工人阶级实现。对
廉价劳动力的需求由全球资本的"运动定律"（law of motion）及
资本的矛盾性推动，至于如何推动不是此处要讨论的问题。结果
形成了这样一个结构，即存在一个建立在跨国资本、国家资本和
本地资本基础之上的"现代"部门，同时存在一个"落后"或传
统的部门，后者的主要功能是为前者提供廉价的劳动力和低价粮
食（也就是德杨弗利所说的功能二重性）。由于经济动力部门的产
品主要为出口或现代部门而生产，因此并不真正存在巩固国内市
场的需求，尽管国内市场涵盖绝大多数人口。虽然生产率提高了，
利润保证了，但是工资并没有随之增长；这就是廉价劳动力的
"逻辑"。在核心国家存在规范工资、利润、消费、生产、国内市
场规模等社会呼声，而在边缘国家这些并不存在。而且，由于边
缘国家不同部门之间的发展极不平衡，所以可以确定，边缘国家
不仅出现了社会断裂，也出现了部门之间的脱节。

这种脱节和农业危机之间存在怎样的关系？现代部门通过节
约土地和节约劳动的技术，逐渐接手了生产低价粮食的工作。这
是绿色革命的主要目标。但这种趋势充斥着矛盾。部门间的脱节
日趋严重，引发了两种迫切且相互竞争的需要：一方面，需要维
持低价粮食和廉价劳动力，以使投资有利可图；另一方面，需要
创造外汇收入，以引进工业化进程所需的技术和资本货物（capital
goods）。在这场竞争中，一方面是满足国内消费和工业化的粮食需
求，另一方面是创汇活动（即出口农业），而后者从公共资源中受
益最多。结果，由于对农业的总体偏见，以及更倾向于发展以出

口和满足工业及奢侈消费需求为生产目的的农业，小农作物的生产停滞，而资本主义部门无力弥补小农减产后出现的粮食缺口。拉丁美洲和第三世界其他国家的政府采取了其他措施保证粮食的低价格，包括一系列低价粮食政策，如价格控制和补贴。这些政策妨碍了小农农业和粮食生产的总体发展。但是，在有些情况下，资本主义生产的发展是很成功的，如哥伦比亚的稻米。鼓励发展农业企业是另一条道路，尤其是可以带来外汇增收的跨国企业；而现在我们知道，这种情况很少发生（Burbach and Flynn 1980；Feder 1977）。

尽管有这些消极趋势，但在大多数拉丁美洲国家，大量的粮食仍然是由农民生产的。例如，在哥伦比亚，在综合农村发展项目（Integrated Rural Development Program，DRI）启动（1976）之前，大约55%的直接用于消费的粮食是由所谓的传统部门生产的（DNP/DRI 1979）。但是，农民非但不能积累资本，手中的资本反而日益流失；那些仍然从事生产的人也只是为了自给自足，大多数农民已经失去土地变成无产者（失地农民）或半无产阶级劳动力（虽有一些土地但已不能满足生存需要）⑱。农民因此被多种力量拉到一个相反的方向：他们不得不成为廉价劳动力，同时生产低价粮食；他们很容易成为半无产者，也有完全无产阶级化的趋势。尽管很多地区的农民能在维持小农户经营的同时抗拒商业资本主义的入侵或操纵，但大多数人认为，总体趋势是无产阶级化的——尽管莱因哈特（Reinhardt 1988）证明了家庭农场的继续存在对哥伦比亚很多地区都很重要。

在这一过程中，出于对这些矛盾的考虑，综合农村发展项目在20世纪70年代早期应运而生。由于廉价劳动力逻辑的操纵，更多农民失去了土地，农村人口被半无产阶级化或完全无产阶级化，在体力和人类生态学方面对农民的剥削加剧（资源基础的退化和对妇女儿童剥削的加重），这些造成了大范围的饥饿和营养不良。因此，德杨弗利认为，必须将农业危机与其解决策略视为脱节的发展中不可分割的部分。顺应低价粮食逻辑的绿色革命原本为理性的粮食生产而设计，但它并未兑现承诺，反而恶化了粮食境况，加剧了社会动荡。

至此，我已经详细分析对拉美农业变迁最广为接受的政治经济学解释。这一解释虽有一定的说服力，但它必须服从于前一章所阐述的作为文化的经济学的分析。德杨弗利的功能主义将社会生活简化为资本积累的"矛盾"的反映；虽然有一定的辩证性分析，但这种分析支持的是现实主义（从来不是诠释主义）的认识论，它将社会生活理解为某种"真正真实"的力量，即它是资本运动的"定律"，存在于生产和流通的主要矛盾、同时发生的利润率下降，以及重复出现的经济危机之中。但从后结构主义的视角来看，唯物主义的分析不可避免地也是话语的分析。在本书中，我至此所说的一切都说明了"表征"并不是"现实"的反映，而是对它的构建。没有任何物质性不以话语为媒介，正如没有任何话语不和物质性发生关系一样。在这种视角下，我们必须以同样的方式看待粮食和劳动力的生产，以及关于它们的叙事的生产。简言之，尝试对粮食和卫生进行政治经济学的解释必须从建构客体开始，如自然、农民、粮食以及作为认识论的、文化的和政治过程的人。

资本的话语本质在很多方面显而易见——例如，把自然界重新定义为资源，将贫困建构为缺少发展，将农民建构为纯粹的粮食生产者，将饥饿解释为缺少粮食并需要进行农村发展，将资本和技术解释为变迁的力量。我们很快就会在下一章看到，政治经济学家发现，发展的需求取决于发展机器创造话语的能力，而话语使发展机构能够按资本主义关系对个体和群体进行分类。不管资本的逻辑是什么，它都不能完全解释为什么一群农村人成了我们所讨论的干预的目标群体。也正是资本的逻辑，完全可能为同一个群体安排另一种命运，包括让该群体彻底消失，以便给胜利的资本让路，这种情况还没有发生。总之，政治经济学家的分析过于急切地归纳发展项目的纯经济功能，他们将发展项目背后的原因简化为一系列有待分析的利益和兴趣。他们也相信话语（例如综合农村发展）仅仅是意识形态或对发展工作者"真正"从事的事业的错误表述（Ferguson 1990）。我们不否定他们的价值，但是这种简单化的分析不再令人信服。

到 20 世纪 70 年代初，绿色革命的矛盾已经变得很明显，国际发展界——尽管他们之前的魔法公式带来了灾难性后果，但这群自封的专家和银行家仍渴望再次表达他们良好的意愿——已经准备好一个新的解决方案。实现这一方案的机会突然来临——就像天上掉下来的一样。不是别的预言家，而是发展话语本身给自己提供了一个新的启示——农民（他们眼中的"小农"）绝非不重要；如果给予适当的关注，他们也可以变成有生产力的公民，而且他们的生产能力或许会提高，这样一来，低价粮食生产就会维持下去，这也就会保证廉价劳动力的供应，跨国公司也会得以继续攫取他们的巨额利润；无论怎么看，这些利润都只是跨国公司在大力促进贫瘠土地的开发和穷人的发展之后应得的回报。美国国防部的一位曾重组五角大楼、参与指挥对越作战的官员——罗伯特·麦克纳马拉（Robert MaNamara）——直接成为世界银行的新任行长，领导对全球"绝对贫困"的宣战，农村发展就是他最喜欢的武器。哥伦比亚，这个总是乐意成为国际发展界第一个实验品的国家，在 20 世纪 70 年代中期启动了第三世界第一个全国性的综合农村发展项目。在下一节，我将对这个项目的主要内容进行概述。

哥伦比亚的国家粮食与营养计划

我们已经非常熟悉 FNPP 的主要特征以及它在国际舞台上逐渐显现的过程：它出现于令人敬畏且具有权威地位的北美和英国校园中，通过联合国系统（包括世界银行）传播，最终挥着 PIA/PNAN 的翅膀在拉丁美洲安全着陆。此刻有必要更仔细地审视这一战略在哥伦比亚的传播过程；换言之，我们要直观地展示被发展机器视为传统农民社区和现代资本主义部门的哥伦比亚乡村，是如何被 FNPP 描绘和安排的，FNPP 又如何生成了一个通过多种制度活动进行传播和控制的系统。

所谓的国家粮食与营养政策委员会，由最高政府在 1972 年 7 月成立。1973 年初，该委员会委托国家规划署（DNP）所辖的一个技术小组制定国家粮食与营养政策。该技术小组由一位拥有加州大学伯克利分校医学社会学硕士学位的哥伦比亚社会学家牵头，成员包括两位经济学家、一位农业经济学家、一位教育学专家以及一位来自联合国开发计划署（UNDP）的国际咨询专家。小组的第一次会议在国家规划署的人口与营养处召开，国家规划署是更大的单位（社会发展部）的组成部门。通过小组的第一次会议，成员们确信，首先要构建一个多因素系统诊断模型，以对过去基本被忽略的社会和经济因素给予特别的关注。

经过几个月的紧张工作后，该小组的首要成果是在 1973 年 7 月出版的第一份文件，即《哥伦比亚粮食和营养政策的基础》（DNP/UDS 1973）。这个文件总结和评价了哥伦比亚粮食和营养状况的已有信息，对下一步工作提出了指导性意见。在营养水平方面发现的问题主要有蛋白质—热量营养不良（或轻微或严重，影响了这个国家大约 2/3 的儿童）[19]、成人长期营养不足，以及一系列具体的营养缺乏情况（尤其是缺铁性贫血和维生素 A 缺乏）。营养缺乏被认定为婴儿死亡的主要原因之一。在粮食生产水平方面，国家粮食平衡表表明该国的粮食总产量足以养活全国人口。然而，分类分析却发现了严重的不平衡，其中低收入人群的营养缺乏问题最严重。

该小组清楚地指出，被扭曲的收入分配是营养不良居高不下的唯一重要原因，因此引发了大量的社会问题。哥伦比亚收入最低的人口（占全国总人口的一半）仅拥有全国收入的 20%，而占全国总人口 1/10 的高收入群体几乎拥有全国收入的 45%。简单地说，人们只是没有足够的钱吃饱而已。最近的一项研究显示，40%的哥伦比亚人即便将所有的收入全部用来购买粮食，也不足以支付"最低成本饮食"。然而，这种情况并不完全是因为收入差距。商品化的高额利润极大地增加了食品成本，尤其是对于城市消费者而言。根据该小组的诊断，另两个影响营养状况的因素是对食品的营养价值缺乏了解和不良的饮食习惯。

该小组秉承了 PIA/PNAN 的风格，于 1973 年 12 月在国际热带农业中心（CIAT）装饰华丽的总部召开了全国跨部门粮食和营养大会（National Intersectoral Conference on Food and Nutrition）[20]。这次大会有以下目标：（1）使全国民众关注营养问题的严重程度；（2）证明营养不良不仅是一个医学问题，而且是一个经济、技术、农业和社会问题；（3）说服国家主要的政治和技术集团制定粮食和营养战略，以实现国家经济的整体复兴（Varela 1979，39）。

此次会议由联合国儿童基金会资助，哥伦比亚所有相关机构（包括政府、大学和私人集团，以及联合国下属机构、美国国际开发署和世界银行）的代表都参与了这次大会。这次大会的主要目标是证明营养与农业生产之间的关系，以及一个整合这两者的规划策略在解决"营养问题"方面可起到的作用。尽管存在不同意见，但医学界还是同意了这个新观点[21]。规划师、经济学家、农学家和医学专家都急于利用这一机会，根据这一规划策略的需要，实现国家在粮食和营养方面项目干预活动的空前增加。接下来几个月的工作是完善最初的分析，组成实施不同项目、涉及不同机构的工作组，并正式开始设计该计划及其项目。目标设定后，若干粮食作物入选了这一计划，与世界银行及其他资助机构的谈判也陆续开始[22]。

众所周知，与世界银行的谈判包括提供每一个步骤的详细信息以及世界银行代表团在第一个协议签订之前对哥伦比亚进行至少四次访问[23]。此外还有培训与咨询，例如，许多哥伦比亚人被派往墨西哥学习综合农村发展的试点项目（哥伦比亚也有几个类似的项目）。这些经验对于哥伦比亚战略的形成有很大的影响。1975年3月，随着国家粮食与营养计划被哥伦比亚国家最高部门批准并出版（DNP 1975a），所有这些活动达到一个高潮。1974年至1978年间的总体发展计划，被谨慎地命名为《弥合缺口》（Para Cerrar la Brecha）（DNP 1975b），其将国家粮食与营养计划和综合农村发展项目推崇为政府社会政策的里程碑。然而，在 PAN 发布之前，所有关于收入分配的批评观点都已经停止㉔。人们认为政府有其他项目来增加贫困人口的收入。

《弥合缺口》声称能够提高占全国人口一半的最贫困人口的生活水平。为了达到这一目标，为了保证 PAN 与 DRI 的评估，为了保证 PAN 与 DRI 有充分的瞄准，同时为了回应世界银行的要求，PAN/DRI 国家工作组实施了一种"区域化操作"（regionalization exercise），旨在确定全国30%的最贫困人口。国家工作组想绘制一幅国家贫困分布图，为此，它根据100个不同的社会经济与人口变量，从全国930个市收集数据，并集中按三个大指标（平均家庭收入、受教育水平以及可获得的服务）进行分组。按加权指标将农村和城市边缘地区排队并得到一个分界点，从而分离出30%的最贫困人口，以直接受益于政府的社会项目。1979年，PAN 外包了一家私人公司，后者利用新的数据、复杂的统计与计算机模型对"区域化操作"进行了调整和完善（DNP/PAN 1975a，1976a；Instituto SER 1980a）。

在哥伦比亚，这一区域化操作是前所未有的。20世纪70年代早期，当国家规划署沉迷于区域信息系统以便将发展项目理性化时，法国政府为国家统计署（DANE）提供了社会指标数据收集和使用模型方面的技术援助。但为了坚守当时已经接受的发展信条——在最高层面由劳克林·居里传播，1970年他已成为哥伦比亚人，时任哥伦比亚总统米萨埃尔·帕斯特拉纳·博雷罗（Misael Pastrana Borrero）的首席经济顾问——这些技术援助都被用于寻找"发展极"（指实际或有潜力高度发展的区域），而不是"30%的最贫困人口"。当时，PAN/DRI 的区域化代表了一种战术转向：因为穷人逐渐进入公众的视野，显形机（machine of visibility）逐渐转向穷人。

　　国家粮食与营养计划包含两个主要组成部分：综合农村发展项目，它包括一系列提高小农生产率和产量的项目；一套旨在增加粮食消费和生物利用的营养与健康项目（为了与国家规划署的用法保持一致，我用缩写 PAN 代表后者，即不包括 DRI）。尽管这两种战略在概念上是一个整体，但由于操作原因，它们在不同地区实施。这样，PAN 的第一期项目在这个国家大约一半的省实施，这些省的无地者和半无产者更加集中；DRI 则在其余省实施，这些地方集中了更多中小规模的农民。PAN 的目标很清楚，即减少蛋白质—热量营养不良，尤其是在目标人口（孕妇和哺乳期妇女以及五岁以下的儿童）中，以及从总体上降低儿童死亡率和发病率。为了实现这些目标，这个计划主要采用了三种干预类型[25]。

增加粮食供应的项目

　　食品生产和分配补贴　这个项目包括两个子项目：食品券项目和食品直接分配项目。第一个项目要求母亲前往卫生中心领取食品券，这些食品券可抵冲某些食品的部分货款。第二个项目替代了逐渐停止的外部粮食援助项目。它分配的食品主要是营养强化面粉，这些面粉由国内的一家面粉加工厂生产，该加工厂由美国国际开发署提供。这种食品至今仍由哥伦比亚家庭福利研究所（Colombian Institute for Family Welfare，ICBF）分配。

　　小农和兼业农民生产激励（PANCOGER）　这一项目是为了帮助那些半无产者，他们的收入主要来自劳务工资，他们也拥有一些土地。拥有小块地（一般 0.5～3.0 公顷）的农民获得了推广服务、信贷和技术帮助，这可以鼓励他们种植满足家庭成员营养需求的作物。该项目也提供营养教育和农资补贴。

提高粮食生物利用的项目

提高粮食生物利用的项目关注卫生和健康。这个项目的基石是初级卫生保健（Primary Health Care，PHC）项目，它以前就存在，是一个依托于当地卫生中心和辅助医务人员的分散的卫生转诊系统（referral health system）。这个项目也支持供水和卫生设施建设。自 20 世纪 60 年代后期开始，初级卫生保健战略（通常以试点项目的形式）在第三世界很多地方占据非常耀眼的位置。1978 年，在世界卫生组织在阿拉木图召开的著名会议上，这一战略被联合国封为典范。正如 FNPP 一样，国际最高层次上设立的制度机器有效地刺激了各国政府去开展野心勃勃的项目，以对大多以城市和医院为基础的卫生服务结构进行重组，而其中大部分已经难以为继。1976 年，哥伦比亚遵照 PHC 的原则，引入了一种新的国家卫生系统，它包含了社区参与的内容[26]。

营养和健康教育项目

营养和健康教育项目包括大众传媒活动、现场培训、专业培训和学校菜园等。大众传媒活动聚焦在某些特定的问题上，如用水、腹泻的治疗以及母乳喂养。现场培训依靠技术人员在社区进行上述主题或其他相关主题的培训，例如家庭食品储存、饮食习惯和婴儿断奶等。专业培训则资助支持哥伦比亚专业人员在国内或国外接受培训[27]。在 PAN 的支持下，20 世纪 80 年代早期，位于波哥大的耶稣大学（Jesuit University）设立了营养规划研究生课程，主要模仿了麻省理工学院的课程设置。最后，学校菜园项目旨在教授农村儿童关于营养丰富的粮食生长和消费的知识。

一些小项目适合通过研究以及为农业企业提供信贷的方式，支持高营养、低成本的食品（例如组织化植物蛋白及营养强化面粉、意大利面和甜饼干）加工生产。这些产品部分通过食品券项目进行分配。最终，PAN 以信息系统为基础设计了重要的评估程序来监测计划的进展。这一项目内容是世界银行提议的。

根据这些项目设定的目标（目标人口中营养不良和饥饿的比例减少 50%）来评估其结果并不容易。PAN 的评估建立在日益复杂和越发昂贵的调查基础上[28]。"权威"的全国家庭调查在 1981 年就已开展，直到 1984 年才得到调查结果，而那时由于一些现实原因，PAN 逐渐停止。正如 1986 年 PAN 评估部的一位前成员所说，"对 PAN 整体影响的评估很重要，但并没有开展，而且也许永远都不会了"（Uribe 1986，58）。人们可能会想，PAN 预算中的一大部分是贫穷的哥伦比亚人承担的，这部分资金是否付诸流水了？PHC 中心提供的基本卫生服务基本上是不够的。PHC 覆盖的人数被夸大了；在有些情况下，如果有卫生人员在某个社区进行了人口调查，那么它就会被作为项目已覆盖的区域来计数。辅助医务人员存在培训问题、部分医务人员拒绝履行职责、卫生中心的卫生用品库存不足，以及运行成本随卫生中心数量的成倍增加而猛涨等，这些都被认为是 PHC 战略表现拙劣的例证[29]。

在财务方面，PAN 在 1976 年至 1981 年的预算接近 2.5 亿美元，而 DRI 的预算接近 3 亿美元。DRI 的外部资金支持（约占 45%）比 PAN 高得多。当时 PAN 的外部资金来自世界银行（2500 万美元）、美国国际开发署（600 万美元）和联合国儿童基金会，DRI 的外部资金来自美洲开发银行（6500 万美元）、世界银行（5200 万美元）和加拿大国际开发署（1350 万美元）（均为贷款）。当时，政府资金筹措方式出现一个奇怪的花样，即政府预算的一部分也来自外部资源（汉华银行）。DRI 第一阶段大约 60% 的预算投入生产类项目。这反映了这个计划最优先的方面——增加生产。在整个 20 世纪 80 年代，DRI 的外部资金金额一直很高。

综合农村发展项目

我们现在来看看国家粮食与营养计划的第二个核心组成部分，即更具争议的综合农村发展项目。我们在下一章也将看到，综合农村发展项目的思想主要由世界银行推出，同时被带到第三世界很多国家。与营养规划一样，20世纪60年代在第三世界一些国家实施的试点项目（或多或少有外国资金支持，但总是有重要的本土参与）也颇具影响力[30]。无论是项目目标还是项目设计，哥伦比亚综合农村发展项目的第一阶段（1976~1981年）与世界银行的蓝图都非常接近。它的"目标群体"是"小生产者，历来被认为是在从事传统的或落后的生产活动，最近被认为是在从事小农经济"（DNP/DRI 1979）。DRI的首要目标是通过使该部门理性地嵌入市场经济而增加粮食产量。资本、技术、培训和基础设施——这些被认为是造成小农生产落后性的"缺失"因素——被一种战略以前所未有的范围和方式打包提供给农民。DRI的意图是将绿色革命带给小农，让他们转变成商业农民那样的企业家，只不过经营规模小些。

谁是构成"小农经济"的小生产者？DRI根据两个指标——土地拥有规模和农业收入比例，识别它的预期受益群体。土地拥有规模被设定为最多20公顷，项目覆盖的农场规模从5公顷到20公顷不等，在此范围内的农民被认为有能力对项目投入做出回应并通过该项目实现起步，成为独立企业家。这些农民构成了一个缓冲群体或"最小的农业资产阶级"（minimal agrarian petty bourgeoisie）（de Janvry 1981）。在收入方面，只有那些农业收入占家庭总收入70%以上的农民才会被考虑，他们是"真正的"农民。一项关于哥伦比亚农村人口的调查和一些复杂的区域化模型使DRI的规划人员得以界定这一人口群体，并在几个地区挑选了92000个农户（他们中20%的农场规模小于20公顷）进入第一期项目（1976~1981年）；1982年开始的第二期项目覆盖哥伦比亚大部分地区。到1993年（第三期项目结束之时），哥伦比亚近1000个市中的600多个市被该项目覆盖。

该战略（DNP/DRI 1975a，1975b，1976a，1976b）有三个主要部分：生产、社会项目和基础设施，分别包括以下内容。

生产部分

技术开发项目 项目目标是开发和传播适合传统部门的技术，并以此作为提高产量和生产率、增加家庭收入以及更多地利用家庭劳动力的手段。

信贷项目 信贷项目致力于为 DRI 参与者新增的生产成本提供资助。其基本思想是通过提供足够的资本，在短期内为全国和区域市场带来数量可观的剩余产品。

组织和培训项目 这个项目为 DRI 参与者提供实施 DRI 综合措施所必需的组织和企业管理技术培训。它的核心是对农民进行综合农场规划培训，包括生产过程中所有方面的技术程序。所有农民必须熟悉这些技术，这是参与项目的前提。从项目进入该地区直到结束，农民还必须加入当地的 DRI 委员会。

自然资源项目 DRI 认为生产的持续改善依赖于"对土地和水资源的合理利用"，项目措施包括植树造林、水土保持和水产养殖等。这个子项目旨在为保护和管理环境的项目活动提供资金和技术帮助，以及为饮食提供新的蛋白质来源，如水产品。

营销和经营项目 DRI 期望通过项目的介入，使农民和市场经济的联系越来越紧密。但与此同时，因为价格波动、对市场情况的掌握不够、运输成本高等因素的影响，农民的财务风险也会增加。DRI 规划人员试图通过为农民营销协会提供信贷和技术帮助来控制这些风险。这个项目也期望通过减少经营利润来降低城市消费者的食品价格。

社会项目部分

社会项目包括一系列的教育和卫生项目，以提高农村的生活水平。这与 PAN 在其项目区所做的工作相似。原则上，在参与DRI 的社区中，也有 PAN 和 PHC 项目，这样在粮食生产、消费和生物利用三个方面构想的战略将有相互促进的结果。

基础设施部分

基础设施部分包括三个子项目：农村道路、农村电力和农村供水。它们被认为是提高生活水平、改善经营网络、将农村生产者和市场更有效地联系起来的必要途径。

DRI 最具创新性的方面是在地方层面将不同的战略结合起来。项目谨慎地挑选农民并主要通过所谓的综合农场规划方法使他们每一步都紧跟项目，而每一个农民都要在 DRI 技术员的指导下实施这种规划方法。地方委员会有助于扩展和深化不同项目的工作。这些委员会由 DRI 在农业银行中的代表领导，农业银行是哥伦比亚最重要的农业借贷机构。不同战略的协调工作在国家和区域层面完成。这项工作至关重要，因为 DRI 在第一期实施的各种项目依赖于 13 个不同的政府机构，它们的行动必须在规划过程中的各个层面进行协调。事实上，经常有人指出，PAN 和 DRI 最重要的成就也许是让哥伦比亚所有的这些机构第一次一起工作，而这被看作实现更理性、更有效国家规划和干预的重要一步[31]。

从第一期项目结束到 1989 年第三期项目开始，综合农村发展项目无论是理念上还是制度上都经历了一系列重大变化。第一步便是在第一期项目结束时（1981 年），从管理上合并了 PAN 和 DRI，结果由于新的政府［贝利萨里奥·贝坦库尔（Belisario Betancur）总统期间，1982～1986 年］对 PAN 缺乏兴趣而逐渐停止了资金支持，最终扼杀了 PAN。这是遵从 FNPP 初始理念框架的最后尝试，这一框架把农村发展看作总体营养战略的一部分。实际上，由于新政府认为 DRI 能更好地解决农业问题，这个战略的准确名称也被颠倒过来，从 PAN-DRI 变成了 DRI-PAN。

1982 年之后，DRI 的导向发生了重大变化。在第二期项目期间（1982～1989 年），DRI 重心转向小农场生产更有潜力的地区以及促进小农粮食作物商品化的成功战略。商品化和营销的改善代替了土地的重新分配而成为关键的瓶颈问题[32]。在 1982 年债务危机之后、国际货币基金组织主导的结构调整计划开始之初，总体农业政策的讨论又一次集中于保护主义与自由市场的新自由主义的对决。在这场讨论中，有组织的商业团体——代表资本主义农场主利益的棉花、咖啡、稻米、甘蔗种植者和牲畜饲养者协会——起了主导作用，他们公然支持促进出口的措施[33]。由于宏观经济环境的这些变化，同时期提供给项目的资源越来越少，因此 DRI 的实施规模急剧缩小。在 20 世纪 90 年代早期，随着经济对世界市场进一步放开，农业部门大多损失惨重。

比尔希略·巴尔科（Virgilio Barco）执政时期（1986～1990年）来临，DRI-PAN 再一次被推到前台，并成为政府"抗击绝对贫困"总体战略的两个核心内容之一。另一个核心内容是在游击队活动比较集中的地区实施的国家复兴计划（National Rehabilitation Plan，PNR），它是贝坦库尔总统发起的和平进程的一部分。DRI-PAN 则继续被"国家采用，作为正视与解决农民问题的基本政策……而不触及土地所有权问题"（Fajardo，Errázuriz，and Balcázar 1991，155）。国家仍然认为农民问题以及毒品走私和游击队是国内社会冲突的主要方面。1985 年，哥伦比亚也引进了其他一些小项目，如女性农民发展项目，而女性规划人员认为分配给这个项目的资金少得"可笑"。下一章将对这个项目进行更多讨论。

作为 DRI 二期的核心干预内容，技术开发项目采用了在全国不同地区建立示范农场的方式，这些农场因本地区的社会经济和生态环境不同而各不相同（Fondo DRI 1989a）。人们认为一些限制因素阻碍了小农采纳"技术包"，例如，农资成本过高而农产品价格过低且营销环境不佳，土地面积的规模不大，小农受教育程度偏低且"文化落后"（Fondo DRI 1989b）。此外，到 20 世纪 80 年代末期，规划人员也意识到为小农提供的技术建议过分追求农作物生物生产力的最大化（通过施用化肥、改良种子，如此等等），而没有关注自然资源的生产率、投资能力和小农经济利润的上升潜力，这是不妥当的。在巴尔科总统执政时期，DRI 三期项目启动时，作为此届政府综合农民发展计划（Plan of Integrated Peasant Development）（1988~1993 年）的核心部分，这些因素被纳入考虑范围。这一计划认为技术进步是生产刺激战略的关键（DNP/UEA 1988；Fondo DRI 1989a，1989b）。一如往常，通过经济和符号资本化实现的小农生产的现代化处于险境之中。

前面提到，DRI 在启动之初就包含了参与的内容。尽管如此，国家仍然控制了资源和决策权，地方参与因而并不重要。至此，DRI 的参与方案更像一个聪明实用的哄骗，而非对地方社区的赋权策略。此外，它还认为通过字里行间都是学术概念的管理技术，人们可以学会参与并使其发挥作用。如同很多其他发展机构一样，DRI 也认为参与是需要以制度来解决的官僚问题，而非一个受限于复杂的政治、文化和认识论问题的过程。实际上，我们可以将参与这一矫饰的语言视为一种策略，其目的是对付日益增长的农民动员的热情。这种情况在哥伦比亚非常明显，农民的诉求和战斗精神在 20 世纪 60 年代末 70 年代初都空前高涨（Zamocs 1986）。

但 20 世纪 80 年代末，在政府承诺的全面分权计划的鼓励下，在 DRI 等政策中为促进农民参与而进行的空间开放开始产生一些相关的社会过程。尤其是，在村级、市级和地区层面的社区组织力量，联合推动了社区自我管理的发展计划，产生了规划人员所说的组织上的开放性，使农民得以参与规划中具体项目的问题诊断、设计和资源分配过程，这一点具有重要的意义。理论上，在 DRI 三期中，市一级和受益社区构成了农村发展规划的基本单位（DNP/UEA 1988）。但显然，政府对国家机器进行分权并非为了促进乡村和区域自治，据法哈多、埃拉苏里斯和巴尔卡萨尔（Fajardo，Errázuriz and Balcázar）的研究，是为了为"资本开放新的空间，是解决财政危机的一条途径，它创造了新的条件来管理由发展方式本身带来的社会和政治冲突"（1991，240）。

由于宏观经济、制度以及民众的压力，政府启动了分权化的进程。这一进程通过 1991 年的宪法改革得到延展。此次改革设想了史无前例的地方、区域和文化自治，这不是完全出于收编（co-optation）的考虑。确实，它提出一个复杂问题，即对 PAN 和 DRI 等政策的评价，以及对发展项目和发展战略真正效果的总体评价。这两种评价所依赖和激发的社会、经济和文化过程，远远超出政府所预期的范围和理性。下面讨论这个问题，以总结我关于发展如何开展的分析。

评估的实践：专家知识与关于社会变迁本质的争论

如果说诸如 PAN 和 DRI 之类的战略即使按它们自身的方式、针对自身的目标也很难评估其效果，那么发展干预还有另一个方面难以评估，并鲜有人触及，即 PAN 和 DRI 这样的战略究竟是干什么的？当它们进入一个既定的社会环境时，发生了什么？它们如何抢占社会空间，启动了怎样的过程（如改变了敏感性，转变了人们看问题和生活的方式，改变了事物彼此关联的方式）？总而言之，这些政治技术在多大程度上创造了社会与文化？

我们应该在多个层面提出这些问题并加以解答。正如我们即将看到的，DRI 规划人员早年从资金投入、产量的增加等方面直接评估项目的成绩，现已转变为更具挑战性的对这些战略本质和合理性的自我反思。对于有关公共政策工具的具体争论，我们应该细加思量，唯有如此，这个问题才更有意义，即 DRI 究竟是什么？然而，分析并不应该就此止步。对于现代性的历史与文化背景下的话语和权力孕育出来的发展战略，我们还应从另一个层面反思其社会和文化生产力。让我们从第二个角度开始讨论。

发展项目的工具—效应

詹姆斯·弗格森（James Ferguson 1990, 251-277）在对莱索托发展机器的研究中，再次讨论了福柯关于政治技术（如监狱）的

"工具—效应"（instrument-effect）问题，在我们的讨论中，即农村发展的工具—效应问题。弗格森的基本观点是，即便莱索托的农村发展项目大部分失败了，它们的副作用，或者更确切地说，它们的工具—效应，对项目社区也有着深远的影响。就像福柯谈到的监狱——在实现改造犯人这一明确的目标上是失败的，却成功地生产了一个规范化的、规训的社会（normalized, disciplined society）——发展机器也呈现出显著的生产力：它不仅进一步稳固了国家的地位，而且将它应当解决的贫困问题去政治化了。

> 对于一个"发展"项目而言，最重要的或许并非它没做到什么，而是它做了什么……那么，"工具—效应"就体现在两个方面：一方面是扩张国家官僚权力的制度效应，另一方面是将贫困和国家去政治化后在思想上或意识形态上产生的效应……如果一个"发展"项目的"工具—效应"最终形成了某种战略性一致或清晰的整体，那这就是反政治机器（anti-politics machine）。（Ferguson 1990, 256）

在文化上和政治上，政府各种服务的提供并非如此单纯与天真。弗格森认为，政府提供的服务是"为统治服务"的（253）。在分析马来西亚农村发展项目时，王爱华（Aihwa Ong）展示了与DRI类似的战略所产生的更为深远的影响。她大胆指出，这些战略中最危险的是纯粹的生物政治学（biopolitics），即调节多种问题的一套政策，如健康、营养、计划生育、教育等。这些政策不但不可避免地引入一些既定的概念（包括食品、身体等），而且带来一种特定的社会自身秩序的安排。"在一些特定领域，如社会福利、性和教育领域，马来村民的每日生活正在被新概念、新语言和新程序重构。"（Ong 1987, 55）在 19 世纪的欧洲，生物政治学的表现形式为社会干预，这在第二章已经间接提及。在一些重要方面，在第三世界，发展的生物政治学不断运用现代性，使政府越来越多地介入社会生活。让我们来看看哥伦比亚的 DRI 战略是如何起到这样的作用的。

之前已经提到，DRI 给农民安排了一套统筹良好的综合项目，以将他们转变成为理性的、具有商业头脑的企业家。共有 13 个（这一数字在 DRI 二期时有所增加）不同部门为项目农民服务，它们分别负责不同的方面：信贷、技术支持、自然资源管理、健康、教育、组织管理技能、妇女、经营和卫生。新的实践方法也被引入：DRI 和其他机构利用综合农场管理方法，使农民接受并严格遵循一套规定；还准备了技术记录表（ficha técnica），包含家庭生活、生产和健康方面的详细信息；另外还有个性化扶助，这个也许需要大多数参与部门的密切协作。农民从来没有被权力如此凝视（gaze）过。

DRI 的农场系统（farm system）概念（Cobos and Góngora 1977）是一个规范化（normalizing）的机制：农民必须采纳一个"技术包"（良种、除草剂、虫害化学控制），专门种植某些作物品种（在一个亚区域通常不超过三种，一般为一种或两种），遵守严格的田间安排规则，遵守预定的耕作程序，准备详细的生产计划，定期进行记录并组织农产品销售。这些方法与很多地区农民过去所熟悉的方法大相径庭，后者使用有机肥料和虫害的生物控制方法，并不专门种植某几个作物品种（传统方式的耕种是经济作物、粮食作物和果树的混合种植，并放养小型家畜），生产主要是为了自己消费，相对于家庭劳动力的使用，农场资源的使用（例如，使用动物粪肥和树叶堆肥）更为集约。针对哥伦比亚（Taussig 1978；Reinhardt 1988）以及其他地方（Richards 1984；Carney and Watts 1991）发表的一些研究成果证实了这一变化。莱因哈特对哥伦比亚一个农民社区进行的深入研究指出，DRI 的农民不得不越来越多地遵循资本主义的生产规则，并通过运用相关行为和技术优势来努力掌握这些新的操作方法。

罗斯玛丽·加利（Rosemary Galli）在对哥伦比亚项目的研究

中，对 DRI 的这一方面进行了总结：

> DRI 的农民被来自不同部门的技术员和咨询专家包围着。他们一般通过当地委员会进行沟通；但是，对于来自哥伦比亚农业研究所（ICA）、全国职业学习服务社（SENA）、农业银行（Caja Agraria）和哥伦比亚全国农业合作总社（CECO-RA）的技术员和咨询专家来说，他们直接沟通。每个 DRI 家庭成员都受到特别的关照，因为他们均被认为在村庄中有成为技术领袖的潜力。然而这种沟通仅仅停留在表面，如农业研究所细致入微地记录每个家庭的生活情况，而这些家庭并不知道 DRI 会据此设计出提高家庭生活质量的项目。所谓的记录表（ficha），是居住环境改善人员通过直接观察填写的；而表里包括每周摄入蛋白质量、衣着种类、家庭疾病、卫生和娱乐方式等信息。记录表是这个项目家长式作风的写照。(1981，68)

虽然我们有理由怀疑这些做法的效果，但我们有必要认识到，在某种程度上，一种对家庭的监管（policing of family）（Donzelot 1979）正在进行。实际上，它与家长式作风无关，而更像是一种权力效应，因为将当地情境转化为机构术语是制度运作必不可少的条件。加利也在怀疑农民从项目中受益，是否只是给贫困"这颗苦药加了一层糖衣"。除了带来收入和产量的增加，DRI 也引进了社会生产和社会控制的新机制。DRI 并不只关注农民，它也关注无产者和半无产者的产生，关注小农生产与商品农业的联结，以及整个农业部门与其他经济部门，尤其是外汇创收部门的联结。然而，我们也必须承认，当贫困这颗苦药已经如此苦涩，通自来水、建卫生站等措施也许真的能改善人们的生活条件。我们认可这一点，但也必须认识到这些变化闯入权力和反抗的情景之中。

类似的，农村发展不能被简单地看作将社会分化为两个阶级的工具。它创造了文化和社会分层的谱系，并在此基础上进行操作。与农民高度异质性的现实形成鲜明对比的是，DRI 式的干预试图通过强加的特定操作来创造相对同质的分层。即便是将人们按照无产者、半无产者、小农和资本主义农场主来划分，也是对现实的简化操作。当这样的社会分层发生变化时，其他权力配置（power configuration）也发生了变化，包括亲属关系、性别关系和文化关系。现有的劳动分工的转变带来了个体发展的新趋势，也使新的抗争形式开始出现。

最后，必须强调官僚控制是开展发展工作的重要部分。农村发展是一种官僚政治，它致力于管理并转变对农村生活的认识和组织方式。类似于 FNPP，DRI 作为一种生产技术，正是通过自身的作用将某些社会存在（资本、技术和资源）以特定方式联系起来，并再生产了存在已久的文化产物（cultural fabrication）（如市场），再分配了对人、可见性（visibility）和社会关系影响巨大的各种力量。发展所组织起来的各种要素，促进了对劳动力的规训、对剩余价值的榨取和对思想观念的重新定位。下一章我们将看到，这些战略必将回避农民富有文化基础的思想。除经济目标之外，世界银行式的综合农村发展寻求的是对农村生活的根本性的文化转变。

在如同 PAN 和 DRI 的案例中，发展话语的应用所具有的工具—效应并不意味着任何阴谋；相反，它是某种特定话语组织与安排（economy of discourses）的结果。这种话语的组织与安排使综合农村发展这样的项目干预在全球具有高度的一致性；这些战略依赖于一个相对无分化且与环境无涉的独立的（context independent）知识和技术体系；它们是相对标准化话语实践的一部分，即一种"发展语言"（devspeak）和"发展思维"（devthink）；总的来说，它们产生了相似的结果，尤其是在政府对社会生活的干预方面（Ferguson 1990，258–260）。从某些方面说，哥伦比亚是这种动态变化的典型案例。然而，哥伦比亚案例中有一个方面在发展领域鲜有分析，那就是国内规划师、知识分子和各类专家对这些发展政策有着激烈的讨论。这类讨论表明，需要通过认真考察规划师在战略调整和重塑过程中的参与来描述这种发展遭遇。

从文档现实到政策改革的政治学

正如 20 世纪 60 年代的农业改革项目一样，PAN 尤其是 DRI 的实施引起哥伦比亚整个国家知识界与政策制定圈的热议。或许说成一个圈子并不恰当，因为其中有各种视角的百家争鸣；但是针对 DRI 的本质与实施的讨论确实形成了某种特定的话语圈或称为话语社群（discursive community），这种情况比农业改革项目更为明显，因为对后者的讨论使人们分裂为坚持截然相反的政治路线的两派。事实上，不同政治信仰和认识论派系的规划师和知识分子在共同的空间里传播信息并不少见。DRI 国家规划办公室非常有效地引导了有关"农民问题"及其与国家关系的讨论，而农民问题在哥伦比亚具有丰富且悠久的历史，特别是在学术和政治运动方面。这些讨论在一系列全国性和国际性的总结庆祝会议上得到进一步的推进。这些会议与会者甚众，包括规划人员、政府人员，以及保守主义、自由主义和反对派的学者[34]，还包括来自国内多所大学的、参与过项目评估的学者。

让我们谨记，制度性实践依赖于多萝西·史密斯所说的文档现实（documentary reality）的创造。规划人员的实践实质上与精巧的文档制作密切相关。这一点在国家层面尤为如此，以 PAN 和 DRI 为例，不论过去还是现在，文档的准备、撰写和更新都一直占据规划人员一天工作的大部分。虽然已经建立起来的分类类别和专业话语一般会通过这些文档过程再生产，但有些盘踞已久、地位稳固的类别和话语会被缓慢而微妙地取代。很快我们将看到，这个过程并非无关痛痒。

在继续讨论这个问题之前，我应该先谈一下规划人员。在第一阶段（1976~1981 年），PAN 有 60~70 名高素质工作人员，男女比例近乎均衡，而 DRI 拥有大约 90 名工作人员（不包括参与项目的实施机构的人员）；大约半数工作人员在位于波哥大的总部工作，另一半在区域办公室。我们来看一下 PAN 的一位高层规划师如何看待她和同事的工作：

> 虽然计划最初是由经济学家设计的，但是实施它却涉及多个专业。1976 年以来，教师、传播专家、医师、营养学家、行政管理者、人类学家、社会学家和农学家都加入了 PAN。他们工作努力且干劲十足，都抱着为这个国家及其最贫穷的人口做有意义的事之幻想。但是，只有经过坚持不懈的长期努力，使该计划得到充分扩展，使之真正成为支持哥伦比亚大多数贫困人口的源泉，这样的幻想才能变为现实。然而，保守的政治家对 PAN 非常警惕，有时将 PAN 的技术观点当作一种舶来的技术统治论（technocratic perspective）。除非确实需要保证预算得到批准，否则没有地方官员会表扬 PAN。（Uribe 1986，58）

以上观点与我的观察是一致的：PAN 与 DRI 的规划人员"工作努力且干劲十足"，尽管他们的政治意识水平参差不齐，有的对于国家干预的理性的认识天真幼稚，有的则深谙此道，心存嘲讽。政治家认为 PAN 是一种"舶来的技术统治论"，这并不稀奇。不管国家规划师的作用如何，这一点都体现在计划设计中。国家规划署本身就以高度的技术统治论而知名，它对哥伦比亚发展的影响是显而易见的。但大多数专业人士心知肚明，几乎所有战略的生命周期都很短，很少超过 4 年，即一届总统的任职期（在这一方面，DRI 持续到今天是一个例外）。如果一味期待长期效应，那就如同因项目失败而指责政客一般，同样回避了政策实践的条件限制。

或许正是在世界银行代表团访问之前和访问期间，PAN 与

DRI 规划师的工作伦理才变得清晰起来。人们也许不愿意承认，哥伦比亚规划师勤奋与称职的工作也惠及了世界银行。世界银行通过这种机制推广了自己的蓝图，积累了符号资本，这些的确清楚地发生了。有了这一认识，很多规划师必然会产生这样一种考虑，即如果条件允许，他们会重新调整自己的工作，以使其更具有政治色彩。实际上，一些规划师，不论是男性还是女性，在离开国家规划署之后就迈出了这一步，回到大学、研究中心或激进主义组织工作。

围绕发展知识生产、传播和利用的微观政治仍然不被人所知晓。从某种程度上说，人们必须把与发展机器如影随形的工具—效应和权力扩散作为一个完整的问题来思考。但我们不能认为二者是同时发生的，因为类似 DRI 的政策多年间所经历的变化必须得到解释。DRI 所采取的战略被修改、撤销或扩展。在此方面，第三世界的规划师展露出伟大的创造性，这也取决于多种因素，包括干预（以及他们的工作）的稳定性和持久性。PAN 和 DRI 的部分内容是由拉丁美洲或第三世界其他国家精心思考后设计出来的——通过之前提到的 20 世纪 60 年代和 70 年代的试点项目——后来被世界银行和其他组织吸纳、稍作调整并标准化。初级卫生保健战略尤为如此。

毋庸置疑，上述过程在不断发生，但如果将之视为纯粹的剽窃太过简单；而如果将知识过程纯粹看作为了第一世界的利益而将发展战略强加于第三世界，同样把复杂的问题简单化了。知识在某处（中心）产生又在别处（边缘）应用的习惯性观点必须有所改变。克利福德（Clifford 1989）认为，在当今世界，理论的产生和应用在一个不连续的领域展开，伴随着一个不间断的在不同方向借用理论和论争理论的复杂过程。显然，在发展机器方面，理论与理论家都在不连续的社会领域和认识论领域中游走。但与此同时，也存在明显的权力中心和系统的工具—效应，这不容忽略。

让我们简要总结一下 DRI 的学习过程与我们关于话语政治的

讨论之间的相关性。在第一期项目中，哥伦比亚学者开展的项目内部评估或外部独立评估研究发现了参差不齐的结果：有些地区的项目相对来说非常成功，而另外一些地方没有或几乎没有成功[35]。这个结果直接导致了前面已经讨论过的 DRI 二期的政策调整：重点放在那些有适当数量且符合特定标准（以生产潜力衡量）的农民聚集的地区，并解决某些瓶颈问题，尤其是经营和营销问题。后来的评估将项目某部分的失败与结构性制约因素联系起来，如资本和土地规模不足、对技术包的理解不深入、无产阶级化的压力大、对土壤的剥夺增多、与市场的联系不稳定等。随着评估的复杂性增加，项目的构思和目标定位也越来越谨慎。

总之，在 20 世纪 80 年代，由于小农经济在地区、文化和历史方面的异质性，项目整体及其不同部分的执行情况存在巨大差异，因此需要在政策和项目设计方面更加灵活。我们根据区域分异（regional differentiation）的机制对不同区域进行划分，可以得出四种主要类型，分别是：（1）以传统小农经济为主的区域；（2）以大面积粗放经营的牛场为主的区域；（3）以资本主义农业快速渗透为特征的区域；（4）近代殖民化区域。在第一种区域，项目的效果最为明显；在第二种区域，项目的效果相对明显（主要是因为对获得土地有严格的限制）；在资本主义农业占统治地位的区域，该项目总体上对小农是有害而无益的；第四种区域中没有 DRI 项目。

在上述区域中，更多农民体现出更为显著的变化：生产呈专业化趋势，即用以高利润为特征、以提高生产率和收入为目标的作物替代传统的作物[36]；采用技术创新，尽管并不总是由管理机构推行的、一般为资本密集型和能源密集型的技术；因获得信贷资金而生产能力增强；农场生产利用了更多的家庭劳动力；通过小农作物的商品化获得更高利润；与市场的联系增强。

这些变化在多大程度上促成农民接受资本主义的理性还是一个未决问题，它需要一种目前尚未出现的民族志式的实地研究。

这种研究与古德曼和里维拉（Gudeman and Rivera 1990）所做的类似，但必须在项目的情景中进行明确的构想。有些观察家认为哥伦比亚安第斯山区的小农生产和资本主义生产仍然有着很大的区别。小农生产的目标仍然是农场的生计与再生产，这与之前提到的古德曼和里维拉的研究一致。但是，这并不意味着农民在某些情况下对集约化生产或生产剩余产品毫无兴趣。正如 DRI 评估发现的，他们绝对是有兴趣的，尽管在采用新方法和资源的分配中维持家庭农场的逻辑仍是主要特征。在这个方面，农民极其现实，他们不断尝试，在试错中前进。我在下一章会讨论这些变化对农民文化的意义。

　　如前所述，关于小农阶级（peasantry）本质的讨论，催生了一个联系松散的话语或认识论社群。在此社群中，不同专业、不同意识形态和不同政治派别的人们分享观点和经验，并展开讨论。尽管新古典主义经济学家在 DNP 中占据主流，但这场讨论绝不仅仅局限于新古典主义领域[37]。即便是在新古典主义范式下工作的许多社会科学家，也采取了一种折中主义，这使他们能和受马克思主义影响的政治经济学家进行对话[38]。这场富有意义的对话激发了一个重要的学习过程，并转化为政治讨论、学术研究以及对其他方式的干预活动的具体建议。这一学习过程的最好成果反映在人类学家和历史学家达里奥·法哈多（Darío Fajardo）的研究中。他原本任教于波哥大的国立大学，自 20 世纪 70 年代后期开始领导 PAN 评估部的工作。几年以后，即 20 世纪 80 年代中期，他又回到大学（在哥伦比亚的规划与学术圈内，这种流动并不罕见）。20世纪 90 年代初，他开始领导一个生态基金会，同时没有完全断绝与大学、社会运动以及政府之间的联系。先是一个局内人，后又作为批判学者，法哈多不断对 DRI 和农民问题进行反思（Fajardo 1983,1984，1987；Fajardo, ed. 1991；Fajardo, Errázuriz, and Balcázar 1991），并将有关资本、政府与小农经济之间关系的讨论推进到一个更高的层次，而这种讨论的深度是 20 世纪 70 年代综合农村发展话语无法预料到的。

法哈多的许多研究主题明显涉及政府政策的目标。首先，他强调哥伦比亚的大多数农民和农村劳动力仍然很穷，屈从于"落后的支配关系"；这些支配关系阻碍了小农经济的现代化过程。而政府的努力（如 DRI）对这种态势的改变并不明显，因为大多数以农业政策为名的财政、技术和知识资源仍投向现代资本主义部门。政府的这种模棱两可的态度——一面承诺发展农村（这种承诺也值得质疑），一面使农村发展政策屈从于商业农业的需求——可以解释为什么 DRI 的成果是不平衡的、减弱的。确实，农业政策基本上有损于农民的利益。在政治上，DRI 试图在不触及该国依然存在且严重扭曲的土地权属制度情况下改善农民的生活与生产条件[⑧]；或者，用世界银行的话语来说，问题在于农民被排除在市场与政府政策之外，而非被市场和政府剥削，法哈多相信这后者才是事实。

让我们继续探讨法哈多的分析，这种似乎有点精神分裂的局面与 DRI 对外部贷款的依赖、政府社会政策从属于宏观经济政策有关，也与这两个因素对农业部门尤其是小农业部门资源分配的影响有关。尽管政府最近进行了分权，但是政府政策并没有能够控制资本主义生产部门，也没能连接区域经济的不同部分，更没能减缓资本主义部门从小农经济以及城市工业部门从整个农业部门汲取剩余的进程。因此，对于一个新的、真正以农民为中心的发展而言，以下任务至关重要：（1）一次新的农业改革，"因为没有土地，就不可能实现 DRI"（Fajardo 1987，220）；（2）更明确的组织和参与过程，这样社区才能自己确定区域发展的目标以及实施的方式；（3）一项技术研究与技术开发的政策，用来支持小农自主的生产系统；（4）根据小农经济的逻辑，为信贷、经营和农业综合改革项目提供更多实质性资源。

这些建议需要一个农民自主的发展战略，这与我们已经讨论过的阿明提出的建议并无差异，这一战略应该由农民社区通过参与规划的全过程而自己提出来。这将使农民在与国家及资本主义部门间的关系中获得极为重要的影响力。即便小农经济不得不与其他重要的区域或城市部门发生关联，小农也可以借此向有利于自己的方向调整社会生产关系。用另一位分析家的话来说，采用这一策略来看待农民阶级时，考虑的将是他们能做什么，而不是他们欠缺什么，即农民阶级本身就是一个社会行动者；因此在建立新的游戏规则时，必须对农民有足够的尊重，并满足农民的需求（Bejarano 1987）。所有这些都意味着要加强农民组织，从而使农民得以创造空间，改变现有的权力平衡。

对发展机器所施加的去政治化和官僚主义化压力，这些建议有缓冲作用。它们为农民维护自己的经济系统和生活方式的斗争开辟了空间。法哈多以及其他学者——可能人们会沿用福柯的话（1980c），将他们称为特殊知识分子（specific intellectual）——展望到这些变化将带来重大的影响，这些影响不容忽视，即便从原则上来看这些建议与 DRI 一样具有现代性。这些变化可能会导致新的斗争和对发展机器的破坏，这将推动对农民世界的认可和肯定。实际上，这些建议是根据明确的政治准则提出的；其中一些似乎慢慢融入了 DRI 的体系，并产生了社会过程，而其结果难以预期。如此一来，即便是现在打着综合农村发展旗号的事物，也不是 20 世纪 70 年代中期世界银行在整个第三世界推行的那一套了。但目前还缺少令人满意的对这种差异的理论解释。

这些建议并没有明确地挑战发展话语的基本原则。特别是它接受了关于"农民阶级"的相对习惯性的看法，而这种看法是有问题的。在下一章介绍所有关于农村发展的讨论中所缺失的文化分析时，我也会提及这一点。另一位与 DRI 有关联的批判性学者亚历杭德罗·桑斯·德圣玛丽亚（Alejandro Sanz de Santamaría）的研究中隐约涉及了这种分析，他曾与 DRI 签约，带领由大学研究人员组成的一个小组在一个地区对项目的实施进行了评估。

该研究者在研究（Sanz de Santamaría 1987；Sanz de Santamaría

and Fonseca 1985）中提出的最重要的论点之一是，任何常规评估过程都依赖于将知识生产者（研究者）、知识使用者（DRI 规划师）和被调查社区在空间和时间上分割开来；这种分割剥夺了形成政策建议的土壤——合理的知识生产，更不用说有关社区的知识生产了。常规的评估必须用社会科学的框架从当地的现实中提炼出结果，在选择解释框架上也非常武断，这都使它有了"为他者代言（speaking for others）的无礼之举"[40]。必须以农民的自我理解为起点，然后建立一套包括农民、DRI 工作人员和研究者在内的沟通系统，这样得到的知识才有用。这一方面需要对知识生产、传播和使用进行整合，另一方面需要把当地社区逐渐建构成为一个集体行动的主体。桑斯·德圣玛丽亚将这一政治课题视为使发展政策发生根本转变的不可或缺的一部分，该课题揭露了常规知识生产过程中根深蒂固的极权主义特征。他在研究中提出的一些具体建议得到 DRI 的某种回应，尽管本土精英对这种政治进程反应激烈，但这似乎也让我们看到一丝曙光，不过，本土精英的激烈反应也说明该进程还存在很多困难[41]。

至此，我们完成了一个完整的讨论。我从讨论制度的一些特征开始，这些制度貌似理性、中立，实际仍是现代世界权力实践的一部分。发展机器不可避免地依赖于这些实践，从而实现了对第三世界人民（如哥伦比亚农民）的统治。在第三章末尾，以及在本章末尾，我提出文化政治学的必要性，它建立在本地义化之上，在战略上与区域、国家和国际政治经济形势相啮合，致力于使第三世界群体得到认可，并取代发展的幻想。在本章，我尝试性地总结了推进这一文化肯定的政治事业的一条途径，即在现有项目（如 DRI）内部释放空间，或抛开它们创造空间。但是这种空间扩展的追求必须从发展机器对文化的强制及其工具效应入手，这样才可占据有利位置，而不应仅仅囿于目前的政治经济学视角。唯有如此，相异的战略才能有更清晰的生存机会。

格劳贝尔·罗查在他 1965 年发表的政治艺术宣言《饥饿的美

学》（*An Aesthetics of Hunger*）中，写下了这样一段充满愤怒的文字：

> 当拉丁美洲为它的苦难而悲痛时，国外旁观者却正在玩味它的苦难。他们不是把这种苦难当作一种悲惨的表征，而纯粹当作他们兴趣爱好的美学对象……我们（新电影运动的电影制作人）能够体味到欧洲人和大多数巴西人所不能理解的饥饿……我们知道——因为是我们制作了这些悲伤的、可怕的电影，这些触目惊心、极度绝望的电影，电影里的一切并不总是理性主导的——平庸的政府改革对饥饿无能为力，彩色胶片也无法掩饰饥饿，反而恶化了饥饿之瘤。所以，只有一种饥饿的文化能通过弱化文化本身的结构在性质上超越自己，对饥饿的最庄重的文化宣言就是暴力。（Rocha 1982，70）

正如迈克尔·陶西格（Michael Taussig 1987，35）所言，"在那些被代表的民众之中，会有人来推翻这一代表制度"。而在绝大多数关于南美原住民的描述中，缺少他们自己的叙事，对此他继续评论道，"这是人类学的最大奇想，简直是它的巅峰，真是救赎的时刻，即将印第安人的'声音'从晦涩不明的痛苦和时代中拯救回来！"（135）

这意味着，正如我们必须避免在农村发展的话语中简单地将农民的声音排除在外一样，我们也必须避免这种"为他者代言"的奇想，甚至可能是陶西格所指出的去援救他们发声的奇想。暴力是饥饿的文化宣言，不仅在饥饿的物质层面如此，在饥饿表征的暴力层面也是如此。发展话语将饥饿的表征变成了饱食终日的人赏玩的形象与情感，如新电影运动的艺术家们所指出的，这是一种野蛮而残忍的行为。福柯提醒我们，这种对饥饿的赏玩和消费是现代性的一种特征（Foucault 1975，84）（"把某些人的疾病变成了其他人的经验"）。但是制造这种暴力的表征体制并不会轻而易举地被铲除，下一章将讨论这个问题。

第五章
权力与可见性：农民、妇女与环境的故事

　　某些机构倾向于将那些纯粹是在西方历史进程中出现的制度、问题和解决办法照搬到非洲，对此我们只能表示悲哀。那些致力于改善妇女权益的组织往往想当然地在非洲推广与西方完全一样的活动，而如此一来，就将我们完全同化到欧洲的思维和历史经验之中。几乎所有关于非洲妇女的著作，都将她们当作微不足道的群体。

　　　　　　——《"非洲传统妇女的文明"会议文集》（科特迪

　　　　　　瓦，阿比让），转引自《妇女、本土与他者》，

　　　　　　　　　　　　　　　　郑明河（Trinh 1989）

话语和视觉性

　　传统的分析将发展的历史视为理论与观点的演变，或是略有效果的连续不断的干预行动。对于政治经济学家而言，同样的历史反映了不同意识形态对资本积累和流通中所谓的深层矛盾的回应。这一历史也能够从话语体制的变化和转变中得以体现，尽管

行文至此依然可以看出，这些变化受到那些与政治经济、知识传统和统治制度密切相关的话语实践的限定。

在第二章中，我论述了发展话语是一套受规则支配的系统，它由一系列陈述构成，这些陈述是话语实践持续不断地进行再生产的结果，无论话语实践是指工业化和农业，还是农民、妇女和环境。尽管话语实践确实大体上未发生改变，但是发展的话语形构本身发生了重大变化。这些变化意味着什么？特别要考虑到它们为各种转变创造了条件，这些转变或许能将我们带入其他话语秩序之中。新的探索与干预领域不断扩张，而这是否应该仅仅被理解为（发展）话语又征服了新的领域？即便如此，这一过程是否不可避免地带来为推动其他文化而进行的斗争与抵抗？

例如，专家们认为综合农村发展这一战略能矫正绿色革命的偏差。那么一种新的客户类型（小农）的融入是否以某种重要的方式改变了发展话语？专家如何描述农民？这为他们带来了怎样的后果？这种特殊的表征将整个农民阶级"打包"送给了发展机器，而这值得我们仔细审视。农民阶级这一新的客户群体首先被完整地创造出来，发展机器将其作为新的对象，置于自己有效的技术化凝视（technologizing gaze）之下。20 世纪 70 年代晚期至今，一个更大的客户群体，即妇女，也被带入了发展的视野。"妇女参与发展"（WID）的话语因而占据了显著位置。20 世纪 80 年代，这种客体化的凝视（objectifying gaze）从人的身上转到自然——或说环境——之上，催生了如今著名（或声誉不佳）的可持续发展的话语。

本章将追踪描述发展的凝视（development gaze）在这三类社会行动者所属领域之间的转变。在这一凝视下，农民、妇女和环境成了展览品。让我们记住：机构是抽象的机器，它将陈述与可见性、可见的内容与可以表达的内容联系在一起（Deleuze 1988）。正如我们将看到的，现代性引入了一个视觉的客体化体制（objectifying regime of visuality），即所谓的视觉体制（scopic regime）（Jay

1988），这一体制决定了人们认识和理解农民、妇女以及环境的方式。新的客户类别被纳入不同框架，走进公众的视野，成为展览品。农民、妇女和环境的"发展化"在三个不同领域以相似的方式展开，这反映了话语规则在起作用。然而，新话语的产生并不是一个单向的过程，它或许会创造条件，引发抵制。从农民、女性主义者和环保主义者的话语中，我们可以发现一些迹象；新的视觉与知识的实践也反映了这一点，即使这些抵制是在发展话语模式内部发生的。

为什么要强调视觉？全景敞视（panoptic gaze），这一短语指在瞭望塔中的哨兵能够盯住监狱中所有的囚犯而不被人察觉，它已经变成社会控制机器的同义词。视觉的作用则远远超出控制技术的范畴，包含许多为社会生产服务的现代手段。大约两个世纪之前，"词与物之间的新联盟形成了，使人们能够看见和说出来"（Foucault 1975，xii）。这一联盟标志了科学本身的诞生。当有经验的临床医师解剖尸体，第一次"真正看到"人体内部，这一联盟就被激活了。至今仍然鲜活的视觉体制发端于对病理症状的空间化与语言表现（verbalization）。从 19 世纪医学用显微镜和照相机来分析生物组织，到卫星监视、超声波扫描和航天摄影，视觉的重要性只增不减：

> 眼睛具有曲解事物的能力——它在科学的历史中将军国主义、资本主义、殖民主义和男性至上主义打磨得完美无缺——为了不受约束的权力，它使那些认知主体（knowing subject）远离了一切的人和事……可视化技术（visualization technology）无限发展……在这场技术盛宴中，视觉变得贪婪而无节制；这一切似乎不仅是上帝"可以不从任何地方就能看到任何事物"（seeing everything from nowhere）的神话般的诡计，还将这一神话带入日常实践之中。（Haraway 1988，581）

与隐喻的方式相比，有关可视化技术的断言更适合于描述话语政治。将人们带入某种话语之中，也意味着将人们置于某种视觉范围，发展正是如此。这也是运用了上帝"可以不从任何地方就能看到任何事物"的诡计。正如我们即将看到，这一断言很好地描述了世界银行的工作风格。发展话语将人们定位在一定的控制坐标上，其目的不仅是驯服一个个个体，还包括将人们的生活环境转变为一个高产的、标准化的社会环境，简言之，即创造出现代性来。下面我们要详细考察这究竟意味着什么，它是如何实现的，要实现可见性的转变需要什么。

发现了"小农"：从绿色革命帝国主义到 农村发展民粹主义

勾勒可见性

在 DRI 早期的一篇备受关注的关于传统或小生产部门的技术论文中，我们发现了关于项目对各类农民潜在影响的论述：

> 无论是通过产品、投入、劳动力还是资本（尤其是贷款），小生产单位与市场的连接都促进了小生产部门的内在组织及其在国民经济中的位置的不断变化……可能会发生两种情况：（1）小生产者在生产过程中使用技术，这将使他成为农业企业家；（2）小生产者对这种层次的竞争尚未准备好，这样他将被踢出市场，甚至可能被踢出生产领域。（DNP/DRI 1979，47）

换言之，成王败寇，要么生产，要么消亡。只有那些成功地"成为小企业家"的农民才能够生存下来，这是在 DRI 中经常提到的转变。这些论述与 DRI 的总体目标是一致的，即让传统部门理性地嵌入市场经济，以提高其产量和收入。在下面的内容中我们也会看到，这些论述在世界银行的农村发展理论中也很明显。

在某些情况下，项目并没有完全实现这些目标。DRI 二期即将开始时，它的一项很有影响的评估研究解释说，这是"因为结构性因素，例如无法保证可以获得土地、土壤质量低下及农村社区对市场的强烈抵制"。评估报告中继续写道，"我们已经表明了，DRI 并不旨在为这类问题提供解决办法"。总之，"DRI 作为农村发展战略，只有在处理以下问题时，才能彰显其效力：缺乏生产资金；缺乏生产技能；生产方式落后；缺少社区组织；基础设施不足，尤其是道路"（DNP/UEA 1982a，10）。

我们要讨论的是在传统和现代二元结构下可见性的再组织和再分配问题。这种二元结构在最初的发展蓝图中就已经存在；然而当时主要行动者的观察角度全然不同：在小农的生产潜力被发现之前，农民在发展话语中是面目模糊不清的同质群体，而且会带来麻烦；他们是一部分无组织的"过剩人口"，终有一天会被勃兴的城市经济吸纳。一方面，农民进入人们的视野，表达自己的不满，当他们的声音逐渐可闻时，各种势力的策略性改组随之发生。另一方面，农民开始冲击城市，成千上万流入城市的农村劳动力向城市提出新的需求，随之而来的是农村不再能够生产出足够的粮食。话语的活力（话语的"机械性"过程）支配了可见性的重组，将国家支持、国际机构、阶级冲突、现有的粮食政治等联系起来，形成一个新的战略：综合农村发展（IRD）。

不出意料，这一战略对农民的表征曾经也必然一直会是经济主义的。20 世纪 60 年代中期以来，研究小农的经济学家一直在强调，对于那些在过去几十年里被他们冷落忽视的落后农民，如果有人提供必要的条件，那么他们也会成为优秀的、像样的资本主义农场主。在经济人类学家的帮助下，经济学家惊喜地发现，农民的行为也是理性的；在有限的条件下，他们会优化选择、降低风险并有效地利用资源。这就需要"进行人力资源的投资"

（Schultz 1964）。这些概念被带入农村发展战略之中；如此一来，假如农民没有像理论上所预言的那样成功，他们就会被解释为无力对项目的投入做出充分的回应。我们偶尔也会发现 DRI 的评估文件提到农民"反对为市场进行生产"，但这些文件并没有对此做出更多的解释。

这样去看待农民，是与某些对粮食、农业、土地、发展和自然等的观点和看法密切联系在一起的。尽管在此我们不可能追溯它们之间的联系，但是有必要提及那些影响综合农村发展话语核心内容的因素。综合农村发展被认为是将绿色革命带给小农的一种途径，而且其许多概念源于绿色革命。让我们留意绿色革命的专家是如何构建他们的观点的，又是怎样传播它们的。对于绿色革命之父诺曼·博洛格（Norman Borlaug）来说，在"促进快速的经济和社会变革过程中……（绿色革命）激发了人们的热情，唤起了他们对美好生活的向往……这让几年前弥漫在这些国家整个社会中的绝望和冷漠的态度为之一变"。而且，

> 还唤醒了越来越多的需求，例如更多更好的学校，更舒适的住房，更多的货栈，乡村道路和交通条件的改善，更多的电能用于电动机、水井和房屋照明……随着整个国家活动的节奏持续加快……原本处于国家总体经济之外的生活在温饱线上的几百万农村人口，如今积极参与到经济活动之中。上百万的其他人也渴望加入这个行列。如果他们被剥夺了这次机会，那么新一波浪潮将导致越来越多的政治不稳定和政治动乱。（Bird 1984，5）

在刘易斯的二元经济论述中，我们已经了解到经济黑暗（economic darkness）这一比喻。博洛格又补充了社会黑暗（social darkness）、冷漠和绝望等内容，这些情绪无孔不入，只有当发展和进步骤然降临时才会消退。但首先要唤醒人们，让他们看到新的可

能；然后牵着他们的手，带他们走上激动人心的崭新道路。上百万人都渴望加入其中。这将是西方白人先行者的任务，即带领善良但落后的第三世界人民一起步入发展和进步的殿堂。否则，我们可能面临一个充满暴力的未来，（第三世界）人民也许会回到被边缘化的过去，向冷漠和绝望滑落——不要低估他们的野蛮状态。这种论述还提到"父亲、儿子和少年会隐隐受到女性主义的威胁，被卷入其中，又回到非理性的状态"①。另外，这些论述也涉及禁止市场经济以外的任何事物，特别是生计活动、当地的互惠与交换活动，而这些对于农民、妇女和原住民非常重要。最后，这些论述还涉及被广泛接受的关于进步的定义，但这一定义并不带有文化与历史的印记。

让我们来听听另一位倡导所谓绿色革命的人士——莱斯特·布朗（Lester Brown）[现为世界观察研究所（World Watch Institute）所长，该所每年都会发布关于世界现状（state of the world）的"真相"]的辩护：

> "绿色革命"已经……对许多国家上百万人口的幸福生活做出巨大贡献，由此佐证了一个事实：细致的评估、合理而科学的经济规划、持续不变的努力能够战胜长期病态的生产不足而逐渐带来快速的经济增长。这种成功的模式适用于任何地方，只要该地方合理地采用新改良的作物品种以及其他生产投入和促进措施。（引自 Bird 1984，7）

换言之，要想发生变化，就必须由西方专家悉心指导并采取前所未有的行动。因为第三世界的人们不但没有这些知识，而且长期处于病态；科学家就像慈善医生一样，为了治愈（社会的）病体而负有道义上的责任。而且，成功的模式对任何人都适用，这意味着任何国家只要响应新的救世主的召唤，就能得到救赎，而这种救赎只有现代科学技术才办得到。简言之，正如伊丽莎白·伯德（Elizabeth Bird）的简明叙述：

> （有关绿色革命文献）所传递的信息包括：第一，发展规划者对"发展中国家"的"人民"想要什么心知肚明；第二，他们想要的是"我们"所拥有的；第三，"他们"还没有发展到可以不计后果而纵情享受的地步；第四，遵守纪律、审慎和容忍是获得成功的几个必要条件。（1984，23）

有关绿色革命的文献充斥着关于科学、进步和经济的文化预设，人们能够从中洞悉作者的姿态，宛如父亲/救世主在无私地、纡尊降贵地与孩子/世人交谈。那些文献也充斥着诸多关于"妖魔"之危险的论述，尤其是"人口之魔"（population monster）、"饥饿幽灵"（spectre of hunger）以及"政治动乱"（political upheaval）。这种对小农的新偏见是否惊扰了用大量措施一次性解决所有问题的迷梦？它有没有以某种方式撼动嵌入绿色革命话语之中的普适原则？为了回答这些问题，我们可以从该话语的另一位奠基者开始谈起，即综合农村发展以及人类基本需求（basic human needs，BHN）战略之父，时任世界银行行长的罗伯特·麦克纳马拉。

1973 年 9 月，麦克纳马拉在其著名的内罗毕演讲中，阐述了综合农村发展战略的基本原则，这次演讲也发表在世界银行集团理事会的年度会议上。他讲到一个严重的问题：有 1 亿多个家庭因为拥有的土地面积太小、耕作条件太差，而无法对农业生产有太大的贡献。他提出了"问题"，但没有详细说明是谁的问题以及依据谁的标准。之后，他又谈到"我们要问的是，发展中国家要怎样做才能提高小农的生产力。他们怎样才能创造出那些促使少数试点地区和少数国家农业飞速发展的同等条件，从而在更大范围内刺激农业发展，并解决农村贫困的问题？"少数试点地区是指在墨西哥、哥伦比亚及其他一些地方首先开展综合农村发展项目的地区；"少数国家"是指日本，在某种程度上也包括中国。那么目标是什么呢？

> 我建议，目标定为提高小农的产量，即到 1985 年其产量
> 以每年 5% 的速度增长。如果这一目标实现，并且小农能够保
> 持这样的增长势头，那么从 1985 年到 20 世纪末，他们的年产
> 量将翻一番。显然，这是一个雄心勃勃的目标……但是，如
> 果日本小农在 1970 年就能使水稻的产量达到每公顷 6720 千
> 克，而非洲小农目前的产量只为每公顷 1270 千克，亚洲小农
> 为每公顷 1750 千克，拉丁美洲小农为每公顷 2060 千克，那么
> 他们都还有巨大的提高生产率的潜力。所以，我相信这一目
> 标是可以实现的。(McNamara 1975, 90, 91)

在这里，我们可以看出许多前面已经分析过的特征。例如，
以对自然和劳动的纯粹工具性理念为基础，运用了物理主义
(physicalist) 与或然性 (probabilistic) 话语；只依据统计计算来设
定目标，根本没有考虑与现实社会条件的关联；依赖于一种模式
(日本)，而无视任何历史的独特性。权威原则 (principle of author-
ity) 很清楚："我相信目标是可以实现的。"这时候"我"说出来
的话，代表了投资于发展的所有银行家。使权威原则得以成立，
会使权威更加强大，"无论是我们这些就职于世界银行的人还是其
他人，都不清楚如何将先进的技术和其他投入带给 1 亿多的小
农……但是我们所了解的，已足以让我们开始工作。我们承认必
须承担某些风险，因此，我们必须随机应变，必须进行试验。如
果某些试验失败，我们必须从中吸取教训，再开始新的征程"
(McNamara 1975, 91)。

如果世界银行不清楚答案，那么就没有人清楚了。然而，作
为世界银行，它能够承受一些风险，而且如果"某些试验失败"，
面对（第三世界人民）生活的困难，世界银行会谦恭地再重新开
始。这真是太轻松舒适了，尤其是如果我们考虑到并不是世界银

行要去承受失败的苦果，而是第三世界的人民要偿还贷款。这一定位使世界银行可以保留所有的选择权，而且它当然不会因为屡次失败而破产。但麦克纳马拉的演讲仅仅是对一个战略的宣告，这一战略要在随后的一系列"部门性政策文件"（sector policy paper）中得到清晰的阐述。而话语操作（discursive operation）首先要解释新战略的基本原理，我们可以从一份备受关注的部门性政策文件中看到：

> 大多数发展中国家以往的战略倾向于强调经济增长，而没有特别考虑经济增长的利益再分配方式……尽管从长远来看，农村人口不断增长，农村的经济发展依赖于现代部门和非农产业的扩张，但过于强调现代部门容易忽略农村地区的增长潜力。没有认识到这一点是农村增长缓慢与农村贫困增加的主要原因。（World Bank 1975，16）

在这一类的陈述中——总是没有主角——对以往那些被误导的战略，世界银行并不认为与己有关。世界银行所采取的回应不会有错：增长是正确之道，农村地区也还有增长潜力。此外，通过这一手段，世界银行以正义的捍卫者的身份出现，因为新战略涉及再分配。这就从两个方面回避了问题：世界银行再分配的建议被认为将实实在在地以正确的方向实施，而且会实现收入的更加平等（这在过去和现在几乎从未实现）；另外，它巧妙地隐瞒了世界银行与增长战略在制造不平等的过程中的原本角色。

在这一基本原理下，我们来看看新的方法是如何形成的：

> 农村发展战略旨在改善一个特殊的群体——农村贫困人口的经济与社会生活。它涉及让发展的好处惠及在农村地区谋生的最贫困人口。该群体包括小农、佃户及无地人群。一项农村发展战略必须认识到三点。第一，人们从生产率低下

的农业生产领域转移到回报更高的其他领域的过程很缓慢……第二，发展中国家大量的农村人口面临着不同程度的贫困；如果有限的资源、技术、制度和组织所带来的制约持续存在，人口数量以空前的速度增加，他们的处境可能会变得更加糟糕。第三，农村地区拥有劳动力、土地，至少也有一些资金，如果动员起来，这些将有助于减缓贫困、提高生活质量。（World Bank 1975，3）

让"发展的好处惠及"农村地区的思维忽略了这样一个事实，即现代部门中大多数人——城镇贫困阶级——并没有享受到发展的果实。从纯粹经济学的角度看，农民被看作"在农村地区谋生"，而不是在尽力改善生活的所有方面。他们被看作一个群体，其"转移到回报更高的领域"中的速度必须加快，宛如将奶牛从生产率低下的大牧场转移到拥挤不堪的、以精饲料喂养的商业养殖场一样。如果他们想要摆脱贫困的陷阱，他们的"劳动力"就必须被"动员起来"——似乎自给自足、"低生产率"的农业就不需要劳动力一般。生育太多的孩子自然成为他们自作自受的祸根。

既然以经济主义、简化主义和马尔萨斯主义的思想为主要原则，那么世界银行将农村发展界定为一种战略不足为奇，它"关注农村社会的现代化与货币化，以及农村社会从传统隔绝状态到整合于国民经济当中的转化……（它）意味着现代部门和传统部门之间更多的互动"（World Bank 1975，3）。这些专家不愿接受这样一个观点，即与现代部门的过多互动正是农民问题的根源。他们也不愿意放弃这样一种信条，即现代部门与宏观经济政策一直是影响发展理论的最重要因素（16），即便早期少数过于关注增长的主张因（忽视）农村贫困而遭到谴责。

这些论述中的帝国主义思想反映了结构化和制度化的权力关系，这种关系是生产真理的机制而非压制的机制。农村发展话语重复了在发展话语刚形成时就被界定的种种关系：发展就是关于增长、关于资本、关于技术及关于现代性。舍此之外，别无其他。"传统农民需要被现代化，他们需要被赋予获得资本、技术和充分支持的途径。只有通过这种方式，他们的生产和生产力才能够得到提高。"这些论述在相当程度上与1949年（世界银行赴哥伦比亚代表团）、1960年（争取进步联盟）和1973年（麦克纳马拉的演讲）的论述相同。今天，他们仍在许多地区重复着这些令人作呕的论调。人们可以认为，这真是太缺乏想象力了。单调而令人厌倦的话语一直存在，这正是最让人费解的。

发展项目致力于解决的问题一直未得到缓解而话语却持续不衰，这别无他解，只能归功于权力关系的强大。综合农村发展话语实现了对那些陈述的整合，可以说，这些陈述再生产了我们所了解的世界：这个世界是生产和市场的世界，有好坏之分、发达与欠发达之分，有援助、跨国公司的投资、科学和技术、进步和幸福以及个体与经济。这些论述整合的伎俩极大地影响了我们的感知；它依赖排序、优先序及序列化来确定第三世界的范围，来碎化并重组农村及农村人口，来操纵可见性，并针对残缺或欠缺之处采取行动（凭借资金、技术、知识，甚至可能是正确的肤色），使项目得以开展；简言之，这些发展项目要保证某种权力发挥作用。

综合农村发展将传统与现代一分为二，并通过创造包含二者的阶层使之显著地区分开来。作为一种陈述体制（regime of statement）和一种视野，简言之，作为一种话语，综合农村发展由发展机器号召起来，同时构成和再生产了发展机器。哪怕在它所生产的陈述与它所组织的可见性之间存在显而易见的鸿沟，它也能做到这一点。因为，那些陈述难道不是关于改善人类生活条件的吗？那些可见性难道不是关于驯服、控制以及管理社会关系的实践？陈述和可见性之间的分离就是话语的一个特征（Deleuze 1988）。在这一层面上，绿色革命和综合农村发展是一回事，尽管它们界定的是不同领域的陈述与可见性。

　　重要的是记住整个讨论的关键是粮食生产。综合农村发展等农业战略不过是某种类型农业的延伸，这种农业带来了现代的食品（完全商品化与完全工业化生产的食品具有惊人的一致性，或许最好的例子就是将白色的切片面包作为现代生活的标准），与之相伴的结果是人们普遍从文化上接受对自然产品的改造，在我们生活的时代，就是指基因改良的玉米、西红柿或牛奶——文化"改良"自然的例子（Goodman，Sorj，and Wilkinson 1987）。然而，这一过程至今还没有成功。粮食产量没有得到充分的提高，产粮区的粮食还没有到达需要粮食的人手中。因此，贫困和营养不良的程度仍令人难以置信。这就是与发展话语所组织的陈述和可见性体制如影随形的政治经济学。世界银行——将话语组织与话语生产连接起来的大师级战略家，已经成为这一过程的首要捍卫者和代理人。这个机构的实践情况值得我们一览。

世界银行：发展的榜样

　　显然，世界银行是最大的国际发展机构。这一机构代表着什么，它的发展风格又如何？对此，一位在尼泊尔研究发展的本土语言的人类学家有很好的阐述。她的观察来自一次在计划生育项目中与一位世界银行官员的接触，那个官员试图让她提供一些关于当地农村生活的数据：

　　　　我很天真，那时并没有意识到尼泊尔发展中的健康问题主要是指计划生育。事实上，令我更为震惊的是，他们花了那么多的钱用于阻止当地人生儿育女。所有这些看起来与尼泊尔人享受有孩子的那种快乐如此不协调。我又回去了一周时间，去看曾经和我住在一起的那些人。他们在孩子中寻得的那份快乐和满足是最能引起我注意的……如果这是一种理解当地所发生事物的全新观点，那这仅仅表明世界银行的感情视野是多么的狭窄……就是这样，我在尼泊尔了解到关于世界银行的一些非常重要的事情。在世界银行工作，你不可能走进真正的尼泊尔。确切地说，在世界银行工作，意味着你会居住在有自来水的房子里，还有司机从门到门的接送[②]。

这只是被欧内斯特·费德（Ernest Feder 1983）称为执迷不悟的发展（perverse development）之冰山一角。世界银行一直引导着发展世界里的官方政策。在非洲，世界银行已成为主要的外来捐赠方，在经济决策方面也是最具影响力的外部力量；有学者认为（Rau 1991；Gran 1986），这些政策在很大程度上应为过去 30 年里萨赫勒地区的饥荒负责。盖伊·格兰（Guy Gran）在研究发展知识在造成非洲饥荒中的作用时写道，"南北方大多数政策制定者支持同样的制度、价值观、分析方法和项目，因而导致了持续的饥饿，这值得我们评论和分析"（1986，275）。需要评论和分析的就是世界银行是如何实现这一壮举的。

谢里尔·帕耶（Cheryl Payer 1982，1991）批判性地分析道，世界银行在第三世界的重要性一部分源于它对第三世界的放贷规模，但它是通过一系列的实践活动来巩固其重要地位的。与其他一些资助机构共同提供资金就是世界银行的做法之一，这种做法依赖于世界银行说服其他资助机构参与已被它评估过的项目。世界银行还热衷于与联合国下属机构订立互助协议（mutual-assistance agreement），特别是联合国粮农组织，其专业人员曾帮助世界银行准备农业与农村发展项目。世界银行还协调所谓的捐赠者俱乐部（donor club），由该俱乐部来选择、决定对第三世界中的哪些国家进行资助。哥伦比亚就是被选中的国家之一。1963 年以来，在世界银行的协调下，负责哥伦比亚的磋商小组（Consultative Group）定期在巴黎聚会（显然，波哥大对于这些国际金融家以及哥伦比亚的合作方而言还不够高档），其中包括来自不同国家（如美国、英国、德国、日本、荷兰、法国、意大利、加拿大和欧洲少数其他国家）的私营银行与官方发展机构。例如，在 1979 年的巴黎会议上，哥伦比亚政府的经济学家通过谈判，获得了从 1979 年至 1983 年每年约 15 亿美元的贷款。这些贷款大部分是从私营银行获得的（包括纽约汉华银行的 6 亿美元），其中一部分给了 DRI（Banco de la República 1979）。

世界银行发放的大部分贷款变成了必须通过国际招标才能实施的项目。不用说，大多数情况下合同也是给了跨国公司，它们在这个数十亿美元的市场上攫取利益（截至 1980 年底，在累计 800 亿美元资金中，80% 是通过"国际竞标"分配的，主要是给予了来自第一世界的跨国公司和专家）。世界银行就是这样在发展中维护其在知识与金融上的霸权的：它控制了最大数额的资金流动；通过交通、电气化和电信项目开辟了新的投资区域；通过合同为跨国公司的扩张推波助澜；通过坚持为出口而生产加深了（第三世界）对国际市场的依赖；拒绝借钱给"不友好的政府"［比如阿连德（Allende）当政时期的智利］；反对保护本地产业的措施；坚持实施让国家精英和跨国公司受益的大型项目，导致本地人口丧失了对资源的掌控。总体而言，它紧紧地回应了国际资本主义的利益，尤其是美国的对外政策（美国控制了 21% 的投票权，而前五个国家——美国、英国、德国、法国和日本——共控制了约 45% 的投票权）；它与第三世界内腐败、不民主的政权合作，帮助它们维持统治地位（巴西、墨西哥、印度尼西亚、韩国、土耳其、哥伦比亚和菲律宾过去一直是主要的借款国，这一顺序直到 1981 年都没有改变）（Payer 1982）。

另外，世界银行所践行的是官僚主义作风。这种官僚主义通过一系列的实践活动，确保了该组织不承担任何责任。世界银行的实地考察工作通常都是与首都城市的官方联系，其考察日程被罗伯特·钱伯斯（Robert Chambers）恰当地称为"乡城发展旅游"（rural and urban development tourism）。这一叫法并不仅仅指那些代表团的成员总是坐头等车厢，住最好的宾馆，更多的是指他们的工作风格。他们透过新古典主义经济学的视角来了解某一国家的问题，因为唯有它才与其预先设定的模型相一致（世界银行大约70%的专业人员是经济学家，剩余的30%中有相当比例的工程师）。世界银行从未以任何有效的方式探讨它所处理问题的根本原因——例如，在对 PAN 贷款的冗长的评估报告中，只有一个段落讨论"营养不良的成因"，还有一段讨论"营养不良的后果"，而报告的绝大部分是关于技术与经济的讨论，包括成本效益分析（World Bank 1977）。所以，不足为奇的是，尽管许多广为人知的研究表明非洲的饥荒是复杂的社会经济和历史进程造成的结果（Watts 1983），但是曾担任美国银行行长，后到世界银行继任麦克纳马拉之职的克劳森（A. W. Clausen）说，"非洲经济危机的核心在于资本投资的收益率太低"（Gran 1986，279）。格兰这样总结道：

> 世界银行生成了知识，并通过极为封闭、狭隘和精英式的过程将其转化为政策和实践。对于非洲农村的发展来说，界定其问题和解决方法的不是非洲的农民，而是华盛顿的新古典主义经济学家……目前的局面是精英间的对话……关键问题在于没有农民的参与。（Gran 1986，277，278）

作为发展产业的领头人，世界银行对每年向南方提供的近600亿美元的政府援助的去向产生了决定性的影响。如前所述，援助中有80%流回到捐赠国，用于支付合同、员工及咨询专家的薪水。对于第一世界国家的国内经济来说，这是重要的财政支持，而这些钱其实来自这些捐助国的劳动人民。实际上，第一世界国家内成千上万个工作岗位依赖于发展援助。这些援助也帮助第一世界的公司扩展了其商业版图。在美国商品公司［美国嘉吉公司（Cargill）、美国孟山都公司（Monsanto）、美国通用食品公司（General Foods）等］的 50 个最大客户中，有 30 个是发展中国家，而这 30 个国家中的大多数过去或现在是"粮食用于和平"

（P. L. 480）计划的主要接受国（Hancock 1989）。这不是巧合，并且已经很显然地显示了发展援助在为第一世界精英集团的利益创造商业机会上的作用。最终，事实是发展机构的高端集团——尤其是世界银行和国际货币基金组织——赚取了即使以第一世界的标准来看也是极高的薪水，同时享有额外的福利，而这似乎并没有让这些贫困的上帝（lord of poverty）与仁慈的贵族在内心产生道德上的不安。汉考克（Hancock）在其对发展援助的研究中称他们为国际官僚（1989）。汉考克谴责了这一状况，认为这是压在第三世界和第一世界劳动人民背上的极为粗鄙的行为，这种谴责不无道理。

即使国内规划人员承认政策制定本身存在差错，哥伦比亚的事例也明白无误地显示了国际借贷机构的影响力。在 1968～1985 年总的公共投资中，25%～38% 来自外部信贷资金。实际上这些投资更为重要，因为政府高度重视这类有外资注入的项目。诚然，正如隆多尼奥（Londoño）和佩里（Perry）在世界银行对哥伦比亚

最后，世界银行对单个国家的金融支持所产生的影响是巨大的，即便某些时候这种影响并不以公开干预国内政策与整体发展战略的方式出现，在哥伦比亚就是这样。除 1957 年以外，世界银行自 1949 年以来每年向哥伦比亚提供贷款。这些贷款中的大部分是在巴黎年会上谈妥的，但均出自世界银行与哥伦比亚国家规划署联手打造的项目清单。以人均获得的美元数量而论，哥伦比亚在世界银行贷款接受国中名列第一。这样大量的借款所产生的影响主要体现在以下领域：资本形成过程（妨碍了国内财政对公共事业的投入）、部门政策的开展（因为过于关注工业计划、道路和电力而导致部门之间脱节）以及制度建设（加强了尖端技术统治论与现代化制度）。尽管发电是被优先考虑的内容，但是世界银行极其不愿意支持供水项目（Londoño and Perry 1985）。这不仅揭示了世界银行对资本主义现代化的偏好，还暴露了它缺少对第三世界国家贫困人口福利的关注。

的影响研究中所总结的，"没有任何重要的公共投资项目是没有外来资金的"（1985，213）。1985 年以后，世界银行变得更具有决定性影响。当时世界银行与国际货币基金组织对哥伦比亚政府强行推广一项普遍的价格平抑计划，这与哥伦比亚国内规划人员的建议相矛盾，而且只起到恶化国际收支平衡的作用（Londoño and Perry 1985）。正如帕耶（Payer 1991）在她对拉丁美洲债务研究中所做出的非常恰当的断言，这些机构不像救火员而更像纵火犯，因为它们的战略催生或恶化了债务问题。拜读了帕耶的详细论述后，我们会严肃地接受这样的思想，"必须把国际货币基金组织和世界银行看作制造债务危机的罪魁祸首"（82）。

世界银行的影响远不止于经济方面。该机构应该被视为服务于全球精英的经济和文化帝国主义的代理人。世界银行不是其他类型的机构，而是发展机器。它极其有效地利用了发展，在第三世界的所有角落开展了大量的发展活动，从中使其话语得到推广和自我更新。

去殖民化的表征：文化肯定的政治

在农村发展战略等背景下，对农民斗争的研究一般关注的是为了土地权属而开展的政治活动，以及（农民）通过起义接管或夺回土地。尽管这一点极为重要，但我们还是有必要记住，农民的抵抗不仅是为土地和生存条件而进行的斗争，它更重要的是符号和意义的斗争，是文化的斗争。例如，斯科特生动地描述了马来西亚农民如何抵制绿色革命所带来的联合收割机，阐明了历史的视野与新技术所孕育的生活方式之间的争斗（Scott 1985，154-164）。但是，对农民抵抗的研究只不过间接触及了其产生的文化环境。抵抗的形式和概念本身通常都是根据西方的文化来推演的。对于研究人员而言，更难的是去了解抵抗文化的内在解释机制，这将是一个不会过于依赖西方知识实践的表征系统存在的先决条件（Strathern 1988）。

　　迈克尔·陶西格研究了20世纪70年代哥伦比亚西南部地区农民的转型。他这样总结道，绿色革命和综合农村发展所带来的影响必须通过两种文化可能性之间的碰撞来考察：一是建立在使用价值基础上的小农经济，旨在满足以质的标准来衡量的人的需求；二是建立在交换价值上的经济，旨在实现积累、获得利润，体现了量化理性。面对DRI等类似项目所引入的对经济生活的新型秩序安排，该地区的黑人农民社区做出一系列回应，如签订魔鬼契约（devil contract），黑人农民通过这些回应来抵制强加于他们习惯方式之上的商品生产（Taussig 1980）。

　　古德曼和里维拉（Gudeman and Rivera 1990，1993）也以类似的方式证实了在拉丁美洲农村地区共存的两种不同的经济制度：一个建立在生计基础之上，另一个建立在购买基础之上。如前所述，小农经济和市场经济包含了这两种类型，尽管生计经济仍然主导着农民的世界。生计经济并不受市场体制的理性法则支配。例如，农民只对那些完全货币化的活动记账。他们以一种更近乎艺术而不是理性的方式不断尝试，从试错中创新并调整实践活动。尽管在购买经济的驱动下，他们的活动方式也经常向理性转变。虽然获利正逐渐成为农民文化的一部分，但勤俭节约仍然是他们的核心价值观。家庭经济不是受购买驱动，而是被物质活动驱动的，物质活动的核心原则是对家庭生存根基的关怀（care for the base）。这一根基所包含的不仅是自然资源和物质的东西，还包括文化上为人所知的做事方式，包括人、惯习与生活环境。

　　正如陶西格的"使用价值"取向那样，在维护生计经济的过程中，我们可以看到纯粹因为文化差异而出现的某种形式的抵抗。在与土地、粮食和经济等相关的文化概念与实践方面，拉丁美洲的农民文化仍然显示了它与主流的欧洲起源的文化之间的重大差异。这种差异在原住民文化中最为明显，在混血人和黑人亚文化群中也有不同程度的体现。文化差异是当前各种理论与政治事务的基础，特别是对于自我肯定（self-affirmation）的政治活动来说。例如，有人认为在秘鲁的安第斯山区，一些古老的做法仍然存在。这群特别的知识分子与激进主义者［安第斯农民技术计划（Proyecto Andino de Tecnologías Campesinas，PRATEC）］所寻求的并不是用抽象的框架去解释安第斯人社会的本质，而是以农民话语的解释学为基础，对安第斯文化的某些特性做出现象学解释。这些特性也能在当今大多数秘鲁安第斯人的身上找到。他们的目的是为安第斯文化的肯定和自治做出贡献。

根据安第斯农民技术计划的解释③，在安第斯人的世界观里，农民的世界是生灵的世界，人类与自然之间、个人与社区之间、社会与上帝之间是一个整体。生命的世界一直通过所有生物的相互关爱来再创自身。这种关爱有赖于所有生物（再强调一次，包括人类、自然和上帝）之间亲密而持续的对话，这是对所有包括人在内的生物的本质和意愿的一种肯定。这一对话通过持续的社会性和历史性的互动而得以维持。例如，不同地块需要不同的耕作和照料方式。没有哪种标准化的秘方或"技术包"（就如 IRD 或同质的美国农业所提供的那样）能够包容这种多样性。为"正确的"耕作而开出的规范处方对安第斯人的农业而言无异于天外来物。实践与事件从来不会根据预定的方案重复发生；相反，知识不断地被创造出来，这是因为需要强化和丰富现实，而不是转化现实。语言是鲜活的，它的意义永远取决于它的背景，它从不是一成不变的。对话意味着所谈论事件的重现；词语所指的是存在过的对今天仍有影响的事物，而不是遥不可及的事件。

支持安第斯农民技术计划的激进主义者认识到，安第斯人的知识和实践已经受到侵蚀，然而他们坚决断言在农村社区众多长期存在的实践仍具有效力。这些人相信，农民已经学会使用现代化工具，同时并没有丧失太多原有的世界观。他们的计划旨在肯定秘鲁社会并对其进行重组，重组过程中遵从的是反帝国主义、回归小农以及泛安第斯山脉地区再种族化的标准；这是一种去殖民化、以农业为中心以及致力于粮食自给自足的战略。在哥伦比亚太平洋沿岸地区，被动员起来的黑人社区正在为自己的文化肯定进程而斗争。在这一进程中，除指导原则外，一般还包括寻求种族身份、追求自治，以及决定自己的发展观、实践观的权利。类似的行动在第三世界国家不断涌现，其采取的方式往往并不协调一致，其范围和可见性也很有限。

像这样来评估过往的经验，从西方人的视角来看并非易事。我们必须避免两个极端：要么不加批判地全盘接纳所有过往的经验，将其视为替代方案；要么全盘否定，将其视为激进主义者和知识分子的浪漫之选，认为这些人在现实中只见其所愿见之物，认为他们拒绝承认世界中粗糙的现实，如资本主义霸权等。西方及其他地区的学术界很容易落入第二个陷阱之中，而进步的激进主义者更可能掉入第一个陷阱。我们应当把对文化差异的解释看作话语与反话语（counterdiscourse）的例子，而不是对现实的真实或虚幻的表征。这些解释反映了以差异政治（politics of difference）为中心的斗争，这些斗争（如在哥伦比亚太平洋沿岸地区所发生的）往往包含对发展的直接批判。

正如安娜·玛丽亚·阿朗索（Ana María Alonso 1992）在论及某一历史阶段的农民斗争时所说的，我们必须注意不能用自然法则去解释"传统的"世界，即将其视为随历史而产生的幼稚的、"自然"的秩序（例如在安第斯农民技术计划中安第斯人的世界，或激进主义者谈到的不同国家草根群体的选择）。这些秩序也可以作为权力与意义的特殊效应来解释。此外，"本土的世界"实际上并不彼此割裂，也是建构的结果，但人们有时并不这么认为。西方学术界应抵制诱惑，不要为了兜售其他的替代方案而"消费"草根的经验。正如周蕾（Rey Chow）所警告的那样，不能以多元文化或文化多样性之名，参与对第三世界经验的物化（reification）过程。这种物化过程掩盖了其他的机制：

显然，第三世界接受了我们以非西方人为范例来讲述的课程。对这样的接受性，我们应该立刻行动并加以解构……对于自由主义者所产生的那种我们可以"给予"他者自治与独立的错觉，我们（必须）加以抵制。这表明社会知识（及社会知识所赋予的责任感）不仅仅是同情或认同那些连悲伤与挫败都成为展览品的他者。这就是说，我们试图"解析'他者'的观点"并"给他者为自己说话的机会"（正如目前许多充满激情的话语所说），我们的这种努力必须与他者的斗争区分开来，无论我们多么狂热地假设这种区别并不存在。（Chow 1992，111，112）

在第四章结尾部分，我这样总结过，为了表征和争取文化肯定的斗争必须与反剥削、反统治的斗争联手进行。这种剥削与统治覆盖了本土、区域、国家乃至全球的政治经济系统。实际上，这两项工程是一回事。资本主义体制破坏了具有社会意义的认同形式的再生产；通过破坏现存的文化实践，发展项目毁掉了文化肯定的关键因素。在世界银行的话语中，农民不得不受到权力新技术的控制，并被改造成为"进步史诗中温顺的主体"（Alonso 1992，412）。但在第三世界的许多地方，农村生活与世界银行想让我们相信的状态有巨大差别。或许，研究者和激进主义者近年来提出的多种地方模式能够成为其他理解体制和实践体制的基础。

生成了视觉：发展发现了妇女

妇女：看不见的农民

1949 年，世界银行代表团这样来描述哥伦比亚农村人口的特征：

根据 1938 年的人口普查结果，如果从被划为农村人口的 330 万人中剔除家庭妇女、女佣和不确定的类型，当年约有 176.7 万人在不到 1500 个村庄的 70 万个农场上积极从事经济活动。（International Bank for Reconstruction and Development 1950，64）

现代话语拒绝承认妇女的生产角色。女性主义者已经关注这一具有普遍性的问题相当长的一段时间。新近的研究关注的是妇女在发展中扮演的角色，以及发展政策对其产生的影响。从埃斯特·博斯鲁普（Ester Boserup）的研究成果《妇女在经济发展中的作用》开始，大量的研究表明，发展不仅对妇女在经济中的贡献视而不见，而且有损于妇女的经济地位与社会地位[④]。发展干预活动使妇女的生活条件变得更加艰难，也增加了妇女的劳动负担。在许多情况下，妇女被排斥在农业发展项目之外，她们的工作条件因此恶化。妇女被排斥的原因与发展及其选择的模式中的男性偏向（male bias）有关。在美国的农业中：

> 发展规划者倾向于将男性视为最具生产力的工人。全世界都没有评估过妇女对生产活动的贡献。从西方视角来看农业发展，规划者认为美国农业系统是完美的。在美国，妇女对农业生产的贡献一直是隐性的……为女性设计的项目是关于卫生、计划生育、营养、儿童保育和家政的……对于妇女来说，发展的结果是劳动负担的增加、失去现有的工作、奖赏结构的变化以及丧失对土地的控制。（Sachs 1985，127）

简言之，妇女一直是"看不见的农民"。或者，更精确地说，从技术的角度来看，妇女的可见性仅在于其生儿育女方面。正如萨克斯（Sachs）所做的非常贴切的阐述那样，发展在实践中是"男性务农、女性管家"。到 20 世纪 70 年代末，在发展机器看来，女性就是家庭主妇，负责怀孕哺乳、喂养婴儿、提水做饭、打扫卫生、为孩子看病等事情，或在最好的情况下，也就是在家庭庭院内种一些作物以补充家庭的膳食。大多数发展文献中所展示的妇女生活到此为止。因为认定只有男性才能从事生产活动，所以旨在提高农业产量与农业生产率的项目都是针对男性的。虽然偶尔也会有针对妇女的培训，但一般集中在被看作妇女天职的领域，如缝纫或手工艺品制作。

这种对可见性的分配将一直内嵌在具体实践中，尽管也会有一些变化，不久我会讨论到。大多数农业专家和推广人员是男性，他们不仅都是男性专家培训出来的，还准备主要针对男性并与男性农民进行互动；无论在社会和技术上如何提高农业水平，受益者都是男性农民：他们是创新的接受者，分配到最好的土地，从事主要为了市场销售的农作物生产，更加全面地参与本地和区域的商品经济活动。妇女的工作地位不可避免地在下降，因为她们被划入从事维持生计活动的范畴。当以女性为主的生产活动发生技术革新时，这些技术革新通常会转给男性；例如，当妇女种植的作物实现机械化生产时，拖拉机或农机具的控制权不是给妇女而是给了男人。当劳动力要被新技术取代时，妇女是最先被放弃的群体。如果有技术创新可以减轻妇女的劳动负担——如面粉加工厂代替了臼和杵——妇女就会失业或者在最不稳定状态下成为无产者。妇女的活计被认为是没有技术含量的，即便是，也可能正处于去技术化（deskilled）的过程中。如果某户家庭存在营养不良，这首先会被视为母亲的责任；当家庭分发食物时，通常都是先给家中的男性（如果有男性的话）。所有这些为妇女和儿童的福祉带来了负面的后果（Latham 1988）。

由联合国粮农组织和美国国际开发署支持的国际培训遵循了同样的劳动分工原则：男性务农、女性管家。正如有些女性主义学者所观察到的那样，发展将父权制现代化了，而给第三世界的妇女带来严重的后果（Mitter 1986；SID 1986）。现代化的父权制掩盖了这样一个事实，即妇女的无报酬或低报酬的劳动为"现代化"提供了大部分的基础（Simmons 1992）。联合国粮农组织估计世界上用于直接消费的粮食中有 50% 是由妇女生产的，并且越来越多的农村家庭由妇女当家做主——例如，在哥伦比亚，城市中有 23% 的家庭、农村中有 16% 的家庭由妇女当家做主（León，Prieto，and Salazar 1987，137）。考虑到这一现实，综合农村发展项目中妇女的不可见性就显得更加荒谬。我们可以认为这是一种视而不见的结果，发展机器能够轻而易举地将其纠正，但更准确地说，发展在现存的父权制结构（包括发达国家和发展中国家）中找到了支持，得以组织一种特殊的可见性系统。

在某些情况下，女性农民对发展干预的抵制说明了父权制权力还在发挥作用。例如，陶西格（Taussig 1978）发现，在哥伦比亚的考卡河谷地区，女性农民反对采用政府从 20 世纪 70 年代早期开始推行的农村发展战略。该战略的基础是以市场为导向的单一的作物种植。女性农民更乐于继续采用本地的经验种植方式，这包括更加系统的耕作方式，其基础是间作，同时种植经济作物和粮食作物。这样，她们能确保收入，尽管不是很多，但是很稳定，而且全年劳动的时间是均匀的。政府机构坚持砍掉果树，而这是女性农民坚决反对的。然而，这种新方法受到大多数男性农民的欢迎，因为他们迷醉于产品能够进入市场的前景，以及能够获得现金收入。

正如在第三世界其他很多地方一样，这种战略导致了土地的进一步集中，本土居民中更大部分的人口沦为无产者。女性农民没有采用这种新方法，部分原因是她们没有成为男性推广人员的服务对象，部分原因是她们预见到完全以市场为导向进行生产的危险性。如果以不同的标准来提供贷款和技术帮助，与她们的利益和耕作方式协调一致，而且将她们摆在与男性同等的地位，那么她们是有可能接受贷款和技术帮助的。但实际情况并非如此，鲁博（Rubbo 1975）在同一地区的研究表明，这导致了在整个 20 世纪 70 年代和 80 年代妇女地位的下降，无论是在经济领域还是在与男性的关系上。无产阶级化的过程不断持续，政府也一直推行男性偏向的政策，这重构了性别角色，驯服了女性劳动力，而这也是资本主义在该地区扩张所要求的。在这个过程中，阶级关系、劳动关系和性别关系都发生了改变，在很多方面使妇女处于不利地位。

在有些国家，发展使人们对妇女在农业生产中的贡献视而不见，而以往在当地是有人关注的。施陶特（Staudt）对肯尼亚农业政策的研究表明，肯尼亚独立之前的农业政策都更加注意妇女在生产中的重要作用。这种情况自 20 世纪 50 年代开始发生变化，那时土地登记和培训活动开始青睐男性。1963 年，肯尼亚独立，之后完全踏上发展的征程，农业政策开始彻底不利于妇女。例如，尽管引进了良种，且对妇女劳动力的需求增加了，但农业政策已经将妇女从它的视野中清除出去。国际机构根本没有提供帮助。它们特地将男性与妇女分别置于农业领域和家政领域之中。在美国国际开发署的帮助下，农业部设立了家政处（Home Economics Division），为美国高层女性官员提供家政学培训（Staudt 1984）。但是，我们一定不要以为在殖民统治下情况必然不同。尽管在有些国家发展政策对妇女的损害看起来更甚于殖民统治时期，但破坏以妇女为中心的农业生产实践的过程是从殖民统治时期开始的。这在罗德西亚（Rhodesia）一类的移民国家尤其显著，在那里，父权主义的白人殖民者勾结少数非洲男性，他们不仅控制了妇女，还控制了大多数非洲男性，并使他们"现代化"（Page 1991）。

施陶特和佩奇描述的情况在塞内冈比亚（Senegambia）也存在，在那里，以妇女为主的水稻生产系统于 19 世纪随着殖民势力引入花生种植而首先遭到瓦解。商品生产的扩张对农业劳动中更为平等的传统性别分工产生了显而易见的影响，即性别角色从任务特异（task-specific）转变为作物特异（crop-specific）。这种影响表现在两个方面：一方面，随着土地从生产水稻转为生产花生，粮食的自给自足能力下降；另一方面，对女性劳动力的需求增加，虽然这些妇女还在生产水稻，但生产条件恶化了。就如肯尼亚那样，殖民当局也更加注重女性农民，目的是使冈比亚成为粮仓，大量出口大米。但从 20 世纪 40 年代开始，越来越多的男性从事水稻种植，这一变化遭到妇女的抵制。二战后，当英国推行机械化水稻耕作时，妇女沦为从事非机械化农业活动的雇佣工人，这也遭到她们的反对。总之，殖民势力与独立后的政府致力于创造一个可依赖的从事水稻生产的农民阶级，而这牵涉到性别、婚姻与家庭关系的重构。但女性劳动力与其农业生态生产知识至今仍处于核心地位，以性别为基础的斗争也一直在形塑着农业变迁的轨迹（Carney and Watts 1991）。对非洲经验的这一简要讨论表明，尽管具体的俘获机制（mechanism of capture）有所不同，但殖民主义与发展都利用父权制的做法在第三世界驯服小农，这样说或许更为准确。

经济发展战略对妇女的最后一方面影响，涉及性别与不断变化的国际分工之间的关系。自 20 世纪 70 年代后期以来，女性主义政治经济学家对此越来越关注，当时的学者开始提出国际分工理论，其基础是制造业开始向第三世界的自由贸易区与出口平台（export platform）转移。北方的劳动力成本、控制污染与能源的额外成本增加，世界竞争更为激烈，核心国家向右翼倾斜，这些都导致了新的积累结构的出现。这一新的积累结构建立在北方地区再无产阶级化、去发展（de-development）以及特定活动向南方（边缘和半边缘国家）转移的基础之上。这些转移之所以可能发生，是因为交通和通信的进步、劳动过程的分解（这允许公司将生产过程中的劳动密集型环节转移至第三世界，而将知识密集型环节保留在核心国）和第三世界国家对跨国公司的诸多优待，如减免税收及免除控污费，而更为重要的是持续提供温顺的廉价劳动力（Fröbel, Heinrichs, and Kreye 1989；Borrego 1981；Mies 1986）。

年轻女性最终成为最佳的、备受喜爱的、"温顺的廉价劳动力"。这既不是巧合，也不是因为男性规划人员和第三世界精英突然转变了想法（Benería and Sen 1981；Benería, ed. 1982；Fuentes and Ehrenreich 1983；Fernández Kelly 1983；Ong 1987；Benería and Roldán 1987；Benería and Feldman, eds. 1992)[5]。第三世界通过出口平台和自由贸易区促进其工业化进程，与此同时，国际组织大力倡导"将妇女融入发展"（integrating women into development）（见下一节）。然而，将妇女纳入发展是以性别歧视者、种族主义者的信仰和实践为基础的，也强化了他们的信仰和实践，这里我不做过多阐述（特别参见 Fuentes and Ehrenreich 1983；Mies 1986；Ong 1987）。尽管女工因为有了新的收入来源而获得一些独立性，但研究这种现象的女性主义学者认为，这一过程通常不仅有损于妇女，而且总体上对第三世界的平民阶级都是有害的。在某些产业中，劳动力的女性化进程仍在持续，这与发展计划是有关联的。在哥伦比亚图马科（Tumaco）港口的虾包装厂工作的妇女就是一个例子。在这些包装厂工作的大部分女工来自农村地区失地的家庭，她们的工作条件很不稳定。

洛德斯·贝内丽亚（Lourdes Benería）和其他一些政治经济学家不断地揭露这一被扭曲的理性以及上述过程所带来的影响。近期，他们将焦点放在世界银行与国际货币基金组织自 20 世纪 80 年代早期开始在第三世界强制推行的所谓结构调整政策（structural adjustment policies，SAPs）对妇女的影响上。总的发现是，尽管结构调整政策极大地影响了中产阶级和平民阶级，但更多的压力落在了贫苦的妇女身上。这些研究也记录了农户所创造的生存策略，他们借此一天天地过活。但农户长期贫困且每况愈下，家庭的特征和性别关系也随之改变。家庭实际上成了其成员商讨每日生计的场所；对于妇女来说，这意味着更深入地走进变幻莫测的劳动力市场，接受被极度剥削的命运，或者更多地参与非正式部门（informal sector）的劳动，那里的环境更灵活，但在不断恶化之中。在很多情况下，结构调整政策造成了女性家务劳动的强化。就积极方面来讲，一些案例研究表明，家庭和经济中出现的新情况能成为社会变迁的催化剂，如女性在家庭和社区中有更大的自主权（Benería and Feldman，eds. 1992）。

显然，积累和再生产的新情况正在导致社会和性别关系方面重要的文化重构。尽管有些影响很让人烦恼，但这些重构能够在多大程度上改变界定身份的社会制度目前还看不出来。例如，尽管在有些国家，如秘鲁、玻利维亚和智利，这场危机以多种不同的方式将妇女联合起来，而在其他一些国家，如墨西哥，为生存而进行的斗争愈加个体化，而且这种个体化是以损害广大的家庭和社区为代价的（Benería 1992）。这遵从了里根-布什经济学（Reagan-Bush economics）和国际货币基金组织所信奉的私有化理想，而且推动了弹性积累（意味着过度剥削的自由）的过程，这一过程对国际货币基金组织和后福特主义的积累体制来说十分宝贵。无疑，这种征服具有负面影响，贫苦的农户对此有更深的感受，他们中的很多正在走向崩溃的边缘。贝内丽亚让我们记住了在这种条件下生活是什么样子。她记述了她在墨西哥城与一位挣扎求生的 23 岁母亲的一段对话，这位母亲担心她和她的家庭能否活下去。贝内丽亚写道：

> 她是四个孩子的母亲，是家庭的主妇。她的家庭被划分为"极端贫困"的那一类。她所说的情况实际上是指，她没有椅子给访谈者坐，孩子们没有穿鞋，房顶漏雨，没有铺地，以任何标准来看屋内的墙壁都十分肮脏，家里只有三个小房间（做饭、吃饭和睡觉的地方），此外的一点空间尽管条件很差，但是为了挣一点钱，还是租给了另外一个大家庭。丈夫的工作不稳定，她只能偶尔找点零工做，这是她一直焦虑甚至绝望的原因……无论如何，这种危机的深度是任何统计和量化分析都无法触及的。（Benería 1992，91）

极为重要的是，我们必须认识到这种痛苦，但也要反对两种结论。第一种结论认为，这些妇女是茫然无助的、不能为自己做任何事情的。正如露丝·贝哈尔（Ruth Behar）在对一位做生意的墨西哥贫苦妇女所做的研究中讲到的，我们不能以媒体和学术界僵化的话语——如"驮重的牲口"（beast of burden）、母亲和妻子、冥顽不化的守旧者，或者英雄的游击队战士——来看待拉美贫苦妇女。"如果从文化的角度来看"，贝哈尔接着说道，"拉美妇女可以是思想家、宇宙学家和世界的创造者"（Behar 1990，225）。家庭生计策略就是这种创新性的一部分。然而，布林达·拉奥（Brinda Rao 1991）警告我们，对家庭的关注必须解释家庭对妇女意味着什么，正如贝哈尔所做的那样。对"家庭"的解释一定要将其置于性别、人和自然的本土和跨国的范式之中。与此类似，讨论"生存策略"时，不能忽视妇女生活的主观维度的变化。尽管"应对机制"和"生存策略"的话语是我们注意到妇女能动性的重要一步，但这些话语仍维持了妇女是受害者的形象，因为妇女的动力减弱了，她们只能在经济领域内对生活条件进行短期的防御（Rao 1991）。

第二种我们必须反对的结论是，贫困妇女需要的就是发展（现代化的父权制），这也正是国际发展机构所给出的答案。在下一部分，我们将从发展的话语批判（discursive critique）视角来探讨这一答案的理性与危险性；我们还要看看一些女性主义者的回应，她们试图对妇女参与发展（WID）进行话语批判，她们同时关注第三世界女性苦涩的生活状况。然后，我们回到哥伦比亚的规划界，因为这一次他们建构了女性农民的生活和烦恼。

妇女参与发展的话语和女性主义知识的科层化

妇女参与发展战略总体上可以采用发展话语分析中的类似方法来进行考察。换言之，"妇女参与发展"的实践，其特征主要表现在其话语形构、专业化和制度化过程等方面；它也会产生影响妇女生活的工具—效应——既影响了作为干预对象的妇女，也影响了设计项目的女性规划人员。

作为妇女参与发展战略的研究员和实践者，尼克特·卡尔达姆（Nüket Kardam 1991）指出，"妇女参与发展"这一术语是由发展领域的最大非政府组织——国际发展学会（Society for International Development）的一个分会——华盛顿妇女委员会（Women's Committee of the Washington，D. C.）创造的。该组织在一定程度上影响了 1973 年美国国际开发署的新方向（New Directions）法案。妇女参与发展办公室（Office of Women in Development）由此成立，其目的是将妇女整合到美国国际开发署的主流化项目中。20 世纪 70 年代初，联合国系统开始增加 WID 的活动，促成了 1975 年在墨西哥举行的世界妇女大会，开始了"联合国妇女十年"（UN Decade for Women）计划。内罗毕大会（1985）的召开宣告了这十年的结束，"无疑这在全球范围内巩固了国际妇女运动"（Kardam 1991，10）；更具体而言，"有关妇女和发展的话语强调的是妇女可以做出的对实现总体发展目标的贡献"（12）。很多人认为，妇女参与发展运动的成功与否取决于它在多大程度上被制度化。如卡尔达姆所言：

> 发展机构对妇女参与发展问题的回应，受到它们和发展援助体制中其他行动者之间关系的性质的影响，也受限于这些新问题与发展机构的目标和程序的契合程度。发展机构中的"政策企业家"（policy entrepreneur）能够也正在以妇女参与发展为名采取行动，并将妇女参与发展问题以符合发展机构的目标和程序的方式表达出来，利用自身所在的发展机构相对于发展援助体制内其他成员的优势地位，制造政治影响，左右政策制定。通过这些手段，妇女参与发展的倡导者能够推动有意义的回应。（Kardam 1991，2）

实际上，对妇女参与发展问题有意义的回应，正是卡尔达姆对一些发展机构所开展的研究中的发现，这些机构包括联合国开发计划署、世界银行和福特基金会等，当然，它们的回应也各有不同，并存在局限性。世界银行 1987 年成立了妇女参与发展处（Division for Women in Development），并在此前几年开展了一些有限的妇女参与发展活动；1989 年颁布了妇女参与发展项目的评估指南，其中解释了"文化与传统"强加在女性工作能力方面的局限，并呼吁要"对妇女进行投资"，称其为"一条通往更广阔的发展目标的有成本效益的路径，例如提高经济效益、减贫、更多的家庭福利和放缓的人口增长"（Kardam 1991，51）。这些政策的制定被"对妇女进行人力资本投资会有高回报"的假设所推动，尽管它这次使用了经济效率的语言来表述，但仍然是重复了过去的家政学的概念（Kardam 1991，52）。世界银行的第一位 WID 顾问是人口经济学家，其办公室设在人口和人力资源局（Population and Human Resources Department）；这绝不是巧合。

到 20 世纪 90 年代早期，妇女参与发展处已经有 6 名专业工作人员。尽管这让该组织的内部对 WID 问题更为关注，但其成效还是受到许多制度因素的限制；其中之一是在执行部门中缺少相应的 WID 专家，这意味着 WID 政策并不必然能够在项目过程中贯彻实施下去。卡尔达姆也发现，"如果以经济可行性为基础来介绍或解释 WID 问题，就会更受工作人员的欢迎。WID 对项目的经济成果越重要，关注它的工作人员就越多"（80）。实际上，正如世界银行的一位经济学家先前所讲的，问题在于"女性劳动力市场"如何才能更加理性化，从而确保妇女能够更加公平地参与（Lele 1986）。因此，新自由主义经济学和出发点良好但没有效率的政策共同促进了世界银行开展 WID 活动。

阿黛尔·穆勒在 WID 方面的开拓性工作引起人们的注意后（Mueller 1986，1987a，1987b，1991），这一与政府紧密相连的制度化发展结构成为生成有关第三世界妇女知识的组织基础，并以重要的方式引入了发达国家女性主义者对第三世界妇女的认识。在多萝西·史密斯研究的基础上，穆勒洞察到 WID 话语所应对的事物"并不是在真实世界里等着被发现的实体，而是已经被建构在机构所执行的习惯程序之内"（Mueller 1987b，1）。穆勒把这一立场作为其研究的出发点。这并不意味着 WID 研究人员所描述的妇女状况不真实，而是说这一现实不过是另外一个由制度所建构的现实的部分基础。这种由制度所建构的现实，与在华盛顿、渥太华、罗马和第三世界的首都等地提出的发展问题在概念上是一致的。正如莫汉蒂所言，发展机器拥有随意命名妇女的力量，这种力量使我们认为某些描述或解决方法是理所当然的。这一点必须引起人们的关注，因为正是在这一命名的过程中，隐含了殖民主义可能带来的影响。

穆勒坚持认为，当女性主义研究者和发展专家想当然地认为，由发展机器所建构的 WID 正是他们所面对问题的一个范畴，也是他们工作的焦点时，他们所从事的其实是一种为统治服务的社会组织过程。标准化程序和统计的应用，不可避免地在某种程度上消去了妇女的经历。典型化的描述成为"了解和不去了解的一种方式；谈论妇女的一种方式；令妇女对其生活经历闭口不谈而集体失语的一种方式，因为她们被看不见的、控制不了的外部力量支配着"（Mueller 1987b，8）。对于穆勒而言，这有两个方面的重要后果：发展机器的强化，以及第一世界女性主义者和第三世界妇女之间关系的强化。穆勒毫不犹豫地指出，发展机器是"最大的、最为男性主导的、最能主宰世界的制度之一"（1991，1）。这不是说 WID 中女性主义者的工作就没有结果。穆勒敏锐地指出，WID 在改善第三世界国家妇女的状况方面，甚至在为美国职业女性提供就业方面已相当乏力，但是，在过去 15 年里，作为 WID 的部分成果，妇女知识与技能的增加已经改变了妇女工作的土壤，她们正在对发展进行改造。

正如帕姆·西蒙斯（Pam Simmons 1992）所言，我们不能否认这样一个事实，即倡导"整合"的并非第三世界的妇女，她们的地位在"联合国妇女十年"计划结束时已经恶化。正是发展机构迅速地采取了这一态度，"如果你在从事项目发展工作，那么有妇女在是件好事"（Simmons 1992，18）。这对于在发展机器中工作的女性主义者来说，产生了很大的矛盾，正如穆勒所指出的：

> 当妇女运动所关注的主题和政治目的与统治机器纠结在一起时，该运动就不再站在第三世界或第一世界妇女这边。我的观点很明确：这不是指责女性主义具有帝国主义的本质，而是指责女性主义任由统治力量的权力出于帝国主义的目的而窃用我们的观点、语言和行动，并且绝不会是出于我们自身的目的。（Mueller 1991，6）

WID 话语参与了发展所有的主要实践（如客户类型的创造、精心安排的议程、官僚政治等）。其成效可以从哥伦比亚国家粮食与营养计划中得到证实。健康和营养项目使 PAN 得以安排妇女生活的主要部分。它设置了一系列同时开展的活动来教导妇女营养、健康和卫生方面的正确规则，并且使农户家庭内部现有的性别劳动分工更加合乎理性。PAN 以全新的方式整合了这些干预措施，以对女性农民的生活实施管控。所有这些都不好吗？为了回答这个复杂的问题，我们必须分析这些项目是如何处理性别、阶级和文化之间关系的，我后面还会再回到这一点。但是我们不能忘记，类似 PAN 等项目利用了生物政治学，诸多问题因此被作为更大的权力网络的一部分来管理。

穆勒关注的另一个方面是发展机器对第一世界女性主义者与第三世界妇女之间关系所造成的影响[⑥]。穆勒的分析从引述两位非洲妇女的故事开始，她们是玛乔丽·姆比利尼（Marjorie Mbilinyi）和凯瑟琳·纳穆杜（Katherine Namuddu）。穆勒认为，当妇女被资本主义发展和 WID 资助的项目界定为问题时，难免会出现这样的结果，即"非洲与非洲人被非洲大陆以外的人重塑，或者作为研究数据，或者作为一个理论的实例，或者作为项目中的案例，所有这些都源于并直接补充到集中式信息系统中"（Mueller 1991，5）。南方的历史和文化被发现、转译之后，刊登在北方的杂志上，不料却被重新概念化和重新包装，作为发展干预项目又回到南方。这种跨文化知识的创造源于西方知识的客体化和超然性本质，不仅侵扰了女性主义的知识，也给人类学与社会科学带来了麻烦（Said 1989；Clifford 1989）。尽管 20 世纪 80 年代人类学在构想新的表征形式上取得些许进展，但它还没有对如何生成有关"他者"的知识这一问题给出令人满意的答案。

穆勒鼓励第一世界的女性主义者直面这种困境，超越性别偏向的问题，将其整合到发展之中，并质疑作为统治制度的发展机器的特殊程序与结构。这是抵制女性主义知识的科层化、启动去殖民化进程的唯一途径。出发点应该是妇女的立场，"关于社会世界的关键调查研究，应该从知情者自身所处的地方和所工作的机构开始。这里的知情者是指那些把自己称作女性主义者和'妇女参与发展'实践者的专业人员、学者和官员"（Mueller 1991，7）。这里借用一本书的题目——《身居庙堂 心系江湖》（*In and Against the State*），该书的作者是在伦敦政府工作的社会工作者，他反思了妇女福利项目的合理性——穆勒建议 WID 女性主义者应该"身在发展机构而反对发展"（in and against development）。这意味着，作为机构内部人员，知情者要尽力了解"事情是如何进行的"，也就是说，"我们的实践是如何制造了那些统治我们生活的关系，并与之纠结在一起的"（Smith 1990，204）。

按照穆勒的说法，这种战略存在明显的风险：排斥、收编、"隔都化"（ghettoization）。但"身在发展机构而反对发展"的方法，在认识论和政治上都是有远见的。这需要对认识模式（mode of knowing）进行考察，这一认识模式通过参与特定的社会系统（包括专业的培训）而得到加强（Mani 1989）。它还要求不再将第三世界的现实转化为标准的、有序的话语以及官僚的行动，而这又反过来要求我们不再通过专家创造的概念来看待这个世界。最后，它还要求，对专家在第三世界特定妇女群体的"需要"与第一世界发展机构的"需求"之间所扮演的中介角色有敏锐的意识。这最后一方面——专家作为"专家话语"的生产者，协调着提出需求与满足需求之间的关系——无论是对国家还是对社会运动都至关重要（Fraser 1989）。

穆勒认为，"身在发展机构而反对发展"是我们的起点，是一个可以寻求更为彻底的工作策略的空间，这一空间与发展制度所提供的空间在社会、经济、政治与文化方面十分不同（Mueller 1987b，2；也请参见 Ferguson 1990，279-288）。其结果不一定是非此即彼，也不可能无所不包。穆勒关注的焦点从第三世界妇女和我们需要"帮助"她们，转移到统治机器，这从政治上来讲是很有前景的。我们还要记住第三世界妇女的行动——无论是中产阶级女性主义者还是草根激进主义者，或者二者兼有——以便认识权力是如何运作，又是如何遭到第三世界妇女抵制的。如果我们认为，在项目发展工作中，"有妇女在是件好事"，那么我们也必须认识到，正如西蒙斯所提醒我们的，"在接受（发展）项目和发展计划的那一端，人们在大声地抗议着"（Simmons 1992，19）。也许我们还必须看到，"如果女性继续保护经济的增长，那么她们在不经意间也保护了父权制的特权"（19），但这并不是说我们不需要帮助妇女为了更好的生活条件而进行斗争。让我们来看看哥伦比亚的妇女是如何身处在 WID 话语之中，又反对 WID 话语的。

为了可见性与赋权而斗争：哥伦比亚女性农民的发展项目

在与综合农村发展话语相关联的 DRI 案例中，为哥伦比亚女性农民开展的项目并没有完全沿袭国际 WID 话语所绘制的路线，尽管 WID 已经成为影响概念和政策形成的重要力量。1988~1993年开展的农民全面发展项目（Program for Integral Peasant Development）是哥伦比亚 DRI 项目第三期的一部分，其中包括一个"与女性农民一起发展"的项目（Program for Development with Peasant Women，PDMC）。PDMC 代表了哥伦比亚针对农村妇女的政策制定过程中的重要进步，其生产策略是农民全面发展项目中最重要的三个部分之一（DNP/UEA 1988；Fondo DRI 1989a，1989b，1989c）。描述该项目的文件开篇就是下面的告诫：

> 在 DRI 三期项目所考虑的因素中，最难于制定的可能莫过于针对女性农民的这一特殊环节。一方面，即使在最好的情况下，对女性农民发展项目的怀疑态度也始终没有消除；而另一方面，提及歧视妇女或妇女从属地位的问题，总让人不自在，因为它触及了每个人的（性别）意识。不过，一旦承担起为妇女利益而开展项目的责任，这一意识就将激发出坚持努力的必要信念和勇气，尽管这可能意味着在每个层面展开日常斗争。这本身就证明了对维护农村妇女利益的直接行动（农村妇女也参与其中）进行资助是合理的。（Fondo DRI 1989c，1）

全球很多地方的女性主义者都承认也支持这一陈述。从 1949 年世界银行代表团对哥伦比亚人口特征的描述使人们对妇女视而不见，到如今的这一系统陈述（几乎可以肯定是由一位女性规划者撰写），二者之间有很大的差别。而相较于那些被认为遵循了家政学原则的传统妇女项目来说，PDMC 也有所不同。事实上，该项目的大部分资源被用于与农业生产相关的产品、信贷和技术等方面。换言之，妇女在项目中被视为活跃且独立的生产者，而不仅仅是家庭主妇和次要的养家糊口的人。

近年来，家政学方法开始向为妇女且与妇女一起（for and with women）发展的农村发展战略转型。而从话语政治、性别和经济的角度来对这种转型过程进行分析是非常重要的。下面我们就从回顾催生该新战略的一些重大事件开始这一分析。20 世纪 70 年代中期以前，以妇女为对象的政府项目一般都是按照传统惯例来设计的，项目的范围有限。无论项目是解决营养、健康、卫生保健问题还是教育问题——如哥伦比亚家庭福利研究所（ICBF）开展的健康与营养项目，或哥伦比亚农业研究所（Colombian Agricultural Institute，ICA）开展的家庭庭院项目——针对贫困妇女的国家政策都是基于妇女受到家庭领域的约束和限制这一认识。自哥伦比亚政府引入"创收"项目起，这样的认识贯穿了整个 20 世纪 70 年代，这些项目的出现主要是为了呼应"联合国妇女十年"（1975～1985）的精神。在这 10 年里，很多资源流向被视为妇女天职的领域，如家居装饰、手工艺品制作、缝纫等项目。这些项目都是为了提高妇女的生产能力。尽管这些项目在某些领域（如营养等）确实取得了进展，但由于它们认可了"劳动的（某种）性别分工，因此反而强化了妇女的从属地位"（León 1987，123）。

20 世纪 80 年代初，在一系列复杂因素的作用下，一种新的情况渐渐出现。这一新情况在不同国家各不相同。在哥伦比亚，国家对这种新情况的回应受到诸多复杂过程的影响和形塑，例如，政府机器中出现了越来越多的女性规划者，哥伦比亚和拉美女性主义学者开展了很多研究，新的宏观经济环境和国际气候有利于瞄准妇女的政策的推行。让我们从最后一个因素开始说起。很多评论家（特别是北半球国家的评论家）曾指出，"联合国妇女十年"是推动人们开始关注妇女的最重要因素。这种观点认为，"联合国妇女十年"和"妇女参与发展"要么通过自身力量，要么通过国家制度，推动了为第三世界妇女创造空间的过程，妇女在其中得以组织和进行她们自己的议程。它们促进了关于妇女问题的研究，为妇女项目注入了资金，并促成了第一世界女性主义者与第三世界女性激进主义者的交流，而后者反过来在其工作的妇女群体中传播女性主义知识。不仅如此，这种国际气候也有助于向第三世界国家的公共部门提出发展中妇女的参与问题。国际组织对在官方层面形成有关妇女的政策框架表现出明显的兴趣，这又推动了第三世界国家的政府向这一方向迈进。

　　第三世界许多地方的女性主义者深知，他们的工作在 20 世纪 80 年代扩大到更广的范围，引起了更多的关注，而"联合国妇女十年"和"妇女参与发展"是其中重要的影响因素。但如我们所见，"妇女参与发展"的话语好坏参半，第三世界女性主义者也对此进行过讨论。在 20 世纪 80 年代初期，这种国际气候恰逢另外两种现象：很多国家的粮食状况日益恶化；受债务危机的影响，社会服务方面可用的资金越来越少。许多国家这才"发现了"农村妇女（León 1986，1987）。在哥伦比亚，发现农村妇女的方式十分复杂。1983 年之前，该国农业部门并不存在专门针对妇女的官方政策，更不用说对妇女的广泛关注。尽管如此，哥伦比亚仍采取了很多发展措施，为后来最高政府采纳"与女性农民一起发展"这一国家政策奠定了基础（DNP/UEA 1984；Ministerio de Agricultura de Colombia 1985）。1982 年，哥伦比亚合并了 PAN 和 DRI，姑且说这是合并吧。作为合并重组的一个部分，规划人员需要决定如何处置那些已有的、为数不多的、针对妇女的项目，那些项目主要是 PAN 和国家农业研究所（National Agriculture Institute）的项目。中止这些项目的首次尝试遭到 DRI/PAN 几位女性规划师的反对，最终，她们在一个尽管有些不确定，但相对来说更加稳定的基础上重新设计。在此过程中，DRI 的一位高层女性规划师曾建议，即将召开的全国 DRI 用户大会，应明确要求既有男性农民代表参会，也有女性农民代表参会。虽然与会者中妇女寥寥无几，但一位能言善辩的妇女最终被选为全国 DRI 农民用户协会的主席[⑦]。

　　在此还要提及另一位应这位规划师之邀的参会者，即主要关注农村问题和倡导农村妇女权益的富有造诣的学者——马格达莱娜·莱昂（Magdalena León）。在前面的章节里已经提到过，作为一名学者，莱昂在学术界已经是享有盛名的农业和政策问题专家。但邀请她出席会议本身，就揭示了其他一些结果。按照很多标准来衡量，哥伦比亚公共部门中的妇女参与程度都相当高，特别是在国家规划部门，其成员主要是高水平的、训练有素的专业人员[8]。与其他很多拉美国家类似，哥伦比亚多数女性规划者并不把自己视为女性主义者，但有时她们的实践却推动了妇女问题（或者在某些情况下的女性主义问题）的改进；这种情况往往发生在她们寻求解决其规划实践中出现的具体问题之时。在有些案例中，比如刚才提到的案例，规划者向女性主义研究者请教概念和观点，为其行动寻求理论支撑。而女性主义研究者频繁地介入规划界，多数情况下担任规划机构、非政府组织或国际组织的签约专家，为妇女项目的研究或评估提供咨询。

在哥伦比亚，女性主义学者在20世纪80年代的研究成果发挥了关键作用，使人们注意到妇女对农业生产的贡献，并提出一系列妇女政策（León 1980，1985，1986，1987，1993；Rey de Marulanda 1981；León, ed. 1982；López and Campillo 1983；Campillo 1983；Bonilla, ed. 1985；León and Deere, eds. 1986；Bonilla and Vélez 1987；León, Prieto, and Salazar 1987；Medrano and Villar 1988）。这些研究成果既为关于女性农民的研究提供了知识上的合法性，也为国家许多政策的制定奠定了基础。其中最重要的研究成果之一是对"发展是性别中立的"和"妇女从事农业生产的程度并不高"这两个假设有力的批判。女性研究者提供了大量的论据来摧毁这些假设。

哥伦比亚农业部的两位女性——赛西莉亚·洛佩斯（Cecilia López）和法维奥拉·坎皮略（Fabiola Campillo）（1983）的研究工作对1984年国家经济社会政策委员会（CONPES）制定的"与女性农民一起发展"的国家政策至关重要，她们的研究得到联合国儿童基金会和联合国粮农组织的资金支持[9]。而这一政策的执行结果是另一回事。最初的热情渐渐消逝，同时没有了贝坦库尔执政期间（1982~1986）的支持，随后是洛佩斯和坎皮略的离开，这些项目进入紊乱时期，获得的资金支持日益减少。20世纪80年代后期，诸如综合农村发展项目、哥伦比亚农业研究所和农业改革研究所（Agrarian Reform Institute）等开展的各种妇女项目之所以还能维持，主要是因为它们被列入了国际机构的支持议程。而加维里亚（Gaviria）执政时期（1990~1994）的到来标志着妇女政策在最高层的复兴。在这一时期，政策的重点是，为那些在不断进行的新自由主义调整过程中被认为最脆弱的群体——平民阶级中的妇女、青少年和老人——提供补偿措施。随着妇女政策获得重要的财政资源，DRI 中的"与女性农民一起发展"项目（PDMC）得到重新巩固，甚至是拓展[10]。

目前我们还难以对这些政策的重要性和结果进行评估。因为哥伦比亚是首批设计和实施这类妇女政策的国家之一，所以无法与其他国家的经验进行比较。尽管"性别中立"这一假设并没有被摒弃，但一种使妇女项目获得制度性支持的"性别扩张"（gender distension）开始出现（León 1993）。随着时间的推移，哥伦比亚妇女政策的范围被不断拓宽，已不再只局限于农业领域，还在一定程度上把城市贫困妇女也纳入进来。当发展越来越强调分权和地方自治，一个令人鼓舞的观点出现了，即地方政府和区域组织在负责执行这些新政策的同时，其自身也可能得到加强和巩固。事实上，在政策低落的那些年，正是那些女性农民的组织才使对妇女问题的讨论继续保持了活力。而分权与地方自治的发展趋势与新自由主义所迫切要求的减少国家操控、将福利和发展活动私有化是一致的。尽管妇女在持之以恒地争取空间，但能争取到的空间在逐渐缩小。

正如莱昂（León 1986，1987，1993）所总结的，哥伦比亚的农村妇女政策虽然相对而言取得一些成绩，但仍然存在严重的结构性局限。与法哈多一样，莱昂把获得土地视为在改善农民生存状况方面取得重要进展的前提条件。基于此，莱昂和其他很多拉美女性主义者均强调：阶级和性别二者密不可分，不能互相割裂。也可援引贝内丽亚和罗尔丹的表述（Benería and Roldán 1987）：阶级和性别"站在同一个十字路口"。但是，由于社会中根深蒂固的父权制结构而产生的性别特异的障碍因素，还是影响了政策的成功实施。其中一些障碍因素包括：长期形成的家庭内部劳动的性别分工；就执行机构的人员而言，他们自身对性别身份没有清晰的认识，因此将性别纳入考虑范围进展缓慢；缺少将妇女纳入发展的完整的技术—经济策略，以及明确的削弱父权制意识形态与文化的措施。在紧缩的宏观经济政策背景下，为妇女开展的生产性项目一般很小，且彼此没有关联，常常并不能补偿妇女的付出，从而变成了妇女的额外负担（León 1993）。这种面向世界市场的生产主义的逻辑，更侧重的是使妇女高效地生产和再生产，而不是支持她们以独立自主的个体生存。

针对性别从属（gender subordination）问题的国家政策在拉美研究者中间引起了广泛的讨论。例如，在对尼加拉瓜 20 世纪 80 年代经验的讨论中，保拉·佩雷斯·阿莱曼（Paola Pérez Alemán）区分了三种情况：一是把妇女纳入"男人的世界"，即纳入农业合作社或男性占主导地位的农民组织；二是沿袭传统的性别角色来建立妇女组织（即在"生育"领域）；三是创建妇女组织，尤其是在允许对传统性别角色提出更多质疑的社区和教育领域。虽然前两种情况在为妇女创造讨论自身问题或分享经验的空间上有一定的重要性，但只有第三种情况，才能将实用性性别利益（practical gender interest）（指直接与生存或生活质量相关联的利益，涉及粮食、饮水和健康等）和战略性性别利益（strategic gender interest）（指针对性别从属问题而衍生出来的利益）结合起来（Pérez Alemán 1990）。

关于实用性性别利益和战略性性别利益的区分，是由玛克辛·莫利纽克斯（Maxine Molyneux 1986）提出来的。这种提法虽然能够适用于某些层面，但也存在问题。恰如埃米·林德（Amy Lind 1992）曾指出的，该提法暗含的假设是：妇女的"基本需求"与她们的"战略性需求"是割裂的，而一种"实用性策略"或"生存策略"不可能同时是挑战社会秩序的政治战略。这种区分还内含了这样的假设，即大多数贫困妇女只关心"每日怎么活下去"，因而她们只关注眼前争取经济利益的斗争，而没有长远的战略规划。这种分析忽视了被组织起来的贫困妇女对社会秩序的重要贡献和巨大挑战。与早先提到的贝哈尔一样，林德提醒我们，贫困妇女也会通过谈判争取权力，建构集体认同，并形成对自己生活世界的重要看法。妇女（和其他人）为了"吃饭"而进行的斗争，或许同时需要文化上的斗争。

20 世纪 90 年代，大多数女性主义者认同这样一种观点，即不能简单地理解实用性性别利益和战略性性别利益之间的区分。最近又有两种新的战略被提了出来：一是用"社会性别参与发展"（Gender in Development）取代"妇女参与发展"，以作为在发展领域内将妇女的努力组织起来的原则；二是用赋权战略来完善风头正劲的生产主义方法（productivist approach）。第一种战略的目标反映出，在国家层面上，宏观经济政策一直被假定为性别中立的；它试图将妇女问题主流化，将之融入经济政策的整体构想与设计之中，从而促使国家认识到男性和女性之间的真实差异是社会问题，以及有必要考虑宏观政策对劳动性别分工的影响。赋权方法则试图"改变女性和生产活动的连接方式，从而保证妇女平等参与经济、社会和文化等活动"（León 1993，17）。赋权可能带来具有性别视角的公共政策，不再屈从于提高生产率这一目标。这是一个如何保证生物性差异不再包含性别从属的问题。

换言之，妇女参与社会生产十分必要，但这还不足以使妇女摆脱从属地位。即便社会政策为此开辟了空间——在一定程度上强化所有层面的妇女组织，并使两性之间的社会关系和政治关系出现变化——也只有扩展以社会性别为基础的意识形态和组织形式，才能够为持续改善妇女的处境而奠定坚实的基础。这就需要特定的结合，比如开展针对农村妇女的培训项目与强化性别意识之间的结合，促进妇女组织发展与更大的性别自主之间的结合（León 1986，57-60）。莱昂总结道，妇女只有通过上升为一个新的社会主体，才可能建构起一种新的发展模式。这将是一种整体性的、非经济主义的方法，具有更多的人文关怀和公正色彩，其中包含着妇女自己所认为的需求，也是一种确实"把妇女当回事的发展"（Development as if Women Mattered）（Benería and Roldán 1987）。这样，"妇女参与发展"或许就该变成另一番景象了。

最后一个方面涉及发展机器与妇女之间关系的讨论，即"妇女参与发展"是否并不需要"解放"第三世界妇女的某种思想。这是第一世界女性主义者和第三世界妇女之间关系的另一面。人们过去曾满怀希望地讨论这一问题，认为这是不同文化间的妇女得以融合而不是隔离的方式。20世纪80年代，美国对妇女运动和女性主义知识中的普适化和欧洲中心主义倾向发起了强烈的批判（Spelman 1988；Trinh 1989；Mani 1989；Hooks 1990；Anzaldúa, ed. 1990）。普遍的观点认为，以现代的解放语言来审视第三世界妇女是存在问题的。郑明河（Trinh 1989, 107）曾引用过一位非洲妇女的话："那些改善妇女权益的组织，企图……完全用欧洲的思维方式和历史经验来同化我们。至少在前殖民社会，非洲妇女既不是男人的附属品，也不是奴隶。她们觉得完全没有必要通过模仿男人来表达自身的个性。"

但正如郑明河提醒的，我们应当谨慎，因为妇女解放的现代语言存在局限性，对此局限性的探究会被用于维护男性的特权。首先要避免假定存在一个没有压迫的、完美无瑕的、性别化的乡土社会。但必须承认，在亚洲、非洲和拉丁美洲的很多国家，两性关系的性别化是对当地历史而非对现代结构的回应。这些关系的特殊性不能被纳入西方的模式。然而，现代性的语言和实践已经渗进第三世界的社会，其程度之深使我们有必要将现代解放语言与本土语言策略性地结合起来使用，但这种使用必须尽量展示出这些语言特殊的历史与文化特征。我们也应该重视第三世界妇女对现代化的渴望，然而，这种现代化的含义一定不能想当然。其含义与西方相比往往大相径庭，而且作为第三世界遭遇发展的一部分，正被建构和重构。

要把社会性别作为差异来研究（Trinh 1989），必须从非种族中心主义的女性主义视角来进行。这样做的困难是显而易见的，因为需要发展出一种语言，通过它，妇女受到的压迫才能够在不同文化里引起人们的关注，但又不能强化（实际上应该禁止）这样一种思想，即认为必须按照西方的道路来发展妇女并改造传统。一些女性主义人类学家和第三世界女性主义者的研究似乎正朝这个方向发展。比如，弗雷德里克·阿普菲尔-马格林（Frédérique Apffel-Marglin 1992）重新诠释了印度奥里萨邦（Orissa）围绕女性月经的各种禁忌，以此来挑战发展话语。发展主义者以解放妇女、帮她们的社区"摆脱过去"为名，反对这些禁忌。相反，阿普菲尔-马格林的复杂诠释说明了这些禁忌本身源自相互关联的实践。在一个仍然通过非商品化的方式来认知的性别化的社会里，自然、上天和神灵、社区、女人和男人被这些实践联系在一起，都是生命轮回的一部分。阿普菲尔-马格林总结道，只有在商品化个体的视角下，月经禁忌等传统习俗才会被看作对自由和尊严的剥夺。尽管这些修订了的解释会遭到其他视角的挑战，但它们还是对不加批判地应用西方概念的做法提出了警告。

第三世界的一些女性主义者，如范达娜·席瓦（Vandana Shiva 1989，1992）的研究显示，女性主义和对现代性的抵抗之间存在利益的趋同，这作为现代性的人类学的一部分，亟待深入探讨。把"女性"这一概念作为自由人文主义的主题，可能并不适合很多第三世界国家的国情，而第三世界国家的一些女权运动拒绝把男性和女性相互分离开来，则应得到接受。在为女性主义人类学创立一种非种族中心主义方法的学者中，玛丽琳·斯特拉森（Marilyn Strathern）或许是走得最远的一位。在她看来，"因为能够生育，妇女'自然而然地'成为男人各种计划的对象。若从西方知识传统中固有的某些假设来看，这种商品化的观点是可以理解的"（1988，316）。对于很多女性主义理论来说，"生育"是其中非常核心的概念。斯特拉森解释了高度关系化的美拉尼西亚人（Melanesian）的世界，在他们的世界里，妇女"不制造孩子"，即"妇女不复制原材料，或者说不生像未加工的自然资源那样的孩子，而是生产一个与自身有社会关系的个体……孩子是多个他者互动的产物"（316）。在上述美拉尼西亚人的社会里，人们完全不关心自我的继替；社会生活的基础是与他者建立的关系，而不是自己本身或身体内的个体。

根据这种类比性别（analogic gender），就连母子关系的出现也不是自发的，而是源自他人。那么依此类推，与现实中多数的表象相反，创造社会和文化的并非男人的活动，社会的普遍价值也并非男人的价值。而且，人们不能抽象地谈论男人或女人。斯特拉森认为，对男人和女人的抽象谈论，源于我们未加检验的关于社会的概念：

> 当男人的集体生活被普遍理解为一种约定俗成的或权威的生活写照时，它就被纳入了我们的组织性隐喻——"社会"之中。正是这个隐喻引起人们的质疑：为什么男人就应该处于特权位置，他们为什么有权决定意识形态或创造有利于自己的社会秩序之基础。我曾指出，美拉尼西亚人的那些集体生活形式，并不能通过西方的社会模式得到充分的描绘，而且无论对男人如何描绘，他们都不可能成为这种社会存在的创造者……美拉尼西亚人的社会创造性并不是建立在等级的世界观基础上，这种观念认为世界万物的创造是自然的过程，在此过程中，社会关系得以建立。社会关系被想象为行动的一个前提条件，而并非简单的行动的结果。（Strathern 1988, 319, 321）

这种对社会基础性概念的批判，反映了人类学中的一个假设，即所有社会都在与相同的大自然作斗争，因此结局也必然相同。

该批判的影响十分深远（Strathern 1988，288-344）。而斯特拉森提出类比性别这一概念，为伊凡·伊里奇（Ivan Illich）修正其重要的"地方性别"（vernacular gender）理论提供了参考，后者目前还很少在性别化的领域和实践的关系方面展开论述。更宽泛而言，该理论指出，要想以非现代的方式，或以混杂的方式，来考察统治、抵抗和解放运动，需要发展新的语言。

　　这种理论上的曲折迂回进一步揭示了"妇女参与发展"话语存在的问题，对此，我们必须再次加以总结。墨西哥人类学家洛德斯·阿里斯佩（Lourdes Arizpe）曾很好地概括了"妇女参与发展"话语的逻辑，她写道，"当今每个人看似都对农民十分关注，但真正对他们感兴趣的寥寥无几"（1983，3）。换言之，虽然今天妇女已经成为一个问题，一个被关注的主体，但是该问题或这种关注所根据的是他人的兴趣。而"妇女参与发展"话语通过把农民设想为"粮食生产者"，以一种农民未曾经历并且抗拒的划分方式，使农民的生活支离破碎。确实，第三世界妇女丰富的生活沦为促进粮食生产的人力资源的乏味日常。正因为如此，阿里斯佩一再强调，为农村妇女创造能够表达意见，并且意见能够被听取的空间，这点十分关键。我们应留意的是，正是在重新安排、调整可见性和陈述的过程中，权力配置被改变了。这就把我们带回到本章的开篇之问——关于视觉性（visuality）的问题。

　　那么，为什么视觉性与妇女密切相关？周蕾（Rey Chow）可能给出了回答：

　　　　妇女遭受压迫的一个主要原因，在于她们被引入公众视野的方式。这种引入是一种认识论机制作用的结果，该机制通过对社会地位的形式分配制造出社会差异，这种差异又被现代主义利用电影等技术而放大……确切地说，如果我们将视觉性看作女性主义应当批判的社会客体的本质，那么我们应该义不容辞地去分析支撑它的认识论基础。的确，这一认识论基础指的是，西方的"他者"是以一种视觉性逻辑为基础而缔造的产物，该视觉性逻辑将"主体"和"客体"分割成两个互不相容的智者（intellectuality）身份和镜像（specularity）身份。（1992，105）

周蕾指出，视觉体制（regime of visuality）制造了个体无法掌握的各种意义，将个体变成了展览品，而个体越无助，其"美学"价值越多。把人类的躯体（或人类群体）置于被现代知识体系的全景和框架（panoptic/enframing）逻辑所限定的视野之内，使之变得一览无余，并产生结构化的意义表征，这种做法包含了去人性化和暴力的过程。媒体对妇女的再现显然就是如此，还有非洲萨赫勒地区的饥荒受害者、中东的伊拉克人和巴勒斯坦人，甚至是胡安-瓦尔迪兹人（Juan Valdez），他们清晨五点起床在哥伦比亚的安第斯山区采摘咖啡，而这些咖啡最终为美国的劳动大军提供了帮助，供他们每天早起后消费。色情作品、窥阴癖的例子同样如此，智者和历史主体（historical agency）往往是（西方的）看客，而被动的他者成为镜像。正如在战争宣传之中，发展机器以技术化凝视（techno-gaze）的手段将农民、妇女和大自然（下一部分将谈及）框构起来，用以标示"未被男人和白人注意到的目标"（Haraway 1988，581）。这一发展机器只"容许人们看到'他者'，但对他者说什么并不感兴趣"（Chow 1992，114）。

发展机器另有一套秩序，用以许可什么可以被看见，什么可以被描绘。这一秩序的建构，是为了使进入其轨道的农民、妇女、大自然和第三世界中被景观化的他者，能够"开始奔向世界经济的漫漫征程"（Visvanathan 1991，382）。然而，这一征程还远没有完成，同时人们在想方设法地摆脱这条进步的大道。在社会场域的微观政治作用下，在盘根错节的社会布局里，极有可能产生（实际上总是在产生）有悖于世界银行和世界各地规划部门的官僚所梦想的陈述和可见性的表达。

可持续发展：大自然的毁灭与环境问题的兴起

视觉的贪婪和全球生存的问题化

1987 年，以挪威首相格罗·哈莱姆·布伦特兰（Gro Harlem Brundtland）为主席的联合国世界环境与发展委员会（World Commission on Environment and Development）起草了一份题为《我们共同的未来》（*Our Common Future*）的报告。该报告开篇如下：

> 20 世纪中叶，我们从太空第一次看到了我们的地球。历史学家最终可能会发现，这一事件对人类思想的影响将超越 16 世纪曾推翻"地心说"、改变人类自我印象的哥白尼革命（Copernican revolution）。从太空中，我们看到了一个又小又脆弱的球体，显眼的不是人类活动和高楼大厦，而是一幅由云雾、海洋、草木和泥土组成的图案。人类无法使其行为与这幅图案相适应，这正从根本上改变地球系统。许多这样的变化伴随着危及生命的灾害而出现。对这一新的现实，我们无可回避，我们必须承认它，并管好它。（World Commission on Environment and Development 1987，1）

《我们共同的未来》为 20 世纪末、21 世纪初的世界引入了伟大的替代战略——可持续发展。可持续发展纯粹从西方理性的角度，提出了根除贫困、保护环境的可能性。而这一话语的文化历史基础不难追根溯源。尽管世界环境与发展委员会如此宣称，但从太空观看地球并非什么伟大的革命。"自太空的视觉"属于 19 世纪临床医师科学凝视（scientific gaze）的范式。但是，"病痛的各种形象并没有因为大量中立的知识而霍然消散，而是在身体和目光交汇的空间里被重新分布"（Foucault 1975，11）。同样，"地球退化说"也只不过是在环境保护论者、经济学家和政治家的专业话语中重新分布和散播。地球和地球本身的问题，终于进入了理性的话语之中。疾病则以一种新的形式隐藏在自然界。正如病理医学催生了社会空间医学（medicine of social space）（健康的生物空间正是法国大革命所梦想的社会空间），"地球医学"（medicine of the Earth）将催生出保护大自然健康的、新的社会建构。而这种新的社会建构，正是可持续发展的概念企图实现的。

在视觉和知识的历史中，"布伦特兰报告"（即《我们共同的未来》）开启了前所未有的贪婪阶段，随之而来的还有全球"生态统治论"（ecocracy）的兴起。有些人可能会说，如此评断未免过于苛刻。那么，下面让我们来逐步解析。报告的开头第一段明确地提出了可持续发展话语的另一个重要方面，即强调"管理"。管理和贪婪的视觉是一对孪生兄弟，尤其是在世界已经被全球体系（global system）理论系统阐述的今天。"全球化问题"这一类别是新近的发明，其推动力主要来自20世纪70年代罗马俱乐部报告培育出的生态热情。这个报告提供了一个非常特别的视角：世界是一个各个部分都相互关联的全球系统（Sachs 1988）。由于我们所讨论的是一个"脆弱的地球"，因此"管理"不能不成为地球的一部分。《科学美国人》杂志接过了布伦特兰的接力棒，于1989年9月出版了"管理地球"的专刊，揭示了这种管理态度的本质。无论是作为整体的地球，还是它的工业或农业体系，它的气候、水或人口——对于这群科学家和商人（一般都是男性）而言，最为重要的就是通过适当的管理战略来实现增长模式和发展的延续。"我们想要怎样的地球？我们能得到怎样的地球？"这是在该专刊的开篇论文中作者的发问（Clark 1989，48）。"我们"有责任管理人类对地球的使用。"我们"需要同过去的农业革命和工业革命一样，引发一场价值和制度方面的变革，从而"让民众和国家朝可持续的方向前进"。这一话语中所讨论的问题是，我们能发明出什么样的管理方式，来最大限度地利用地球"资源"。

　　然而，谁是知道什么对地球整体最有利的"我们"？我们再次发现了西方科学家的熟悉身影，他们已变成"管理者"。有那么一张照片——一位年轻的尼泊尔妇女"在为一个造林项目栽植一棵树苗"，这正代表了这个"我们"的思维体系。而印度"抱树运动"（Chipko movement）中的那些妇女就不能作为代表，她们被描绘成满怀斗志，运用截然不同的森林知识和实践形式，而不是通过精心管理的"造林"项目，从政治意义上保护她们的树木。正如范达娜·席瓦（Vandana Shiva 1989）所指出的，正是这种表征确保了男权主义和殖民主义的科学对那些与历史无涉的、肤色显黑的年轻妇女的进一步控制。至今，人们仍然存有幻想，即西方慈爱的双手将会拯救地球；人与自然之间的和谐，应该在格罗·哈莱姆·布伦特兰这位女首相科学家的协调下，依靠世界银行的多位缔造者和几位加入世界环境与发展委员会的第三世界国家的世界主义者来实现。西方科学家继续为地球代言。至于秘鲁的农民、非洲的游牧者，或者亚马逊的采胶人，上帝则禁止他们对此发言。

　　但是，现实真的可以被"管理"吗？"规划"和"管理"的概念中包含这样的信条：社会变迁可以被随意设计，可以被随意引导，也可以被随意制造。发展领域的专家一直持有这样的想法：贫穷国家多少也会通过规划，沿着进步的道路平稳前进。或许，没有哪个概念会像"现代规划"这般暗中为害，也再没有哪种思想像"现代规划"这般从未受到过挑战（Escobar 1992a）。各种对"规划"和"管理"的叙述，常常体现得"理性"而"客观"，这对发展人员而言最为重要。在这些叙述中，与欧美世界用来衡量自身成就的标准相比较，农民似乎只是"半开化"的"半人类"。在环境管理主义（environmental managerialism）中，存在同样的规划方面的盲视。最终后果是，在农民被纳入世界资本主义经济时，即便是第三世界最偏远的那些社区，也被从当地背景中剥离出来，并被重新定义为"资源"。

有一种想法很吸引人，即把主流发展专家和政治家最近对环境的兴趣归因于他们生态过程意识的复兴，或归因于他们对发展的根本性的重新定位，以使发展远离纯粹的经济特征。不可否认，其中一些解释有一定程度的真实性。但是，可持续发展意识的兴起，与形形色色实践中的调整（比如评估发展项目的可行性与影响，获取本土知识，非政府组织的发展援助）有关，与新的社会环境（自上而下发展项目的失败，此失败所带来的史无前例的社会与生态问题，抗议的形式不断更新，愈加突出的匮乏问题）有关，与公认的国际经济和技术因素（伴随生态退化这一全球化趋势而出现的新的国际分工，以及测量生态退化的新技术）有关。但是，我们需要解释的正是为什么要以"可持续发展"来回应这一系列的新情况？而且，"可持续发展"与哪些重要问题相关联？

就此，我认为以下四个方面应引起重视。第一，"全球生存问题化"的范围越来越广，它已经改写了人类与自然的关系，可持续发展概念也因此出现。这种问题化是对二战后发展的破坏性特征以及南北半球兴起的环保运动的一种回应，导致了一种复杂的环境问题的国际化过程（Buttel，Hawkins，and Power 1990）。但是，被问题化的，不是地方文化与现实的可持续性，而是全球生态系统的可持续性。而"全球"被再一次根据统治者所共享的世界观界定。在自由生态系统（liberal ecosystem）专家的眼里，生态问题是超越文化和地方背景的复杂过程的结果。"全球化思考、本土化行动"（think globally，act locally）这一口号假定我们不仅可以从全球层面来界定问题，而且这些问题对所有社区具有同等的强制性。生态自由主义者（ecoliberals）认为，因为所有人都是地球这个"宇宙飞船"的乘客，所以他们对环境退化负有同等的责任。然而，他们并没有看到国家之间、地区之间、社区之间以及阶级之间在资源问题方面存在巨大的差异性和不平等性，他们往往也没有认识到责任远远不是均摊的。

第二，可见性的体系控制了可持续发展的话语。多年来，生态系统的分析学家发现了穷人"导致（环境）退化"的行为，却很少承认这些问题其实缘于发展过程，而在此发展过程中，乡土社区被移置，人们的居住地和职业被瓦解，农村社会不得不向大自然讨生活。在 20 世纪 70 年代，生态学家认为问题在于经济增长和毫无节制的工业化，但是，在 20 世纪 80 年代，他们中的很多人开始认为贫困是具有重大生态意义的问题。他们警告说，穷人"不理性"，而且缺乏环保意识。在当前主流学术文献中，随处可见的描述是，那些肤色显黑的贫苦农民群众用斧头和砍刀破坏了森林和山坡，而正是这样的表征体制，巧妙地将人们的视线和谴责，从南北半球的大工业污染者、资本主义和"发展"所孕育的掠夺性生活方式，转移到贫苦农民和"落后"的做法上，如焚林农业（swidden agriculture）。

第三，主流的"可持续发展"所表达的生态发展主义（ecodevelopmentalist）的视野，再生产了经济主义和发展主义的核心内容。这几种话语虽然并不能完全取代彼此，但它们互为基础，相互无法分离。可持续发展话语重新分配了经典的"发展"所关注的诸多方面：基本需求、人口、资源、技术、机构合作、粮食安全、工业主义，这些都可以在布伦特兰的报告中找到，不过被重新安排、重新组合了而已。这份报告的逻辑虽然稍有改变，但始终高举关注生态这面大旗。通过采用可持续发展这一概念，"增长"和"环境"这一对宿敌终于化干戈为玉帛（Redclift 1987）。毕竟，相比于经济增长给环境带来的负面后果，这份报告更关注环境退化对经济增长和增长潜力的影响。所以，是"增长"（即资本主义市场扩张）需要可持续，而不是"环境"。而且，因为贫困与环境问题互为因果，所以需要保持增长，以达到消除贫困的目标。反过来，消除贫困也是为了保护环境。布伦特兰的委员会声称，若想使这些冲突的目标都得到调和，那么有必要建立一套新的管理形式。这样，环境管理主义就成了包治百病的万灵药。

第四，实现这种调和需要借助"环境"这一新的概念。二战后，"环境"的概念在生态话语中的重要性一直在稳步提升。随着工业文明的突飞猛进，生态意识同样得到发展，并且促成了"大自然"向"环境"的转变。"大自然"不再是一个有着能动性的实体、一种生命与话语的源泉；作为世界的资源，"环境"成为不可或缺的概念。今天，"环境"这一概念包含了源于城市—工业体系的自然观。所有与该体系的运转相关的，都成为"环境"的一部分。这一概念中起作用的原则是人类能动性及其创造性，而"大自然"被限定成一个比过去更为被动的角色。循环不歇的是原材料、工业产品、有毒的废弃物和"资源"；而"大自然"是停滞的，沦为"环境"的附属品。随着"大自然"机体不断恶化，我们正在目睹它的符号性死亡（symbolic death）。而不断运动、创造和激发的元素，或者说生命的组织性原则（organizing principle），存在于环境之中（Sachs 1992）。

对于接受可持续发展话语的根本危险，一群来自加拿大的环保主义者如此表示：

> 若真的相信布伦特兰报告是环境和绿色运动迈出的一大步……则意味着是对该报告有选择性的解读。在这样有选择性的解读里，有关环境退化和贫困方面的论述被突出强调，有关增长经济学和"资源"导向的内容则被忽略或淡化了。这意味着，环保主义者可以利用布伦特兰报告对"可持续发展"的支持，指出某些环境暴行，并说："这不是可持续发展。"然而也正是因为如此，环保主义者逐渐采纳了一种"发展"的框架来讨论问题。（Green Web 1989, 6）

换言之，成为发展机器的新客户所带来的超过了它原本想要的：它肯定并传播了占主导地位的经济学的世界观。这种肯定主要依靠的是把"经济的"铭刻成"生态的"，而这一铭刻的过程主要通过"生态系统分析"和"生态发展"进行。由于这些视角都接受了自然资源具有先天稀缺性的假设，因此其拥护者强调：需要找到对大自然和人类生存不构成威胁的、最有效的资源利用方式。布伦特兰报告曾直接明了地指出，这是要找到"利用更少的（资源），生产更多的（产品）"的方法（World Commission on Environment and Development 1987，15）。为这个目标奋斗的，又岂止世界环境与发展委员会。世界观察研究所年复一年地在其《世界现状》报告（生态发展主义者的主要信息来源之一）中反复地重申这种论调。沃尔夫冈·萨克斯（Wolfgang Sachs 1988）在谈及这些报告时，曾一针见血地指出，生态已经变成效率的一种更加高尚的形式。20 世纪 70 年代的话语关注"增长的极限"（the limits of growth），20 世纪 80 年代的话语则开始关注"极限的增长"（growth of the limits）（Sachs 1988）。

自由生态主义者和生态发展主义者似乎并没有察觉到，将大自然和生活商品化是西方经济不可分割的文化特征。他们也没有认真地解释许多社会针对不加节制的生产而设下的文化限制。因此，他们的政策主要限定在促进资源的"理性"管理方面也就不足为奇了。只要环保主义者认可这一前提，他们也就认可有必要进行资本积累，认可物质增长以及对劳动力和大自然的驯服。"可持续发展"从认识论和政治层面调和了经济和生态，这是在试图创造出这样一种印象，即要进入一个无害环境的发展时代，只需要对市场体系进行微调即可。但这掩盖了一个事实：如果不进行实质性的改革，经济架构本身便不可能与环境的考虑协调一致[⑪]。此外，绿色经济学家以经济学术语来诠释对大自然的保护，则继续扩大了经济学给历史和生活投下的阴影。这些经济学家"所做的远不止提出新战略那么简单；他们也在告诉世人应该如何看待大自然、社会和自己的行动……他们在促进大自然的可持续性的同时，也在侵蚀文化的可持续性"（Sachs 1988，39）。

世界银行的"可持续发展"方法造成的这种效果最为清晰。确立该方法所依据的信条，正如世界银行行长在布伦特兰报告出版后不久所指出的，"健康的生态就是良好的经济"（Conable 1987，6）。1987 年世界银行建立的一个高层环境局（Environment Department），以及 1992 年诞生的全球环境基金（Global Environment Facility, GEF）（意味着在七国集团和世界银行控制下的地球宛如一个巨大的市场或公用事业公司），都强化了针对大自然的管理式态度。科纳布尔在同一演讲中说，"环境规划能够最大限度地利用自然资源，进而使人类的聪明才智最大限度地利用未来"（Conable 1987，3）。伴随着 20 世纪 80 年代新自由主义的导向，市场被赋予了核心的角色。正如哈佛大学的一位经济学家在 1991 年的世界银行发展经济学年会上指出的：

> 环境退化和可持续性的源头绝对不在于增长，而是在于政策的失败和市场的失灵……你若能告诉我一种已经耗尽的资源，或某个已经退化的环境，我就可以告诉你是什么样的补贴或失败，使市场有效运行的条件未建立起来……如果非要让我用一句话来说出解决的方法，那么这句话就是：所有的资源都应该确定权属，而所有的人都应该享有这种权利。（Panayatou 1991，257，361）

不可否认，这当然是一种很极端的观点。但是，这的确反映了以貌似纯良实则包藏祸心的"知识产权"为名而将资源私有化的趋势。这一话语是目前发展文献中最热门的话题之一，旨在保证北半球公司对世界生物物种遗传物质的控制，而这些生物物种多数集中在南半球。因此，北半球的公司、众多国际组织和北半球各国政府坚持认为，应该允许对现有基因库里的或将来开发出来的种质资源申请专利。故而，生物技术把生命毫无保留地引入工业生产之中，很多人对此欢欣鼓舞，但更多人对此惶恐不安（Hobbelink 1992）。生物技术"对绿色革命的影响，将一如绿色革命对传统植物品种和传统实践的影响……它将导致第三世界对科

236

技进步的认识和规划的背景发生重大改变"（Buttel，Kenney，and Kloppenburg 1985，32）。

生物技术、生物多样性和知识产权，都代表了可持续发展话语的一个新转变，对此我们很快就会看到。希夫·维斯瓦内森（Shiv Visvanathan）将布伦特兰的世界和可持续发展称作"失落的宇宙"。布伦特兰报告是一个故事，一个失落的（现代）世界对自身悲惨处境的自述。该报告续签了现代民族—国家与现代科技之间的契约，而它视野中的未来是满目疮痍的。维斯瓦内森特别关注可持续发展对第三世界社会生活中最后剩下的那些部分的殖民以及由此可能带来的潜在影响，而目前剩下的那些部分（如水资源权利、森林和神圣的丛林），还没有被个体和市场的逻辑完全统治。因为"公共事物"（commons）既没有个体性，也不遵循"稀缺"和"效率"的原则，所以即使是经济学，也无法理解"公共事物"这一语言；尽管如此，那些曾经的"公共事物"如今还是被夹在市场和社区之间。我们所讲述的故事、所进行的分析，都必须紧紧围绕"公共事物"展开，这样才能用"充足"的话语取代"效率"的话语，用社区的文化可见性取代个体的文化可见性。"我们真正需要的，不是一个共同的未来，而是公共事物的未来。"（Visvanathan 1991，383）维斯瓦内森同样十分关注可持续发展话语在生态主义者和环保主义者中的支配地位。维斯瓦内森呼吁抵制被主流话语同化，这使人联想起阿黛尔·穆勒曾警告过的女性主义知识的科层化。维斯瓦内森的呼吁很适合用作这部分的结尾。

　　布伦特兰试图收编的正是这些特殊的群体（生态主义者和环保主义者），以创造出新的政治舞步，其中民主不仅仅是秩序和纪律，地球则是一个神奇的宇宙，生命也仍然是一个值得庆祝的神话……世界级专家很愿意收编他们（生态主义者和环保主义者），并将他们变成一群辅助性的、二流的咨询专家，变成等级较低的护士或护理人员，并协助作为内科或外科医师的世界级专家。这个俱乐部的专家想通过哭诉"短缺"和"过度"来破坏人们的想象力，而我们正是要通过迸发想象力来对抗这种做法。"官方的"科学和民族—国家的世界不仅正在破坏土壤，淤塞湖泊，还在冻结人们的想象力……我们不得不把布伦特兰报告视为公开出版的无知，我们为那些因出版这个报告而被消耗的能源、失去的森林祈祷。最后，我还要向被用于制作本文纸张的那棵树致歉，并且为它做个小小的祷告。树啊，谢谢你！（Visvanathan 1991，384；着重号强调部分为作者所加）

大自然的资本化：生态资本的两种形式

马丁·奥康纳（Martin O'Connor 1993）在其最近的一篇文章中指出，资本的形式正在经历一场深刻的变革，进入一个生态的阶段。"大自然"不再被当作一种外部的、可开发的领域来界定和对待；新的私有化过程主要通过表征的转变而实现，自然界和社会中先前未被资本化的方面自动成为资本的一部分，变成储备的资本。"相应的，资本主义的原始动力也在改变着形式，从依靠外部领域的积累和增长，变为貌似真实的自我管理和对资本化的且自我封闭的大自然系统的保护"（O'Connor 1993，8）。纵使它号召对资源进行可持续利用，这种新的形式依然是把大自然作为资本，对自然界进行更广泛的符号征服和吞并；它之所以出现，是因为残暴的掠夺受到抵制，主要是受到社会运动的抵制。

因而，伴随着资本的现代形式——那种把资源当作原材料来掠取和剥夺的惯常又不计后果的方式——出现了资本的第二种形式，即后现代的"生态"形式，并可能取而代之。这一部分将以生态阶段的这两种资本形式为基础，得出以下论点。（1）从20世纪末期的世界背景来看，现代和后现代两种形式对资本来说均不可或缺。（2）两种形式均需要以复杂的话语来表述，以成为可能并具有合法性。（3）两种形式在第一世界和第三世界均表现出不同但越来越彼此重叠的特征，亟待对它们同时进行研究。（4）社会运动和社区越来越面临双重任务：一方面，建立起另外一种替代性的生产理性和生产策略；另一方面，抵御这些新资本形式对自然界和文化结构的符号性侵蚀。

生态资本的现代形式　生态阶段的第一种资本形式运行的依据，是现代资本主义的理性逻辑。这种形式在理论上可以采用詹姆斯·奥康纳（James O'Connor）所说的"资本主义的第二个矛盾"来加以说明。让我们记住，马克思危机理论（Marxist crisis theory）的起点就是资本主义生产力与生产关系之间的矛盾，或者是生产与实现价值以及剩余价值之间的矛盾。政治经济学家对第一个矛盾大都耳熟能详。但是资本主义的矛盾还存在第二个方面。它其实自资本主义一开始就已存在，只不过随着生态危机的加剧和由此引发的各种社会反抗形式的出现，才凸现出来，这就是"资本主义的第二个矛盾"（O'Connor 1988，1989，1992）。其核心思想是，需要再次审视资本和资本主义重构所需要的生产条件（*condition of production*）的作用。对此，马克思没有提供充分的理论解释，但波兰尼（Polanyi 1957b）在对"自我调节的市场"的批判中，把它当作了考察的重点。为什么呢？因为很显然，不但资本主义破坏或毁掉了它所依赖的社会和环境条件（包括大自然和劳动力），而且资本主义的重建越来越以牺牲这些条件为代价。这里的"生产条件"是指被当作商品来对待的所有一切，即使按照价值和市场规律来说，它不是生产出来的商品。劳动力、土地、大自然、城市空间等，均符合这一定义。记得波兰尼曾把土地（即大自然）和劳动力（即人类生命）都称为虚拟商品（*fictitious commodity*）。由此，现代性和资本主义的历史必须被看成是生产条件被一步步资本化的过程。种植园里那些以资本主义生产方式栽植的林木，佐证了这种资本化的过程。而这一过程还包括对大多数与现代性相关的经济和社会生活领域的"科学式"和"行政式"

的征服。

大自然的资本化在很大程度上是由国家协调的。国家其实必须被看作资本与自然、人类与空间之间的互动界面（interface）。从资本的原始积累和公共事物的圈占开始，大自然的资本化对资本主义来说就至关重要。因此，资本的历史也是剥削生产条件的历史，包括资本破坏或毁掉自身条件的那些方式[12]。为了减少成本或捍卫利润，资本对自身条件的威胁同样引发了对这些条件进行重建的尝试。而技术进步以及更廉价的方式获得原材料和更多训练有素的劳动力，是进行重建的主要方式。然而，这些变革需要更高程度的合作和国家干预，例如政府的发展计划、对企业的控制，再如世界银行坚持要求各个国家制订"国家环境规划"（即使是为了资本可以持续获得利润）。这类政策日益增多，也日益引人注目，这意味着这些过程正变得更加社会化，而且正在成为政治斗争潜在的焦点。比如，很多非政府组织和第三世界的环保团体发起的关于控制世界银行的游说，就反映了资本过程更加社会化的趋势。

那些为维护生产条件而出现的各种社会斗争——例如职业安全卫生运动，与身体或基本需求有关的妇女政治运动，反对把有毒废弃物倾倒在北半球的贫穷邻国或南半球穷国的社会动员——也使生命、大自然和空间的生产（和必要的重建）的社会特征更加明显。而这些斗争往往会改变使生产条件再生产的社会关系。斗争本身存在两个方面：当面对资本毫无节制的和过度的剥削时，为保护生产条件和生命自身而展开的斗争；针对资本和国家各种重构生产条件的政策（通常是通过更加深入的资本化和私有化）而展开的斗争。换言之，社会运动需要同时面对生命、身体、自然和空间的破坏，以及由危机引发的对这些条件的重构（O'Connor 1988）。

反对贫困和剥削的斗争也可以是生态斗争，因为穷人试图让社区而不是市场来控制自然资源，并抵抗对大自然进行毁灭性的定价。特别是贫穷的农村人口，由于文化背景不同，他们在实践一种特殊的"生态主义"，这样的实践保护了自然资源（Martínez Alier 1992）。生态斗争通常也是性别斗争。很多生产条件的毁坏对妇女的影响尤其明显，而且导致了阶级和性别关系的重构。比如说，砍伐森林或修建河坝破坏了生产条件，致使人们越来越难以获得粮食、水源和燃料，而在世界上很多地方，这些主要是妇女的任务[13]。妇女有时也能够通过抓住这些条件进行斗争，从而捍卫她们的生产条件和女性的身份。一般来说，妇女反对对大自然资本化和父权控制的斗争仍然没有引起人们足够的注意。我们很有必要把性别和妇女斗争纳入对资本和大自然的理论解释之中。女性主义者针对发展提出的很多问题，还留待绿色经济学家和其他环保主义者来解答（Harcourt 1994）。

而这一问题在某种程度上被认为是本质论（essentialism）和唯物论（materialism）之间的讨论[14]。有些生态女性主义者（ecofeminist）（Mellor 1992；Kuletz 1992）虽然批判本质论，但仍然强调回答这一重要问题的必要性，即"如何对地球上会穷尽的大自然以及男女之间的生物差异这一非常现实的问题进行理论解释"（Mellor 1992，46）。生物差异的重要性在政治经济学中被忽视了；"被包含在'生产'范围内的，不仅代表了资本的利益，还代表了男人的利益"（51）。女性主义的绿色社会主义者必须开始认识到，控制妇女的性生活、控制妇女与生命和自然的关系，对男人来说利益攸关。有些女性主义者尽管认识到本质论的局限性，但还是朝着将唯物论和本质论视角相结合的方向发展。这种结合的关键，是对妇女和自然界的历史紧密性进行唯物主义和非父权制的阐述。这种阐述不会忽视这样一个事实：人类是文化的和生物的统一体，也是物质的和情感的统一体（Kuletz 1992）。

绝大多数生态概念没有阐述一个相关的方面，即文化和话语在组织、调解自然和生产条件方面的作用。这个问题的背后，是自然的过程与历史的过程之间的关系。墨西哥生态社会主义者

（ecosocialist）恩里克·莱夫（Enrique Leff）认为，我们还没有建立起充分的概念来对自然和历史的相互刻写过程（mutual inscription）进行解释。确实，当生态变为积累过程的一部分时，自然也被吸收进了历史，而且因此成为历史唯物主义研究的对象。文化则仍然作为一种重要的调解程序；这样的改变在文化实践中发生，而资本的影响和运行模式总是被各种文化实践形塑（Godelier 1986；Leff 1986a）。当占据统治地位的文化所寻求的不再是最大限度的延续和生存，而是物质利益的最大化时，生物与历史的某种联结就达成了。对莱夫而言，资本积累需要科学与生产过程的结合，这样，他们制造出来的真理就变成了经济过程中的生产力。环境科学参与了将自然重新刻写（reinscription）进价值规律之中的过程；在认识论方面缺少警惕性的后果是，环境主题也在一定程度上被驯服，这就阻止了人们通过创造某种有用的概念来表达另一些生态和经济理性（Leff 1986b）。

在阐述与生产条件相关的概念和实践方面，可持续发展所起的作用很明确。生产条件并不只是被资本改变。它们也会在话语中或通过话语不得不被改变。可持续发展运动是将不同的意义重新赋予大自然、资源、地球和人类生命本身的大规模尝试，而如果不是经验科学的出现，这或许并不会被人注意（Merchant 1980）。如果把它与当前那些由生物技术引起的对自然的再造进行比对，我们很快便能看出这是一个有些笨拙且目光短浅的尝试，不过它的重要性并不该因此被低估。在赛博文化（cyberculture）出现之前，可持续发展是连接现代性和资本主义的最后尝试。重新将自然指称为环境，通过科学的凝视将地球重新刻录进资本之中，将贫困重新解释为环境遭到破坏的后果，以及将管理与规划视为自然与人类之间的仲裁者，这些都是可持续发展的话语建构产生的结果。随着越来越多的专家和激进主义者采纳可持续发展的基本原理，生产条件的再创造也将更有效果。制度将再一次继续按照统治者眼中的世界来再生产世界。资本的积累和扩大再生产同样需要话语和文化的积累，即使它们越来越规范化。而这种规范化过程正遭到反抗，这或许会带来政治经济学家未曾考虑过的一种矛盾[15]。

政治经济学不愧为一种优秀的叙事，它在文化层面上受惠于它致力于扬弃的现实——现代资本主义。的确，在把自然和妇女转化为劳动和生产的客体方面，以欧洲为中心的历史唯物主义和女性主义学说为我们提供了启发性的见解；在此方面，它们发挥的作用极其重要。但与此同时，在理解第三世界（和西方）的社会生活时，我们不应该单单依靠这一种知识成果，而应该努力突破目前的框架。其中一条可以尝试的途径，便是关注资本的现代形式中的话语调解过程。

生态资本的后现代形式　虽然世界上越来越多的地区"被卖给"可持续发展，但第三世界很多国家的公共政策仍然是以常规的发展为基础来运作的。然而马丁·奥康纳指出，资本的形式正在发生质的变化。这一说法是对的。如果说现代性是对社会生活和文化生活一步一步的符号征服，那么在今天，这种征服正在向自然界和生命的核心地带延伸。一旦现代性被巩固，而经济成为看似不可避免的现实——对于大多数人来说它是一种对现实的真实描述，那么，资本一定会抓住以生产密码（code of production）的方式来驯服所有剩下的社会与符号关系这一机会。最为关键的已经不再是资本和劳动本身，而是这种密码的再生产。借用波德里亚（Baudrillard 1975）的话来说，社会现实变成了"生产之镜"（the mirror of production）。

话语，特别是生物多样性话语的兴起实现了这一壮举。在该话语中，大自然本身成为价值的来源。动植物物种的价值不在于它们是资源，而在于它们是价值的储存库。研究、知识和生物技术能够释放其价值，为资本和社区服务。这是世界热带雨林地区的种族和农民社区最终被承认拥有其领地（或者那些留给他们的领地）的原因之一，但前提是他们答应将其领地或他们自己当成资本的储存库来对待。世界各地的社区和社会运动正在生物多样性项目的诱使下，成为"社会和自然'资本'的管理员，而从此以后，这些资本的可持续管理既是他们的责任，也与世界经济休戚相关"（O'Connor 1993，5）。对自然界的这种符号占领一旦完成，"可持续地"和"理性地"使用环境便成了义务。这就是可持续发展和生物多样性话语的内在逻辑。

自然界的这种新资本化过程不仅依赖于对领地和社区的符号占领（前者指设立生物多样性保护区以及推行占有和控制土地的新计划，后者指将社区居民视为自然的"管理员"）；还需要对地方性知识进行符号占领，因为要"拯救自然"，就需要评估地方性知识对维持自然界的价值。现代生物学逐渐发现，地方性知识体系可以成为有用的补充。然而在这些话语中，知识被看成个人（巫师、圣人、长者）"心智"中对外部"客体"（植物、物种）的反映，而这些客体所具有的医学或经济"效用"，应该被"传送"给现代的专家。人们没有将地方性知识视为一种复杂的文化建构，也没有认识到地方性知识涉及的不是客体，而是具有深刻历史性与关联性的运动和事件。这些形式的知识有着截然不同的运行模式，与社会和文化场域的关系也十分疏远（Deleuze and Guattari 1987）。通过把地方性知识形式纳入科学政治学的范畴，现代科学以功利的方式对其进行了重新编码。

我在这里引用一个简短的例子，来阐释在生态阶段资本两种形式的逻辑。哥伦比亚的太平洋沿岸地区是世界上生物多样性最丰富的区域之一。该地区占地 540 万公顷，人口包括 80 万非裔哥伦比亚人和 4 万不同种族的原住民，后者主要属于安贝拉斯（Emberas）部落和沃纳纳（Waunanas）部落。自 20 世纪 80 年代初期开始，哥伦比亚政府就急于开发这一地区，并制订了雄心勃勃的发展计划（DNP 1983，1992）。资本通过投资非洲棕榈油、大规模的虾养殖、矿产、木材和旅游等形式，流向该地区的部分地方。这些计划和投资主要以资本的现代形式运作。它们造成了生态的退化、当地人的移置和无产阶级化。然而，政府在实施这种发展的同时，启动了另一个更温和但看似同样雄心勃勃的项目，说是为了保护该地区具有传奇色彩的生物多样性（GEF-PNUD 1993）。该项目是世界银行全球环境基金与联合国开展的全球生物多样性保护战略的一个组成部分。它的设计很有创新，包含了把生物多样性方面现代和传统的知识系统化、推进该地区黑人和原住民社区的组织等。

这个生物多样性项目遵循了资本第二种形式的逻辑。这之所以成为可能，既是因为当时的国际趋势，也是因为1991年的宪法改革承认了少数民族的区域和文化自治，并赋予了黑人社区和原住民社区新的权利，黑人社区和原住民社区的动员能力因此得到提升。此外，该项目不得不接受社区作为重要的协商对象，而且几个黑人领袖得以成为项目组成员。虽然这些黑人专业人士（激进人士）意识到参与这一事情的风险，但他们仍然相信这个项目会提供一个难以忽略的斗争空间。难道这些激进人士仅仅是在帮助资本实现对自然和社区的符号占领？他们是为了实现经济和社区外表上的绿化吗？或者，恰恰相反，他们能够开展文化抵抗斗争，并表达出他们自己的生产战略吗？有一件事是可以肯定的：这样的过程也正在其他具有丰富生物多样性的国家发生，全球环境基金也在这些国家开展着项目。而对这些国家的激进主义者和社区而言，他们急切需要提出自己的愿景，或者正面临被发展主义和生物技术扫地出门的处境。现在谈论斗争的结果为时尚早。尽管遭受到极大的阻力，但是哥伦比亚黑人运动仍在不断壮大。这正表明，组织起来的社区具有比大多数观察家所承认的还要强大的力量。

若要清楚地表达另一些替代性的生产战略，即自治的、以文化为根基的、民主的战略，任务将十分艰巨。就世界范围来看，尽管有人提出一些一般性的原则，但这些替代战略应该是什么样的目前尚不清晰。莱夫曾指出，"当前并不存在以生态理性为基

础，并经过充分完善的可持续发展理论"（Leff 1992，62）。正如
我们已经看到的，一方面，自由主义的可持续发展话语所建立的
基础是经济理性，而非生态理性；另一方面，生态社会主义还没
有将文化吸纳为"社会"与"生态"的调解程序。莱夫的尝试旨
在用他所谓的替代性生产理性，实现"生态"、"技术"和"文
化"这三者的整合。对于莱夫来说，每一种文化都包括一种生产
力原则，即一种生产范式的基础。就大多种族群体而言，"该原则
不是经济主义的原则，而是与政治经济学有关"（Leff 1993，50）。
环境因此必须被看作文化、生态、经济和技术过程的联结，而这
些过程必须被糅合在一起，才可以生成一个平衡的、可持续的生
产系统⑩。

要建立一种文化特异（cultural specific）的生产战略，困难重
重，远远不只是存在既得利益的明显反对。比如，组织起来的社
区是否应该对生物多样性资源进行定价或申请专利？强迫社区人
口对森林资源进行"可持续利用"？反过来，如果不对他们的资源
进行定价，他们能否承受得起？上述任意一种做法会产生怎样的
经济、政治和文化后果？在大自然被出售的同时，他们能否通过
文化抵抗来破坏市场机制？对这些社区来说，最坏的结果莫过于
选择常规的发展道路，大多数人对此已经心知肚明。而要接受后
发展（post-development）道路，社区需要对替代性生产战略进行
试验，同时针对资本和现代性对自然和社会的重构开展符号抵抗。
经济分权、环境管理的去官僚化、政治多元、文化自治以及生态
生产力，均可以作为推进这种战略的总体标准。对此，我会在结
论一章中再详加阐述。

赛博文化和后现代的自然再造

生物多样性和生物技术的话语可被置入唐娜·哈拉维称之为
"后现代的对自然的再造"框架之中。这种再造，主要由分子生物
学、遗传学、免疫学等科学以及人类基因组计划、人工智能和生

物技术等研究推动。通过新型科学技术的作用，我们得以从"有机的"（前现代的）和"资本化的"（现代的）自然的体制，转变为"建构的"自然的体制（Escobar 1994）。在后者中，自然被各种生物实践建构[17]。

　　哈拉维在其关于 20 世纪科学叙事（如灵长类动物学和社会生物学）的批判性解读中，试图清楚地说明科学的内容与其社会背景的联结。这种联结往往因被那些构成科学的创作与解读实践遮盖而变得难以觉察[18]。如果说二战之前的生物学主流用语主要借自人体工程学、人格研究以及科学管理，那么二战后系统论的语言成了主导。这种新概念的方法涉及系统和控制装置、反馈机制、优化理论和信息论、群体遗传学、人类工效学和社会生物学。这种范式的转变与战后资本主义的控制逻辑有一定关联。机器和市场以组织性原则的姿态再次出现，但是用系统论和控制论（cybernetics）的语言来表达。生物的概念不再是分层次构造起来的、具有明确起源地的有机体，而是编码了的文本、设计好的传递系统、命令控制网络、目的性行为以及概率输出等。病变成为压力和传递系统故障的结果，整个免疫系统被模拟成了一个战场（Haraway 1989b，1991）。

　　这种话语的语言毫无疑问是后现代的；它并非对后福特主义的积累体制抱有敌意，它具有"弹性劳动"的文化秩序，而这样的"弹性劳动"可以将邪恶的侵略者远远隔开，在它们逼近或数量多到足以产生感染和紊乱的威胁时，则迅速将其吞噬。哈拉维从这些变化中读出了对"有机体"和"个体"概念的去自然化（denaturalization）倾向，这对二战前的现代科学和政治经济学，以及一个新的实体——赛博格（cyborg）的出现，都十分重要。赛博格是指"适合于 20 世纪后期"的有机体和机器的杂合体（Haraway 1991，1），它的出现正好填补了有机体与机器之间的真空。在可持续发展的语言中，人们会说赛博格不属于也不能归入自然；它们属于也应归入环境，而环境属于也应归入系统。

哈拉维借用了西蒙娜·德·波伏瓦（Simone de Beauvoir）的"女人不是天生的"宣言，用于 20 世纪末期生物学的后现代领域，并提出"有机体不是天生的，而是后天形成的；有机体是改变世界的概念"（Haraway 1989b，10）。有机体创造了自己，同时也在被历史创造。如果一个人仍然陷在现实主义、理性主义和有机性（organic nature）的现代传统中，则很难接受这种对生命深度历史化的解释。这一历史化观点假设，在西方社会，什么是自然，什么是文化，都在永无休止地根据复杂的历史因素而改变，尽管在任何情况下，自然"仍然是至关重要且备受争议的神话和现实"（1989a，1）。肉体、有机体和自然并不只是被动地接受科学的赋名权（naming power）；它们的特质和情感作用意味着，它们在生产关于自己的知识方面发挥着积极的作用。因此，它们必须被视为"物质—符号"（material-semiotic）的行动者，而不只是预先就存在的、纯粹的、科学的客体。但是，在将有机体建构为知识的客体过程中，还存在其他行动者，包括人和机器（可视化技术、实验室）、医学和商业实践以及各种文化生产（对科学、起源、系统等的叙事）。哈拉维将这种解释有机体建构的复杂系统称为"身体生产装置"（apparatus of bodily production）（1989b，1992）。该"装置"提醒我们，有机体"是由特定的集体行动者在特定的时间、特定的地点，通过足以改变世界的技术科学的（techno-scientic）实践创造出来的"（1992，297）。

"身体生产装置"意味着，组成它的有机的、技术的以及文字的领域之间的界限会相互渗透。这三个领域不再截然分开；任何一种成为科学客体的、给定的有机体，都已经是三者的混合物。尽管自然、肉体和有机体的基础当然都是有机的，但它们的生产越来越与机器相关联，并且总是被科学和文化的叙事调解。自然是人和非人之间的共同建构。我们因此才有可能加入与自然以及围绕自然的新的对话之中，并在将自然作为公共文化的重建过程中同时纳入人和非人。如果赛博格可以被视为强加给地球的新型控制，那么它也代表着人类、动物和机器三者之间强有力的结合出现了新的可能性。

对哈拉维而言，把握住这种可能性具有重大意义。她首先提出，过去对大自然起源和有机体的探索是以心智和肉体、机器和有机体、动物和人类这些二分法为基础进行的，这种做法应当被摒弃或做重大改变。我们必须接受有机体与技艺品并不对立的可能性；不仅如此，"有机体和机器之间的固有界限会瓦解，建构西方社会自身的类似界限也会瓦解，明确接受这些内在的可能性，对女性主义者来说是宝贵的财富（Haraway 1985，92）"[19]。赛博格不一定是敌人。这同样表明，社会主义者、女性主义者和其他人都应该关注科学与技术的社会关系，因为它们调解、形塑了我们自己、我们的身体和自然的建构。哈拉维呼吁我们接受"重新建构日常生活界限的技术性任务，这一任务与他者（人、有机体和机器）有部分的关联，要求与我们身体的所有器官保持沟通"（1985，100）。这要求有新的想象力，要有反对将白人男性作为无标记类别（unmarked category）的学者所提供的另一种形象，因为白人男性一直是他者不得不作为衡量自己成就的通用标准。

自然建构的历史化过程，已经成为具有不同传统背景的其他学者讨论的对象。阿多诺（Adorno）和本雅明（Benjamin）关于自然和历史，以及关于自然化的历史（naturalized history）和历史化的自然（historicized nature）的辩证法，均展示了对工业主义和现代性的新发现：自然成为商品，是一段被迫的历史（它反映的是自然成为商品的暂时性）；自然成为被占用的对象，是自然的意识形态将它蒙上了这层可以被占用的面纱，将它进行这样的框构。这些学者还论述了他们所理解的现代历史的史前的、未开化的状态。本雅明隐约提到，我们有可能以一种新的辩证法来通考现代历史的史前部分（从马克思开始），这种辩证法以一种新的视角去看待事物和勾画自然与历史的轮廓，由此揭示出自然必然深陷在历史之中的方式，自然本身的能动性和生命性（aliveness），以及自然物（natural object）"并不会温顺地臣服于语言符号，而是会通过其语义的力量来质疑这些符号"（Buck-Morss 1990，60）[20]。

如哈拉维一样，本雅明希望我们将用于生产的技术能力和用于梦想的"乌托邦"能力结合起来，反之亦然。也就是说，去改变那些从历史的自然中承袭的遗迹（例如哈拉维所指的现代制品和话语）以及自然化的历史之中的化石（例如作为商品的身体），从而通过一种梦与醒的辩证法（dialectics of dreaming and waking），把新的生命注入神话般的（盲目崇拜的）历史和神话般的自然（被创造出来的赛博空间的形象）之中。哈拉维的语言与愿景或许更适合我们这个时代，她的这些语言与愿景还强调了对其他文化而言非常重要的方面，例如自然的能动性，以及自然是人和非人（包括神话和灵魂）之间的共同建构。一个主要区别是：虽然哈拉维号召我们把自然当作主体来看待，但在她的研究中人与自然是割裂的。这也反映了第一世界和第三世界背景的差异。

新技术的批评家总是把未来描绘得愁云惨雾。但或许赛博文化的诞生——作为一个真正的后工业和后现代的社会——也需要某种文化上的承诺，即作为更为公正的社会构造。但前方的障碍和风险仍显而易见。新的知识形态和权力配置越来越局限于生命和劳动，在生物技术里尤其如此。人类基因组计划或许就是这些实践的最好例证，该计划旨在绘制出人类全部基因的谱图。新的遗传学"将会超越物理学革命，成为一种重塑社会和生活的无穷力量，因为它将通过医学实践和其他各种话语，嵌入整个微观层次的社会结构中"（Rabinow 1992，241）。保罗·拉比诺（Paul Rabinow）所称的这种新的生物社会性体制（regime of biosociality），意味着"自然将会模仿作为实践的文化。自然将通过技术工艺而被认识和改造，并最终变成人造的自然，恰如文化变成自然的文化一样"（241）。

这可能最终会导致现代社会的解体，以及自然和文化的断裂。遗传学、免疫学和环保主义"正带领技术科学（technoscience）、资本主义和文化渗入现代人所称的'自然界'"之中（245）。根据伊夫林·福克斯·凯勒（Evelyn Fox Keller 1992）所见，除再次召唤了生物决定论的幽灵外，这种新的遗传学还标志着一个时代的到来，在这一时代里，自然和文化将彻底被重新构想。分子生物学宣布了一种新的论点——"自然的可塑性"（malleability of nature），这被视为掌握着人类通往更加幸福殿堂的钥匙，它许下了治愈所有遗传疾病的诺言。凯勒则指出，很多疾病是否应该归为遗传疾病还很难说，这一质疑不无道理。"获得健康基因的权利"，可能将成为很多医疗改革者的战斗口号，他们所要求的体检网络，将会比福柯在《临床医学的诞生》（Foucault 1975）中所揭示的更为广泛。

所有这些对第三世界来说又意味着什么？这还有待检验。要进行这种检验，必须首先发明一种新的语言，从而可以从第三世界的视角来讲述这些问题。可持续发展当然不会这么做。而号召第三世界在新技术的生产上"追赶"西方国家，以免西方国家在新技术领域的支配地位致使第三世界不得不更多地依附于它（Castells 1986），这同样还不够。新兴国家或许可以跳过工业化阶段，发育出一种建立在信息技术和生物技术基础上的后工业社会，这一假设虽然很吸引人，但目前难以成功。因为新的社会实践正围绕新的技术而被建构起来，对第三世界而言，加入产生这些实践的全球对话至关重要；地方群体必须结合在物质和符号两个层面的全球化过程，来定位自己，从而摆脱在全球舞台上的从属地位。

那么，若要促进这一战略，对知识又有什么要求？科学研究能够生产知识，从而为公众事业和公众利益服务。对社会运动来说，有些科学阐述非常有用，有时候也非常必要。比如，一些农业生态学家诚挚呼吁，要考虑多元的视角，在世界不同的大众团体之间搭建起沟通的桥梁，并且设计出能够接纳多元观点和多种选择的制度（Altieri，ed. 1987）。社会运动本身正在针对专家的工作，建议使用这些科学阐述。在理论层面，需要对生态和生物进行后结构主义的政治经济学阐述。这一阐述应该超越"自然是社会建构的"这一认识，对政治经济学和科学的概念进行话语分析。它需要通过对肉体、有机体和社区叙事之形成和演化的分析，来重申这三者之间的联系和演变。正如我们已经看到的，两种形式的资本都与人所共知的话语紧密联系在一起。从这个角度来说，任何一种唯物论分析同时也是一种话语分析。

本章阐述了发展概念的转变方式。综合农村发展、妇女参与发展和可持续发展，这些概念都展示了在共有的话语实践中背离初衷的那些特征。这种概念（例如发展）的"内在一致性"（endoconsistency）（Deleuze and Guattari 1993）是指此概念具有系统性，尽管此概念所创造的空间环境存在异质性。发展概念不断裂变成各种话语（如本章中所分析的），这反映了新问题的出现，虽然出现的新话语与最初的概念属于同一个层面，但是，这一过程实现了话语的自我创造（self-creation）和自我指涉（autoreferentiality）。虽然话语持续再生产的条件或许会改变，但在话语的层面上不会有任何真正的改变。"发展"正继续在国家、制度和社区的社会想象中回荡，在把妇女、农民和自然包含进它的全部议程和想象空间后，将更是如此。

在地球峰会（即1992年6月在里约热内卢举行的"联合国环境与发展大会"）召开的前一周，《经济学人》杂志的封面图片以"里约忘却的教训"为标题，展示了一大群面目模糊的黑人——第三世界"拥挤的人口"。这个"教训"就是人口：如果要实现可持续发展，就必须抑制第三世界的人口增长。事实上，工业化国家的人口所消耗的世界资源的比例远远超过了第三世界，而《经济学人》没有考虑这一点。通过奇特的视觉歪曲，北半球人口的资源消耗变得看不见了，而南半球肤色黝黑的"这伙人"被置于新一轮贪婪的视觉之中。

就全世界范围来看，通过科学的研究和开发，生物技术将价值植入大自然，从而将大自然进一步资本化。就连人类基因都变成了生产条件的一部分，成为资本主义重组和争夺的重要舞台。自然的再造目前正在进行，正是意义和生产的圈套导致了这种再造，并使这种再造嵌入该圈套之中。通过这一圈套，科学的话语和资本的话语联结了起来。这种自然的再造应当被纳入符合新时代的关于生态的政治经济学之中。我们正在见证这个新时代的翩翩降临。社会运动、知识分子和激进主义者有机会创造出各种话语，使粮食、社会性别和大自然的问题化在这些话语中不至于成为"发展"的附加题，也不至于成为经济文化史中的额外章节。抛开布伦特兰，我们从太空中看到的地球的图片，应该作为视觉的基础，而这一视觉可以使我们重新唤醒对生命和生存的意识，重新构想社会和自然的关系，在神话的层面重新联结起生命和思想。

第六章
结论：构想一个后发展时代

当谈及文化差异时，我们并不确切知晓它是什么。但在某些时候，我们又拒绝继续围绕"问题"和"需求"目录来建立战略。政府仍在民主和发展上下赌注，我们则回以对文化自治的强调，以及做我们自己、拥有我们自己生活的权利。认识到需求是不同的，并建立起认同，实在是前路艰难，需要我们的社区以特殊的异质性为出发点，持之以恒地努力。但我们并没有制定出社会和经济的替代方案，这使我们在当前资本的冲击下十分脆弱。这是目前我们最重要的政治任务之一，即推动制订与执行社会和经济的替代计划。

——利比亚·格鲁埃索（Libia Grueso），

莱拉·阿罗约（Leyla Arroyo）和

卡洛斯·罗塞罗（Carlos Rosero），

哥伦比亚太平洋沿岸黑人社区组织，

1994 年 1 月

统计数据（20世纪80年代）

工业化国家26%的人口消耗了世界78%的商品和服务、81%的能源、70%的化肥和87%的军备。一个美国人所消耗的能源相当于7个墨西哥人、55个印度人、168个坦桑尼亚人和900个尼泊尔人的消耗量。在许多第三世界国家，军费开支超过卫生开支。一架现代战斗机的成本相当于筹建4万个农村卫生中心的资金。在巴西，最富有的20%的人口的消费水平是最贫困的20%的人口的33倍，而且贫富差距仍在扩大。世界上47%的粮食用于喂养动物，而同样数量的粮食本可以养活20多亿人。巴西的大豆种植区如果种植玉米和菜豆，可以养活4000万人。世界上最大的6个粮食经销商控制了全球90%的粮食贸易，而与此同时，萨赫勒地区由于饥荒，仅在20世纪80年代就已有数百万人饿死。热带雨林地区提供了全世界42%的生物量与氧气，而仅墨西哥和哥伦比亚每年就均要砍伐掉60万公顷的热带雨林。咖啡生产国为换取一桶石油而需要出口的咖啡豆数量在1975年到1982年间翻了一倍。在相似的生产率条件下，第三世界国家纺织业和电子工业的工人最多只能获得西欧国家、美国、日本等国同行业工人1/12的工资。自1982年拉丁美洲债务危机爆发以来，第三世界的债务国每年需要偿还债权国的债务比它们获得的新贷款数额平均高出30多亿美元。同一时期，第三世界国家贫困人口能够获得的粮食数量下降了30%。再者，1945年以来，由于超级大国之间的对抗，世界上爆发了150多场战争，而这些战争绝大多数发生在第三世界国家。甚至冷战结束之后的那些战争，也是工业化国家之间权力争夺的结果。

我们可以继续罗列[1]。数据能够告诉我们很多事情。它们是被赋予复杂的政治与文化历史的技术表征。在第三世界的表征政治中，类似的数据巩固了发展话语，而人们往往没有注意到那些展示数据之人的政治目标。在本书即将结束之际，读者应该能够对这些数据进行不同的解读：不是重述需要发展和援助的人口的故事，也不是将这些数据简单理解为迫切的需求而呼吁不惜任何代价（这种代价由贫苦民众承担）将穷人从苦难和不幸中"解放"出来，或许更不是回到10年前就被尽数讲过的有关北半球剥削南半球的叙事。相反，我们应当能够分析这些数据的政治后果，分析数据是怎样反映了主观性的雕制、文化的形塑和社会权力的建构等过程，还要分析这些数据对于世界上那些自认为发达的地区在剩余产品和符号消费方面说明了什么。最终，也绝不是国际货币基金组织那刚愎自用的解读——坚持对第三世界国家采取"财政紧缩措施"，似乎第三世界国家大多数人不懂得节俭是他们日常生活的基本原则。我们应该重新认识许多人的苦难，应该认识到"现代世界，包括现代化的第三世界，是建立在数以百万人的不幸与凄苦之上的"（Nandy 1989，269）。

第三世界与表征政治

"今天我们的作为将触碰你的生活。"这是美国联合碳化物公司（Union Carbide）的座右铭，具有讽刺意味的是，一语成谶。1984 年 12 月，印度博帕尔市发生了毒气泄漏，造成受害民众达 20 多万人，并导致至少 5000 人死亡。博帕尔事件提醒人们，在有权人的选择与留给其他人的机会之间存在着关联，这种关联性通过全球经济的途径以极度平常的姿态而紧密地建立起来。不仅如此，正如维斯瓦内森（Visvanathan 1986）所指出的，博帕尔事件还象征着发展是某种灾难，它还要求人们忘记伤亡，并威胁未能发展的社区将被淘汰。科学家、政府和企业联手组织、安排并控制了对博帕尔事件的信息发布，包括什么信息可以宣传、什么信息必须删除、什么信息必须被遗忘，这使赔偿的语言成为表达愤怒与不公的唯一途径——甚至赔偿也是不确定的。如同萨赫勒人的饥荒一样，如果那些受害民众不能与市场、救援组织（美海军陆战队或国际部队）和半世俗化的基督教援助组织的语言保持一致，那么他们的境况将更加糟糕。在这些事例中，医疗队、军队和企业的凝视形成协力，开展了所谓的纯洁无私的慈善行动，还标榜是为了人类的利益（其实更多的是为了现代男人的利益）。重建希望行动（Restore Hope）（索马里）、沙漠风暴行动（Desert

Storm）（伊拉克），以及巴拿马和格拉纳达都是所谓的世界新秩序的标志[②]。

正如本书所揭示的，二战以后，发展话语操控了亚洲、非洲和拉丁美洲许多地区的表征政治和身份政治（politics of representation and identity），成为核心的、无处不在的话语。亚洲、非洲和拉丁美洲经历了一系列表征体制的兴衰更替。这些表征体制源于殖民主义与欧洲的现代性，但又常常被独立后的拉美国家和后殖民时代的亚非国家挪为己用，而且每一个表征体制都会伴随相应的暴力体制（regime of violence）。作为遭遇和压制本土文化、妇女、身份和历史的场域，这些表征体制是暴力的发源地（Rojas de Ferro 1994）。作为表征体制的一种，发展不仅与生产和欲望相关，也与封闭、差异和暴力相关。诚然，这里所说的暴力是拟态的暴力，是自我形成的。恐怖和暴力循环往复，其自身也成了文化生产的空间（Girard 1977；Taussig 1987）。但是由殖民主义和发展引入的现代化暴力本身就是一种身份的来源。从19世纪对文明的憧憬到今天，暴力通过表征而产生。

实际上，人们正是围绕这种表征政治而对第三世界的存在进行打赌、管理和谈判。作为发展话语实践的结果，第三世界成为一个有争议的现实（contested reality），其当前的地位和身份还有待审查和协商。对有些人而言，第三世界"可以成为全球知识分子责任的一个象征……它可以被当作生存的教科书来阅读"（Nandy 1989，275）。第二世界崩溃以后，第三世界和第一世界有必要重新调整它们之间秩序的位置和空间。但具有讽刺意味的是，第三世界已经变成第一世界的他者[③]。"为了生存，'第三世界'必须保留负面和正面的意义：从垂直的分级体系来看，是负面的……从社会政治方面来看，他们是革命性的、'不结盟'的力量，因而是正面的。"（Trinh 1989，97）第三世界还将被使用相当长的时间，因为它仍然是那些当权者的一个重要概念。但它也可以变成不同的再想象的对象。"第三世界正托管着被第一世界和

（前）第二世界抛弃的自我（rejected selves）……在展望未来的全球文明之前，人们首先必须坦白承认有责任在当前全球文明的边缘地带创造空间，以容纳知识的新型而多元的政治生态。"（Nandy 1989，273，266）

然而，正如我们将要看到的，第三世界绝不应该被视为"传统"的储藏库。第三世界本身就是多样和多元的。另外，因为社会出现了不断加重的碎片化和两极化趋势，且越发充满暴力，所以大量人口流离失所（这些涉及许多地区不同的社会群体），即便根据任何已知的现代性用语，第三世界自身也已越来越模糊不清④。在充满最具分裂性力量与张力的空间之中，可能产生或极有可能发生身份的根本重建。但现在去想象这一进程可能促进的表征形式还为时尚早。相反，目前人们的注意力可能会集中在更容易辨清的反抗发展的各种形式上，以及可能发生在平民群体和社会运动层面的文化秩序的重建上。

例如，自20世纪80年代中后期开始，涌现了大量相互连贯的研究，这些研究强调了草根运动、本土知识以及大众权力对改变发展的作用。代表这一趋势的学者表示，他们所感兴趣的并非发展的替代途径（development alternative），而是替代发展（alternative to development），即完全摒弃整个发展范式。尽管这一团体的成员存在显著的差异，但他们拥有共同的关切与兴趣⑤，即对本土文化和地方性知识的关注，以批判的态度看待已有的科学话语，维护与推崇本土化和多元化的草根运动。虽然这些运动的重要性和产生的影响尚不明了，但是借用谢斯（Sheth）的话，它们为追求"作为政治实践的替代发展之路"提供了一个舞台。这些不仅是反对发展，而且是超越发展：它们象征着第三世界学者和草根运动用以构想替代发展，并"将经济边缘化"（marginalize the economy）的一些尝试；而"将经济边缘化"象征着把西方所说的经济视为生产、权力和意义的系统之策略。

反对发展的草根运动贯穿了整个20世纪80年代，这一崭新形式的集体行动与社会动员成为当时的时代特征。有人认为，20 世纪 80 年代的这些运动极大地改变了政治文化与政治实践的特点（Laclau and Mouffe 1985；Escobar and Alvarez，eds. 1992）。抵制发展是第三世界群体试图建构新身份的途径之一。这些身份建构的过程更灵活、更适度，策略性地表达了源自日常生活状况与实际的诉求，这与以前政治理论的基本假设（例如动员是基于阶级、性别或种族的固有类别）有很大的区别。从这一意义上讲，这些斗争根本上是文化的斗争。这类形式与方式的一些抗议活动还将继续贯穿整个 20 世纪 90 年代。

构想作为一种表征体制的发展的终结，会引发各种各样的社会、政治和理论问题。让我们从最后一方面（理论问题）开始，请注意，话语不只是词语，那些词语也不是"风，不是外界的低语，不是严肃的历史中隐约无声的振翅的声响"（Foucault 1972，209）。话语不是思想的表达，而是在某些条件、规则和历史变迁背景下的一种实践。将发展作为话语来分析，即"要表明说话就是在做事——说话不仅仅是在表达人们的所思所想……要表明在一系列事先存在的陈述上再增加一个陈述是一种复杂且代价高昂的做作（gesture）"（1972，209）。例如，我在第五章揭示的那些关于妇女和自然的貌似新鲜的陈述，便是这类代价浩大的做作，是在不改变整体话语本质的条件下制造变迁的手段。

换言之，改变话语秩序是一个政治问题，需要社会行动者的集体实践和对既有的关于真理的政治经济学进行重构[6]。以发展为例，可能尤其需要从发展科学中抽身出来，以及部分地、策略性地脱离常规性的西方一般认识模式，以便为其他类型的知识与经验腾出空间。这种转变不仅需要思想与陈述的改变，而且需要形成新的核心，围绕这些核心，新的权力形式与新的知识形式能够汇聚起来。这些新的核心可能会以"系列"（serial）的形式出现[7]。社会运动与反对发展的斗争可能有助于这些核心的形成，这些核心是关于社会关系问题化的内容，新的文化生产也会围绕这些核心而产生。要想话语秩序的转变更为持久，主要需要打破话语的基本组织（见第二章），即出现新的陈述与可见性的形成规则。这可能会，也可能不会需要新的客体和概念；也可能以很久之前被摒弃的概念与实践的重现为标志（新宗教激进主义就是一个恰当例子）；过程可能缓慢，也可能相对较快。这一转变也将取决于新的历史情况（如以高科技为基础的社会分工）将怎样改变构成话语的对象，以及发展与其他制度和实践（如国家、政党以及社会科学）之间的关系。

对发展的挑战在成倍增加。这些挑战常常与控制后福特主义内在表征和积累体制的零星尝试存在辩证关系。后福特主义必须有选择性地建立或切断地区及社区与世界经济的联系。尽管是局部的情况，但在贫困人口看来，切断联系常常会带来诱人的机遇。其中一些持续体现在第三世界所谓的非正规经济（informal economy）（这一标签是经济文化试图把握住在其范围内存在或出现的那些现实的尝试）上。西方和第三世界的本土社区都在致力于融入世界经济，但是，它们或许还必须推动更有创造力、更自主的实践，以利于在本土和地区层面对阶级、性别和种族关系进行再谈判。

然而，摧毁发展的过程缓慢而痛苦，并非简单的方法或一纸处方就能够实现。对于西方而言，即便发展仍在破坏人类与自然，也很难察觉到发展在破坏的同时，也在自我毁灭，在被社会行动消灭。这里，双方力量的悬殊会倾向于推动形成新一轮的解决方案，但是，纵然是通过更为激进的战略措施——文化、生态、政治、经济等方面来产生新一轮的解决方案，也是行不通的。发展机器里的官僚们以及支持发展的群体（如军队和公司，公司也有一些例外）一定还会为发展进行辩护，但必定是徒劳无益的。我们将决定并确信，创造并实践了那些代价高昂的做作的官僚和专家时日无多。摧毁发展意味着与过去 40 年话语实践的决裂，想象着有那么一天，我们将不再言说，甚或不再接受那些造成 40 年间极度不负责任的政策和项目的思想。在第三世界的一些地方，这可能已然是社会现实（而有些社区一直如此）。

拉丁美洲的混杂文化与后发展

20 世纪 80 年代，拉丁美洲国家经历了被征服以来最为严峻的社会经济状况。同一时期，集体动员和重要的理论更新也以前所未有的形式涌现，特别是社会运动以及对现代性和后现代性的研究。拉丁美洲对有关现代性的讨论做出了独特的贡献，这主要缘于两个方面：一是拉丁美洲的现代性在社会和时代两个方面的异质性，即哪怕是来自不同的文化时段，前现代、现代，甚至反现代、非现代（amodern）也彼此共存；二是社会问题的急迫性以及知识分子与社会生活之间的紧密联系。知识分子的批判性工作主要表现在分析方式和分析成果两个方面，尤其是在以下领域：将对大众文化的分析与社会政治斗争相联系，如有关社会运动的文学作品；决心从后现代的角度提出社会公平与社会新秩序的建构问题；对政治、政治与文化和社会经济生活的民主化之间的关系进行全新的理论解释；以非本质主义的方式重新阐述文化认同问题；对美学与社会的关系方面的浓厚兴趣。

在拉丁美洲，研究的出发点是对现代性进行富有挑战性的重新诠释。在那里，"传统尚未远离，现代尚未确立"，人们怀疑"是否如同政治家、经济学家和高新科技的宣传员一再游说的那样，现代化就该是我们的主要目标"（García Canclini 1990，13）。拉丁美洲既没有悲戚地根除全部传统，也没有得意地迈向进步和现代，而是处在复杂的文化混杂化（hybridization）过程中，包含了形形色色、各式各样的现代和传统。这一混杂化过程体现在城市和乡村的文化之中。无论是城市文化还是乡村文化，都是一种社会文化的混合，且难以辨清。这一文化混杂化过程"决定了拉丁美洲的现代特殊性"（Calderón，ed. 1988，11）。在这种观点下，传统与现代、农村与城市、下里巴人与阳春白雪之间的差别失去了明显的棱角和必要性。知识分子的分工同样如此，例如，在人类学与社会学之间，前者研究的是根深蒂固的传统，而后者研究的是不可抗拒的现代性。人们不再假设现代性的产生过程就是现代对传统的替换，而认为它是一种混杂的现代性（hybrid modernity），其主要特征体现在：多样性的群体使每个部门、每个国家都独具多时代的异质性；这些群体不断尝试对这种混杂的现代性进行更新⑧。

大众群体中文化混杂的成功经验越来越多。这些成功事例揭示了大众群体不得不进行的、不可避免的传统与现代之间的交流，也揭示了将不同国家的大众艺术与斗争的图像记录下来愈加重要。卡亚波人（Kayapo）在巴西的雨林用摄像机和飞机来保卫他们的文化和祖传的土地，已经成为传奇。人们也发现秘鲁北部的农民会在政治组织化过程中组合、转变，并再创造持久的农民文化元素、现代城市文化以及外来文化（Starn 1992）。对抗议以及大众日常生活的混杂性与创造性的复杂的符号学研究，向人类学家和其他人提出了挑战，即如何去理解文化行动者（文化生产者、传播者以及公众）面对现代性的矛盾时所采用的改变实践的方式。毋庸置疑，在各种文化生产形式方面还存在不平等，但是这些不平等不再局限于传统与现代、统治者与被统治者的简单的两极对立。

对混杂文化的分析使我们要对很多已有观点进行重新思考。许多"传统文化"并没有被发展抹杀，而是改头换面、融入现代性之中存活下来。大众文化是现在取向（present-oriented）的创造和发明过程，通过跨越阶级、种族和国家界限的复杂的混合而形成，这样的表述越来越恰当了。此外，大众产业几乎没有试图重建规范化的传统；相反，它们经常对现代性表现出开放的姿态，这种开放性有时是批判的，有时逾越了界限甚或是幽默的。那些貌似真实的实践和艺术所掩饰的，在仔细打量之下，其实经常是各种类型"真实性"（authenticity）的商品化，而真实性早已不再是文化洞察力的来源。如果我们继续探讨传统和现代，那是因为我们落入了窠臼，因为语言不允许我们说出任何新的东西。混杂文化这一概念打通了创造新语言的门径⑨。

在对大众文化重新进行理论阐述的过程中，也必须有所舍弃。首先，应该明确，混杂化过程并不必然会消除长期以来占据主要地位的传统。虽然在许多情况下，严峻的条件迫使混杂化过程适应日益苛刻的市场环境，但是，经济的复苏决定了文化的复原，这一说法也并不总是恰当的。然而，矛盾的是，具有较高经济自由度且"嵌入"市场之中的群体往往更容易成功地保住他们的生活方式，而那些迷恋身份符号的群体则困难得多，因为身份符号所具有的社会力量已经被不利的经济状况大大削弱了（García Canclini 1990）。在此过程中，最为关键的是在新旧之间、本土与外来之间调节新元素的作用，例如，音乐人和手工艺品（如编织品和陶制品）的制造者将跨国的主题融入了传统的设计。在受传统、资本主义和现代性影响的背景下，这一文化混杂化的结果是谈判了的现实（negotiated reality）。

其次，混杂化概念绝不应该被理解为第三世界的意象、宇宙观、神话般文化传统的枯竭；尽管现代形式的影响普遍存在，但正如作家和艺术家一直明确指出的，在第三世界的社会生活中魔力和神话所占的比重仍然很大，也极为重要。陶西格（Taussig 1987）曾指出，活力、魔力、风趣、幽默，以及看问题的非现代方式等在大众中一直盛行，这些可以理解为在不断征服与统治的背景下所产生的辩证的形象。在日常生活层面，大众的这些实践代表了反对霸权的力量，即反对教堂、国家、现代科学对大众文化的工具化与驯化的尝试。这些实践反对叙事的顺序，它们穿梭于历史时代，或属于自我或属于群体，或与魔力无关或与魔力紧密联系⑩。

这意味着文化的交汇"常常涉及传统与现代、草根与智者、本土与舶来之间联结的根本重构……现代破裂之后又与非现代相结合，（文化）被肯定的同时又受到了挑战"（García Canclini

1990，223，331）。我们必须清楚：混杂文化的概念，如生物学的解释所表明的，并不是指纯粹的传统和现代相结合，创造出具有新的本质的混杂体；也并非传统和现代中那些互不关联元素的相加，或者说是传统"出卖"给了现代。混杂性包括文化的创造与再创造，这也许会、也许不会被铭刻在霸权的格局内。当然，也不必为混杂化而欢呼庆祝；我们必须认识到，混杂化也可能会提供机会以维护或产生作为社会政治事实的文化差异。但是，通过取代现代性的标准策略，混杂化为不同主体性的生产做出了贡献。

混杂文化不仅是一个生物学的比喻，它还催生了郑明河所指的连字符号化的（hyphenated）情况。她写道，连字符号化的情况"并不拘泥于两种文化遗产的二元性……它需要一定的自由度来修改、占用以及重新占用，而非落入俗套，沦为模仿"（Trinh 1991，159，161）。它是一种"跨文化、不同世界之间的现实"，要求追溯过往（文化遗产、自我、个人所属的社会群体），同时又向前超越社会边界，寻求其他文化形成的进步因素。有必要再次指出，我们这里不是在讲抽象的"保卫传统"。混杂文化不是指固定的身份，甚至还要求在某些恒定的、长期存在的元素（现有的文化实践）和某些瞬时的、即将到来的新元素（跨国要素或跨国力量）之间进行转化。还有必要指出的是，绝不能将第三世界正在发生的每件事都当作这里说的混杂文化。类似的，特定的混杂化是进步的还是保守的，不是事先给定的，而是取决于它与其他社会斗争及话语所建立起来的联系。确切地说，批判性研究的任务就是要学会观察并识别与政治相关的混杂文化的差异性。这一点我还会进行阐述[11]。

与西方主要的分析趋向不同，从混杂文化方面来说，现代性的人类学并不想提出方案来解决主体哲学（philosophy of the subject）和主体中心理性（subject-centered reason）的问题——如哈贝马斯（Habermas 1987）所做的：勾勒了从尼采（Nietzsche）、海德格尔（Heidegger）、德里达（Derrida）、巴塔耶到福柯对现代性批判性话语研究的脉络——也不想对启蒙运动（the Enlightenment）进行彻底改写，如图海纳（Touraine 1988）、吉登斯（Giddens 1990）以及哈贝马斯的交往理性（communicative reason）等所做的。哈贝马斯认为，第三世界将无处存身，因为终有一天第三世界将彻底转变，因为反身性（reflexivity）、普遍主义（universalism）、个性化（individuation）规定了现代性，而这些也在给第三世界施加压力。终有一天，"生活世界"（lifeworld）将被全部理性化，其"传统核心"在被现代话语，也通过现代话语全面表述并固化之后，将"浓缩成为一些抽象的因素"（Habermas 1987，344）。在第三世界，现代性不是"未完成的启蒙运动"。发展是在亚洲、非洲和拉丁美洲完成启蒙运动的最后尝试，但失败了[12]。

在拉丁美洲，现代性的人类学重拾了通过集体政治实践来重建社会秩序的问题。对有些人而言，这一过程必须基于一个信念，即拉丁美洲"必须停止成为我们没有成为的，将来也不会成为的，而且不必成为的（状态）"，即（完全的）现代（Quijano 1990，37）。当大多数人面对日益恶化的物质环境，面对技术统治的霸权和经济上的新自由主义日益成为拉美现代性的新教条时，号召对现代化进行抵制，对包含现代形式的混杂文化加以承认，似乎成了乌托邦式的梦想。这一号召确实有点理想化，但并非没有可以使之成为可能的历史原理。这种历史原理包括了那些正视资本逻辑和工具理性逻辑的文化理论[13]。

显然，随着20世纪80年代全球经济的重构以及赛博文化的出现，富国与穷国之间的技术差距日益扩大。这种现象是否应该被理解为"新的依附"呢（Castells and Laserna 1989）？我们能做出的选择是否只能在这二者之间？即要么对依附状况进行重新谈判，这或许可以允许拉丁美洲加入一些新技术的生产；要么在世界经济中被进一步边缘化，这也将伴随社会经济结构的不断解体（Castells 1986；Castells and Laserna 1989）？若果真如此，那么正如卡斯特尔斯和拉塞尔纳（Castells and Laserna）所指出的，第三世界越来越多地遭受各种类型的经济整合，同时社会分裂更为严重；第三世界的所有区域都处于远离世界经济（即使融入了世界经济的影响范围，其利益也被边缘化）的危险当中（这一定就是危险吗？）；最终，整个情势似乎存在"社会文化反常"和政治断裂；总之，如果所有这些都在发生，那么我们是否会和这些学者一起接受这一答案："采取一种能够在民主和竞争性参与世界经济的背景下将社会改革与技术现代化相衔接的政策？"（1989，16）或者是否还有其他的视角，通过其他的方式参与到世界重塑的对话之中？

民族志、文化研究与替代方案

在我从事的这类研究中，最常见的也必须回答的一个问题是有关替代方案的选择问题。但是讨论到这里，我们应该清楚，不可能存在适用于所有地方、所有情形的总体替代方案。例如，以可持续发展的方式来思考替代方案，就仍然停留在制造并固化发展的同一个思维模式之内。我们不能抽象而宏观地制定替代方案；也不能由知识界和学术界来形成替代方案，这并不是说学术知识在替代方案的酝酿过程中不起任何政治作用。相反，它必然会发挥作用，正如下面将要讨论的。

那么，从哪里寻找"替代方案"呢？在替代性方案与可能存在的替代性实践的关系方面，我们还需要考察哪些情况？切入这些问题的第一种方式就是在草根组织对主要发展干预的抵抗中寻找替代性实践。这是20世纪80年代针对替代问题的最主要方式，在人类学和批判性发展研究中均是如此，尽管抵抗与替代选择之间的关系并没有得到清楚的表述。第二种补充性的切入方式有所不同，它可以从民族志中找到，这部分在第二章结尾部分已做了讨论。这些民族志研究了发展与现代性的概念和实践在特定的社区表现出来的具体形式。这类研究或许可以被视为从人类学角度探讨替代方案的出发点。换言之，对话语的传播以及现代性与发展的实践等方面的民族志研究，为我们提供了关于社区如何在文化上与发展相关联的观点，这或许是第一次。基于这一观点，我们可以探讨当前的实践如何才能与各种潜在的替代方案相连接。混杂模型和建模师共同体（第三章）的概念是形成这一研究策略的基础。

换言之，替代方案在具体的本土情境中的特定表现，最能反映出替代方案作为研究问题与社会实践的本质。从某种意义上说，总会存在替代方案。从这一角度来看，本土层次没有多余的意义，只有需要用新的辨别力、新的工具和新的理论来解读的意义。发展的解构和这里提及的本土民族志可以成为新的可见性和可闻度的重要内容，这有助于我们观察、听闻研究者至今总体上仍在掩饰的文化差异与混杂化形式。实际上，位卑者确实发表了意见，即便他们的声音在以反映和系统阐述"西方"为核心的圈子里几不可闻。还有一个可译性的问题，即如何将我们在第三世界情境中的所读、所闻、所嗅、所感和直觉等转译为理论和实践的术语。这种转译的过程必须在固有的做法和开放的空间之间反复推敲。固有的做法是指基于现有文化差异，通过将差异嵌入政治策略、自我定义和自我主导的社会经济试验之中而强化差异的转译方法。而开放的空间是为了动摇占支配地位的认识模式，这样一来，转译中的歪曲或篡改就会减少。换句话说，转译的过程必须接受挑战，在将理论视为一组有争议的知识形式（它们源自众多的文化母体）的同时，让有关群体开展该理论所催生的具体干预活动[19]。

第三世界表征体制本身的危机，呼吁新的理论和新的研究策略降临。这一危机是真理与现实、词与物之间关系重构过程中的一个真正的交汇时刻，它需要新的观察、认知和生存的实践。民族志绝不是实现这一目标的唯一方法。我们需要摧毁和忘却发展，但是我们认识到，追寻替代方案的关键洞察能力在学术界（无论是批判性的学术界还是传统的学术界）无法找到，也不可能在某些机构（如世界银行）的办公室里找到，而只能在对大众实践的重新解读，以及对大众行动者重新夺回占统治地位的社会文化生产空间的重新解读中找到。然而，我们至少应该承认，形成关于替代方案的概念必须与从事"替代方案"研究的学者进行广泛的接触，这些学者的研究应该具有一定的启发意义。此时，不论是何学科，以民族志为导向的研究都可能起到连接的作用。

作为政治实践的文化研究，是否有助于对第三世界的形构（figuration）？如果真是这样，就会如斯图亚特·霍尔（Stuart Hall）所说的，"运动会激发理论的出现"（1992，283）。但是很显然，重新塑造第三世界的运动还没有产生知识的推动力，也没有形成出现恰当的理论时刻所必需的政治意图。此外，精巧的设计可以使这一时刻不再仅是第三世界的时刻，而是一个全球性的时刻、赛博文化出现的时刻、传统与现代秩序混杂化的重建时刻，可能（真有可能）是后现代和后人文主义景象出现的时刻。第三世界能够对这些形构以及知识与政治的努力做出独特的贡献，因为它的混杂文化或"被抛弃的自我"可以为第一世界目前占统治地位的赛博文化潮流提供生动的检验和不同的方向感（Escobar 1994）。文化研究的转向，用霍尔的话来说，即它的"任意的闭合"（arbitrary closure），必须开始考虑各种正在进行的重塑第三世界的尝试。

上述过程有些已开始出现。第三世界对发展的批判已经开始在西方传播。这方面值得关注，因为它还提出另外一些复杂的问题。首先就是："西方是什么？"阿希斯·南迪（Ashis Nandy）写道："西方如今无处不在，存在于西方世界内外，存在于结构和思想之中。"（1983，xii）第三世界一些呼吁摧毁发展的学者有时不愿意承认这样一个事实，即要继续观察有牢固传统和强烈抵抗的地方，而那里或许还有不少其他事情在发生。另外，第一世界的学术受众也不愿意——特别是那些认同第三世界人民能动性的进步受众——思考他们如何为了自己的需要而占用和"消费"了第三世界的声音，无论这些是为了提供他们所期待的差异，或为了重燃希望，还是为了彻底考虑他们的政治方向。

面对第三世界的人民和第一世界的受众，来到西方的第三世界知识分子应该清楚地认识到自己所肩负的政治责任，应该更加自觉地摆正自己的位置。只有这样，欧美的受众在解读第三世界声音时，才会更具有自我批判的精神。正如拉塔·曼尼（Lata Mani）所言，认识模式会因为我们自身特定的定位而被强化，对此，我们必须加倍反思（同样参见 Chow 1992）。这一点尤其重要，因为理论已经不再是简单地在一地提出，而后在另一地运用。在后福特主义世界，就像本书所分析的，即便存在明确可辨的主流知识的生产中心，理论家和理论还是在不连续的领域之间交流和传播（Clifford 1989）。而且，这些知识也远不是未经实质性的改变、占用和颠覆就会被应用。如果我们要寻找能够描绘发展知识生产的图像，不必考虑那些认识论的中心和边缘，而是应该利用一个分散的由众多节点构成的网络。在这一网络上，有理论家、理论和各类用户，他（它）们通过这一网络移动、相遇，分享并争夺社会认识论的空间。

对替代方案的探索，归根结底在于文化差异这一纯粹的事实。不管怎样，文化差异包含了改变表征政治的可能性，也极有可能改变社会生活本身，当然，这还与研究和干预活动的政治性有关。在混杂文化或少数民族文化中，可能会涌现出建设经济、解决基本需求问题以及组成社会群体的其他方式。少数民族文化最重大的政治前景，是它有可能去抵抗和颠覆以霸权形式出现的资本主义和现代性的公理体系[15]。这就是为什么文化差异是我们这个时代关键的政治事实之一。因为文化差异也是后发展的根源，所以重新系统地阐述发生在第三世界内部以及针对第三世界的事件成为当前的主要任务。第三世界的瓦解正处在紧要关头，这对于西方的历史范式来说是一个挑战，因为它认为整个地球都被西方牢牢地控制着。

尽管存在灵活和不一致的方面，但总的来说，资本和新技术明显无助于少数民族主体性的维护。这里的少数民族不仅是指作为种族的特点，而且代表着反对资本主义和现代性的公理体系的特征。但同时一切都在预示着，以多重传统为标记的主体性的复苏甚或重建是很有可能的。在当今全球族群图景中，对主体性的信息编码未能成功地完全消除特色和差异性。实际上，它越来越依赖特色和差异性的生产。但是，去辖域化（deterritorialized）的信息经济带来了社会形式的离散，这使现代形式的控制黔驴技穷。这或许会给边缘群体提供出乎意料的机会，从而建构起崭新的愿景和实践。同时，我们还必须认识到，（社会形式的）离散是以第三世界大量人口以及越来越多西方人口的生活条件为代价的。这种情况需要从多个层面加以应对，包括经济的、文化的、生态的和政治的考虑[16]。

第三世界许多地方的大众群体似乎越来越意识到这些困境。其中一些群体夹在拒绝消亡的常规发展战略与生态资本和话语带来的开放空间之间，他们正在尝试去精巧地描绘自身与周围世界的前所未有的愿景。这些话语涉及文化多元性、生物多样性和种族特点。为了防止被另一轮常规发展、贪婪的资本和暴力扫地出门，这些群体迫切需要拿出替代方案，他们的组织策略开始越来越多地围绕两个原则：一是维护文化差异，不是静态的文化差异，而是把它作为一种转变和变革的力量；二是不以绝对的市场和利润为标准，来考虑他们的经济需求与机遇。为了对追求的替代方案进行集体建构，这些群体将对本土的维护作为参与全球经济的前提，将对自身境况、价值和实践的审视作为分清和强化群体认同的方式。这些群体反对现代化发展，根据现存的限制条件来制订愿景和具体计划[17]。

在20世纪末的文化政治层面，后发展与赛博文化并肩前行，且彼此关联。在最终跨越差异后，等待第一世界和第三世界的，或许是在后人文主义景象（后现代人与后现代）中学会如何做"人"。但是，我们不能忘记，在世界上很多地方，就在此时此刻，发展仍在埋头苦干、专心破坏。

注　释

第一章

① 那个时候对此文件的分析，请参阅弗兰克尔（Frankel 1953，82-110）的著作。

② 20世纪60和70年代，尽管也有一些批判发展的思潮，但它们没有能够从根本上冲击和反对发展话语。在这些思潮中，值得提及的有保罗·弗莱雷（Paulo Freire）的《被压迫者教育学》（Freire 1970），在1964年麦德林市召开的拉丁美洲主教会议上诞生的解放神学（Liberation Theology），对"知识殖民主义"（intellectual colonialism）的批判（Fals Borda 1970），以及60年代末70年代初的经济依附（Cardoso and Faletto 1979）。对发展最敏锐的文化批判来自伊里奇（Illich 1969）。所有这些批判对于本书中有关20世纪80年代和90年代的话语分析方式十分重要。

③ "同样根据学识渊博的白人学者伊凡·伊里奇（Ivan Illich），名为'发展'的概念自近古时代以来共经历了六次词语上的变化。需要帮助的外人依次被称为野蛮人、异教徒、无信仰者、未开化者、土著人和欠发达者。"（Trinh 1989，54）类似的观点和类似的一套术语参见赫希曼的著作（Hirschman 1981，24）。需要指出的是，"欠发达"一词，尽管从好的出发点来看，可以借由"发展"与平等、自由的前景联系起来，但在某种程度上，也可以被视为对"原始人"和"野蛮人"等词的呼应，后者是更为赤裸的种族主义概念。在很多情况下，这个新词（即"欠发达"）未能纠正它的前辈们所蕴含的负面意义。"懒惰土著的迷思"（The myth of the lazy native）（Alatas 1977）至今在很多地区仍有强大的生命力。

④ 莫汉蒂（Mohanty）的研究可以被看作女性主义者，尤其是第三世界女性主义者，对女性研究和女权运动中的种族中心主义越来越多的批判。亦请参阅曼尼（Mani 1989）、郑明河（Trinh 1989）、斯佩尔曼（Spelman 1988）以及胡克斯（Hooks 1990）的著作。对"发展话语中妇女"的评论将在第五章详述。

⑤ 沿着这些维度进行话语研究是福柯提出来的（Foucault 1986，4）。本书不会重点探讨发展所产生的主体性的种种形式。一些杰出的思想家已经对殖民主义和后殖民主义条件下所产生的主体性和意识做了越来越富有启发性的阐述，其中包括弗朗兹·法农（Frantz Fanon 1967，1968）、阿尔贝特·梅米（Albert Memmi 1967）、阿希斯·南迪（Ashis Nandy 1983）和霍米·巴巴（Homi Bhabha 1990）。

⑥ 对表征暴力的论述，请参阅德劳丽蒂斯的著作（de Lauretis 1987）。

⑦ 将发展作为话语进行分析的学者包括埃斯科瓦尔（Escobar 1984，1988）、穆勒（Mueller 1987b）、杜波依斯（Dubois 1991）、帕拉久利（Parajuli 1991）、圣希莱尔（St-Hilaire 1993）。

⑧ 为编写这本发展话语里"有毒词典"做出贡献者，除我外，还包括伊凡·伊里奇、沃尔夫冈·萨克斯（Wolfgang Sachs）、芭芭拉·杜登（Barbara Duden）、阿希斯·南迪、范达娜·席瓦（Vandana Shiva）、马吉德·拉纳玛（Majid Rahnema）、古斯塔沃·埃斯特瓦（Gustavo Esteva）等人。

⑨ 该小组在联合国世界发展经济学研究院（United Nations World Institute for Development Economics Research，WIDER）的资助下成立。成员们聚集在一起已有数年之久，组长是斯蒂芬·马格林（Stephen Marglin）和弗雷德里克·阿普菲尔-马格林（Frédérique Apffel-Marglin），成员包括前面提及的许多学者。第一卷著作已经作为项目成果出版（Apffel-Marglin and Marglin，eds. 1990），第二卷已付印（Apffel-Marglin and Marglin，eds. 1994）。

⑩ 加拿大皇后大学的乔纳森·克拉什（Jonathan Crush）正在编辑一本关于发展话语的合辑，该合辑包括对"发展语言"的分析（Crush，ed. 1994）。发展领域里的话语分析是"发展与社会科学知识"项目的主题。该项目由美国社会科学研究协会（the Social Science Research Council，SSRC）资助。密歇根大学的弗雷德里克·库珀（Frederick Cooper）和塔夫茨大学的兰德尔·帕卡德（Randall Packard）是该项目的负责人。项目始于 1994 年春季，可能将持续几年的时间。

⑪ 辛金克（Sikkink）恰当地将自己的制度—诠释法与"话语和权力"的方法区分开来，尽管她对后者的特征分析只反映了话语分析法的雏形。我认为这两种方法——对思想史（history of idea）的分析和对话语形构（discursive formation）的

研究，并非水火不容。尽管前者注重的是社会产生思想的内部动力，而后者常常忽略这些内部因素（因此，人们通常的印象是，发展模式是"强加"给第三世界的，而不是内部生成的）。思想史分析法常常忽略话语生产的系统作用，而话语的生产首先会以极其重要的方式形塑思想或观念。有关思想史分析法与话语史（history of discourse）分析法的区别，请参阅福柯的著作（Foucault 1972, 135–198; 1991b）。

⑫ 例如，文化援救组织（Cultural Survival）及它的倡导人类学（advocacy anthropology）就是如此（Maybury-Lewis 1985）。但其工作只不过是将一些人类学家代表"原住民"提出的观点重述一遍而已，这些观点也值得质疑（Escobar 1991）。亦请参阅普赖斯的著作（Price 1989），他介绍了人类学家代表原住民的利益而反对世界银行的一个项目的案例。

⑬ 亦请参阅尤林（Ulin 1991），萨顿（Sutton 1991），胡克斯（Hooks 1990），萨义德（Said 1989），郑明河（Trinh 1989），马希亚-利斯、夏普和科恩（Mascia-Lees, Sharpe, and Cohen 1989），以及戈登（Gordon 1988, 1991）、弗里德曼（Friedman 1987）的著作。

⑭ 在拉丁美洲，对现代性和后现代性的讨论已经成为研究和政治行动的中心。请参阅卡尔德隆（Calderón, ed. 1988）、奎加诺（Quijano 1988, 1990）、莱希纳（Lechner 1988）、加西亚·康克林尼（García Canclini 1990）、萨罗（Sarlo 1991），以及尤迪塞、佛朗哥和弗洛雷斯（Yúdice, Franco, and Flores, eds. 1992）的著作。对其中一些文献的综述，请参阅蒙塔尔多的著作（Montaldo 1991）。

⑮ 全书围绕一个国家（哥伦比亚）和一个问题领域（营养不良与饥荒）展开，以便读者能够立足于发展的某一个特定的地缘政治和社会方面。

第二章

① 在生命的生产和优化中，居中心地位的知识形式（form of knowledge）与管制（regulatory control）出现后，福柯（Foucault 1979, 1980a, 1980b, 1991a）将这部分现代性命名为"生命权力"（biopower）。生命权力需要将社会生活"治理化"（governmentalization），也就是使生命服从于国家和其他机构所掌握的明晰的生产和管理机制。对生命权力和治理术的分析应该是现代性的人类学中一个不可或缺的要素（Urla 1993）。

② 鲁特的话反映出北美人意识中的一个显著特征——给自己国家和其他国

家的所有人民带去幸福与进步的乌托邦式的愿望。在这种心态下，世界有时成了一个承载亟待解决问题的广阔平面，成了一条必须被重置以便一劳永逸地走上"有序自由之路"的紊乱的地平线，而不管那些被改良的人民"同意与否"。这种态度同样扎根在发展的梦想之中。

③ 有关美国对拉美地区及第三世界外交政策的深入论述，参见科尔科（Kolko 1988）和贝瑟尔（Bethell 1991）的著作。同样参见奎瓦斯·坎西诺（Cuevas Cancino 1989）、格雷布纳（Graebner 1977）、惠特克（Whitaker 1948）、耶金（Yergin 1977）、布赖斯·伍德（Bryce Wood 1985）以及哈格隆德（Haglund 1985）的著作。必须指出，大多数学者忽略了发展话语在 20 世纪 40 年代后期和 50 年代初期出现的重要性。洛佩斯·玛雅（López Maya）的研究工作则是例外，她对这三次会议做出了分析和解释。

④ 20 世纪上半叶，会不时出现非常公开的种族中心主义的言论。例如，威尔逊总统派往英国的大使解释说，美国会对拉美地区进行干预，"使他们能享有选举权并按照自己的决策生活"。如果这样行不通的话，"我们将继续行动，让他们再来一次选举……美国的行动将在那里持续 200 年，美国会为这块小小的土地不惜开火，直到他们学会选举、学会管理自己"（引自 Drake 1991, 14）。美国人相信，"拉丁人的心智"是"蔑视民主"的，他们的心智被情感而不是理性控制。

⑤ 卡多佐和法勒托（Cardoso and Faletto 1979）从拉美地区整体出发讨论了这其中的一些变化。关于 20 世纪 20 年代哥伦比亚社会运动的兴起，阿奇拉（Archila 1980）的著述中有详细分析。

⑥ 对于哥伦比亚这段历史，学者产生过激烈的争论。经济史学家（例如，见 Ocampo, ed. 1987）通常认为，大萧条（the Great Depression）和二战促使统治阶级坚信工业化是发展唯一可行的选择。拉美地区的很多学者持这种意见，但最近这种意见受到了质疑。萨恩斯·罗夫纳（Sáenz Rovner 1989, 1992）不认为 20 世纪 40 年代哥伦比亚精英人士将增长和发展作为目标，他补充说，政府并没有认真对待居里（Currie）的报告。安东尼奥·加西亚（Antonio García 1953）的论文参考了居里代表团的报告，为评价规划在哥伦比亚的作用提供了重要线索。对于加西亚来说，20 世纪 40 年代的规划活动效率非常低，这不仅仅是由于对规划过程的理解狭隘，还因为不同的规划主体缺少实施项目的权力。尽管他发现居里的报告从经济学的角度来讲无可辩驳，但他从社会背景方面分析了这个问题，因而他支持豪尔赫·埃列塞尔·盖坦（Jorge Eliécer Gaitán）在 1947 年向国会展示的那种规划过程。

　　到 20 世纪 40 年代末期，加西亚已经设计出一个能取代资本主义发展模式的完整模型，但是这个模型的优点并没有引起经济史学家和社会史学家的注意（见 García 1948，1950）。这个新的模型建立在对"落后"一词复杂的结构性和辩证性解释基础上——在这方面，它相似于并且预示了几年之后出现的保罗·巴兰（Paul Baran 1957）的工作，它以经济增长与社会全面发展之间的区别作为自己的根基。考虑到自由主义的发展模式正在这个时候逐渐巩固下来，加西亚的工作是具有革命性的，佩科（Pécaut 1987）也详细地表明了这一点。我们需要针对这个时期进行更多的在发展起源视角下的研究。尽管 19 世纪风格的"经济论文"（economic essay），例如路易斯·洛佩斯·德梅萨（Luis López de Mesa 1944）和欧亨尼奥·戈麦斯（Eugenio Gómez 1942）的作品，在 20 世纪 40 年代之前一直是一种标准和规范，但是在 20 世纪 30 年代，一些学者开始呼吁基于更加客观的、量化的和编程的方式而进行研究和决策。可以参见洛佩斯（López 1976）和卡德纳·加西亚（García Cadena 1956）的著作。其中一些主题在埃斯科瓦尔（Escobar 1989）的著作中也有涉及。

　　⑦ 关于"发展"和"第三世界"概念的起源，见普拉切（Platsch 1981）、明茨（Mintz 1976）、沃勒斯坦（Wallerstein 1984）、阿恩特（Arndt 1981）、沃斯利（Worsley 1984）和宾德（Binder 1986）的著作。"发展"这个词至少从 1929 年的英国殖民发展法案（*British Colonial Development Act*）时起就存在了，然而，正如阿恩特（Arndt）强调的那样，早期的发展概念与 20 世纪 40 年代它所表达的意思是截然不同的。"欠发达国家"（underdevelopment country）或者"地区"的表述在 20 世纪 40 年代中期才开始出现［例如，见这个时期米尔班克纪念基金会（Milbank Memorial Fund）的文字资料］。最后，"第三世界"一词直到 20 世纪 50 年代初期才开始出现。根据普拉切（Platsch）的研究，这个词是法国人口学者阿尔弗雷德·索维（Alfred Sauvy）造出来的，是依据法国第三阶层做的类比，用来指世界上那些贫困而人口稠密的地区。

　　⑧ 萨米尔·阿明（Samir Amin）把万隆计划称作"为我们这个时代的第三世界国家制订的中产阶级的国家计划"（1990，46）。阿明主张，即使万隆会议代表的是"第三世界的一个发展路径"，它仍然属于"国家中产阶级连续不断的努力，尽管经历了一次次挫败，也不得不屈服于国际强权提出的附属要求"（47）。

　　⑨ 对二战时美国对外援助的详细分析，参见布朗和奥佩（Brown and Opie 1953）的著作，同样可见加尔布雷思（Galbraith 1979）的著作。

　　⑩ 关于这一时期的经济变化，见威廉姆斯（Williams 1953）和科普兰（Copland 1945）的著作。本书第三章对这些变化有更详细的政治经济学分析。

⑪ 从经济角度来看，巴塔耶（Bataille）对马歇尔计划的理解是有争议的。帕耶（Payer 1991）指出，美国除了重振欧洲经济之外别无选择，否则它自己的经济也会因为失去贸易伙伴而迟早走向崩溃，尤其是考虑到在战争期间美国出现的产能过剩现象。巴塔耶的阐述要深入得多。对他来讲，马歇尔计划本质的一点就是生活标准的提高可能使人类的"能量资源"（energy resource）增加，也会使人类的自我意识随之提高。这可能会建立一种人类生存类型。在这种生存类型中，"意识不再是对事物（something）的意识，换言之，人可能意识到某一时刻的关键作用。在这个关键时刻，增长（即获得某物）会转化为支出；这恰好是自我意识，即从此以后不再有对象目标的意识"（190）。这种观念是以他的"广义经济"（general economy）概念为基础的，《被诅咒的份额》一书就分析了这个概念。关于巴塔耶的著作作为现代性的关键话语，哈贝马斯（Habermas 1987）的作品有更深入的讨论。

⑫ 杜鲁门在 1947 年清楚地表达了这一点。"（美洲）这个半球上的国家存在的问题具有本质的不同，不能用解决欧洲问题那样的方式和方法去对待"（引自 López Maya 1993，13），他进而赞美了在拉美地区进行私人投资的优点。

⑬ 另见哈特（Hatt 1951）、刘易斯（Lewis 1955）、布坎南和埃利斯（Buchanan and Ellis 1951）的著作，《政治与经济计划》（1955）（*Political and Economic Planning* 1955），萨克斯（Sax 1955）、科尔和胡佛（Coale and Hoover 1958）的著作。关于人口模型和统计的使用，见联合国社会与经济事务部（United Nations, Department of Social and Economic Affairs 1953）的报告，莱宾斯坦（Liebenstein 1954）、沃尔芬登（Wolfenden 1954）的著作，以及米尔班克纪念基金会（Milbank Memorial Fund 1954）的报告。

⑭ 马尔萨斯主义（Malthusian）的暗示往往非常华丽，就像下面的例子中所说，"正如马尔萨斯很久之前就指出的那样，人口的供给很容易超过食物的供给……当一个地方的人口相对于食物过剩时，人力就会变得廉价；而在食物相对于人口过剩的地方，人力就会变得昂贵……什么才是一个昂贵的人呢？这些人在其教育和培养中消耗了很多资源，这些人养成了很多昂贵的习惯，而其中一些技能是其他人愿意花高价购买的……尽管数字可能有波动，但至少有 7500 万美国人在经历这样的生活。我们美国人每个人手上拥有 22796 吨煤，而意大利人只有 6 吨。想知道为什么意大利人廉价而我们贵吗，或者说为什么意大利人都想进入美国吗？我们拥有的钢材是日本的 60 倍，拥有的煤炭是他们的 200 倍。那

些日本人当然就是廉价的"（Pendell 1951，viii）。福格特（Vogt 1948）和奥斯本（Osborn 1948）也撰写了这个时期著名的马尔萨斯主义的著作。

⑮ 例如，参见戴尼里［Dennery（1931）1970］的著作。这本书介绍的是印度、中国、日本的人口增长及其对西方世界产生的影响。

⑯ 我由衷感谢罗恩·鲍尔德拉马（Ron Balderrama）跟我分享他对 20 世纪40、50 年代种族话语变化的分析。这种话语依赖于人口生物学、遗传学等方面的科学知识。

⑰ 需要着重强调的是，这种忧虑和担心非但不能破解贫困的结构性成因，反而助长了帝国主义或者精英分子的"人口控制"政策，尤其是针对原住民和平民阶层的人口控制（Mamdani 1973）。尽管避孕措施的普及可能是一项具有重要意义的进步，尤其是对于女性，但它应该与抗击贫困、建立完善保健系统的斗争协调起来，这也是拉美地区的很多女性所主张的。例如，参见巴罗索和布鲁斯基尼的著作（Barroso and Bruschini 1991）。

⑱ 对于发展的现代化理论的回顾，可以参见比利亚米尔（Villamil，ed. 1979）、波特斯（Portes 1976）、坚吉尔（Gendzier 1985）和班努里（Banuri 1990）的著作。

⑲ 关于这个问题的争论，见哈耶克（Hayek 1944）对所有经济干预的前沿批判以及芬纳（Finer 1949）对哈耶克的回应。也可参见刘易斯（Lewis 1949）的著作，尤其是他对"为什么要在落后国家进行规划"的解释。

⑳ 田纳西流域管理局（TVA）的影响绝不仅限于哥伦比亚。田纳西流域管理局直接参与的流域发展计划分布在很多国家。这一段历史还需要有人来记录。

㉑ 这部分的话语研究使用的是福柯的方法论。详见福柯（Foucault 1972，1991b）的著作。

㉒ 在 20 世纪 40 年代、50 年代后期，世界银行与受援国之间签署的贷款协议（也称担保协议）无一例外地规定，借款方应承诺向"银行"提供后者所需要的所有信息。它还规定世界银行官员有权访问受援国任何有争议的领土。世界银行阶段性地向借款国派出"代表团"，是获取这些国家具体信息的主要机制，这在第四章里会有详细介绍。

㉓ 尽管大多数拉美专业人员渴望承担起从本国经济和文化中获得新知识的任务，但最终知识的跨国化产生了一种辩证法，这种辩证法呼吁社会科学更加自主地发展（Fals Borda 1970），它也有助于知识和社会成就的取得，例如依附理论和解放神学的出现。

㉔ 我要感谢智利社会学家埃德蒙多·富恩萨利达（Edmundo Fuenzalida）这

个非常风趣而有益的比喻——将二战之后初期"专家在第三世界的登陆"与盟军的诺曼底登陆相对比。

㉕ 对哥伦比亚太平洋沿岸地区发展效果的简要描述，基于我 1993 年在那里做的实地研究工作。

㉖ 发展话语效果的一致性不应该被视为有意而为。就像福柯讨论的话语一样，发展必须被看作一种"没有战略家的战略"，因为没有人明显地在策划发展，它是历史的问题化和对这种问题化进行系统回应的结果。

第三章

① 海德格尔（Heidegger）提出了一个论点，即现代欧洲是第一个制造出欧洲和世界图像的社会，这种图像是有结构的，他称之为一幅世界图像（world image）。现代世界的图像需要以一种前所未有的方式将世界客体化和对象化，世界成了"由人所创立的……开天辟地第一次有了'人的位置'"（1977，130，132）。同样参见米切尔（Mitchell 1988，1989）的著作。

② 文化主义者和后结构主义者对经济学的批判才刚开始。据我所知，只有特赖布（Tribe 1981）、古德曼（Gudeman 1986）、古德曼和里维拉（Gudeman and Rivera 1990，1993）、麦克洛斯基（McCloskey 1985）对作为话语和文化的经济学给予了重要关注。文特（Vint 1986）和桑斯·德圣玛丽亚（Sanz de Santamaría 1984）对福柯的研究在经济思想史中的意义进行了探讨。米尔贝格（Millberg 1991）最近将与后结构主义相关的主题引入马克思主义和后凯恩斯主义经济学中。本章的目的就是完成由这些学者开始的对经济学的文化批判。

③ 福柯把纪律定义为"使（管理者）能够精细地控制某一机体运转"的一些方法，"这些方法保证了机体内各种力量一直处于臣服状态，也使这些力量具有了顺从—使用（docility-utility）的关系"（1979，137）。17 世纪时，纪律在工厂、军队营房、学校和医院有上升之势。这些机构把人类的身体带入一个新的权力机器中，身体成了一种"政治解剖学"（political anatomy）的对象。

④ 马克思的哲学是当今时代和西方宇宙论的产物，从中可以读到进步、理性主义、客观性和普遍性这些久远的概念。它把世界和现代性历史的中心定位在了西方，作为结束史前阶段、开创真正历史的关键转变阶段。

⑤ 将西方经济看作生产、权力和意义系统的整体是一个极其简洁的解释。我的博士论文《权力与可见性：发展在第三世界的发明和管理》第三章中有更详尽的阐述（Escobar，1987）。那一章在本书中未作保留。关于市场的兴起，参见

波兰尼（Polanyi 1957a），波兰尼、阿伦斯伯格和皮尔逊（Polanyi, Arensberg, and Pearson, eds. 1957），布罗代尔（Braudel 1977），希克斯（Hicks 1969），沃勒斯坦（Wallerstein 1974）和多布（Dobb 1946）等人的著作。关于市场文化的概念，雷迪（Reddy 1987）的著作中有讨论。关于纪律、社会和个人的问题，尤请参见福柯（Foucault 1979，1991a），伯切尔、戈登和米勒（Burchell, Gordon, and Miller, eds. 1991），唐泽洛特（Donzelot 1979），普罗卡奇（Procacci 1991）和兰德斯（Landes 1983）等人的著作。对经济和经济意识形态的出现解释得最好的仍然是迪蒙（Dumont 1977），同样参见福柯（Foucault 1972）和波德里亚（Baudrillard 1975）对生产作为一种认识论秩序和意义编码的讨论。

⑥ 马克思革命性的断言颠覆了李嘉图的悲观主义。它推断被剥削者有可能对人类的本质重新认识并重新构建。关于经济学中发展悬置的分析，参见福柯的著作（Foucault 1973，261）。

⑦ 这部分的分析是以熊彼特（Schumpeter 1954）、多布（Dobb 1946，1973）、布劳格（Blaug 1978）、迪恩（Deane 1978）、贝尔和克里斯托尔（Bell and Kristol 1981）、福柯（Foucault 1973）的著作为基础的。

⑧ 福柯（Foucault 1973）强调了一个事实，那就是对于李嘉图来说，劳动成了生产和经济知识的基础。人们之所以劳动和交换，是因为他们有需求和欲望，而且最重要的是因为他们要受制于时间、劳作和最终的死亡。福柯把现代性的这个方面称为"有限性解析"（analytic of finitude）。

⑨ 熊彼特（Schumpeter 1954，909-944）认为效用价值论（utility theory of value）源于亚里士多德（Aristotle）和经院哲学家。瓦尔拉斯（Walras）、马歇尔（Marshall）和奥地利学派的经济学家对效用价值论进行了完善。这一理论与功利主义哲学教条中的主要宗旨形成了呼应。在世纪之交的时候，维尔弗雷多·帕累托（Vilfredo Pareto）尝试通过强调效用价值论的逻辑与纯形式的特点将其跟功利主义撇清关系。他提出序数效用（ordinal utility）的概念（以描述个人无须测量就能排列商品偏好等级的能力），发展出一个时至今日仍然作为当代经济理论的基础出现在微观经济学教科书中的价值理论［尤其是经过艾伦（Allen）和希克斯（Hicks）的进一步发展］。众所周知，这些教科书的开篇都是围绕一个"理性的"经济行动者想要将他/她的效用最大化而展开讨论的。

⑩ 尽管熊彼特的社会历史方法偏爱"纯粹的分析"，但是他把瓦尔拉斯的一般均衡理论（Walrasian general-equilibrium theory）称为"将与理论物理取得的成就比肩的唯一的经济学贡献"（1954，827）。琼·罗宾逊（Joan Robinson）把这

个理论称为"西方正统学说中最放肆的言论"（1979，13）。这并没能阻止诺贝尔委员会将诺贝尔奖授予阿罗（Arrow）和德布鲁（Debreu）这些使这一理论变得"完美"的数理经济学家。

⑪ 然而应该指出，到这个时候资本已经击败了它的敌人，微观经济学理论因此作为一种关于"效率"（也就是对劳动力剥削的最大化）的理论而出现。

⑫ 除了梅尔（Maier 1975）的著作之外，参见阿尔德克罗夫特（Aldcroft 1977）、葛兰西（Gramsci 1971）对美国主义和福特主义，哈维（Harvey 1989）对福特主义积累体制的论述。

⑬ 萨伊（Say）的"供给会自己创造需求"的经典定律是凯恩斯理论抨击的另一个目标。同样，对凯恩斯而言，利率不再是自动平衡储蓄和投资的手段，而是在货币政策和当前对未来走向预期影响下的一个货币利率。

⑭ 在这一部分，我使用了世界体系（world system）理论和依附理论（dependency theory）中的核心（core）、边缘（periphery）和半边缘（semiperiphery）这些术语。核心国家（在有些版本中也称为中心国家）是那些在19世纪就已经实现工业化的国家，大体上就是今天所谓的发达国家（西欧国家、美国、加拿大、澳大利亚、新西兰和南非）；边缘国家是由大部分第三世界国家组成的；半边缘国家则随着世界体系理论家所称的资本主义世界经济的出现（在17世纪50年代）而发生了变化。今天，半边缘国家包括一些最大的第三世界国家和所谓的新兴工业化国家（New Industrializing Country）（韩国、新加坡等，还有一大批国家在排队等候加入这个俱乐部，如马来西亚、泰国和智利）。对这些术语更详尽的解释，参见布罗代尔（Braudel 1977）和沃勒斯坦（Wallerstein 1974，1984）的著作。

⑮ 这部分的讨论是建立在以下学者的著作基础上的：博雷戈（Borrego 1981）、阿明（Amin 1976，1990）、沃勒斯坦（Wallerstein 1974）、霍普金斯和沃勒斯坦（Hopkins and Wallerstein 1987）、卡多佐和法勒托（Cardoso and Faletto 1979）。

⑯ 与这些经济变迁相伴随的，是前所未有的文化和社会变迁。在拉丁美洲，社会主义、共产主义、无政府主义、小范围的女权主义以及学生运动在一些国家出现。艺术和文学上的创作达到史无前例的水平（例如，墨西哥的壁画和女性作品的第一次浪潮）。二战之后，拉丁美洲切断了寡头政治与伦敦之间的脐带，但是与纽约之间必然的紧密联系还没有完全建立起来。这时，他们开始从过去的历史中发掘新的确定性（indigenismo），在社会主义和马克思主义［马里亚特吉、阿亚德拉托雷和豪尔赫·埃列塞尔·盖坦（Mariátegui，Haya de la Torre and Jorge

Eliécer Gaitán）〕的鼓舞下发展折中兼容的观念，关注国内经济环境，发展健康的国民经济〔进口替代工业化（import substitution industrialization）〕。这种知识上的蓬勃发展被美国用发展话语和争取进步联盟（Alliance for Progress）打断。

⑰在对发展经济学先驱的这些背景分析方面，我要特别感谢斯蒂芬·马格林（1992 年的对话）。

⑱对于非经济学专业的读者，早期经济发展理论的总结请参见迈耶（Meier 1984）的著作。还可以参阅西尔斯（Seers 1983）、迈耶和西尔斯（Meier and Se-ers，eds. 1984）、赫希曼（Hirschman 1981）、鲍尔（Bauer 1984）的著作，还有托达罗（Todaro 1977）的一部著名教材。

⑲20 世纪 20 年代，罗森斯坦-罗丹（Rosenstein-Rodan）等经济学家在东欧发起了有关经济发展的讨论，30 年代后期和 40 年代拉美地区尤其是在联合国拉丁美洲经济委员会（Economic Comission for Latin America，CEPAL）范围内也开展了类似的讨论。约瑟夫·洛夫（Joseph Love 1980）探讨了这两次辩论之间可能存在的联系。

⑳例如，艾伯特·赫希曼（Albert Hirschman）于 1952~1956 年作为国家规划委员会（National Planning Board）的财政顾问生活在波哥大。劳克林·居里（Lauchlin Currie）在 20 世纪 50 年代后期重新回到哥伦比亚生活，成为哥伦比亚公民，并一直是哥伦比亚和其他地方发展规划圈中的主要人物。阿瑟·刘易斯（Arthur Lewis）在 20 世纪 50 年代后期担任加纳总理的经济顾问和联合国特别基金会（UN Special Fund）的副主任。罗森斯坦-罗丹在 1947 年担任世界银行经济学部的主任助理。罗格纳·纳克斯（Ragnald Nurkse）和雅各布·维纳（Jacob Viner）分别于 1951 年和 1953 年在巴西发表演讲，他们与巴西经济学家进行了颇有成果的交流。〔我和塞尔索·富尔塔多（Celso Furtado）在 1984 年有过一次谈话，根据他的观点，与巴西经济学家之间的交流对话对纳克斯和维纳各自理论的发展很有帮助。〕

㉑其他正在产生的影响表现为对熊彼特观点的排挤，例如，发展经济学几乎被英美的学术机构专有，对于它们来说，发端于另一个知识传统的熊彼特，其系统的思想有些异类，其理论也不太适用于数学论证，而许多发展经济学家对数学论证表现出特别的兴趣。

㉒让富人更富是刺激经济的一种有效方式，这一观点也是里根-布什经济学（Reagan-Bush economics）的基础。总会有经济学家从经济理性的角度来捍卫这一观点的逻辑性。

㉓ 对于拉美经委会理论的阐述，见拉美经委会的首任主任及发起者劳尔·普雷维什（Raúl Prebisch）所写的《拉丁美洲经济委员会宣言》（*CEPAL Manifes-to*）（Economic Commission for Latin America 1950）。作为拉美经委会理论的激进化，依附理论在 20 世纪 60 年代后期出现。参见关于依附理论的主要著作，如松克尔和帕斯（Sunkel and Paz 1970）、富尔塔多（Furtado 1970）、卡多佐和法勒托（Cardoso and Faletto 1979）的著作。

㉔ 我们还能找到一些关于拉美经委会思想诞生和发展的非常优秀的评论。见赫希曼（Hirschman 1961）、迪马科（Di Marco, ed. 1974）、卡多佐（Cardoso 1977）、罗德里格斯（Rodríguez 1977）、洛夫（Love 1980）和辛金克（Sikkink 1991）的著作。

㉕ 从话语的角度来看，"马克思学说中的剩余价值和下降的利润率（falling rate of profit）等概念可以在李嘉图（Ricardo）学说中的实证性系统（system of positivity）的基础上来做描述；但是，这些概念（虽然新颖，但其形成规则并不新颖）在马克思自己的学说中似乎又属于一个截然不同的话语实践……这种实证性不是李嘉图的分析的转换，也不是一种新的政治经济学；它是围绕某些经济概念的衍生而出现的一个话语，它反过来又界定着经济学家话语出现的条件，因此，它可以作为一个有效理论，可以作为对政治经济学的有力批判"（Foucault 1972, 176）。

㉖ 也有一些例外，如艾麦·阿德尔曼（Irma Adelman）和辛西娅·塔夫脱·莫里斯（Cynthia Tafts Morris），她们关于发展中国家收入分配的研究（1973）是很有影响力的。同样参见琼·罗宾逊（Joan Robinson 1979）的著作。

㉗ 关于哥伦比亚的发展规划，参见加西亚（García 1953）、卡诺（Cano 1974）、佩里（Perry 1976）、洛佩斯和科雷亚（López and Correa 1982）、德拉托雷（de la Torre, ed. 1985）、萨恩斯·罗夫纳（Sáenz Rovner 1989）的著作。还可参见过去 30 年中历届总统及其政府发布的发展规划。

㉘ 尤其参照以下学者的作品：西尔斯（Seers 1979）、赫希曼（Hirschman 1981）、利特尔（Little 1982）、利文斯通（Livingstone 1982）、钱纳里（Chenery 1983）、迈耶（Meier 1984）、鲍尔（Bauer 1984）、弗洛雷斯（Flórez 1984）、迈耶和西尔斯（Meier and Seers, eds. 1984）、拉尔（Lal 1985）。

㉙ 在普雷维什（Prebisch 1979）的观点中，一般均衡（general equilibrium）理论忽视了两个基本现象：剩余和权力关系。剩余比生产增长得快，少数特权阶层对剩余的剥夺阻碍了资本积累的过程。另外，技术进步的成果不是根据边际生

产率而是通过权力结构来分配，这导致了一场分配危机。对普雷维什来说，这就是为什么新古典主义经济学无法解释边缘这一现象的原因，即他所说的新古典主义的挫败。

㉚ 对经济学中范式和研究方案的探寻，是为了经济科学和政策的合法化。在此过程中，经济学家可以在他们的知识发展中提出结构、变迁和进步这样的概念假设，把某些理论选择（新古典主义经济学）覆盖在历史卷宗上，以此赋予这些选择以特权。但是，这一做法无法解释作为这门科学基础的话语场域（经济、发展）的形成。

㉛ 在哥伦比亚，经济的全面放开始于 1991 年，它引发了各行业工人、公务员和农学家的大罢工。罢工次数之多前所未有，罢工浪潮直到 1993 年底才结束（那个时候我正在进行这部分的写作）。而政府致力于开放（apertura）的决心并未动摇。

㉜ 古德曼（Gudeman）和里维拉（Rivera）把他们的研究对象限定为哥伦比亚安第斯山区的混血农民。其他历史文化对话和历史文化条件必须结合哥伦比亚的土著人群和非裔哥伦比亚人群，或者结合秘鲁、危地马拉和玻利维亚的农民群体来进行考虑。哥伦布到达美洲以前的历史，对这些国家仍有深远的影响。

㉝ 古德曼和里维拉的家庭与公司模型可以与德勒兹和伽塔里（Deleuze and Guattari 1987）的知识、技术和经济组织的游牧形式和国家形式联系起来。

㉞ 古德曼和里维拉（Gudeman and Rivera 1990，17）认为，古典主义经济学家从欧洲农民的"民间对话"中获得了一些顿悟。因此，经济的公司模型至少有一部分要依仗对当时欧洲家庭模型的观察。这种民间声音上升为核心议题的现象，在古典主义政治经济学的理论形成中是十分重要的。

㉟ 阿明对社会主义的呼唤有一个令人困扰的地方："如果资本主义创造的普遍主义有积极的一面，那么这一面不会是在经济发展的层面上（因为经济发展本质上仍然是不平等的），它肯定是在流行、文化和意识形态的普遍性上，预示着'后资本主义'阶段，一个真正的社会主义前景。"（1990，231）这个陈述只能让人更加困惑，因为在下一个部分他又呼吁"生产制度、政治愿景和文化的多样性"（233）。

㊱ 参与式行动研究（participatory action research）也是以类似的原则为基础的。见法尔·博尔达（Fals Borda 1988）、法尔·博尔达和拉赫曼（Fals Borda and Rahman，eds.1991）的著作。

第四章

① 机构的需求和当地人民的需求之间的不一致性，在地方层面表现得更为清晰。这种不一致性常常反映在发展工作者之中，体现为彼此间痛苦的人际矛盾。他们以多种方式来解决这种矛盾（从置若罔闻，到决定离开发展机器而成为社区激进主义者）。正如我在哥伦比亚目睹了农村发展专业人员之间存在冲突一样，即便那些接受过大学教育的发展组织成员间也有这种冲突。

② 20 世纪 60 年代末期和 70 年代早期最知名的这类试点项目包括在印度的纳兰格沃（Narangwal）（约翰·霍普金斯大学卫生和公共健康学院与印度医学研究协会的研究）、贾姆凯德（Jamkhed）（由印度医生实施）和莫林达（Morinda）（由康奈尔大学-麻省理工学院国际营养项目和印度粮食与营养委员会实施）实施的项目，在哥伦比亚的卡利（Cali）实施的项目（密歇根大学和哥伦比亚瓦莱大学医学院），在危地马拉实施的项目［巴拿马和中美洲营养研究所（INCAP），它是由联合国资助，危地马拉和麻省理工学院的营养与食品科学系合作建立的研究所］等。有些是关于营养不良的病原学以及营养状况影响因素的研究项目，另外一些则是关于健康、营养和计划生育的试点项目。伯格（Berg 1981）和莱文森（Levinson 1974）曾对这些项目进行简要的讨论。关于营养干预的最新进展，参见奥斯汀（Austin，ed. 1981）主编的一部著作，该著作是在哈佛大学国际发展研究所为美国国际开发署营养办公室编撰的五卷本著作基础上编写的。

③ 斯克林肖和沃勒斯坦（Scrimshaw and Wallerstein，eds. 1982）等对这段历史有过概述。

④ 内文·斯克林肖（Nevin Scrimshaw）时任麻省理工学院营养与食品科学系主任，他担任该职位多年。斯克林肖和世界银行营养处的艾伦·伯格（Alan Berg）都是在国际营养领域制定研究和政策议程最有影响力的人物。斯克林肖与洛克菲勒基金会、联合国大学、联合国粮农组织（FAO）和世界卫生组织（WHO）之类的机构联系密切。艾伦·伯格在 20 世纪 60 年代参与了美国国际开发署在印度实施的营养干预项目和研究工作。20 世纪 70 年代中期，在调任到布鲁金斯学会（Brookings Institution）之前，伯格也曾参与世界银行的工作。伯格和麻省理工学院国际营养项目的关系也很密切。

⑤ 参见林奇（Lynch 1979）、哈金和索利马诺（Hakim and Solimano 1976）以及菲尔德（Field 1977）有关营养规划模型的综述。

⑥ 除了所引用的文献外，也可参见乔伊和佩恩（Joy and Payne 1975）、安德

森和格雷瓦尔德（Anderson and Grewald, eds.1976）、联合国粮农组织/世界卫生组织（FAO/WHO 1976）、维尼科夫（Winikoff, ed.1978）、乔伊（Joy, ed.1978）、马耶尔和德怀尔（Mayer and Dwyer, eds.1979）、阿兰达和萨恩斯（Aranda and Sáenz, eds.1981）、特勒（Teller, ed.1980）、伯格（Berg 1981）、奥斯汀和埃斯特瓦（Austin and Esteva, eds.1987）的著作。

⑦ 有两本书在 20 世纪 80 年代初恰好宣告了 FNPP 的寿终正寝，一本由世界银行高级官员（Berg 1981）撰写，另一本由一位哈佛大学教授和两位斯坦福大学教授（Timmer, Falcon, and Pearson 1983）共同为世界银行撰写。他们终止了一个循环，但又启动了另一个新的循环，后者更加注重粮食政策的实效。然而，与营养计划不同，综合农村发展计划仍然在一些国家开展。

⑧ 我翻译了此处以及文中其他所有的西班牙语文献。

⑨ 参见 PIA/PNAN 1975～1980 年的活动报告，包括 PIA/PNAN（1975a, 1975b, 1977）。

⑩ 这种争论在很多问题上发生过，例如罗伊特林格和斯洛斯基（Reutlinger and Selowsky 1976）对营养不良的宏观估算。佩恩（Payne）对该书的评论，以及 1977 年 11 月佩恩和罗伊特林格/斯洛斯基在同一期刊上进行的对话，可以作为参考。另一个重要争论领域是在 20 世纪 80 年代早期至中期这一阶段出现的有关营养不良的所谓"小而健康"的模型，它断言之前在测量特定年龄人群的身高和体重基础上得出的营养不良数据高估了营养不良的严重程度，因为它们没有考虑到根据体型大小适当调整食物摄入量的数据（参见尾注⑲ 关于营养评估方法的界定）。该模型的设计者认为，如果考虑了这些调整，很多目前营养不良的儿童可能是虽个子小但很健康的。这种主张的影响可以很大，因为它可以否定整个问题的界定，从而使政策远离粮食与营养计划而重新转向健康与环境干预（这也正是模型设计者所支持的）。参见苏哈密和马根（Sukhatme and Margen 1978）及佩恩和卡特勒（Payne and Culter 1984）等的著作。

⑪ 关于哥伦比亚国家粮食与营养计划（PAN）和综合农村发展项目（DRI）的分析，都来自我于 1981 年 6 月至 1982 年 5 月、1983 年 12 月至 1984 年 1 月以及 1990 年和 1993 年夏天在波哥大和卡利（Cali）进行的实地调研工作。在第一次长期调研中，我每天都参与 PAN 和 DRI 规划者的工作，同时收集关于 1971～1982 年计划设计、实施和评估的资料。除了参与观察，我还访问了很多规划人员，他们来自哥伦比亚国家规划署（DNP）、国家粮食与营养计划、综合农村发展项目、农业部和卫生部、哥伦比亚家庭福利研究所（ICBF），以及设在卡利的国家粮食

与营养计划区域办公室。1983～1984 年，政策和规划有修订，1990 年再次被修订。

⑫ 1971～1975 年，这项评估的主持人吉列尔莫·巴雷拉（Guillermo Varela）领导了国家粮食与营养计划的设计工作。当时，巴雷拉是国家规划署人口与营养处的工作人员。受美国国际开发署和该跨机构项目（PIA/PNAN）的委托，巴雷拉做了回顾性研究。

⑬ 我第一次与巴雷拉接触是在 1975 年 9 月。由于一个与研究不相关的原因，我来到他在波哥大的办公室。就他办公室书架上的 FAO 文件，我和他进行了一场非常生动的交谈。我曾在卡利的哥伦比亚瓦莱大学图书馆读过相同的文件，我在那所大学获得了化学工程学士学位。通过这次交谈，我得知可以申请一项 PAN/DRI 奖学金，进行粮食和营养方面的研究生学习。后来，我获得了这一机会。其后我前往康奈尔大学进行了为期两年的硕士学习。1978 年 1 月从康奈尔返回后，我为 PAN 工作了 8 个月。

⑭ 在有些情况下，20 世纪 60 年代和 70 年代的研究引起了行动主义者和持不同意见的知识分子的政治化干预，尤其是在公共卫生领域。例如，哥伦比亚瓦莱大学社会医学系的约兰达·阿朗戈·德贝多亚（Yolanda Arango de Bedoya）关于初级卫生保健的研究（1979）以及多米尼加共和国的胡安·塞萨尔·加西亚（Juan César García 1981）对健康制度化的历史研究。在美国，马克思主义指导下的健康和欠发达研究也很重要，尤其是在《国际卫生事业杂志》（*International Journal of Health Services*）上发表的研究文章。例如，纳瓦罗（Navarro 1976）的著作在拉丁美洲引起了一些反响。

⑮ 布朗（Brown 1976）的研究中记录了早期洛克菲勒基金会在美国南部（尤其是抗十二指肠病项目）和国外（抗十二指肠病、黄热病、疟疾的活动以及公共卫生人员培训活动）进行的公共卫生和健康活动。20 世纪 50 年代，拉丁美洲一些大学在洛克菲勒基金会的支持下成立了医学院（如位于卡利的瓦莱大学医学院）。这也是推动公共卫生与营养研究和行动的重要因素之一。在洛克菲勒基金会资助下，有些营养项目在考卡河谷地区展开，陶西格（Taussig 1978）分析了这些项目对当地农民产生的影响。

⑯ 关于这一时期哥伦比亚农业的分析，可以参见卡尔马诺比茨（Kalmanovitz 1978）、阿鲁布拉（Arrubla, ed. 1976）、贝哈拉诺（Bejarano 1979, 1985）、罗哈斯和法尔·博尔达（Rojas and Fals Borda, eds. 1977）、蒙卡约和罗哈斯（Moncayo and Rojas 1979）、法哈多（Fajardo 1983）、佩里（Perry 1983）、奥坎波等

（Ocampo et al. 1987）以及扎莫科斯（Zamocs 1986）的著作。这里的论述主要参考了卡尔马诺比茨和法哈多的研究。关于农业的政治经济学讨论，主要参考了卡尔马诺比茨（Kalmanovitz 1978）、法哈多（Fajardo, ed. 1991）、德杨弗利（de Janvry 1981）以及克劳奇和德杨弗利（Crouch and de Janvry 1980）的著作。

⑰ 当代关于绿色革命的批判分析，尤其是与营养相关的方面，可以参考阿尔梅达（Almeida 1975）、弗兰克（Franke 1974）以及克利弗（Cleaver 1973）的著作。

⑱ 在哥伦比亚和其他地方，这些半无产阶级农民一年中有些时间在自己的土地上工作。当有季节性工作（如采摘咖啡和棉花或收割甘蔗）时，他们就转移到这个国家的其他地方。

⑲ 这里所说的营养状况评价方法来自人体测量学（尤其是测量不同年龄的身高和体重、上臂周径和皮褶厚度）。最有名的分类当属所谓的戈麦斯分类法（Gómez Classification），它在一个既定标准基础上通过测量不同年龄的体重，将营养不良分成三种程度（轻微、中等和严重）。尽管这个标准成长表源于哈佛大学对剑桥和马萨诸塞州的健康儿童进行的研究，并沿用了多年，但在 20 世纪 60 年代和 70 年代，很多国家开始研究它们自己的标准。关于哥伦比亚人口的营养状况评价，可以参见帕尔多（Pardo 1984）和莫拉（Mora 1982）的著作。

⑳ 国际热带农业中心（CIAT）由洛克菲勒基金会在 1967 年成立，是在哥伦比亚富饶的考卡河谷中心地区进行绿色革命的先头队伍之一。召开会议的那个时候，该地区黑人农民的无产阶级化正在加剧，当时陶西格（Taussig 1978，1980）正在研究这个问题。在同一地区，洛克菲勒基金会和当地医疗机构在营养、计划生育和卫生研究方面的合作非常活跃；也是在这一地区，我开展了科学与工程的本科研究。所有这些事件并非巧合，它们都是由发展过程预先安排的。

㉑ 医学专业人员在哥伦比亚家庭福利研究所（ICBF）的地位特别牢固。在关于营养定义的斗争中，他们所持的观点可从最著名的医师-营养学家的作品中略见一斑，当时这些人多少与 ICBF 有关联，尤其是奥夫杜略·莫拉（Obdulio Mora）、弗朗兹·帕尔多（Franz Pardo）、莱昂纳多·西尼斯特拉（Leonardo Sinisterra）、R. 鲁埃达·威廉森（R. Rueda Williamson）以及 R. 格鲁埃索（R. Grueso）。例如，可以参见帕尔多（Pardo 1973）和格鲁埃索（Grueso 1973）在此次会议上宣读的论文。

㉒ 关于规划的早期阶段，可以参见 DNP/UDS（1974a，1974b，1974c，1974d，1975）。基于档案材料以及 1981 年和 1982 年对参与此过程的规划者进行

访谈的资料，我重写了这部分。

㉓ 参见 DNP（1975b）；也可参见 1975 年 7 月国家规划署（DNP）写给世界银行劳伦斯·卡萨扎（Lawrence Casazza）的信（作为内部备忘录传播），其中包括几个关于项目设计和资金的附件。资助程序对项目设计和实施的影响尚无人研究。世界银行对国家粮食与营养计划和综合农村发展项目资金拨付的程序在 DNP/PAN（1979）中记录得很详细。

㉔ 这是协调小组组长和时任国家规划署（DNP）署长的米格尔·乌鲁蒂亚（Miguel Urrutia）之间斗争的一部分，最终导致前者被免职以及该规划去政治化的结果。

㉕ 参见下列项目介绍：DNP/PAN（1975b，1976b，1976c，1976d，1976e，1976f，1977）；DNP-PAN/IICA（1977）。

㉖ 1976 年，一个社区参与办公室（Office of Community Participation）在卫生部成立。参与的环节充满各种问题，直到 1982 年年中都没有开始。那一年，哥伦比亚还制订了一个社区参与的国家计划，似乎参与可以通过法令来实现一样。可以参见在卫生部社区参与办公室对埃德加·门多萨（Edgar Mendoza）和玛丽亚·贝亚特里斯·杜阿尔特（Maria Beatriz Duarte）的访谈（1981 年 11 月）。也可参见卫生部社区参与办公室的文件（Ministerio de Salud 1979，1982）。

㉗ 一批哥伦比亚人在麻省理工学院的国际营养规划课程中接受了高级培训，其中的一个毕业生在 1979 年成为 PAN 的领导。我由 PAN 奖学金资助在康奈尔大学国际营养课程中学习了两年。

㉘ 作为评估内容的一部分，PAN 和一个私立研究所签约进行了好几项调查。参见 SER 研究所资料（Instituto SER 1980b，1981）。但是，1979 年以前实施的调查存在严重的抽样和方法问题，以致无法形成一个基线数据［根据 1981 年 11 月 6 日对 PAN 评估部成员弗朗兹·帕尔多（Franz Pardo）的访谈］。1981 年，国家统计署（DANE）与 PAN 和 DRI 合作进行的一项全国调查为规划者提供了关于全国粮食和营养状况的更加具体和详细的信息。PAN 和 DRI 每年都有例行的评估报告，尽管它们大多仅限于某些方面，如财务拨付、卫生设施的建设等。

㉙ 根据对国家规划署（DNP）卫生处处长赫尔曼·佩尔多莫（Germán Perdomo）的访谈（1982 年 3 月）。

㉚ 在墨西哥的普埃布拉（Puebla）、哥伦比亚的卡克萨（Cáqueza）和加西亚·罗维拉（García Rovira）、秘鲁的卡哈马卡（Cajamarca）这些地区以及洪都拉斯，这些项目对农村发展话语的影响并没有得到充足的分析与研究。从传统政

治经济学视角对这些项目进行的分析，可以参见德杨弗利（de Janvry 1981）的著作。

③ 以 DRI 为例，这些机构中最重要的是农业银行（Caja Agraria）、哥伦比亚农业研究所（ICA）、哥伦比亚农业改革研究所（INCORA）、国家自然资源研究所（INDERENA）、全国职业学习服务社（SENA）、农业和牲畜营销研究所（IDEMA）、卫生部与教育部、哥伦比亚家庭福利研究所（ICBF）、哥伦比亚能源研究所（ICEL）、国家卫生研究所（INS）和农村道路基金会。这些机构之间长期相互对抗。

③ 关于 1982 年重新定位的详细信息，参见四本出版物：DNP/DRI-PAN（1982a，1982b，1983）和 DNP/UEA（1982a）。关于内部人士对 1976～1989 年 DRI 政策变化的描述，参见法哈多、埃拉苏里斯和巴尔卡萨尔（Fajardo, Errázuriz and Balcázar 1991）的著作。

③ 商业种植者协会当时的观点在洪吉托（Junguito 1982）的研究中有所陈述，也可参见 DNP/UEA（1982b）。20 世纪资本主义农场主最强大的组织——哥伦比亚农业主协会（Sociedad de Agricultores de Colombia, SAC）——的变迁在贝哈拉诺（Bejarano 1985）的研究中有详细叙述。

③ 1987 年 6 月 3～6 日，小农经济国际会议（International Seminar of Peasant Economy）在距波哥大几小时车程的一个小镇召开，这是 DRI 组织的最著名的活动之一。来自拉丁美洲所有国家的著名学者在研讨会上宣读了他们的论文。超过 1200 人参加了此次研讨会，包括农民组织代表、学者、政府人员。这次会议是"为了一个共同目标，即在一个多元框架内，为农民生产者研究改善国内和国际政策环境"而召开的。参见布斯塔曼特（Bustamante, ed. 1987）的著作。

③ 位于波哥大的 DRI 评估小组根据自己制定的项目评估方案，在四个主要地区［里奥内格罗（Rionegro）、洛里卡（Lorica）、辛塞莱霍（Sincelejo）和得顿萨谷（Valle de Tenza）］对一期项目开展了社会经济影响评估（DNP/DRI 1976a）。1983 年，DRI 和国内几所主要大学［哥伦比亚国立大学、贾弗里阿纳大学、安第斯大学、安蒂奥基亚大学和瓦莱大学（Unversidades Nacional, Javeriana, Andes, de Antioquia, y del Valle）］签约进行了更为全面、严格的评估。例如，参见阿朗戈等（Arango et al. 1987）关于安蒂奥基亚大学（Universidad de Antioquia）（位于麦德林）的一个小组在里奥内格罗、洛里卡和辛塞莱霍开展的评估工作。对于各种评估的回顾，可以参见法哈多、埃拉苏里斯和巴尔卡萨尔（Fajardo, Errázuriz and Balcázar 1991, 200-232）的著作。

㊱ 例如，在一个地区，洋葱取代了玉米和豆子组合；在另一个地区，豆子则取代了豆子和玉米组合；而在又一个地区，奶牛取代了土豆，大蕉或木薯取代了玉米或烟草；等等。虽然当时在一个农场的不同部分种植几种不同作物，或有些部分进行间作而有些部分进行单一种植，但总的来说，并没有转向单一种植（在 20 世纪 70 年代早期，政策曾经鼓励这一举措），反而促进了多样化种植。实地开展的研究得出一些具体的建议，这些建议主要针对的是作物轮作、播种密度、施肥方法、虫害控制、遵循生产率与成本效用原则。参见法哈多、埃拉苏里斯和巴尔卡萨尔（Fajardo, Errázuriz and Balcázar 1991, 225, 226）的著作。

㊲ 这一点与世界银行形成了鲜明的对比，在世界银行没有不同声音存在的空间。在这个方面，哥伦比亚和其他国家（如智利或阿根廷）也都大相径庭，由于历史原因，在所谓的芝加哥男孩（Chicago Boys）的支持下，这些国家盛行新自由主义经济学。当然，在哥伦比亚，这一点也在迅速变化。

㊳ 这样的争论正在进行，例如，在一群支持新自由主义经济学家和经济史学家何塞·安东尼奥·奥坎波（José Antonio Ocampo）的学者和一群马克思主义政治经济学家如萨洛蒙·卡尔马诺比茨（Salomón Kalmanovitz）之间进行的争论。对这些争论的总结，可以参见卡尔马诺比茨（Kalmanovitz 1989）的著作。

㊴ 拥有 0~20 公顷土地、位于底层的 85% 的农民，仅拥有全国土地的约 15%。而拥有 5~20 公顷土地者（他们就是 DRI 潜在的或实际的受益群体）占拥有土地者的 20%，他们只控制着全国 10% 的土地；拥有 100~500 公顷土地者（占拥有土地者的 3%）控制了全国 27.4% 的土地；最后，拥有 500 公顷以上土地者（占拥有土地者的 0.55%）占有全国 32.6% 的土地。以上是 1984 年的数据；与 1960 年、1970 年的数据相比较，这些数据揭露了土地兼并呈增长的趋势。参见法哈多、埃拉苏里斯和巴尔卡萨尔（Fajardo, Errázuriz and Balcázar 1991, 36）的著作。

㊵ 德勒兹（Deleuze）的这一用语指出，福柯第一个"教会了我们一些基本的东西：为他者代言是冒犯他人之举"（Foucault and Deleuze 1977, 209），而桑斯·德圣玛丽亚（Sanz de Santamaría）在反思 DRI 评估过程时引用了它。

㊶ 研究者的生命受到威胁，他的几个同行被暗杀。必须指出，这种情况发生在 20 世纪 80 年代被称作肮脏战争（dirty war）的高峰时期，当时该国很多地方的当地精英与安全部门对进步知识分子、工会领袖和农民领袖进行高度镇压，这是其中的一个事件。

第五章

① 唐娜·哈拉维（Donna Haraway）对伊丽莎白·伯德（Elizabeth Bird）的论文（1984）所做的评论。

② 来自斯泰西·利·皮格（Stacy Leigh Pigg）的电子邮件，1992 年 8 月。

③ 这一部分参考了格里略（Grillo 1990, 1992）、格里略（Grillo, ed. 1991）、巴利亚多利德（Valladolid 1989）、昌比和奎索（Chambi and Quiso 1992）、德拉托雷（de la Torre 1986）的著作。

④ 这方面研究的标志性成果包括：贝内丽亚和森（Benería and Sen 1981），贝内丽亚（Benería, ed. 1982），莱昂（León, ed. 1982），莱昂和迪尔（León and Deere, eds. 1986），森和格罗恩（Sen and Grown 1987），葛瑞黛、阿罗诺夫和弗格森（Gallin, Aronoff, and Ferguson, eds. 1989），葛瑞黛和弗格森（Gallin and Ferguson, eds. 1990），拉奥（Rao, ed. 1991）的著作。对本领域大量文献进行回顾的主要有葛瑞黛、阿罗诺夫和弗格森（Gallin, Aronoff, and Ferguson 1989）以及葛瑞黛和弗格森（Gallin and Ferguson, eds. 1990）主编的文集。其他相关研究还有鲍克和沃伦（Bourque and Warren 1981），纳什和萨法（Nash and Safa, eds. 1986），米斯（Mies 1986），贝内丽亚和罗尔丹（Benería and Roldán 1987），热兰（Jelin, ed. 1990），贝内丽亚和费尔德曼（Benería and Feldman, eds. 1992）的著作。

⑤ 同样可参见拉奥（Rao, ed. 1991）主编著作中的另外一些文章，以及《激进政治经济学评论》（*Review of Radical Political Economy*）（第 23 卷，3-4 期）关于妇女的专刊。

⑥ 该问题的另一个重要方面是第一世界和第三世界女性主义者之间的关系。第三世界的女性主义者（正如随后将要讨论的哥伦比亚的研究者），夹在以妇女为名义的颠覆性话语和“第一世界更为常见、更为强势的话语能力”（Chow 1992，111）之间，常常处境艰难。第三世界女性主义者的这种后现代的文化处境确实艰难——同时要与父权制和西方对抗，有时还不得不使用“欧洲中心主义的”语言。对于他们来说，“问题绝不仅仅是宣称妇女的权力，而且要展示对妇女的关注如何难以摆脱其他文化的压制和谈判”（111；同时参见 Mani 1989）。第三世界“妇女参与发展”（WID）的研究者所受到的这些限制真实存在，尽管这些限制在不同国家差异很大。在赞比亚的案例中，汉森和阿什宝（Hansen and Ashbaugh 1990）发现，由于所处环境的不稳定性，当地的女性专业人员被迫遵照

使用国际 WID 机构的话语所指定的术语，因而她们的努力在评价中被大大缩水。

⑦ 1992 年 7 月与玛丽亚·克里斯蒂娜·罗哈斯·德费罗（María Cristina Rojas de Ferro）（当时是 DRI 的规划师）在美国马萨诸塞州北安普敦（Northampton, Massachusetts）的谈话内容。

⑧ 尽管与其他很多拉美国家比起来，哥伦比亚和委内瑞拉公共部门中的女性参与程度似乎的确比较高，但有关拉美国家公共部门中女性参与方面的研究却很少。然而，20 世纪 80 年代初以来，随着债务危机的出现，那些文化程度相对较高的男性越来越多地转移到薪酬更高的私营部门，公共部门的劳动力也好像出现了一定程度的"女性化"。例如，在哥伦比亚，一位女性于 20 世纪 80 年代中期被任命为国家规划署（DNP）署长，这在当时是这个国家最重要和最令人垂涎的岗位之一，而这位女署长之前并没有以任何特别的方式从事妇女问题的相关工作。对于担任高级职务的女性来说，没有从事过"妇女工作"似乎使她们还是要面对一些压力的。就 PAN 和 DRI 的情况看，PAN 中女性的参与程度是相当高的（大多是经济学者），在所有专业人员中女性至少占 50%；DRI 中女性的参与程度则明显较低（主要是农业经济学者、农学者和农村社会学者）。这或许再次揭示了这样一种认识：PAN 针对的主要是营养和健康问题，是"妇女问题"，而 DRI 针对的主要是男性化的生产。我的这些观察应归功于帕特里夏·普列托（Patricia Prieto）——曾经为 DRI 评估组成员，现在是一位独立咨询专家（1992 年 7 月 26 日在波哥大的谈话内容）。

⑨ 哥伦比亚的最高决策机构是国家经济社会政策委员会（National Council for Social and Economic Policy, CONPES），由总统、所有内阁成员和国家规划署署长组成。

⑩ 与帕特里夏·普列托于 1992 年 7 月 26 日的谈话内容。

⑪ 例如，经济学中的方法论个体主义（methodological individualism）会导致很难提出代际公平（intergenerational equity）的问题（Norgaard 1991a），而且其话语的一元论排除了构成环境科学尤其是生态学的分支学科之间的重要对话（Norgaard 1991b）。类似的，经济学内部的批判往往也只是建议，矫正市场失灵的方式就是更大和更好的市场（私有化）；或者，通过模仿市场结果——使价格回归正常位置、修改成本效益结果等，矫正外部性，增加规模收益，或矫正导致市场失灵的不完全竞争（Marglin 1992）。

⑫ 马丁·奥康纳（M. O'Connor）所举的例子包括：全球变暖和酸雨对大自然的破坏；地下水的盐碱化和农药的过量使用对农业的损害；城市空间的资本化

导致的拥堵、污染和高昂的租金对资本自身条件的损害；不断攀升的医疗费用对劳动力的破坏。而这些破坏需要付出的代价，被不按比例地分摊给了穷人、第三世界和各国政府。

⑬ 布林达·拉奥（Brinda Rao 1989，1991）举了一个例子，讲述了印度马哈拉施特拉邦（Maharashtra）浦那（Pune）区"水资源稀缺"的产生过程。水资源稀缺现象是迎合大农场主的政府项目所带来的后果。它对妇女的影响，远远不只是增加了她们每天取水的距离。因为水和女性联系紧密，水资源的稀缺已经导致妇女的传统权力受到侵蚀。更为严重的是，日益加剧的森林砍伐导致了药用植物的消失，由此提高了婴儿的死亡率，而这一问题现在有时会被认为是妇女迷信巫术的结果。

⑭ 最近几年对此问题的部分讨论，见圣克鲁兹分校的杂志——《资本主义、自然、社会主义》（*Capitalism，Nature，Socialism*）。指责"本质论"与生态女性主义有关，主要是因为本质论与女性主义中的一些唯灵论者（spiritualist）、文化论者（culturalist）有关联，其中后者尤其强调女性文化的优越性，而这种女性文化扎根于女性原则和女性的本质属性。像苏珊·格里芬（Susan Griffin）、范达娜·席瓦、佩特拉·凯利（Petra Kelly）和玛丽·戴利（Mary Daly）等不同出身和从事不同实践的女性主义者，均被指控为本质论者。生态女性主义者（ecofeminist）则认为，对本质论的批判，导致批评者未经慎重考虑就忽略了心灵女性主义者和文化女性主义者的贡献和力量。见梅勒（Mellor 1992）和麦茜特（Merchant 1990）对这一讨论的总结。

⑮ 第三个矛盾？资本企图通过驯服和规范等手段，实现对不同文化的同质化，从而破坏或毁掉文化，另外还包括资本不断压制重建文化的种种努力。

⑯ 莱夫（Leff）的案例中有些含混不清的是，诸如生产、理性等概念是否可以从不同文化秩序的视角进行理论阐述。

⑰ 科幻作家已经对这一变迁的特征有很好的把握。他们的作品中充满了各种各样的赛博格（cyborgs）、赛博空间（cyberspaces）和虚拟现实（virtal reality），以及在一系列令人瞠目结舌的新技术和社会选择中成为人类的新的可能性。他们展示了人工智能和生物技术正开始重新形塑我们的生命和社会生活。

⑱ 哈拉维关于灵长类动物学的解读，见哈拉维（Haraway 1989a）的著作，尤其是第三章和第七章，以及哈拉维（Haraway 1991）的著作中的第二章和第五章。关于免疫学和生物工程学叙事的讨论，参见哈拉维（Haraway 1989b，1985）的著作；关于社会生物学叙事的讨论，则参见哈拉维（Haraway 1991）的著作，

特别是第三章和第四章。

⑲ 哈拉维内心充满矛盾地解释了生态女性主义者对有机体的维护，生态女性主义者将它视为适合 20 世纪资本主义的一种对立的意识形态。但哈拉维对生态女性主义者的挑战非常清楚，也是根本性的。或许有人会说，对自然和有机体（还有许多类似的例子，比如原住民）的肯定是一个具有划时代意义的战略，受到至今仍不失其重要性的工业主义和现代性的支配。随着赛博文化的兴起，这种可能性越来越小。

⑳ 我们可以从苏珊·巴克-莫斯（Susan Buck-Morss 1990，特别是第三章和第五章，以及第 205~215 页）关于本雅明（Benjamin）的著作中看出哈拉维和本雅明的研究之间有密切的联系。

第六章

① 大部分数据来自斯特拉姆（Strahm 1986）的著作，还有一些数据来自世界银行。关于政治技术（political technology）的统计数据，参见尤拉（Urla 1993）的著作。

② 一般而言，"将解放的语言传给原本不使用这一语言的群体，作为后者有资格被现代人解放的先决条件，即便按现代解放概念的标准，也是一种扭曲……对于最普通的人来说，他们总是成为现代世界中少数人不断寻求的解放对象。在此情况下，反抗与自己不同的主流语言所强加的分类行为，也是生存斗争的一部分"（Nandy 1989，269）。

③ 这里我所讨论的主要是指地理意义上的第三世界，或者说南方，但也包括存在于第一世界内部的第三世界。第三世界之间以及第三世界与外部的联系，对于在西方建立一门文化政治学非常重要。

④ 例如我想，在哥伦比亚和秘鲁这样的国家，毒品带来的金钱和与毒品相关的暴力已经深深地瓦解并重构了身份认同和社会实践；在第三世界的许多大城市，其社会地理布局形成了处处设防的富人区——与越来越多的电子媒体、跨国赛博空间相关联，和拥挤污浊的穷人区。这些社会地理布局越来越像《银翼杀手》（*Blade Runner*）之类科幻小说中的情节。

⑤ 在这一群体中，最知名的学者有阿希斯·南迪（Ashis Nandy 1983，1989）、范达娜·席瓦（Vandana Shiva 1989）、D. L. 谢斯（D. L. Sheth 1987）、希夫·维斯瓦内森（Shiv Visvanathan 1986，1991）、马吉德·拉纳玛（Majid Rahnema 1988a，1988b）、奥兰多·法尔·博尔达（Orlando Fals Borda 1984，1988）、法尔·博尔达

和拉赫曼（Fals Borda and Rahman，eds. 1991）、古斯塔沃·埃斯特瓦（Gustavo Es-teva 1987）以及普拉莫德·帕拉久利（Pramod Parajuli 1991）。对这些学者的论著更详细的介绍和评述，请参见埃斯科瓦尔（Escobar 1992b）的著作。

⑥ 福柯在《知识考古学》结论部分写道："话语秩序的改变，并不意味着'新思想'，或小发明、小创造，或不同的心态；而是意味着在实践中的转变，在相近实践中的转变，或在二者共同表述中的转变。我不曾否认（实际恰恰相反）改变话语的可能性，我剥夺了主体改变话语的排他权和临时权利。"（1972，209）

⑦ "一种结构替代另一种结构不一定发生在最普遍或最容易形式化的陈述层面。只有历史学家今天使用的系列法（serial method），才能让我们围绕某一点建构起一个系列，并寻求在其他点的层面上能将该点以不同的方向延伸的其他系列。系列总会在某一时刻、某一空间，开始出现分歧，并在一个全新的空间里重新分布。在这一点上，断裂发生了……当一个新的结构伴随新规则和新系列出现时，它绝不是突然出现在一个语句或一次创作中，而是像一系列'堆叠的砖块'，伴在新规则下残存的旧元素的缺失、残留和复兴。"（Deleuze 1988，21）

⑧ 虽然本节所涉及的学者之间存在很大差异，但他们拥有共同的主题和立场。拉丁美洲社会科学理事会（Latin American Social Science Council，CLACSO）文化政治学工作组（Working Group on Cultural Politics）的研究推动了这一方向的深入讨论。作为这一工作组的协调人，内斯托尔·加西亚·康克林尼（Néstor García Canclini）完成了或许是这一领域最重要的作品，其富有想象力的标题是《文化混杂：进入与超越现代性的策略》（*Culturas Hibridas: Estrategias Para Entrar y Salir de la Modernidad*），许多这方面的讨论刊载在《大卫与歌利亚》（*David y Goliath*）（由拉丁美洲社会科学理事会在布宜诺斯艾利斯出版）和《新社会》（*Nueva Sociedad*）（在加拉加斯出版）上。另外参见加西亚·康克林尼（García Canclini 1990）、巴特拉（Bartra 1987）、卡尔德隆（Calderón, ed. 1988）、奎加诺（Quijano 1988，1990）、莱希纳（Lechner 1988）、萨罗（Sarlo 1991）、布里托·加西亚（Britto García 1991）的著作。蒙塔尔多（Montaldo 1991）对其中的一些研究进行了综述。在此方面的英文文献只有尤迪塞、佛朗哥和弗洛雷斯（Yúdice, Franco, and Flores, eds. 1992）的著作。

⑨ 大众文化的相关理论出现在美国和欧洲，主要是文化研究。特别是德·塞尔托（de Certeau 1984）、费斯克（Fiske 1989a，1989b）、威利斯（Willis 1990）以及安格斯和杰哈利（Angus and Jhally, eds. 1989）的著作。

⑩ 加西亚·马尔克斯（García Márquez）强调他所记述的每件事都严谨而真

实。"拉丁美洲的每日生活告诉我们现实充满了超出寻常的东西……看看报纸就可以充分认识到不寻常的事情总在发生着。"（1982，36）聂鲁达（Neruda）将墨西哥描写为最具魔力的国家，第三世界的许多地方都是如此。

⑪ 1993 年 1 月 20~22 日，我在马萨诸塞州北安普敦举办的学院研讨会上与郑明河（Trinh T. Minh-ha）和周蕾（Rey Chow）进行了讨论。这使我对其中的一些观点变得更清晰。该研讨会是由史密斯女子学院的妇女研究项目组组织的。

⑫ 哈贝马斯的代表作（Habermas 1987）揭示了自尼采（Nietzsche）以来，通过理性来超越主体中心理性的各种尝试的缺陷。他这么做是为自己的理论（交往理性）铺路，而按照他自己的标准，他的观点的瑕疵其实不比他所批判的少。对于哈贝马斯关于福柯的论述（Habermas 1987，第九章和第十章），我的一个简短评论是：虽然哈贝马斯对福柯的批判没有错，即福柯未能提供令人十分满意的社会谱系，但哈贝马斯的另一项指责有误，福柯（Foucault 1986）的"真理的问题化"（problematization of truth）（真理与权力的游戏）是社会生活具体结构的源泉，并不是将权力视为不知从何而来的先验之物。拉克劳和墨菲（Laclau and Mouffe 1985）从福柯的话语形构概念中提炼出"话语性场域"（field of discursivity）的概念，认为所有社会事实通过表达在话语性场域中得以呈现。德勒兹（Deleuze 1988）在解读福柯作品时，引用了一系列数学概念，如层、折叠、拓扑、外部等，来阐述权力的来源。

⑬ "乌托邦将哲学带入新纪元……哲学因乌托邦而变得政治化，也带着对新纪元的猛烈批判。"［德勒兹和伽塔里（Deleuze and Guattari 1993，101），我是从西班牙语版本翻译过来的］

⑭ 这是一个危险的问题：人们会在两种情况之间左右摇摆，一种是笃信能够"解放"他人的无所顾忌的干预主义，另一种则是完全漠视知识分子的研究工作在社会生活中的作用。还存在一种风险，正如贝尔·胡克斯（Bell Hooks）所说，"文化研究很容易变成告密者的地盘"（1990，9）。对于胡克斯来说，只有当批判者与被批判者进行有效的交流时，"才能保证它（即文化研究）为审慎的干预行动提供支持"（9）。

⑮ "国家或公理体系对少数民族的策略，很可能是给予他们区域、联邦或法定的自治，简言之，就是增加公理性。但这不是根本问题，问题在于，这种做法不过是将少数群体转化为可数的集或子集，从而作为一个个元素纳入多数的集合，再被算作多数中的元素……对少数民族而言，恰当的做法是维护不可数的权力，哪怕少数民族只包括一个成员。这就是（维护）多样性的公式。"（Deleuze and Guattari 1987，470)

⑯ 对其中一些问题的讨论，可以从伽塔里在生命最后几个月所写的富有想象的文章中找到。参见伽塔里（Guattari 1993）的西班牙语文集。在这些文章中，伽塔里提出了生态智慧（ecosophy）的概念，即从伦理政治的角度看待多样性和他异性（alterity），这需要经济、生态、心理、科学和社会方面的转变。他表示，需要"构建新的跨文化、跨国家的横跨地带和摆脱辖域化权力诱惑的价值体系"，这是克服当前全球困境的唯一途径（1993，208）。

⑰ 例如，我想到了哥伦比亚太平洋沿岸黑人社区组织，它们面临着越来越强大的、破坏它们文化和热带雨林环境的力量。它们的社会运动需要考虑（一系列因素）：政府大规模的"可持续发展"计划，所谓保护当地享有盛名的生物多样性的项目，资本主义试图控制土地而施加的压力，国家融入太平洋地区经济体之中，维护少数民族权利、领土和文化的政治开放性。

参考文献

Adas, Michael. 1989. Machines as the Measure of Men. Ithaca: Cornell University Press.

Adelman, Irma, and Cynthia Tafts Morris. 1973. Economic Growth and Social Equity in Developing Countries. Stanford: Stanford University Press.

Alatas, Syed Hussein. 1977. The Myth of the Lazy Native. London: Frank Cass.

Aldcroft, Derek. 1977. From Versailles to Wall Street, 1919–1929. Berkeley: University of California Press.

Almeida, Silvio. 1975. Analysis of Traditional Strategies to Combat World Hunger and Their Results. International Journal of Health Services 5(1): 121–141.

Alonso, Ana María. 1992. Gender, Power, and Historical Memory: Discourses of *Serrano* Resistance. *In* Feminists Theorize the Political, edited by Judith Butler and Joan Scott, 404–425. Boulder: Westview Press.

Altieri, Miguel, ed. 1987. Agroecology. The Scientific Basis of Alternative Agriculture. Boulder: Westview Press.

Amin, Samir. 1976. Unequal Development. London: Monthly Review Press.

———. 1985. Delinking. London: Zed Books.

———. 1990. Maldevelopment. London: Zed Books.

Anderson, M. A., and T. Grewald, eds. 1976. Nutrition Planning in the Developing World. Bogotá: Programas Editoriales.

Angus, Ian, and Sut Jhally, eds. 1989. Cultural Politics in Contemporary America. New York: Routledge.

Anzaldúa, Gloria, ed. 1990. Making Face, Making Soul: *Haciendo Caras*. San Francisco: Aunt Lute Foundation.

Apffel-Marglin, Frédérique. 1992. Women's Blood: Challenging the Discourse of Development. The Ecologist 22(1): 22–32.

———, and Stephen Marglin, eds. 1990. Dominating Knowledge: Development, Culture, and Resistance. Oxford: Clarendon Press.

———. 1994. Decolonizing Knowledge: From Development to Dialogue. Oxford: Clarendon Press.

Appadurai, Arjun. 1991. Global Ethnoscapes: Notes and Queries for a Transnational Anthropology. *In* Recapturing Anthropology: Working in the Present, edited by

Richard Fox, 191-210. Santa Fe: School of American Research.

Apthorpe, Raymond. 1984. Agriculture and Strategies: The Language of Development Policy. *In* Room for Manoeuvre, edited by Edward Clay and Bernard Shaffer, 127-141. Rutherford: Fairleigh Dickinson University Press.

Aranda, J. , and L. Sáenz, eds. 1981. El Proceso de Planificación de Alimentación y Nutrición. Guatemala: INCAP.

Arango, Mariano, et al. 1987. Economía Campesina y Políticas Agrarias en Colombia. Medellín: Universidad de Antioquia.

Arango de Bedoya, Yolanda. 1979. Reflexiones sobre la Atención Primaria en Salud. Educación Médica en Salud 13(4): 341-349.

Archila, Mauricio. 1980. Los Movimientos Sociales entre 1920 y 1924: Una Aproximación Metodológica. Cuadernos de Filosofía y Letras 3(3): 181-230.

Arizpe, Lourdes. 1983. Las Campesinas y el Silencio. FEM 8(29): 3-6.

Arndt, H. W. 1978. The Rise and Fall of Economic Growth. Chicago: University of Chicago Press.

———. 1981. Economic Development: A Semantic History. Economic Development and Cultural Change 29(3): 457-466.

Arrubla, Mario, ed. 1976. La Agricultura Colombiana en el Siglo XX. Bogotá: Colcultura.

Asad, Talal. 1973. Introduction. *In* Anthropology and the Colonial Encounter, edited by Talal Asad, 9-20. Atlantic Highlands, N. J. : Humanities Press.

Austin, James, ed. 1981. Nutrition Intervention in Developing Countries: An Overview. Cambridge, Mass. : Oelgeschlager, Gunn & Hain Publishers.

———, and Gustavo Esteva, eds. 1987. Food Policy in Mexico. Ithaca: Cornell University Press.

Bacon, Robert. 1916. For Better Relations with Our Latin American Neighbors. Washington, D. C. : Carnegie Endowment for Peace.

Banco de la República, de Colombia. 1979. Colombia en el Grupo de Consulta 1979. Bogotá: Banco de la República.

Banuri, Tariq. 1990. Development and the Politics of Knowledge: A Critical Interpretation of the Social Role of Modernization. *In* Dominating Knowledge: Development, Culture and Resistance, edited by Frédérique Apffel-Marglin and Stephen Marglin, 29-73. Oxford: Clarendon Press.

Baran, Paul. 1957. The Political Economy of Growth. New York: Monthly Review Press.

———. 1958. On the Political Economy of Backwardness. *In* The Economics of Underdevelopment, edited by A. N. Agarwala and S. P. Singh, 75-91. Bombay: Oxford University Press.

Barroso, Carmen, and Cristina Bruschini. 1991. Building Politics from Personal Lives: Discussions on Sexuality among Poor Women in Brazil. *In* Third World Women and the Politics of Feminism, edited by Chandra Mohanty, 153-172. Bloomington: Indiana University Press.

Bartra, Roger. 1987. La Jaula de la Melancolía. México, D. F. : Grijalbo.

Basadre, Jorge. [1949] 1967. Latin American Courses in the United States. *Reprinted in* Latin American History: Essays on Its Study and Teaching, 1895-1965, edited by Howard Cline, 413-459. Austin: University of Texas Press.

Bataille, Georges. 1991. The Accursed Share. New York: Zone Books.

Baudrillard, Jean. 1975. The Mirror of Production. St. Louis: Telos Press.

Bauer, Peter. 1984. Reality and Rhetoric: Studies in the Economics of Development. Cambridge: Harvard University Press.

_____, and Basil Yamey. 1957. The Economics of Underdeveloped Countries. Chicago: University of Chicago Press.

Behar, Ruth. 1990. Rage and Redemption: Reading the Life Story of a Mexican Marketing Woman. Feminist Studies 16(2): 223-258.

Bejarano, Jesús Antonio. 1979. El Régimen Agrario de la Economía Exportadora a la Economía Industrial. Bogotá: Editorial La Carreta.

_____. 1985. Economía y Poder. Bogotá: Fondo Editorial CEREC.

_____. 1987. La Economía Campesina como una Opción de Desarrollo. *In* Seminario Internacional de Economía Campesina y Pobreza Rural, edited by Jorge Bustamante, 60-65. Bogotá: Fondo DRI.

Bell, Daniel, and Irving Kristol. 1981. The Crisis in Economic Theory. New York: Harper Colophon Books.

Benería, Lourdes. 1992. The Mexican Debt Crisis: Restructuring the Economy and the Household. *In* Unequal Burden, edited by Lourdes Benería and Shelley Feldman, 83-104. Boulder: Westview Press.

_____, ed. 1982. Women and Development: The Sexual Division of Labor in Rural Societies. New York: Praeger/ILO.

_____, and Gita Sen. 1981. Accumulation, Reproduction and Women's Role in Economic Development: Boserup Revisited. Signs 7(2): 279-298.

_____, and Martha Roldán. 1987. The Crossroads of Class and Gender. Chicago: University of Chicago Press.

_____, and Shelly Feldman, eds. 1992. Unequal Burden: Economic Crisis, Persistent Poverty, and Women's Work. Boulder: Westview Press.

Berg, Alan. 1973. The Nutrition Factor. Washington, D. C. : The Brookings Institution.

_____. 1981. Malnourished People: A Policy View. Washington, D. C. : The World Bank.

_____, and Robert Muscatt. 1973. Nutrition Program Planning: An Approach. *In* Nutrition, National Development and Planning, edited by A. Berg, N. Scrimshaw, and D. Call, 247-274. Cambridge: MIT Press.

_____, Nevin Scrimshaw, and David Call, eds. 1973. Nutrition, National Development and Planning. Cambridge: MIT Press.

Bethell, Leslie. 1991. From the Second World War to the Cold War: 1944-1954. *In* Exporting Democracy: The United States and Latin America, edited by Abraham F. Lowenthal, 41-71. Baltimore: Johns Hopkins University Press.

Bhabha, Homi. 1990. The Other Question: Difference, Discrimination, and the Discourse of Colonialism. *In* Out There: Marginalization and Contemporary Cultures, edited by Russell Ferguson, et al. , 71-89. New York: New Museum of Contemporary Art; and Cambridge: MIT Press.

Biersteker, Thomas. 1991. Linkages between Development and the Social Sciences. Presented at the Social Science Research Council Meeting on Development and Social Science. Berkeley, Calif. November 15-16.

Binder, Leonard. 1986. The Natural History of Development Theory. Comparative Studies in Society and History 28(1): 3–33.

Bird, Elizabeth. 1984. Green Revolution Imperialism. Photocopy. History of Consciousness Program, University of California, Santa Cruz.

Blaug, Mark. 1976. Kuhn versus Lakatos *or* Paradigms versus Research Programmes in the History of Economics. *In* Method and Appraisal in Economics, edited by Spiro Latsis, 149–180. Cambridge: Cambridge University Press.

_____. 1978. Economic Theory in Retrospect. Cambridge: Cambridge University Press.

Bonilla, Elsy, ed. 1985. Mujer y Familia en Colombia. Bogotá: Plaza & Janés.

_____, and Eduardo Vélez. 1987. Mujer y Trabajo en el Sector Rural Colombiano. Bogotá: Plaza & Janés.

Borrego, John. 1981. Metanational Capitalist Accumulation and the Emerging Paradigm of Revolutionist Accumulation. Review 4(4): 713–777.

Boserup, Ester. 1970. Women's Role in Economic Development. New York: St. Martin's Press.

Bourque, Susan, and Kay Warren. 1981. Women of the Andes. Ann Arbor: University of Michigan Press.

Braudel, Fernand. 1977. Afterthoughts on Material Civilization and Capitalism. Baltimore: Johns Hopkins University Press.

Britto García, Luis. 1991. El Imperio Contracultural: Del Rock a la Postmodernidad. Caracas: Nueva Sociedad.

Brown, Richard. 1976. Public Health in Imperialism: Early Rockefeller Programs at Home and Abroad. American Journal of Public Health 66(9): 897–903.

Brown, William, and Redvers Opie. 1953. American Foreign Assistance. Washington, D. C. : Brookings Institution.

Buchanan, Norman, and Howard Ellis. 1951. Approaches to Economic Development. New York: Twentieth Century Fund.

Buck-Morss, Susan. 1990. The Dialectics of Seeing. Cambridge: MIT Press.

Burbach, Roger, and Patricia Flynn. 1980. Agribusiness in the Americas. New York: Monthly Review.

Burchell, Graham, Colin Gordon, and Peter Miller, eds. 1991. The Foucault Effect. Chicago: University of Chicago Press.

Burgin, Miron. [1947] 1967. Research in Latin American Economics and Economic History. *Reprinted in* Latin American History: Essays on Its Study and Teaching, 1895–1965, edited by Howard Cline, 465–476. Austin: University of Texas Press.

Bustamante, Jorge, ed. 1987. Seminario Internacional de Economía Campesina y Pobreza Rural. Bogotá: Fondo DRI.

Buttel, Frederick, Martin Kenney, and Jack Kloppenburg. 1985. From Green Revolution to Biorevolution: Some Observations on the Changing Technological Bases of Economic Transformation in the Third World. Economic Development and Cultural Change 34(1): 31–55.

_____, A. Hawkins, and G. Power. 1990. From Limits to Growth to Global Change: Contrasts and Contradictions in the Evolution of Environmental Science and Ideology. Global Environmental Change 1(1): 57–66.

Calderón, Fernando, ed. 1988. lmágenes Desconocidas: La Modernidad en la Encrucijada Postmoderna. Buenos Aires: CLACSO.

Campillo, Fabiola. 1983. Situación y Perspectivas de la Mujer Campesina en Colombia. Propuesta de una Política para su Incorporación al Desarrollo Rural. Bogotá: Ministerio de Agricultura.

Cano, Augusto. 1974. Antecedentes Constitucionales y Legales de la Planeación en Colombia. *In* Lecturas Sobre Desarrollo Económico Colombiano, edited by Hernando Gomez and Eduardo Wiesner, 221–271. Cali: Fundación para La Educación Superior y el Desarrollo.

Cardoso, Fernando Henrique. 1977. The Originality of a Copy: CEPAL and the Idea of Development. CEPAL Review 1977(2): 7–40.

———, and Enzo Faletto. 1979. Dependency and Development in Latin America. Berkeley: University of California Press.

Carney, Judith, and Michael Watts. 1991. Disciplining Women? Rice, Mechanization and the Evolution of Mandinga Gender Relations in Senegambia. Signs 16(4): 651–681.

Castells, Manuel. 1986. High Technology, World Development, and Structural Transformations: The Trends and the Debates. Alternatives 11(3): 297–344.

———, and Roberto Laserna. 1989. La Nueva Dependencia: Cambio Tecnológico y Reestructuración Socioeconómica en Latinoamérica. David y Goliath 55: 2–16.

Chambi, Néstor, and Víctor C. Quiso. 1992. Estudio sobre Cosmovisión, Conocimiento Campesino y Tecnología Tradicional de los Criadores Aymaras. Documento de Estudio no. 24. Lima: PRATEC.

Chenery, Hollis. 1983. Interaction between Theory and Observation in Development. World Development 11(10): 853–861.

Chow, Rey. 1992. Postmodern Automatons. *In* Feminists Theorize the Political, edited by Judith Butler and Joan Scott, 101–117. New York: Routledge.

Clark, William. 1989. Managing Planet Earth. Scientific American 261(3): 46–57.

Clay, Edward, and Bernard Shaffer, eds. 1984. Room for Manoeuvre: An Exploration of Public Policy Planning in Agricultural and Rural Development. Rutherford: Fairleigh Dickinson University Press.

Cleaver, Harry. 1973. The Contradictions of the Green Revolution. *In* The Political Economy of Development and Underdevelopment, edited by Charles Wilber, 187–196. New York: Random House.

Clifford, James. 1986. Introduction: Partial Truths. *In* Writing Culture: The Poetics and Politics of Ethnography, edited by James Clifford and George Marcus, 1–27. Berkeley: University of California Press.

———. 1988. The Predicament of Culture. Cambridge: Harvard University Press.

———. 1989. Notes on Theory and Travel. Inscriptions 5: 177–188.

Coale, Ansley, and Edgar Hoover. 1958. Population Growth and Economic Development in Low Income Countries. Princeton: Princeton University Press.

Cobos, A., and S. Góngora. 1977. Guía Metodológica para la Identificación y Análisis de Sistemas de Producción Agropecuaria en Areas de Pequeños Productores. Bogotá: ICA.

Comaroff, Jean. 1985. Body of Power, Spirit of Resistance. Chicago: University of Chicago Press.

———, and John Comaroff. 1991. Of Revelation and Revolution. Chicago: University of Chicago Press.

Conable, Barber. 1987. Address to the World Resources Institute. Washington, D. C. : World Bank.

Cooper, Frederick. 1991. Development and the Remaking of the Colonial World. Paper presented at SSRC Meeting on Social Science and Development. Berkeley, Calif. November 15-16.

――――, and Ann Stoler. 1989. Introduction: Tensions of Empire: Colonial Control and Visions of Rule. American Ethnologist 16(4): 609-622.

Copland, Douglas. 1945. The Road to High Employment. Harvard: Oxford University Press.

Crouch, Luis, and Alain de Janvry. 1980. The Class Basis of Agricultural Growth. Food Policy 5(1): 3-13.

Crush, Jonathan, ed. 1994. Discourses of Development. New York: Routledge. Forthcoming.

Cuevas Cancino, Francisco. 1989. Roosevelt y la Buena Vecindad. México, D. F. : Fondo de Cultura Económica.

Currie, Lauchlin. 1967. Obstacles to Development. East Lansing: Michigan State University Press.

Dahl, G. , and A. Rabo, eds. 1992. Kam-Ap or Take-Off: Local Notions of Development. Stockholm: Stockholm Studies in Social Anthropology.

Deane, P. 1978. The Evolution of Economic Ideas. Cambridge: Cambridge University Press.

De Castro, Josué. [1952] 1977. The Geography of Hunger. New York: Monthly Review Press.

De Certeau, Michel. 1984. The Practice of Everyday Life. Berkeley: University of California Press.

De Janvry, Alain. 1981. The Agrarian Question and Reformism in Latin America. Baltimore: Johns Hopkins University Press.

De la Torre, Ana. 1986. Los dos Lados del Mundo y del Tiempo. Lima: Centro de Investigación, Educación y Desarrollo.

De la Torre, Cristina, ed. 1985. Modelos Económicos de Desarrollo Colombiano. Bogotá: Editorial Oveja Negra.

De Lauretis, Teresa. 1987. Technologies of Gender. Bloomington: Indiana University Press.

Deleuze, Gilles. 1988. Foucault. Minneapolis: University of Minnesota Press.

――――, and Félix Guattari. 1987. A Thousand Plateaus. Minneapolis: University of Minnesota Press.

――――, and Félix Guattari. 1993. Qué es la Filosofía? Barcelona: Editorial Anagrama.

Dennery, Etienne. [1931] 1970. Asia's Teeming Millions. Washington, D. C. : Kennikat Press.

Diawara, Manthia. 1990. Reading Africa through Foucault: V. Y. Mudimbe's Reaffirmation of the Subject. October 55: 79-104.

Dietz, James, and Dilmus James, eds. 1990. Progress toward Development in Latin America. Boulder: Lynne Rienner.

Di Marco, Luis Eugenio, ed. 1974. Economía Internacional y Desarrollo: Estudios en Honor de Raúl Prebisch. Buenos Aires: Ediciones Depalma.

DNP (Departamento Nacional de Planeacion de Colombia). 1975a. Plan Nacional de Alimentación y Nutrición. Bogotá: DNP.

———. 1975b. Para Cerrar la Brecha: Plan de Desarrollo Social, Económico y Regional 1975–1978. Bogotá: DNP.

———. 1983. Plan de Desarrollo Integral para la Costa Pacífica. Cali: CVC.

———. 1992. Plan Pacífico: Una Estrategia de Desarrollo Sostenible para la Costa Pacífica Colombiana. Bogotá: DNP.

DNP/DRI. 1975a. Síntesis del Programa de Desarrollo Rural Integrado. Bogotá: DNP/ DRI.

———. 1975b. Estudio de Formas Asociativas en las Areas del Program de Desarrollo Rural Integrado. Bogotá: DNP/UDA.

———. 1976a. Bases para la Evaluación del Programa de Desarrollo Rural Integrado. Bogotá: DNP/DRI.

———. 1976b. Normas Generales para la Organización del Program de Desarrollo Rural Integrado. Bogotá: DNP/DRI; rev. ed. 1979.

———. 1979. El Subsector de Pequeña Producción y el Programa DRI. Bogotá: DNP/ DRI.

DNP/DRI-PAN. 1982a. Realizaciones de los Programas DRI-PAN. Bogotá: DRI-PAN.

———. 1982b. Propuesta para las Ejecuciones del Programa DRI-PAN. Bogotá: DRI-PAN.

———. 1983. Nuevas Orientaciones. Bogotá: DRI-PAN.

DNP/PAN. 1975a. Proyecto de Regionalización. Indice de Información Recolectada en los Departamentos. Bogotá: DNP/PAN.

———. 1975b. Programa de Alimentos Procesados de Alto Valor Nutricional y Bajo Costo. Bogotá: DNP/PAN.

———. 1976a. Regionalización del País para su Aplicación. Bogotá: DNP/PAN.

———. 1976b. Distribución Subsidiada de Alimentos. Programa Cupones. Bogotá: DNP/PAN.

———. 1976c. Programa de Distribución Subsidiada de Alimentos. Subprograma de Distribución Directa. Bogotá: DNP/PAN.

———. 1976d. Programa de Educación Nutricional. Proyecto de Educación Interpersonal. Bogotá: DNP/PAN.

———. 1976e. Proyecto de Educación Nutricional para el Nivel Profesional, Asistencia Técnica y Proyectos Pilotos. Bogotá: DNP/PAN.

———. 1976f. Programa de Huertas Escolares y Caseras. Bogotá: DNP/PAN.

———. 1977. Programa de Evaluación. Bogotá: DNP/PAN.

———. 1979. Procedimiento para Retiro de Recursos BIRF. Convenio de Préstamo 1487–CO (segunda versión). Bogotá: DNP/PAN.

DNP-PAN/IICA. 1977. Seminario de Evaluación de Programas de Huertas Escolares y Pancoger. Bogotá: DNP-PAN/IICA.

DNP/UDS (Departamento Nacional de Planeación de Colombia, Unidad de Desarrollo Social). 1973. Bases para una Política de Alimentación y Nutrición en Colombia. Bogotá: DNP/UDS.

_____. 1974a. Esbozo General del Plan de Nutrición. Bogotá: DNP/UDS.

_____. 1974b. Selección de Variables para el Análisis. Bogotá: DNP/UDS.

_____. 1974c. Selección de Alimentos. Bogotá: DNP/UDS.

_____. 1974d. Objetivos, Estrategias y Mecanismos del Plan Nacional de Alimentación y Nutrición (Cuadro Resúmen). Bogotá: DNP/UDS.

_____. 1975. Circular no. 1. Bogotá: DNP/UDS.

DNP/UEA. 1982a. Experiencias de la Fase I del Programa DRI y Recomendaciones para la Fase II. Bogotá: DNP/UEA.

_____. 1982b. Plan de Integración Nacional. Política Agropecuaria y el Sistema de Alimentos. Bogotá: DNP/UDA.

_____. 1984. Política sobre el Papel de la Mujer Campesina en el Desarrollo Agropecuario. Bogotá: DNP/UEA.

_____. 1988. Programa de Desarrollo Integral Campesino (1988-1993).

Dobb, Maurice. 1946. Studies in the Development of Capitalism. London: Routledge and Kegan Paul.

_____. 1973. Theories of Value and Distribution Since Adam Smith. Cambridge: Cambridge University Press.

Donzelot, Jacques. 1979. The Policing of Families. New York: Pantheon Books.

_____. 1988. The Promotion of the Social. Economy and Society 17(3): 217-234.

_____. 1991. Pleasure in Work. In The Foucault Effect, edited by Graham Burchell, Colin Gordon, and Peter Miller, 251-280. Chicago: University of Chicago Press.

Drake, Paul. 1991. From Good Men to Good Neighbors: 1912-1932. In Exporting Democracy: The United States and Latin America, edited by Abraham F. Lowenthal, 3-41. Baltimore: Johns Hopkins University Press.

Dubois, Marc. 1991. The Governance of the Third World: A Foucauldian Perspective of Power Relations in Development. Alternatives 16(1): 1-30.

Dumont, Louis. 1977. From Mandeville to Marx: The Genesis and Triumph of Economic Ideology. Chicago: University of Chicago Press.

Economic Commission for Latin America. 1950. The Economic Development of Latin America and Its Principal Problems. New York: United Nations.

Emmanuel, Arghiri. 1972. Unequal Exchange: A Study of the Imperialism of Trade. London: New Left Books.

Escobar, Arturo. 1984. Discourse and Power in Development: Michel Foucault and the Relevance of His Work to the Third World. Alternatives 10(3): 377-400.

_____. 1987. Power and Visibility: The Invention and Management of Development in the Third World. Ph. D. diss. , University of California, Berkeley.

_____. 1988. Power and Visibility: Development and the Invention and Management of the Third World. Cultural Anthropology 3(4): 428-443.

_____. 1989. The Professionalization and Institutionalization of "Development" in Colombia in the Early Post-World War II Period. International Journal of Educational Development 9(2): 139-154.

_____. 1991. Anthropology and the Development Encounter: The Making and Marketing of Development Anthropology. American Ethnologist 18(4): 16-40.

_____. 1992a. Planning. In The Development Dictionary, edited by Wolfgang Sachs, 112-145. London: Zed Books.

———. 1992b. Reflections on "Development": Grassroots Approaches and Alternative Politics in the Third World. Futures 24(5): 411–436.

———. 1994. Welcome to Cyberia: Notes on the Anthropology of Cyberculture. Current Anthropology. Forthcoming.

———, and Sonia E. Alvarez, eds. 1992. The Making of Social Movements in Latin America: Identity, Strategy, and Democracy. Boulder: Westview Press.

Esteva, Gustavo. 1987. Regenerating People's Space. Alternatives 12(1): 125–152.

Fabian, Johannes. 1983. Time and the Other: How Anthropology Makes Its Object. New York: Columbia University Press.

Fajardo, Darío. 1983. Haciendas, Campesinos y Políticas Agrarias en Colombia, 1920–1980. Bogotá: Editorial Oveja Negra.

———. 1984. Apuntes para una Política de Reforma Agraria y Seguridad Alimentaria. Lecturas de Economía 15: 221–240.

———. 1987. Desarrollo Rural y Decentralización. In Seminario Internacional de Economía Campasina y Pobreza Rural, edited by Jorge Bustamante, 208–222. Bogotá: Fondo DRI.

———, ed. 1991. Campesinos y Desarrollo en América Latina. Bogotá: Tercer Mundo Editores y Fondo DRI.

———, María Errázuriz, and Fernando Balcázar. 1991. La Experiencia del DRI en Colombia. In Campesinos y Desarrollo en América Latina, edited by Darío Fajardo, 125–259. Bogotá: Tercer Mundo Editores y Fondo DRI.

Fals Borda, Orlando. 1970. Ciencia Propia y Colonialismo Intelectual, México, D. F.: Editorial Nuestro Tiempo.

———. 1984. Resistencia en el San Jorge. Bogotá: Carlos Valencia Editores.

———. 1988. Knowledge and People's Power. Delhi: Indian Social Science Institute.

———, and Anisur Rahman, eds. 1991. Action and Knowledge: Breaking the Monopoly with Participatory Action-Research. New York: Apex Press.

Fanon, Franz. 1967. Black Skin, White Masks. New York: Grove Press.

———. 1968. The Wretched of the Earth. New York: Grove Press.

FAO. 1974a. Assessment of the World Food Situation. Rome: FAO.

———. 1974b. The World Food Problem: Proposals for National and International Action. Rome: FAO.

FAO/WHO Expert Committee on Nutrition. 1976. Food and Nutrition Strategies in National Development. Rome: FAO; Geneva: WHO.

Feder, Ernest. 1977. Agribusiness and the Elimination of Latin America's Rural Proletariat. World Development 5(5–7): 559–571.

———. 1983. Perverse Development. Quezon City: Foundation for Nationalist Studies.

Ferguson, James. 1990. The Anti-Politics Machine: "Development", Depoliticization, and Bureaucratic Power in Lesotho. Cambridge: Cambridge University Press.

Fernández Kelly, María Patricia. 1983. For We Are Sold, I and My People: Women and Industry in Mexico's Frontier. Albany: SUNY Press.

Field, John Osgood. 1977. The Soft Underbelly of Applied Knowledge: Conceptual and Operational Problems in Nutrition Planning. Food Policy 2(3): 228–239.

Finer, Herman. 1949. Road to Reaction. Boston: Little, Brown.

Fishlow, Albert. 1985. The State of Latin American Economics. Stanford-Berkeley Occasional Papers in Latin American Studies, no. 11.

Fiske, John. 1989a. Understanding the Popular. Boston: Unwin Hyman.

———. 1989b. Reading the Popular. Boston: Unwin Hyman.

Flórez, Luis B. 1984. Una Refiexión Sobre la Economía del Desarrollo y el Desarrollo Económico. Cuadernos de Economía (Bogotá) 7: 65‒82.

Fondo DRI. 1989a. Programa de Desarrollo Integral Campesino. Evaluación del Programa. Bogotá: Ministerio de Agricultura/Fondo DRI.

———. 1989b. Programa de Desarrollo Integral Campesino. Bogotá: Ministerio de Agricultura/Fondo DRI.

———. 1989c. Programa de Desarrollo Integral Campesino. Mujer Campesina. Bogotá: Fondo DRI.

Foucault, Michel. 1972. The Archaeology of Knowledge. New York: Harper Colophon Books.

———. 1973. The Order of Things. New York: Vintage Books.

———. 1975. The Birth of the Clinic. New York: Vintage Books.

———. 1979. Discipline and Punish. New York: Vintage Books.

———. 1980a. Power/Knowledge. New York: Pantheon Books.

———. 1980b. The History of Sexuality. Introduction. New York: Vintage Books.

———. 1980c. Truth and Power. *In* Power/Knowledge, edited by Colin Gordon, 109‒133. New York: Pantheon Books.

———. 1986. The Use of Pleasure. New York: Pantheon Books.

———. 1991a. Governmentality. *In* The Foucault Effect, edited by Graham Burchell, Colin Gordon, and Peter Miller, 87‒104. Chicago: University of Chicago Press.

———. 1991b. Politics and the Study of Discourse. *In* The Foucault Effect, edited by Graham Burchell, Colin Gordon, and Peter Miller, 53‒72. Chicago: University of Chicago Press.

———, and Gilles Deleuze. 1977. Intellectuals and Power: A Conversation. *In* Language, Counter-memory, Practice, edited by Donald Bouchard, 205‒217. Ithaca: Cornell University Press.

Fox, Richard, ed. 1991. Recapturing Anthropology: Working in the Present. Santa Fe, N. M. : School of American Research.

Franke, Richard. 1974. Miracle Seeds and Shattered Dreams in Java. Natural History 83(1): 10‒18, 84‒88.

Frankel, Herbert. 1953. The Economic Impact on Underdeveloped Societies. Cambridge: Harvard University Press.

Fraser, Nancy. 1989. Unruly Practices. Minneapolis: University of Minnesota Press.

Freire, Paulo. 1970. Pedagogy of the Oppressed. New York: Herder and Herder.

Friedman, Jonathan. 1987. Beyond Otherness or: The Spectacularization of Anthropology. Telos 71: 161‒170.

Fröbel, Folker, Jurgen Heinrichs, and Otto Kreye. 1989. The New International Division of Labor. Cambridge: Cambridge University Press.

Fuentes, Annette, and Barbara Ehrenreich. 1983. Women in the Global Factory. Boston: South End Press.

Fuenzalida, Edmundo. 1983. The Reception of "Scientific Sociology" in Chile. Latin

American Research Review 18(2): 95–112.

———. 1987. La Reorganización de Las Instituciones de Enseñanza Superior e Investigación en América Latina entre 1950 y 1980 sus Interpretaciones. Estudios Sociales 52(2): 115–138.

Fuglesang, Minou. 1992. No Longer Ghosts: Women's Notions of "Development" and "Modernity" in Lamu Town, Kenya. *In* Kam-Ap or Take-Off: Local Notions of Development, edited by G. Dahl and A. Rabo, 123–156. Stockholm: Stockholm Studies in Social Anthropology.

Furtado, Celso. 1970. Economic Development of Latin America. Cambridge: Cambridge University Press.

Galbraith, John Kenneth. 1979. The Nature of Mass Poverty. Cambridge: Harvard University Press.

Galli, Rosemary. 1981. Colombia: Rural Development as Social and Economic Control. *In* The Political Economy of Rural Development, edited by Rosemary Galli, 27–87. Albany: SUNY Press.

Gallin, Rita, Marilyn Aronoff, and Anne Ferguson, eds. 1989. The Women and International Development Annual. Vol. 1. Boulder: Westview Press.

———, and Anne Ferguson, eds. 1990. The Women and International Development Annual. Vol. 2. Boulder: Westview Press.

García, Antonio. 1948. Bases de la Economía Contemporánea. Elementos para una Economía de la Defensa. Bogotá: RFIOC.

———. 1950. La Democracia en la Teoría y en la Práctica. Una Posición Frente al Capitalismo y al Comunismo. Bogotá: Iqueíma.

———. 1953. La Planificación de Colombia. El Trimestre Economico 20: 435–463.

———. 1972. Atraso y Dependencia en América Latina. Buenos Aires: El Ateneo.

García, Juan César. 1981. Historia de las Instituciones de Investigación en Salud en América Latina, 1880–1930. Educación Médica en Salud 15(1): 71–88.

García Cadena, A. 1956. Unas Ideas Elementales sobre Problemas Colombianos. Bogotá: Banco de la República.

García Canclini, Néstor. 1990. Culturas Híbridas: Estrategias para Entrar y Salir de la Modernidad. México, D. F.: Grijalbo.

García de la Huerta, Marcos. 1992. La Técnica y la Difusión del Ideal de Modernidad. *In* Estudios sobre Sociedad y Tecnología, edited by J. Sanmartín et al., 131–160. Barcelona: Editorial Anthropos.

García Márquez, Gabriel. 1982. El Olor de la Guayaba. Bogotá: La Oveja Negra.

Garfinkel, H. 1967. Studies in Ethnomethodology. Englewood Cliffs, N. J.: Prentice-Hall.

GEF (Global Environment Facility)–PNUD. 1993. Proyecto Biopacífico. Plan Operativo. Bogotá: Biopacífico.

Gendzier, Irene. 1985. Managing Political Change: Social Scientists and the Third World. Boulder: Westview Press.

George, Susan. 1986. More Food, More Hunger: Development. Seeds of Change 1/2: 53–63.

Giddens, Anthony. 1990. The Consequences of Modernity. Stanford: Stanford University Press.

Girard, René. 1977. Violence and the Sacred. Baltimore: Johns Hopkins University Press.

Godelier, Maurice. 1986. The Mental and the Material. London: Verso.

Gómez, Eugenio. 1942. Problemas Colombianos. Sociología e Historia. Bogotá: Editorial Santa Fé.

Goodman, David, Bemardo Sorj, and John Wilkinson. 1987. From Farming to Bio-technology: A Theory, of Agro-Industrial Development. Oxford: Basil Blackwell.

Gordon, Deborah. 1988. Writing Culture, Writing Feminism: The Poetics and Politics of Experimental Ethnography. Inscriptions 3/4: 7–26.

——. 1991. Engendering Ethnography. Ph. D. diss. Board of Studies in History of Consciousness, University of California, Santa Cruz.

Graebner, Norman. 1977. Cold War Diplomacy: American Foreign Policy, 1945–1975. New York: D. Van Nostrand.

Gramsci, Antonio. 1971. Americanism and Fordism. In Selection from the Prison Books. New York: International Publishers.

Gran, Guy. 1986. Beyond African Famines: Whose Knowledge Matters? Alternatives 11(2): 275–296.

Green Web. 1989. Sustainable Development: Expanded Environmental Destruction. Green Web Bulletin, no. 16.

Grillo, Eduardo. 1990. Visión Andina del Paisaje. In Sociedad y Naturaleza en los Andes. Vol. 1, edited by Eduardo Grillo, 133–167. Lima: PRATEC/UNEP.

——. 1992. Desarrollo o Descolonización en los Andes? Presented at the Meeting on Alternatives to the Greening of Economics, Amherst, Mass. , June 19–24.

Grillo, Eduardo, ed. 1991. Cultura Andina Agrocéntrica. Lima: PRATEC.

Grueso, R. 1973. La Situación Nutricional y Alimentaria de Colombia. Presented at the Primer Seminario Intersectorial de Alimentación y Nutrición, Palmira, December 9–12. Bogotá: ICBF.

——. N. d. El Programa Integrado de Nutrición Aplicada (PINA) en Colombia. Bogotá: ICBF.

Guattari, Félix. 1993. El Constructivismo Guattariano. Cali: Universidad del Valle Press.

Gudeman, Stephen. 1986. Economics as Culture: Models and Metaphors of Livelihood. London: Routledge and Kegan Paul.

——. 1992. Remodelling the House of Economics: Culture and Innovation. American Ethnologist 19(2): 141–154.

——, and Alberto Rivera. 1990. Conversations in Colombia: The Domestic Economy in Life and Text. Cambridge: Cambridge University Press.

——, and Alberto Rivera. 1993. Caring for the Base. Presented at the Meeting on Alternative Approaches to the Greening of Economics, Bellagio, Italy, August 2–6.

Guha, Ranajit. 1988. The Prose of Counter-Insurgency. In Selected Subaltern Studies, edited by Ranajit Guha and Gayatri Spivak, 37–44. Delhi: Oxford University Press.

——. 1989. Dominance without Hegemony and Its Historiography. In Subaltern Studies. Vol. 6, edited by Ranajit Guha, 210–309. Delhi: Oxford University Press.

Gutman, Nancy. 1994. The Economic Consequences of Pragmatism: A Re-interpretation of Keynesian Doctrine. In Decolonizing Knowledge: From Development to Dialogue, edited by Frédérique Apffel-Marglin and Stephen Marglin. Oxford: Clarendon Press. Forthcoming.

Habermas, Jürgen. 1987. The Philosophical Discourse of Modernity. Cambridge: MIT Press.

Hacking, Ian. 1991. How Should We Do the History of Statistics? *In* The Foucault Effect, edited by Graham Burchell, Colin Gordon, and Peter Miller, 181–196. Chicago: University of Chicago Press.

Haglund, David. 1985. Latin America and the Transformation of U. S. Strategic Thought. Albuquerque: University of New Mexico Press.

Hakim, Peter, and Georgio Solimano. 1976. Nutrition and National Development: Establishing the Connections. Food Policy 1(3): 249–259.

Hall, Stuart. 1992. Cultural Studies and Its Theoretical Legacies. *In* Cultural Studies, edited by Lawrence Grossberg, Cary Nelson, and Paula Treichler, 286–294. New York: Routledge.

Hancock, Graham. 1989. Lords of Poverty. New York: Atlantic Monthly Press.

Hansen, Karen, and Leslie Ashbaugh. 1990. Women on the Front Line: Development Issues in Southern Africa. *In* The Women and International Development Annual. Vol. 2, edited by Rita Gallin and Anne Ferguson, 205–229. Boulder: Westview Press.

Haraway, Donna. 1985. A Manifesto for Cyborgs: Science, Technology, and Socialist Feminism in the 1980s. Socialist Review 80: 65–107.

_____. 1988. Situated Knowledges: The Science Question in Feminism and the Privilege of Partial Perspective. Feminist Studies 14(3): 575–599.

_____. 1989a. Primate Visions. New York: Routledge.

_____. 1989b. The Biopolitics of Postmodern Bodies: Determinations of Self in Immune System Discourse. Differences 1(1): 3–43.

_____. 1991. Simians, Cyborgs, and Women: The Reinvention of Nature. New York: Routledge.

_____. 1992. The Promises of Monsters: A Regenerative Politics of Inappropriate (d) Others. *In* Cultural Studies, edited by Lawrence Grossberg, Cary Nelson, and Paula Treichler, 295–337. New York: Routledge.

Harcourt, Wendy. 1994. A Feminist Alternative to Greening Economics. VENA Journal. Forthcoming.

Harvey, David. 1989. The Condition of Postmodernity. Oxford: Basil Blackwell.

Hatt, Paul. 1951. World Population and Future Resources. New York: American Book.

Hayek, Friedrich A. von. 1944. The Road to Serfdom. Chicago: Chicago University Press.

Heidegger, Martin. 1977. The Question Concerning Technology. New York: Harper and Row.

Hicks, John. 1969. A Theory of Economic History. Oxford: Clarendon Press.

Hirschman, Albert. 1958. The Strategy of Economic Development. New Haven: Yale University Press.

_____. 1961. Latin American Issues. New York: Twentieth Century Fund.

_____. 1981. Essays in Trespassing: Economics to Politics and Beyond. Cambridge: Cambridge University Press.

Hobbelink, Henk. 1992. La Diversidad Biológica y la Biotecnología Agrícola. Ecología Política 4: 57–72.

Hooks, Bell. 1990. Yearning: Race, Gender, and Cultural Politics. Boston: South End

Press.

Hopkins, Terence, and Immanuel Wallerstein. 1987. Capitalism and the Incorporation of New Zones into the World-Economy. Review 10(3): 763-779.

Hunt, Geoffrey. 1986. Two Methodological Paradigms in Development Economics. The Philosophical Forum 18(1): 52-68.

Illich, Ivan. 1969. Celebration of Awareness. New York: Pantheon Books.

Instituto SER. 1980a. Jerarquización de los Municipios del País. Bogotá: SER.

_____. 1980b. Análisis Encuesta PAN-77. Bogotá: SER.

_____. 1981. Análisis de la Encuesta PAN-79. Bogotá: SER.

International Bank for Reconstruction and Development. 1950. The Basis of a Development Program for Colombia. Baltimore: Johns Hopkins University Press.

_____. 1955. The Autonomous Regional Corporation of the Cauca and the Development of the Upper Cauca Valley. Washington, D. C. : IBRD.

James, Thomas. 1984. Exiled Within: The Schooling of Japanese-Americans, 1942-1945. Ph. D. diss. , Stanford University.

Jay, Martin. 1988. Scopic Regimes of Modernity. *In* Vision and Visuality, edited by Hal Foster, 3-28. Seattle: Bay Press.

Jelin, Elizabeth, ed. 1990. Women and Social Change in Latin America. London: Zed Books.

Joy, Leonard, ed. 1978. Food and Nutrition Planning: The State of the Art. Guilford, England: IPC Science and Technology Press.

_____, and Philippe Payne. 1975. Food and Nutrition Planning. Rome: FAO.

Junguito, R. 1982. Alternativas para el Manejo de la Política Agropecuaria. Bogotá: DNP/UEA.

Kalmanovitz, Salomón. 1978. Desarrollo de la Agricultura en Colombia. Bogotá: Editorial La Carreta.

_____. 1989. La Encrucijada de la Sinrazón. Bogotfá: Tercer Mundo.

Kardam, Nüket. 1991. Bringing Women In: Women's Issues in International Development Program. Boulder: Lynne Rienner Publishers.

Keller, Evelyn Fox. 1992. Nature, Nurture, and the Human Genome Project. *In* The Code of Codes: Scientific and Social Issues of the Human Genome, edited by Daniel Kevles and Leroy Hood, 281-299. Cambridge: Harvard University Press.

Kolko, Gabriel. 1988. Confronting the Third World: United States Foreign Policy, 1945-1980. New York: Pantheon Books.

Kuletz, Valerie. 1992. Eco-Feminist Philosophy: Interview with Barbara Holland-Cunz. Capitalism, Nature, Socialism 3(2): 63-78.

Kulick, Don. 1992. "Coming Up" in Gapun: Conceptions of Development and Their Effect on Language in a Papua New Guinean Village. *In* Kam-Ap or Take-Off: Local Notions of Development, edited by G. Dahl and A. Rabo, 10-34. Stockholm: Stockholm Studies in Social Anthropology.

Laclau, Ernesto, and Chantal Mouffe. 1985. Hegemony and Socialist Strategy. London: Verso.

Lal, Deepak. 1985. The Poverty of "Development Economics". Cambridge: Harvard University Press.

Landes, David. 1983. Revolution in Time: Clocks and the Making of the Modern World.

311

Cambridge: Harvard University Press.

Lappé, Frances Moore, Joseph Collins, and David Kinley. 1980. Aid as Obstacle. San Francisco: Institute for Food and Development Policy.

Lasswell, Harold. 1945. World Politics Faces Economics. New York: McGraw-Hill.

Latham, Michael. 1988. Western Development Strategies and Inappropriate Modernization as Causes of Malnutrition and Ill Health. *In* Hunger and Society. Vol. 1, edited by Michael Latham, 75–95. Cornell International Nutrition Monograph Series, no. 17.

Latour, Bruno, and Steve Woolgar. 1979. Laboratory Life: The Social Construction of Scientific Facts. Princeton: Princeton University Press.

Laugier, Henry. 1948. The First Step in the International Approaches to the Underdeveloped Areas. Milbank Memorial Fund Quarterly 26(3): 256–259.

Lechner, Norbert. 1988. Los Patios Interiores de la Democracia. Subjetividad y Política. Santiago: FLACSO.

Leff, Enrique. 1986a. Ecología y Capital. México, D. F. : UNAM.

_____. 1986b. Ambiente y Articulación de Ciencias. *In* Los Problemas del Conocimiento y la Perspectiva Ambiental del Desarrollo, edited by Enrique Leff, 72–125. México, D. F. : Siglo XXI.

_____. 1992. La Dimensión Cultural y el Manejo Integrado, Sustentable y Sostenido de los Recursos Naturales. *In* Cultura y Manejo Sustentable de los Recursos Naturales, edited by Enrique Leff and Julia Carabias. México, D. F. : CIIH/UNAM.

_____. 1993. Marxism and the Environmental Question: From the Critical Theory of Production to an Environmental Rationality for Sustainable Development. Capitalism, Nature, Socialism 4(1): 44–66.

Lele, Uma. 1986. Women and Structural Transformation. Economic Development and Cultural Change 34(2): 195–219.

León, Magdalena. 1980. Mujer y Capitalismo Agrario. Bogotá: ACEP.

_____. 1985. La Medición del Trabajo Femenino en América Latina: Problemas Teóricos y Metodológicos. *In* Mujer y Familia en Colombia, edited by Elssy Bonilla, 177–204. Bogotá: Plaza y Janés.

_____. 1986. Política Agraria en Colombia y Debate Sobre Políticas para la Mujer Rural. *In* La Mujer y la Política Agraria en América Latina, edited by Magdalena León y Carmen Diana Deere, 43–59. Bogotá: Siglo XXI.

_____. 1987. Política Agraria y su Impacto en la Mujer Rural, Como Actor Social de la Economía Campesina. *In* Seminario Internacional de Economía Campesina y Probreza Rural, edited by Jorge Bustamante, 119–126. Bogotá: Fondo DRI.

_____. 1993. Neutralidad y Distensión de Género en la Política Pública de América Latina. Presented at the Nineteenth Congreso Latinoamericano de Sociología, Caracas, May 30-July 4.

_____, ed. 1982. Las Trabajadoras del Agro. Vol. 2, Debate Sobre la Mujer en América Latina y el Caribe. Bogotá: ACEP.

_____, and Carmen Diana Deere, eds. 1986. La Mujer y La Política Agraria en América Latina. Bogotá: Siglo XXI.

_____, Patricia Prieto, and María Cristina Salazar. 1987. Acceso de la Mujer a la Tierra en América Latina y el Caribe: Panorama General y Estudio de Caso de Honduras y Colombia. Bogotá: Informe Presentado a la Organización de las Naciones

Unidas para la Agricultura y la Alimentación (FAO).

Levinson, James. 1974. Morinda: An Economic Analysis of Malnutrition Among Young Children in Rural India. Cambridge: Cornell/MIT International Nutrition Policy Series.

Lewis, W. Arthur. 1949. The Principles of Economic Planning. London: D. Dobson.

———. 1955. The Theory of Economic Growth. Homewood, Ill. : R. D. Irwin.

———. [1954] 1958. Economic Development with Unlimited Supply of Labor. In The Economics of Underdevelopment, edited by Amar Narin Agarwala and S. P. Singh. Bombay: Oxford University Press.

Liebenstein, Harvey. 1954. A Theory of Economic-Demographic Development. Princeton: Princeton University Press.

———. 1957. Economic Backwardness and Economic Growth. New York: Wiley.

Lind, Amy. 1992. Power, Gender, and Development: Popular Women's Organization and the Politics of Needs in Ecuador. In The Making of Social Movements in Latin America, edited by Arturo Escobar and Sonia E. Alvarez, 134–149. Boulder: Westview Press.

Little, Ian M. 1982. Economic Development: Theory, Policy and International Relations. New York: Basic Books.

Livingstone, Ian. 1982. The Development of Development Economics. In Approaches to Development Studies, edited by Ian Livingstone, 3–28. Hampshire, England: Gower.

Londoño, Juan Luis, and Guillermo Perry. 1985. El Banco Mundial, El Fondo Monetario y Colombia: Análisis Crítico de sus Relaciones. Coyuntura Económica 15(3): 209–243.

López, Alejandro. 1976. Escritos Escogidos. Bogotá: Colcultura.

López, Cecilia, and Fabiola Campillo. 1983. Problemas Teóricos y Operativos de la Ejecución de una Política para la Mujer Campesina. Bogotá: DNP/UEA.

López, Gustavo A. , and Luis F. Correa. 1982. La Planeación en Colombia. Cincias Humanas 2(3): 3–34.

López de Mesa, Luis. 1944. Posibles Rumbos de la Economía Colombiana. Bogotá: Imprenta Nacional.

López Maya, Margarita. 1993. Cambio de Discursos en la Relacion entre los Estados Unidos y América Latina de la Segunda Guerra Mundial a la Guerra Fría (1945–1948). Presented at the Thirty-fourth Annual Convention of the International Studies Association, Acapulco, March 23–27.

Love, Joseph. 1980. Raúl Prebisch and the Origins of the Doctrine of Unequal Exchange. Latin American Research Review 15(3): 45–70.

Lynch, Lowell. 1979. Nutrition Planning Methodologies: A Comparative Review of Types and Applications. Food and Nutrition Bulletin 1(3): 1–14.

McCloskey, Donald. 1985. The Rhetoric of Economics. Madison: University of Wisconsin Press.

McKay, Harrison, H. McKay, and Leonardo Sinisterra. 1978. Improving Cognitive Ability in Chronically Deprived Children. Science 200(4339): 270–278.

McNamara, Robert. 1975. The Nairobi Speech. In Assault on World Poverty. The World Bank, 90–98. Baltimore: Johns Hopkins University Press.

Maier, Charles. 1975. Recasting Bourgeois Europe. Princeton: Princeton University Press.

Mamdani, Mahmood. 1973. The Myth of Population Control. New York: Monthly Review.

Mani, Lata. 1989. Multiple Mediations: Feminist Scholarship in the Age of Multinational Reception. Inscriptions 5: 1–24.

Manzo, Kate. 1991. Modernist Discourse and the Crisis of Development Theory. Studies in Comparative International Development 26(2): 3–36.

Marcus, George, and Michael Fischer. 1986. Anthropology as Cultural Critique. Chicago: University of Chicago Press.

Marglin, Stephen. 1990. Toward the Decolonization of Mind. In Dominating Knowledge, edited by Stephen Marglin and Frédérique Apffel-Marglin, 1–28. Oxford: Clarendon Press.

———. 1992. Alternative Approaches to the Greening of Economics: A Research Proposal. Photocopy.

Martínez Alier, Juan. 1992. Ecología y Pobreza. Barcelona: Centre Cultural Bancaixa.

Mascia-Lees, Frances, F. P. Sharpe, and C. Ballerino Cohen. 1989. The Postmodernist Turn in Anthropology: Cautions from a Feminist Perspective. Signs 15(1): 7–33.

Maybury-Lewis, David. 1985. A Special Sort of Pleading: Anthropology at the Service of Ethnic Groups. In Advocacy and Anthropology: First Encounters, edited by Robert Paine, 131–148. St. John's, New Foundland: Memorial University of New Foundland.

Mayer, Jean, and Johanna Dwyer, eds. 1979. Food and Nutrition Policy in a Changing World. Oxford: Oxford University Press.

Medrano, Diana, and Rodrigo Villar. 1988. Mujer Campesina y Organización Rural en Colombia. Bogotá: CEREC.

Meier, Gerald. 1984. Emerging from Poverty: The Economics That Really Matters. New York: Oxford University Press.

———, and Dudley Seers, eds. 1984. Pioneers in Development. Oxford: Oxford University Press.

Mellor, Mary. 1992. Eco-Feminism and Eco-Socialism: Dilemmas of Essentialism and Materialism. Capitalism, Nature, Socialism 3(2): 43–62.

Memmi, Albert. 1967. The Colonizer and the Colonized. Boston: Beacon Press.

Merchant, Carolyn. 1980. The Death of Nature: Women, Ecology and the Scientific Revolution. New York: Harper and Row.

———. 1990. Ecofeminism and Feminist Theory. In Reweaving the World: The Emergence of Ecofeminism, edited by Irene Diamond and Gloria Ferman Orenstein, 100–105. San Francisco: Sierra Club Books.

Metz, Christian. 1982. The Imaginary Signifier. Bloomington: Indiana University Press.

Mies, Maria. 1986. Patriarchy and Accumulation on a World Scale. London: Zed Books.

Milbank Memorial Fund. 1948. International Approaches to Problems of Underdeveloped Countries. New York: Milbank Memorial Fund.

———. 1954. The Interrelationships of Demographic, Economic and Social Problems in Underdeveloped Areas. New York: Milbank Memorial Fund.

Millberg, William. 1991. Marxism, Poststructuralism, and the Discourse of Economists. Rethinking Marxism 4(2): 93–104.

Ministerio de Agricultura de Colombia. 1985. Proyecto Desarrollo con la Mujer Campesina, Convenio DRI-PAN-INCORA. Bogotá: Ministerio de Agricultura.

Ministerio de Salud, Dirección de Participación de la Comunidad. 1979. Apuntes para la Participación de la Comunidad en Salud. Bogotá: Ministerio de Salud.

_____. 1982. Plan Nacional de Participación de la Comunidad en Atención Primaria en Salud. Bogotá: Ministerio de Salud.

Mintz, Sidney. 1976. On the Concept of a Third World. Dialectical Anthropology 1(4): 377–382.

Mitchell, Timothy. 1988. Colonising Egypt. Cambridge: Cambridge University Press.

_____. 1989. The World as Exhibition. Comparative Studies in Society and History 31(2): 217–236.

_____. 1991. America's Egypt: Discourse of the Development Industry. Middle East Report (March-April): 18–34.

Mitter, Swasti. 1986. Toys for the Boys. Development: Seeds of Change 3: 66–68.

Mohanty, Chandra. 1991a. Cartographies of Struggle: Third World Women and the Politics of Feminism. In Third World Women and the Politics of Feminism, edited by Chandra Mohanty, Ann Russo, and Lourdes Torres, 1–47. Bloomington: Indiana University Press.

_____. 1991b. Under Western Eyes: Feminist Scholarship and Colonial Discourses. In Third World Women and the Politics of Feminism, edited by Chandra Mohanty, Ann Russo, and Lourdes Torres, 51–80. Bloomington: Indiana University Press.

Molyneux, Maxine. 1986. Mobilization without Emancipation? Women's Interests, State and Revolution. In Transition and Development: Problems of Third World Socialism, edited by Richard Fagen, Carmen Diana Deere, and José Luis Coraggio, 280–302. New York: Monthly Review Press.

Moncayo, Víctor Manuel, and Fernando Rojas. 1979. Producción Campesina y Capitalismo. Bogotá: Editorial CINEP.

Montaldo, Graciela. 1991. Estrategias del Fin de Siglo. Nueva Sociedad, no. 116: 75–87.

Mora, Obdulio. 1982. Situación Nutricional de la Población Colombiana en 1977–1980. Bogotá: Ministerio de Salud y ASCOFAME.

Morandé, Pedro. 1984. Cultura y Modernización en América Latina. Santiago: Universidad Católica.

Mudimbe, V. Y. 1988. The Invention of Africa. Bloomington: Indiana University Press.

Mueller, Adele. 1986. The Bureaucratization of Feminist Knowledge: The Case of Women in Development. Resources for Feminist Research 15(1): 36–38.

_____. 1987a. Peasants and Professionals: The Social Organization of Women in Development Knowledge. Ph. D. diss. Ontario Institute for Studies in Education.

_____. 1987b. Power and Naming in the Development Institution: The "Discovery" of "Women in Peru". Paper presented at the Fourteenth Annual Third World Conference, Chicago.

_____. 1991. In and Against Development: Feminists Confront Development on Its Own Ground. Photocopy.

Murphy, Craig, and Enrico Augelli. 1993. International Institutions, Decolonization, and Development. International Political Science Review 14(1): 71–85.

Namuddu, Katherine. 1989. Problems of Communication between Northern and Southern Researchers in the Context of Africa. Paper presented at the Seventh World Congress of Comparative Education, Montreal, June 26-30.

Nandy, Ashis. 1983. The Intimate Enemy: Loss and Recovery of Self under Colonialism. Delhi: Oxford University Press.

―――. 1987. Traditions, Tyranny, and Utopias. Delhi: Oxford University Press.

―――. 1989. Shamans, Savages, and the Wilderness: On the Audibility of Dissent and the Future of Civilizations. Alternatives 14(3): 263-278.

Nash, June. 1979. We Eat the Mines and the Mines Eat Us. New York: Columbia University Press.

―――, and Helen Safa, eds. 1986. Women and Change in Latin America. South Hadley, Mass. : Bergin & Garvey Publishers.

Navarro, Vicente. 1976. Medicine under Capitalism. New York: Prodist.

Norgaard, Richard. 1991a. Sustainability as Intergenerational Equity. Washington, D. C. : World Bank Internal Discussion Paper, no. IDP 97.

―――. 1991b. Sustainability: The Paradigmatic Challenge to Agricultural Economics. Paper presented at the Twenty-first Conference of the International Association of Agricultural Economists, Tokyo, August 22-29.

Nurkse, Ragnald. 1953. Problems of Capital Formation in Underdeveloped Countries. Oxford: Oxford University Press.

O'Connor, James. 1988. Capitalism, Nature, Socialism: A Theoretical Introduction. Capitalism, Nature, Socialism 1(1): 11-38.

―――. 1989. Political Economy of Ecology of Socialism and Capitalism. Capitalism, Nature, Socialism 1(3): 93-108.

―――. 1992. A Political Strategy for Ecology Movements. Capitalism, Nature, Socialism 3(1): 1-5.

O'Connor, Martin. 1993. On the Misadventures of Capitalist Nature. Capitalism, Nature, Socialism 4(3): 7-40.

Ocampo, José Antonio, ed. 1987. Historia Económica de Colombia. Colombia: Siglo XXI.

―――, et al. 1987. La Consolidación del Capitalismo Moderno. In Historia Económica de Colombia, edited by José Antonio Ocampo, 243-331. Bogotá: Siglo XXI.

Ong, Aihwa. 1987. Spirits of Resistance and Capitalist Discipline. Albany: SUNY Press.

Orr, John Boyd. 1953. The White Man's Dilemma. London: G. Allen and Unwin.

Osborn, Fairfield. 1948. Our Plundered Planet. Boston: Little, Brown.

Pacey, A. , and Philip Payne, eds. 1985. Agricultural Development and Nutrition. Boulder: Westview Press.

Packard, Randall. 1989. The "Healthy Reserve" and the "Dressed Native": Discourses on Black Health and the Language of Legitimation in South Africa. American Ethnologist 16(4): 686-704.

Page, Helán. 1991. Historically Conditioned Aspiration and Gender/Race/Class Relations in Colonial and Post-Colonial Zimbabwe. Photocopy.

Panayatou, Theodor. 1991. Roundtable Discussion: Is Economic Growth Sustainable? In Proceedings of the World Bank Annual Conference on Development Economies, edited by Lawrence Summers and Shekhar Shah, 353-362. Washington, D. C. : The World Bank.

Parajuli, Pramod. 1991. Power and Knowledge in Development Discourse. International Social Science Journal 127: 173–190.

Pardo, Franz. 1973. La Producción Agropecuaria y las Necesidades Alimentarias de la Población Colombiana. Presented at the Primer Seminario Intersectorial de Alimentación y Nutrición, Palmira, December 9–12. Bogotá: ICBF.

———. 1984. La Situación Alimentaria de la Población Colombiana. Encuesta Naciopnal de Alimentación, Nutrición y Vivienda. Bogotá: DANE-DNP-DRI-PAN.

Payer, Cheryl. 1982. The World Bank. New York: Monthly Review Press.

———. 1991. Lent and Lost: Foreign Credit and Third World Development. London: Zed Books.

Payne, Philip. 1977. *Review of* Malnutrition and Poverty, by S. Reutlinger and Marcelo Selowsky. Food Policy 2(2): 164–165.

———, and Peter Cutler. 1984. Measuring Malnutrition: Technical Problems and Ideological Perspectives. Economic and Political Weekly 19(34): 1485–1491.

Pécaut, Daniel. 1987. Orden y Violencia: Colombia 1930–1954. Bogotá: Siglo XXI Editores.

Pendell, Elmer. 1951. Population on the Loose. New York: W. Funk.

Pérez Alemán, Paola. 1990. Organización, Identidad y Cambio. Las Campesinas en Nicaragua. Managua: CIAM.

Perry, Guillermo. 1976. El Desarrollo Institucional de la Planeación en Colombla. Derecho Financiero 2(2): 65–91.

Perry, Santiago. 1983. La Crisis Agraria en Colombia, 1950–1980. Bogotá: El Ancora Editores.

PIA/PNAN (Proyecto Interagencial de Promoción de Políticas de Alimentación y Nutrición). 1973a. Guía Metodológica para Planificación de Políticas Nacionales de Alimentación y Nutrición. Santiago: P1A/PNAN.

———. 1973b. Reunión lnteragencial de Consulta Sobre Políticas Nacionales de Alimentación y Nutrición en las Américas, Santiago, 12–22 de Marzo de 1973 (lnforme Final). Santiago: PIA/PNAN.

———. 1975a. Informe Sobre la Primera Etapa, Marzo 1971-Julio 1975. Santiago: PIA/PNAN.

———. 1975b. Plan de Operaciones. Santiago: PIA/PNAN.

———. 1977. Actividades Segundo Semestre 1976. Informe y Evaluación. Santiago: PIA/PNAN.

Pigg, Stacy Leigh. 1992. Constructing Social Categories through Place: Social Representations and Development in Nepal. Comparative Studies in Society and History 34(3): 491–513.

Platsch, Carl. 1981. The Three Worlds, or the Division of Social Scientific Labor, Circa 1950–1975. Comparative Studies in Society and History 23(4): 565–590.

Polanyi, Karl. 1957a. The Great Transformation. Boston: Beacon Press.

———. 1957b. The Economy as Instituted Process. *In* Trade and Market in the Early Empires, edited by Karl Polanyi, Conrad Arensberg, and Harry Pearson, 243–270. Glencoe, Ill: Free Press.

———, Conrad Arensberg, and Harry Pearson, eds. 1957. *Trade and Market in the Early Empires*. Glencoe, Ill: Free Press.

Political and Economic Planning. 1955. World Population and Future Resources. New York: American Book.

Portes, Alejandro. 1976. On the Sociology of National Development Theories and Issues. American Journal of Sociology 2(1): 55-85.

_____, and Douglas Kincaid. 1989. Sociology and Development in the 1990s: Critical Challenges and Empirical Trends. Sociological Forum 4(4): 479-503.

Prebisch, Raúl. 1979. The Neo-Classical Theories of Economic Liberalism. CEPAL Review 7: 167-188.

Pred, Alan, and Michael Watts. 1992. Reworking Modernity. New Brunswick: Rutgers University Press.

Price, David. 1989. Before the Bulldozer. Washington, D. C. : Cabin John Press.

Procacci, Giovanna. 1991. Social Economy and the Government of Poverty. In The Foucault Effect, edited by Graham Burchell, Colin Gordon, and Peter Miller, 151-168. Chicago: University of Chicago Press.

Quijano, Aníbal. 1988. Modernidad, Identidad y Utopía en América Latina. Lima: Sociedad y Política Ediciones.

_____. 1990. Estética de la Utopía. David y Goliath 57: 34-38.

Rabinow, Paul. 1986. Representations Are Social Facts: Modernity and Post-Modernity in Anthropology. In Writing Culture: The Poetics and Politics of Ethnography, edited by James Clifford and George Marcus, 234-261. Berkeley: University of California Press.

_____. 1989. French Modern: Norms and Forms of the Social Environment. Cambridge: MIT Press.

_____. 1992. Artificiality and Enlightenment: From Sociobiology to Biosociality. In Incorporations, edited by Jonathan Crary and Sanford Kwinter, 234 - 252. New York: Zone Books.

_____, and William Sullivan, eds. 1987. Interpretive Social Science: A Second Look. Berkeley: University of California Press.

Rahnema, Majid. 1986. Under the Banner of Development. Development: Seeds of Change, nos. 1-2: 37-46.

_____. 1988a. Power and Regenerative Processes in Micro-Spaces. International Social Science Journal 117: 361-375.

_____. 1988b. On a New Variety of AIDS and Its Pathogens: Homo Economicus, Development, and Aid. Alternatives 13(1): 117-136.

_____. 1991. Global Poverty: A Pauperizing Myth. Interculture 24(2): 4-51.

Rao, Aruna, ed. 1991. Women's Studies International: Nairobi and Beyond. New York: Feminist Press at the City University of New York.

Rao, Brinda. 1989. Struggling for Production Conditions and Producing Conditions of Emancipation: Women and Water in Rural Maharashtra. Capitalism, Nature, Socialism 1(2): 65-82.

_____. 1991. Dominant Constructions of Women and Nature in Social Science Literature. Santa Cruz: CES/CNS Pamphlet 2.

Rau, Bill. 1991. From Feast to Famine. London: Zed Books.

Redclift, Michael. 1987. Sustainable Development: Exploring the Contradictions. London: Routledge.

Reddy, William. 1987. Money and Liberty in Modern Europe. Cambridge: Cambridge University Press.

Reinhardt, Nola. 1988. Our Daily Bread: The Peasant Question and Family Farming in the Colombian Andes. Berkeley: University of California Press.

Reutlinger, Shlomo, and Marcelo Selowsky. 1976. Malnutrition and Poverty: Magnitude and Policy Options. Baltimore: Johns Hopkins University Press (published for the World Bank).

Rey de Marulanda, Nora. 1981. El Trabajo de la Mujer. Documento CEDE 064. Bogotá: CEDE/Universidad de los Andes.

Richards, Paul. 1984. Indigenous Agricultural Revolution. Boulder: Westview Press.

Robinson, Joan. 1979. Aspects of Development and Underdevelopment. Cambridge: Cambridge University Press.

Rocha, Glauber. 1982. An Aesthetic of Hunger. In Brazilian Cinema, edited by Randal Johnson and Robert Stam, 68-71. Rutherford: Fairleigh Dickinson University Press.

Rodríguez, Octavio. 1977. On the Conception of the Centre-Periphery System. CEPAL Review 1: 195-239.

Rojas, Humberto, and Orlando Fals Borda, eds. 1977. El Agro en el Desarrollo Histórico Colombiano. Bogotá: Punta de Lanza.

Rojas de Ferro, María Cristina. 1994. A Political Economy of Violence. Ph. D. diss. , Carleton University, Ottawa.

Root, Elihu. 1916. Addresses on International Subjects. Cambridge: Harvard University Press.

Rostow, W. W. 1952. The Process of Economic Growth. New York: W. W. Norton.

——. 1960. The Stages of Economic Growth: A Non-Communist Manifesto. Cambridge: Cambridge University Press.

Rubbo, Anna. 1975. The Spread of Capitalism in Rural Colombia: Effects on Poor Women. In Towards an Anthropology of Women, edited by Rayna Reiter, 333-357. New York: Monthly Review Press.

Sachs, Carolyn. 1985. Women: The Invisible Farmers. Totowa: Eowman and Allanheld.

Sachs, Wolfgang. 1988. The Gospel of Global Efficiency. IFDA Dossier, no. 68: 33-39.

——. 1990. The Archaeology of the Development Idea. Interculture 23(4): 1-37.

——. 1992. Environment. In The Development Dictionary, edited by Wolfgang Sachs, 26-37.

——, ed. 1992. The Development Dictionary: A Guide to Knowledge as Power. London: Zed Books.

Sáenz Rovner, Eduardo. 1989. Industriales, Proteccionismo y Política en Colombia: Intereses, Conflictos y Violencia. Universidad de los Andes. Facultad de Administración. Monografía no. 13.

——. 1992. La Ofensiva Empresarial. Industriales, Políticos y Violencia en los Años 40 en Colombia. Bogotá: Tercer Mundo.

Said, Edward. 1979. Orientalism. New York: Vintage Books.

——. 1989. Representing the Colonized: Anthropology's Interlocutors. Critical Inquiry 15: 205-225.

Sanz de Santamaría, Alejandro. 1984. Discurso Económico y Poder. Texto y Contexto 2: 155-184.

_____. 1987. Epistemology, Economic Theory and Political Democracy: A Case Study in a Colombian Rural Community. Ph. D. diss. , University of Massachusetts, Amherst.

_____, and L. A. Fonseca. 1985. Evaluación de Impacto del Programa DR1 en el Distrito de Málaga. Bogotá: Universidad de los Andes (Research Report).

Sarlo, Beatriz. 1991. Un Debate Sobre la Cultura. Nueva Sociedad, no. 116: 88–93.

Sax, Karl. 1955. Standing Room Alone. Boston: Beacon Press.

Scheper-Hughes, Nancy. 1992. Death without Weeping. Berkeley: University of California Press.

Schultz, Theodore. 1964. Transforming Traditional Agriculture. New Haven: Yale University Press.

Schumpeter, Joseph. 1934. The Theory of Economic Development. Cambridge: Harvard University Press.

_____. 1954. History of Economic Analysis. Oxford: Oxford University Press.

Scott, James. 1985. Weapons of the Weak: Everyday Forms of Peasant Resistance. New Haven: Yale University Press.

_____. 1990. Domination and the Arts of Resistance. New Haven: Yale University Press.

Scrimshaw, Nevin, and M. B. Wallerstein, eds. 1982. Nutrition Policy Implementation. New York: Plenum Press.

Seers, Dudley. 1979. Birth, Life, and Death of Development Economics. Development and Change 10: 707–719.

_____. 1983. The Political Economy of Nationalism. Oxford: Oxford University Press.

Sen, Gita, and Caren Grown. 1987. Development, Crises, and Alternative Visions: Third World Women's Perspectives. New York: Monthly Review Press.

Shackle, G. L. S. 1967. The Years of High Theory: Tradition and Innovation in Economic Thought, 1926–1939. Cambridge: Cambridge University Press.

Shaffer, Bernard. 1985. Policy Makers Have Their Needs Too: Irish Itinerants and the Culture of Poverty. Development and Change 16(3): 375–408.

Sheth, D. L. 1987. Alternative Development as Political Practice. Alternatives 12(2): 155–171.

Shiva, Vandana. 1989. Staying Alive: Women, Ecology and Development. London: Zed Books.

_____. 1992. The Seed and the Earth: Women, Ecology and Biotechnology. The Ecologist 22(1): 4–8.

Shonfield, Andrew. 1950. Attack on World Poverty. New York: Random House.

SID (Society for International Development). 1986. Latin American Regional Women's Workshop. Modernized Patriarchy: The Impact of the Crisis on Latin American Women. Development: Seeds of Change 3: 22–23.

Sikkink, Kathryn. 1991. Ideas and Institutions: Developmentalism in Brazil and Argentina. Ithaca: Cornell University Press.

Simmons, Pam. 1992. "Women in Development": A Threat to Liberation. The Ecologist 22(1): 16–21.

Slater, David. 1993. The Geopolitical Imagination and the Enframing of Development Theory. Photocopy.

Smith, Dorothy. 1974. The Social Construction of Documentary Reality. Sociological Inquiry 44(4): 257–268.

———. 1984. Textually Mediated Social Organization. International Social Science Journal 36(1): 59–75.

———. 1986. Institutional Ethnography: A Feminist Method. Resources for Feminist Research 15(1): 6–13.

———. 1987. The Everyday World as Problematic: A Feminist Sociology. Boston: Northeastern University Press.

———. 1990. The Conceptual Practices of Power. Boston: Northeastern University Press.

Soedjatmoko. 1985. Patterns of Armed Conflict in the Third World. Alternatives 10(4): 474–494.

Soja, Edward. 1989. Postmodern Geographies. London: Verso.

Spelman, Elizabeth. 1988. Inessential Woman: Problems of Exclusion in Feminist Thought. Boston: Beacon Press.

St-Hilaire, Colette. 1993. Canadian Aid, Women and Development. The Ecologist 23 (2): 57–63.

Starn, Orin. 1992. "I Dreamed of Foxes and Hawks": Reflections on Peasant Protest, New Social Movements, and the Rondas Campesinas of Northern Peru. In The Making of Social Movements in Latin America: Identity, Strategy, and Democracy, edited by Arturo Escobar and Sonia Alvarez, 89–111. Boulder: Westview Press.

Staudt, Kathleen. 1984. Women's Politics and Capitalist Transformation in Sub-Saharan Africa. Women in Development Working Paper Series, no. , 54. East Lansing: Michigan State University.

Stoler, Ann. 1989. Making Empire Respectable: The Politics of Race and Sexual Morality in Twentieth Century Colonial Cultures. American Ethnologist 16(4): 634–661.

Strahm, Rudolf. 1986. Por Qué Somos Tan Pobres? México, D. F. : Secretaría de Educación Pública.

Strathern, Marilyn. 1988. The Gender of the Gift. Berkeley: University of California Press.

Sukhatme, P. V. , and Sheldon Margen. 1978. Models for Protein Deficiency. American Journal of Clinical Nutrition 31(7): 1237–1256.

Summers, Lawrence, and Shekhar Shah, eds. 1991. Proceedings of the World Bank Annual Conference on Development Economics. Washington, D. C. : World Bank.

Sunkel, Osvaldo. 1990. Reflections on Latin American Development. In Progress Toward Development in Latin America, edited by James Dietz and Dilmus James, 133–158. Boulder: Lynne Rienner.

———, and Pedro Paz. 1970. El Subdesarrollo Latinoamericano y la Teoría del Desarrollo. México, D. F. : Siglo XXI.

Sutton, David. 1991. Is Anybody Out There? Anthropology and the Question of Audience. Critique of Anthropology 11(1): 91–104.

Taussig, Michael. 1978. Destrucción y Resistencia Campesina. El Caso del Litoral Pacífico. Bogotá: Punta de Lanza.

———. 1980. The Devil and Commodity Fetishism in South America. Chapel Hill: University of North Carolina Press.

———. 1987. Shamanism, Colonialism, and the Wild Man. Chicago: University of Chicago Press.

Taylor, Charles. 1985. Philosophical Papers of Charles Taylor. Vol. 2, Philosophy of the Human Sciences. Cambridge: Cambridge University Press.

Teller, C. , ed. 1980. Interrelación Desnutrición, Población y Desarrollo Social y Económico. Guatemala: INCAP.

Timmer, Peter, Walter Falcon, and Scott Pearson. 1983. Food Policy Analysis. Baltimore: Johns Hopkins University Press (published for the World Bank).

Todaro, Michael. 1977. Economic Development in the Third World. New York: Longman.

Touraine, Alain. 1988. The Return of the Actor. Minneapolis: University of Minnesota Press.

Tribe, Keith. 1981. Genealogies of Capitalism. Atlantic Highlands, N. J. : Humanities Press.

Trinh, T. Minh-ha. 1989. Woman, Native, Other. Bloomington: Indiana University Press.

———. 1991. When the Moon Waxes Red. New York: Routledge.

Truman, Harry. [1949] 1964. Public Papers of the Presidents of the United States: Harry S. Truman. Washington, D. C. : U. S. Government Printing Office.

Ulin, Robert. 1991. Critical Anthropology Twenty Years Later: Modernism and Postmodernism in Anthropology. Critique of Anthropology 11(1): 63-89.

United Nations, Department of Social and Economic Affairs. 1951. Measures for the Economic Development of Underdeveloped Countries. New York: United Nations.

———. 1953. The Determinants and Consequences of Population Change. New York: United Nations.

Uribe, Consuelo. 1986. Limitations and Constraints of Colombia's National Food and Nutrition Plan (PAN). Food Policy 11(1): 47-70.

Urla, Jacqueline. 1993. Cultural Politics in the Age of Statistics: Numbers, Nations, and the Making of Basque Identities. American Ethnologist 20(4): 818-843.

Valladolid, Julio. 1989. Concepción Holística de la Agricultura Andina. Documento de Estudio, no. 13. Lima: PRATEC.

Varas, Augusto. 1985. Democratization, Peace, and Security in Latin America. Alternatives 10(4): 607-624.

Varela, Guillermo. 1979. El Plan Nacional de Alimentación y Nutrición de Colombia: Un Nuevo Estilo de Desarrollo. Bogotá: Departamento Nacional de Planeación.

Villamil, José, ed. 1979. Transnational Capitalism and National Development. Atlantic Highlands, N. J. : Humanities Press.

Vint, John. 1986. Foucault's Archaeology and Economic Thought. The Journal of Interdisciplinary Economics 1(1): 69-85.

Visvanathan, Shiv. 1986. Bhopal: The Imagination of a Disaster. Alternatives 11(1): 147-165.

———. 1991. Mrs. Bruntland's Disenchanted Cosmos. Alternatives 16(3): 377-384.

Vogt, William. 1948. Road to Survival. New York: W. Sloan Associates.

Wallerstein, Immanuel. 1974. The Modern World System. Vols. 1 and 2. New York: Academic Press.

———. 1984. The Politics of the World Economy. Cambridge: Cambridge University Press.

Watts, Michael. 1983. Silent Violence: Food, Farming, and Peasantry in Northern Nigeria. Berkeley: University of California Press.

Whitaker, Arthur. 1948. The United States and South America: The Northern Republics. Cambridge: Harvard University Press.

Williams, John Henry. 1953. Economic Stability in a Changing World. New York: Oxford University Press.

Williams, Patricia. 1991. The Alchemy of Race and Rights. Cambridge: Harvard University Press.

Williams, Raymond. 1973. The Country and the City. New York: Oxford University Press.

Willis, Paul. 1990. Common Culture. Boulder: Westview Press.

Wilson, Harold. 1953. The War on World Poverty. London: Gollancz.

Winikoff, Beverly, ed. 1978. Nutrition and National Policy. Cambridge: MIT Press.

Wolfendern, Herbert. 1954. Population Statistics and Their Compilation. Chicago: University of Chicago Press.

Wood, Bryce. 1985. The Dismantling of the Good Neighbor Policy. Austin: University of Texas Press.

Wood, Geof. 1985. The Politics of Development Policy Labelling. Development and Change 16(3): 347-373.

World Bank. 1975. Rural Development. Sector Policy Paper. Washington, D. C. : World Bank.

_____. 1977. Colombia: Appraisal of an Integrated Nutrition Improvement Project. Report no. 1583-CO. Washington, D. C. : World Bank.

_____. 1981. Accelerated Development in Sub-Saharan Africa: An Agenda for Action. Washington, D. C. : World Bank.

_____. 1991. World Development Report. New York: Oxford University Press.

World Commission on Environment and Development. 1987. Our Common Future. New York: Oxford University Press.

Worsley, Peter. 1984. The Three Worlds: Culture and World Development. Chicago: University of Chicago.

Yanagisako, Silvia, and Jane Collier. 1989. Gender and Kinship: Toward a Unified Analysis. Stanford: Stanford University Press.

Yerguin, Daniel. 1977. Shattered Peace: The Origins of the Cold War and the National Security State. Boston: Houghton Mifflin.

Yúdice, George, Jean Franco, and Juan Flores, eds. 1992. On Edge: The Crisis of Contemporary Latin American Culture. Minneapolis: University of Minnesota Press.

Zamocs, León. 1986. The Agrarian Question and the Peasant Movement in Colombia. Cambridge: Cambridge University Press.

术语表

absolute poverty　绝对贫困

absolute surplus（value）　绝对剩余（价值）

acquisition economy　购买经济

activist organization　激进组织

actuality　现实性、现实

advocacy anthropology　倡导人类学

aesthetic of modernism　现代主义审美观

aesthetics of hunger　饥饿美学

affectivity　情感性、易感性

Africanism　非洲主义

agenda setting　议程设置

Agrarian Reform Institute　农业改革研究所

agribusiness　农业企业

aliveness　生命性、存活性

Alliance for Progress　争取进步联盟

all-powerful actor　全能行动者

alterity　他异性

alternative development order　另类发展秩序

alternative to development　替代发展

Americanism　美国主义

amodern　非现代

analogic gender　类比性别

anarchism　无政府主义

anthropology of modernity　现代性的人类学

anti-interventionist　反干预主义

anti-politics machine　反政治机器

apparatus of capture　俘获装置

area studies　领域研究

arm circumference　上臂周径

artificial intelligence　人工智能

Aruanda　《阿鲁安达》（电影名）

austerity measure　财政紧缩措施

authoritarian regime　独裁政权

autocentric accumulation　自我为中心的自主式积累

autocentric development　自我为中心的自主式发展

autonomous domain　自治领域

Autonomous Regional Development Corpo-ration of the Cauca Valley 考卡河谷自治区域发展公司（简称考卡发展公司，CVC）

autoreferentiality 自我指涉

backward and forward linkage 前向与后向联结

balance of payment 国际收支（平衡）

balanced growth 平衡增长

Bandung Conference 万隆会议

Bank of America 美国银行

basic human needs 人类基本需求（战略）（简称 BHN）

beast of burden 驮重的牲口

big push 大推进

big stick policy 大棒政策

bioengineering 生物工程学

biological determinism 生物决定论

biological productivity 生物生产力

biological species 生物物种

biological utilization 生物利用

biopolitics 生物政治（学）

biopower 生命权力、生物权力

Board of Governors of the World Bank 世界银行集团理事会

body of knowledge 知识体系

body of practice 实践主体

Brazilian miracle 巴西奇迹

Bretton Woods System 布雷顿森林货币体系

budget constraint 预算约束

buffer group 缓冲群体

business cycle 经济周期（也称商业周期）

buying power 购买力

hybrid modernity 混杂的现代性

cabinet member 内阁成员

Canadian International Development Agency 加拿大国际开发署（简称 CIDA）

capacity to save 储蓄能力

capital accumulation 资本积累

capital formation 资本形成

capital goods 资本货物

capital stock 资本存量、股本

capital-intensive 资本密集型

capital-output ratio 资本–产值比率

CARE International 国际关怀组织

Cargill 美国嘉吉公司

cargo cults 货物崇拜

Caritas 明爱组织

Carnegie Corporation of New York 卡内基基金会

cash economy 商品经济、现金经济

Central Asian 中亚人

Central Intelligence Agency 美国中央情报局（简称 CIA）

centralized information system 集中式信息系统

CEPAL Manifesto 拉丁美洲经济委员会宣言

Chemical Bank 汉华银行

CIAT 国际热带农业中心

CIMMYT 国际玉米小麦改良中心

Cinema Novo 巴西新电影运动

CIP　国际马铃薯中心

circular constellation　循环集

circular flow of economic life　经济生活的循环流转

classical economics　古典（主义）经济学

classical theory of growth　古典增长理论

classical tradition　古典学派

client category　客户类型

client group　客户群体

Club of Rome　罗马俱乐部

code of production　生产密码

code of signification　意义密码

collective effort　集体努力、集体力量

collective identity　集体认同

Colombian Agricultural Institute　哥伦比亚农业研究所（简称 ICA）

Colombian Institute for Family Welfare　哥伦比亚家庭福利研究所（简称 ICBF）

colonial authority　殖民当局

colonial discourse　殖民话语

colonial power　殖民势力

colonialist move　殖民主义者手段

colonization of reality　现实殖民

combine harvester　联合收割机

command control　命令控制

commercial agriculture　商品农业

commercial capitalism　商业资本主义

commercial crop　商品化农作物

commercial farmer　商业农民

commodity agreement　商品协定

commodity corporation　商品公司

commons　公共事物、公共资源

communicative reason　交往理性

community of modelers　建模师共同体

conceptual revolution　概念革命

concessional import　优惠性进口

condition of production　生产条件

constitutional reform　宪法改革

Consultative Group　磋商小组

consumer goods　消费品

contested reality　有争议的现实

context-independent　环境无涉、独立于环境之外

cooptation　收编

Copernican revolution　哥白尼革命

coping mechanism　应对机制

core nation　核心国家

corporate form　法团形式

corporate institution　集体制度

cosmology　宇宙论

cost-benefit analysis　成本效益分析

counterdiscourse　反话语

countermodernist　反现代主义

counteroffensive　反攻

course of action　行动路线

creditor　债权人

creditor nation　债权国

critical minimum effort　临界最小努力

crop-specific　作物特异

cultural affirmation　文化肯定

cultural analysis　文化分析

cultural assumption　文化预设

cultural authenticity　文化真实性

cultural autonomy　文化自治

cultural code　文化密码

cultural construct　文化概念

cultural contestation　文化论战

cultural critique　文化批判

cultural difference　文化差异

cultural diversity　文化多元

cultural fabrication　文化制造物、文化生产

cultural force　文化力量

cultural form　文化形式

cultural matrix　文化母体

cultural model　文化模式

cultural order　文化秩序

cultural politics　文化政治学

cultural possibility　文化可能性

cultural practice　文化实践

cultural production　文化生产

cultural productivity　文化生产力

cultural relativist　文化相对主义者

cultural specific　文化特异的

Cultural Survival　文化援救组织

culturalist　文化论者、文化主义者

cyberculture　赛博文化

cybernetic machine　控制装置

cybernetics　控制论

cyberspace　赛博空间

cyborg　赛博格

debt crisis　债务危机

debtor　债务人

debtor nation　债务国

decentering　去中心化

decentred　非中心

decolonization　非殖民化、去殖民化

de-development　去发展

delinking　脱钩

demand condition　需求条件

demand function　需求函数

denaturalization　去自然化

denial of coevalness　同代否定

Department of National Planning　国家规划署（简称DNP）

Department of National Statistics　国家统计署（简称DANE）

dependency theory　依附理论

deployment of development　发展的开展

depoliticization　去政治化

descriptive discourse　描述性话语

Desert Storm　沙漠风暴行动（伊拉克）

deskill　去技能化、去技术化

detached nature　超然性

deterritorialization　去辖域化

detribalization　去部落化

development alternative　发展的替代途径

development apparatus　发展机器

development assistance regime　发展援助体制

development business　发展事业

development discourse　发展话语

development encounter　发展遭遇

development image/image of development　发展图像

development industry　发展产业

development institution　发展机构

development studies 发展研究

development technology 发展技术

development tourism 发展旅游

developmentalism 发展主义

developmentalization 发展化

devil contract 魔鬼契约

devspeak 发展（开发）语言

devthink 发展（开发）思维

dialectics of dreaming and waking 梦与醒的辩证法

dirigisme 统制经济、经济统制主义

dirty war 肮脏战争

disaggregated analysis 分类分析

disciplinary practice 学科实践

disciplinary society 规训社会

discourse analysis/discursive analysis 话语分析

discourse force 话语力量

discursive（approach） 话语分析式

discursive community 话语圈、话语社群、话语社区

discursive critique 话语批判

discursive economy/economy of discourses 话语组织、话语体系、话语安排

discursive field 话语场域

discursive formation 话语形构

discursive nature 话语本质

discursive operation 话语操作

discursive order 话语秩序

discursive organization 话语组织

discursive practice 话语实践

discursive regime 话语体制

discursive regularity 话语规则

discursive space 话语空间

discursive strategy 话语策略

distancing effect 间离效果

Division for Women in Development 妇女参与发展处

Division of Population and Nutrition 人口与营养处

docile body 驯服的身体

docility-utility 顺从—使用

documentary practice 文档记录实践

documentary process 文档（记录）过程

documentary reality 文档现实

domain of practice 实践领域

domain of objects and rituals of truth 对象的领域和真理的仪式

domestic domain 家庭领域

domestic relation 亲属关系、家庭关系

domestic servant 仆人、家庭佣工

domestic work 家务劳动

domestication 驯化、归化

dominant discourse 统治性话语

donor club 捐赠者俱乐部

drug trafficking 毒品走私

dynamics of growth 增长的动力

Earth Summit 地球峰会

ecocracy 生态统治论

ecodevelopmentalist 生态发展主义者

ecofeminist 生态女性主义者

ecoliberal 生态自由主义者

ecological capital 生态资本

ecological phase of capital 资本的生态

阶段

ecologism 生态主义

economic act 经济行为

Economic Anthropology 经济人类学

economic darkness 经济黑暗

economic framework 经济架构

economic historian 经济史学家

economic inquiry 经济调查

economic man 经济人

economic nationalism 经济民族主义

economic principle 经济原则

economic viability 经济可行性

economic worldview 经济学的世界观

economy of scale 规模经济

economistic 经济主义的

ecosophy 生态智慧

emerging nation 新兴国家

empirical science 经验科学

enclosure of the commons 公共事物的圈占

endo-consistency 内在一致性

ends-means process 目的—手段过程

energy resource 能量资源

enframing 框架、座架、聚置

enriched flour 营养强化面粉

Environment Department, The World Bank 世界银行环境局

environmental activist 环保主义者

environmental managerialism 环境管理主义

environmental movement 环保运动

environmentalist 环保主义者

environmentally sound development 无害环境的发展、合乎环境要求的发展

epistemological mechanism 认识论机制

ergonomics 人类工效学

essentialism 本质论、本质主义

established interest 既得利益

ethnocentrism 种族（民族）中心主义

ethnography of development 发展民族志

ethnoscapes 族群图景

evaluation unit 评估部

exchange value 交换价值

exogenous variable 外生变量

export agriculture 出口农业

export platform 出口平台

Export-Import Bank 进出口银行

export-led growth 出口带动经济增长

extreme poverty 极端贫困

fair deal 公平政策

fair exchange 公平交易

FAO 联合国粮农组织

farm system 农场系统

feminist 女性主义者

feudal order 封建制度

fictitious commodity 虚拟商品

field of discursivity 话语性场域

field of visibility 视野

field of vision 视野

fiscal crisis 财政危机

flexible accumulation 弹性积累

flexible labor 弹性劳动

food aid 粮食援助

Food and Nutrition Policy and Planning

粮食与营养政策规划（简称 FNPP）

food deficit　粮食短缺

food demand　粮食需求

Food for Peace　粮食用于和平

food fortification　强化食品

food stamp　食品券

food supplementation　食品补充剂

food supply　粮食供应

Ford Foundation　福特基金会

Fordism　福特主义

foreign exchange　外汇

form of production　生产形式

formal distribution　形式分配

formal language　形式语言

formal model　形式模型

forms of authority　权威形式

forms of discourse　话语形式

form of knowledge　知识形式

form of power　权力形式

form of representation　表征形式

frame of reference　参照（体）系

free enterprise system　自由企业制度

free trade zone　自由贸易区

full employment　充分就业

full proletarianization　完全无产阶级化

functional dualism　功能二重性

fundamentalism　基要主义

game of truth and power　真理与权力的游戏

gaze of power　权力的凝视

gender autonomy　性别自主

gender consciousness　性别意识

gender distension　性别扩张

gender division　性别分工

gender neutrality　性别中立

gender role　性别角色

gender subordination　性别从属、性别次位、性别居次

gendered society　性别化社会、性别社会

gender-specific　性别特异的

genealogy　谱系学

general economy　广义经济

general equilibrium　一般均衡

General Foods　美国通用食品公司

general output　总产出

generic village　泛型村庄

genetic bank　基因库

genetic material　遗传物质、遗传材料

geopolitical space　地缘政治学空间

ghettoization　隔都化

Global Environment Facility　全球环境基金（简称 GEF）

global system　全球系统

Gomez Classification　戈麦斯分类法

good neighbor principle　睦邻原则

goods and services　商品和服务

governmenntality　治理术

governmentalization　治理化

Gross National Product　国民生产总值（简称 GNP）

Group of Seven　七国集团

growth economics　增长经济学

growth of the limits　极限的增长

health care 医疗卫生

health division 卫生处

health worker 卫生工作者

Hegelian dialectics 黑格尔辩证法

hegemonic class 霸权阶级

high theory 理论热

historical agency 历史主体

historical materialism 历史唯物主义

historical mode 历史类型、历史模式

historicity 史实性、史实

historicized nature 历史化的自然

historicized view 历史化观点

historicoeconomic model 经济史模型

history of discourse 话语史

history of idea 思想史、观念史

Home Economics Division 家政处

home economies 家政

home garden project 庭院项目

home improvement 家居装饰、家庭装潢

homo economicus 经济人

house business 家庭经济

house economy 家庭经济

house model 家庭模型

human agent 人的能动、人类能动

human ecology 人类生态学

human engineering 人体工程学

human genome project 人类基因组计划

human subject 人类主体

hybrid culture 混杂文化

hybrid model 混杂模型

hybridization 混杂体、混杂化

ideological operation 意识形态操作

International Nutrition Planning Program 国际营养规划项目

immune system 免疫系统

imperfect competition 不完全竞争

import substitution industrialization 进口替代工业化

import substitution strategy 进口替代战略

impression of reality 真实感

improved seed 良种

income distribution trend 收入分配趋势

income elasticity of demand 需求的收入弹性

income-generating 创收

indigenous culture 原住民文化、本土文化

indigenous people 原住民

individuating 个体化

individuation 个体化、个性化、个体形式

inducement to invest 投资动机

industrial capacity 工业能力

industrialized country 工业化国家

informal economy 非正规经济、非正式经济

informal sector 非正式部门

information coding 信息编码

information theory 信息论

input-output analysis 投入产出分析

inscribing system 刻写系统

inscription 铭文（铭刻）

institutional apparatus 制度机器

institutional arrangement 制度安排

institutional ethnography 制度民族志

institutional practice 制度性实践

institutional process 制度过程

institutional-interpretive method 制度-诠释法

institutionalization 制度化

instrumental reason 工具理性

instrument-effect 工具—效应

integrated farm management 综合农场管理

integrated farm planning 综合农场规划

integrated program of applied nutrition 实用营养综合计划

integrated rural development 综合农村发展

Integrated Rural Development Program 综合农村发展项目（简称 DRI）

intellectual colonialism 知识殖民主义

intellectual labor 智力劳动

intellectual property right 知识产权

intellectuality 智者、智性

Inter-Agency Project for the Promotion of National Food and Nutrition Policy 促进国家粮食与营养政策的跨机构项目（简称 PIA/PNAN）

Inter-American Development Bank 美洲开发银行

Inter-American Development Commission 美洲发展委员会

interface 互动界面

intergenerational equity 代际公平

International Bank for Reconstruction and Development 国际复兴开发银行，简称为世界银行（the World Bank）

international bidding 国际招投标

international bureaucrat 国际官僚

international competitive bidding 国际竞争性招标

international development community 国际发展界

international division of labor 国际分工

International Labor Organization 国际劳工组织（简称 ILO）

International Monetary Fund 国际货币基金组织（简称 IMF）

interpretive social science 诠释社会科学

invisible hand 看不见的手

Iron Deficiency Anemia 缺铁性贫血（简称 IDA）

Keynesianism 凯恩斯主义

knowing subject 认知主体

knowledge intensive 知识密集型

knowledge configuration 知识形态、知识结构

labeling 标签化

labor force/labor power 劳动力

labor intensity 劳动强度

labor intensive 劳动密集型

labor productivity 劳动生产率

labor theory of value 劳动价值论

labor-saving 劳动节约（型）

laissez-faire approach 放任主义的视角

land registration　土地登记

landed *elite*　拥有土地的精英

landless laborer　无地劳工

land-saving　土地节约（型）

late antiquity　近古时代

Latin American Social Science Council　拉丁美洲社会科学理事会（拉美社会科学理事会，简称 CLACSO）

law of logic　逻辑规律

law of profit　利益法则

law of motion　运动定律

law of production　生产法则

law of value and the market　价值和市场规律

League of Nations　国际联盟

leftist nationalism　左翼民族主义

less developed country　欠发达国家

liberal ecologist　自由生态主义者

liberal ecosystem　自由生态系统

Liberation Theology　解放神学

lifeworld　生活世界

limits of growth　增长的极限

livelihood economy　生计经济

living being　生物

local form　本土形式

local knowledge　地方性知识

local model　本土模型

logic of visuality　视觉性逻辑

longitudinal study　纵向研究

lord of poverty　贫困的上帝

low level equilibrium trap　低水平均衡陷阱

machine of visibility　显形机

magic formula　魔法公式

magic of the market　市场的魔力

male bias　男性偏向

Malthusian　马尔萨斯主义者

marginal model　边缘模型

marginal productivity　边际生产率

marginal productivity theory of distribution　分配的边际生产力（率）理论

marginal revolution/marginalist revolution　边际革命

marginal utility　边际效用

marginalize the economy　将经济边缘化

market failure　市场失灵

market friendly development　亲善市场的发展

market rationality　市场理性

marketing and commercialization　营销和经营

mark of enunciation　发声源记号、叙述过程记号

Marshall Plan　马歇尔计划

Marxist crisis theory　马克思的危机理论

mass production　大规模生产

material entity　物质实体

materiality　物质性

material-semiotic　物质—符号

maternal and child nutrition　妇幼营养

mathematical economics　数理经济学

mathematics of growth　增长的数学模型（数学统计）

mature creditor　成熟的债权人

mature debtor 成熟的债务人

means of description 表述方式

means of production 生产资料

mechanism of capture 俘获机制

mechanism of power 权力机制

medical sociology 医学社会学

medicine of social space 社会空间医学

medicine of the Earth 地球医学

methodological approach 方法论途径

methodological individualism 方法论个体主义

method of production 生产方法

micropolitics 微观政治学

Milbank Memorial Fund 米尔班克纪念基金会

minimal agrarian petty bourgeoisie 最小的农业资产阶级

mirror of production 生产之镜

MIT 麻省理工学院

mode of existence 存在方式

mode of governing 治理方式

mode of knowing 认识模式

mode of production 生产方式

model of the corporation 公司模型

model of the dual economy 二元经济模型

model of thought 思维模式

modernism 现代主义

mode of operation 操作模式、运行模式

monetarism 货币主义

monetarist school 货币主义学派

monetization 货币化

money economy 货币经济

money rate 货币利率

Monsanto 美国孟山都公司

moralizing attitude （道德）教化态度（立场）

multicausal systems diagnosis 多因素系统诊断

multidisciplinary 多学科

multinational corporation/company/firm 跨国公司

multiplicity of sites of intervention 多点干预

multisectoral 多部门

mutual-assistance agreement 互助协议

naming power 赋名权

National Agriculture Institute 国家农业研究所

National Committee on Food and Nutrition Policy 国家粮食与营养政策委员会

National Council for Social and Economic Policy 国家经济社会政策委员会

national economy 国民经济

National Food and Nutrition Council 国家粮食与营养委员会

National Food and Nutrition Plan 国家粮食与营养计划（简称 PAN）

National Food and Nutrition Policy 国家粮食与营养（政策）计划

national food-balance sheet 国家粮食平衡表

National Front Pact 民族阵线协定

national household survey 全国家庭调查

national income　国民收入

national nutrition plan　国家营养计划

National Planning Board　国家规划委员会

national product　国民产值

national production　国民生产

National Rehabilitation Plan　国家复兴计划（简称 PNR）

nation-state　民族-国家

natural character　自然属性

natural object　自然物

natural rate of growth　自然增长率

naturalized history　自然化的历史

negative food habit　不良的饮食习惯

negotiated reality　谈判了的现实

neo-classical economics　新古典（主义）经济学

neo-Keynesianism　新凯恩斯主义

neoliberalism　新自由主义

neo-Marxist　新马克思主义的（者）

neostructuralism　新结构主义

Nepalization　尼泊尔化

neutralized knowledge　中立的知识

new creditor　不成熟的债权人

New Deal　罗斯福新政

New Directions　新方向法案

new enterprise　新兴事业

new world order　世界新秩序

New Industrializing Country　新兴工业化国家（简称 NIC）

nonaligned nation　不结盟国家

normalizing/normalization　归一化、规范化

North-South Conference　南北峰会

nutritional adequacy　营养充足

nutritional deficiency　营养缺乏

nutritional gap　营养缺口

objectifying gaze　客体化的凝视

objectifying regime of visuality　视觉的客体化体制

objective knowledge　客观知识

occupational health and safety　职业安全卫生

Office of Community Participation　社区参与办公室

Office of Women in Development　妇女参与发展办公室

official aid　政府援助

official science　官方的科学

operational research/operations research 运筹学

optimization theory　优化理论

optimum equilibrium　最优均衡

order of discourse　话语秩序

order of knowledge　知识秩序

ordering of society　社会秩序安排

ordinal utility　序数效用

organic nature　有机性

Organization of American States　美洲国家组织

organizing concept　组织性概念

organizing metaphor　组织性隐喻

organizing principle　组织性原则

Orientalism　东方主义

overpopulation 人口过剩

PAHO 泛美卫生组织

panoptic gaze 全景敞视

Panzi scheme 庞氏骗局

Parsonianism 帕森斯主义

participatory action research 参与式行动研究

participatory development 参与式发展

Pax Americana 美国霸权治下的和平

Pax Britannica 英国统治下的和平

peasant economy 小农经济

peasant model 小农模型

peasant question 农民问题

peasant resistance 农民抵抗

peasant struggle 农民斗争

peasant users' association 农民用户协会

peasantry 小农阶级

perceptual field 知觉场

perfect competition 完全竞争

perfect rationality 完全理性

peripheral capitalism 边缘资本主义

peripheral country 边缘国家

peripheral polymorphy 边缘多晶型现象

personality study 人格研究

philosophy of the subject 主体哲学

pilot project 试点项目

place of encounter 际遇之场

Plan of Integrated Peasant development 综合农民发展计划

planning approach 规划方法

Planning of Integrated National Food and Nutrition Policy 国家综合粮食与营养政策规划

play of power 权力的游戏

Point Four Program 第四点计划

pole of development 发展极

policing of family 对家庭的监管

policy entrepreneur 政策企业家、政策经营者

political anatomy 政治解剖学

political apparatus 政治机器

political economy 政治经济学

political line 政治路线

political technology 政治技术

political upheaval 政治动乱

politics of cultural affirmation 文化肯定的政治

politics of development 发展政治

politics of difference 差异政治

politics of discourse 话语政治

politics of identity 身份政治、认同政治

politics of land tenure 土地权属的政治

politics of science 科学政治学

polycentrism 多中心主义

popular class 平民阶级

popular group 平民阶层

Population and Human Resources Department 人口和人力资源局

population genetics 群体遗传学

population monster 人口之魔

post-development 后发展

post-Fordist age 后福特主义时代

power configuration 权力配置

power effect 权力效应

power grid 权力网

power of speech 发言权

power of truth 真理的力量

practical gender interest 实用性性别利益

present-oriented 现在取向

price support 价格支持

Primary Health Care 初级卫生保健（简称 PHC）

primitive accumulation 原始积累

principle of authority 权威原则

private bank 私营银行

private entrepreneur 私营企业家

private market 私人（私有）市场

private sector 私营部门

probabilistic 或然性

probabilistic outcome 概率输出

problematization of poverty 贫困的问题化

problematization of truth 真理的问题化

product of history 历史的产物

production capacity 生产能力

production function 生产函数

production of discourse 话语生产

production relation 生产关系

productive apparatus 生产机器

productive capacity 产能

productive force 生产力

productivist approach 生产主义方法

professional monopoly 专业垄断

professionalization 专业化

profit rate 利润率

program description 项目描述

Program for Development with Peasant Women 与女性农民一起发展项目（简称 PDMC）

Program for Integral Peasant Development 农民全面发展项目

protectionist measure 贸易保护措施

protein-calorie malnutrition 蛋白质-热量营养不良

Proyecto Andino de Tecnologías Campesinas 安第斯农民技术计划（简称 PRATEC）

psychological development 心理发展

public health 公共卫生

public investment 公共投资

public sector 公共部门

public utility company 公用事业公司

purposeful behavior 目的性行为、刻意行为

rate of return 回报率、收益率

rate of return on capital 资本收益率

Reagan-Bush economics 里根-布什经济学

Reconstruction Finance Corporation 复兴银行公司

referral health system 卫生转诊制度（系统）

regime of accumulation 积累体制

regime of biosociality 生物社会性体制

regime of development 发展体制

regime of discipline and normalization 纪律与规范化体制

regime of government 治理体制

regime of objectivism 客观主义体制

regime of order and truth 秩序与真理

337

体制

regime of statement　陈述体制

regime of truth and norms　真理和规范体制

regime of violence　暴力体制

regime of representation　表征体制

regime of visuality　视觉体制

regional differentiation　区域分异

regionalization exercise　区域化操作

regionalization model　区域化模型

regulatory control　管制

reification　物化

rejected selves　被抛弃的自我

relation between private and public power　公私权力的配置

relation of domination　支配关系

representation　表征

resource allocation　资源配置

responsiveness　反应性

Restore Hope　重建希望行动（索马里）

retarding effect　阻滞效应

return to scale　规模收益、规模报酬

reward structure　奖赏结构、薪酬结构

Rhodesia　罗德西亚（津巴布韦共和国的旧称）

rice bowl　饭碗

Rockefeller Foundation　洛克菲勒基金会

rule-governed system　受规则支配的系统、规则系统

saving class　储蓄阶级

saving gap　储蓄缺口

savings ratio　储蓄率

scarcity　稀缺性

schemata　图式

science fiction　科学幻想

Scientific American　《科学美国人》

scientific gaze　科学凝视

scientific management　科学管理

scopic regime　视觉体制、视觉支配体制

sector policy paper　部门性政策文件

sectoral disequilibrium　部门失衡

sectoral planning　部门规划

seeing everything from nowhere　可以不从任何地方就能看到任何事物

self affirmation　自我肯定

self-creation　自我创造

self-definition　自我定义

self-formation　自我形成

self-image　自我印象

self-regulating market　自我调节的市场

self-replacement　自我继替

self-sufficiency　自给自足

self-understanding　自我认识

semiperiphery　半边缘国家

semi-proletarianization　半无产阶级化

Senegambia　塞内冈比亚

serial method　系列法

serialization　序列化

sign of identity　身份符号

simultaneous equation　联立方程

Single-Cell Protein　单细胞蛋白（简称SCP）

skinfold thickness　皮褶厚度

small farm production　小农场生产

small producer　小生产者

small production　小生产

small unit of production　小生产单位

social category　社会类属

social character　社会属性、社会性

social darkness　社会黑暗

social difference　社会差异

social differentiation　社会分化

social exclusion　社会排斥

social fabric　社会结构

social form　社会形态

social geography　社会地理学

social medicine　社会医学

social model　社会模式

social movement　社会运动

social object　社会客体

social order　社会秩序

social organization　社会组织

social position　社会地位

social positioning　社会定位

social power　社会力量

social process　社会过程

social production　社会生产

social reality　社会现实

social subjection　社会征服

social system　社会制度、社会系统

social unrest/social upheaval　社会动乱

social world　社会世界

socialist development　社会发展

socialist left　社会主义左翼

Sociedad de Agricultores de Colombia　哥伦比亚农业主协会（简称 SAC）

Society for International Development　国际发展学会（简称 SID）

sociobiology　社会生物学

sociocultural perversion　社会文化反常

sociology of modernization　现代化的社会学

sorcerer's apprentice　魔法师的学徒

southern cone　南锥

South-South cooperation　南南合作

speaking for others　为他者代言

specific intellectual　特殊知识分子

spectre of hunger　饥饿幽灵

spiritual feminism　心灵女性主义

spiritualist　唯灵论者

stage of economic growth　经济增长的阶段

standard（normal）growth chart　标准成长表

state apparatus　国家机器

state of the world　世界现状

static equilibrium　静态均衡

statutory corporation　法定公司

Stone Age　石器时代

strategic gender interest　战略性性别利益

Structural Adjustment Policies　结构调整政策（简称 SAPS）

structural adjustment program　结构调整计划

structural change　结构变迁

structural constraint　结构性制约（限制）

structural disadvantage　结构性缺陷

structuralist school　结构主义学派

structuring procedure　结构化程序

subculture　亚文化群

subdiscipline　分支学科

subject nation　附属国

subject people　受支配的臣民

subject-centered reason　主体中心理性

subjective dimension　主观维度、主观
　面向

subjectivity　主体性

subsistence theory of wage　糊口工资理论

substantivist　实体主义者

substrategy　子战略

superstructure　上层建筑

surplus extraction　剩余价值榨取

surplus value　剩余价值

survival strategy　生存策略

suspension of development　发展悬置

swidden agriculture　焚林农业

symbolic capitalization　符号资本化

symbolic consumption　符号消费

symbolic death　符号性死亡

symbolic violence　符号暴力

systematic truth　系统真理

systematicity　系统性

systems analysis/systems theory　系统论

system approach　系统方法

system of knowledge　知识体系

system of mandate　委任托管体系

task-specific　任务特异

tax break　减税、赋税减免、减免税收

Taylorism　泰勒主义

technical change　技术进步

Technical Cooperation Administration　技
　术合作总署（简称 TCA）

technical register　技术记录表

technique of power　权力技术

technocratic　技术专家治理的、技术统
　治论

techno-gaze　技术化凝视

technological package　技术包

technological refinement　技术改进

technologizing gaze　技术化凝视

technology development　技术开发

technology transfer　技术转移

techno-representation　技术表征

technoscience　技术科学、技术化科学

techno-scientic　技术科学的

Tennessee Valley Authority　田纳西流域
　管理局（简称 TVA）

term of trade　贸易条件

territorialization　辖域化

textually mediated discourse　文本媒介的
　话语

Texturized-Vegetable-Protein　组织化植
　物蛋白（简称 TVP）

The Brookings Institution　布鲁金斯学会

The French Revolution　法国大革命

The General Theory　通论，即《就业、
　利息和货币通论》

The Great Depression　大萧条

the lost decade　失落的十年

the static interlude　静态的插曲

theory of diminishing return　报酬递减

原理

theory of growth　增长理论

theory of rent　地租理论

think globally, act locally　全球化思考、本土化行动

transcendence　超验性

translatability　可译性

transnationalization of knowledge　知识的跨国化

type of knowledge　知识类型

type of power　权力类型

U. S. National Science Foundation　美国国家科学基金会（简称 NSF）

UN Decade for Women　联合国妇女十年

UN Economic Commission for Latin America　联合国拉丁美洲经济委员会（简称拉美经委会，CEPAL）

UN Special Fund　联合国特别基金（会）

underdeveloped area　欠发达地区

underdeveloped/underdevelopment　欠发达

UNESCO　联合国教科文组织

UNICEF　联合国儿童基金会

Union Carbide　美国联合碳化物公司

United Nations Development Program　联合国开发计划署（简称 UNDP）

United Nations University's World Hunger Programme　联合国大学"世界消除饥饿计划"

United Nations World Conference on Environment and Development　联合国环境与发展大会

universal economic model　普适经济模型

unmarked category　无标记类别

un-underdeveloping　不再欠发达

UN-WIDER（United Nations World Institute for Development Economics Research）联合国世界发展经济学研究院

USAID（United States Agency for International Development）美国国际开发署

verbalization　语言表现

vernacular gender　地方性别

vicious circle of poverty　贫困恶性循环

view of reality　现实观

violence of representation　表征的暴力

visualization technology　可视化技术

voluntary agency　志愿机构

wage goods　工资品

wage labor　雇佣劳动、工资劳工

web of power　权力网络

welfare economics　福利经济学

WHO　世界卫生组织

wind-up toy　发条玩具

Women in Development　妇女参与发展（简称 WID）

Women's Committee of the Washington, D. C.　华盛顿妇女委员会

work force　劳动大军、劳动力

work load　工作量、劳动负担

working class　工人阶级（劳动阶级）

working people　劳动人民

World Commission on Environment and Development　联合国世界环境与发展委

员会

World Food Conference　世界粮食会议

world image　世界图像

world system　世界体系

world view　世界观

World Watch Institute　世界观察研究所

young debtor　不成熟的债务人

人名表

Adelman, Irma 艾麦·阿德尔曼

Adorno, Theodor W. 特奥多尔·W.阿多诺

Alatas, Syed Hussein 赛胡先·阿拉达斯

Aldcroft, Derek 德里克·阿尔德克罗夫特

Alegría, Ciro 西罗·阿莱格里亚

Allende Gossens, Salvador 萨尔瓦多·阿连德·戈森斯

Almeida, Silvio 西尔维奥·阿尔梅达

Alonso, Ana María 安娜·玛丽亚·阿朗索

Amin, Samir 萨米尔·阿明

Anderson, M. A. M. A.安德森

Angus, Ian 伊恩·安格斯

Apffel-Marglin, Frédérique 弗雷德里克·阿普菲尔-马格林

Appadurai, Arjun 阿尔君·阿帕杜莱

Aranda, J. J.阿兰达

Arango de Bedoya, Yolanda 约兰达·阿朗戈·德贝多亚

Arango, Mariano 马里亚诺·阿朗戈

Archila, Mauricio 毛里西奥·阿奇拉

Arensberg, Conrad 康拉德·阿伦斯伯格

Arizpe, Lourdes 洛德斯·阿里斯佩

Arndt, Heinz Wolfgang 海因茨·沃尔夫冈·阿恩特

Aronoff, Marilyn 玛里琳·阿罗诺夫

Arroyo, Leyla 莱拉·阿罗约

Arrubla, Mario 马里奥·阿鲁布拉

Asad, Talal 塔拉尔·阿萨德

Austin, James 詹姆斯·奥斯汀

Bacon, Robert 罗伯特·培根

Bakhtin, M. M. M. M.巴赫金

Balcázar, Fernando 费尔南多·巴尔卡萨尔

Balderrama, Ron 罗恩·鲍尔德拉马

Banuri, Tariq 塔里克·班努里

Baran, Paul 保罗·巴兰

Barco, Virgilio 比尔希略·巴尔科

Barroso, Carmen 卡门·巴罗索

Bartra, Roger 罗赫尔·巴特拉

343

Crush, Jonathan 乔纳森·克拉什

Cuevas Cancino, Francisco 弗朗西斯科·奎瓦斯·坎西诺

Currie, Lauchlin Bernard 劳克林·伯纳德·居里

Cutler, Peter 彼得·卡特勒

Daly, Mary 玛丽·戴利

De Beauvoir, Simone 西蒙娜·德·波伏瓦

De Castro, Josué 若苏埃·德卡斯特罗

De Certeau, Michel 米歇尔·德·塞尔托

De Janvry, Alain 阿兰·德杨弗利

De la Torre, Ana 安娜·德拉托雷

De la Torre, Cristina 克里斯蒂娜·德拉托雷

De la Torre, Victor Raúl Haya 维克托·劳尔·阿亚德拉托雷

De Lauretis, Teresa 特丽莎·德劳丽蒂斯

Deane, Phyllis 菲莉斯·迪恩

Deere, Carmen Diana 卡门·迪亚娜·迪尔

Deleuze, Gilles 吉尔·德勒兹

Dennery, Etienne 艾田·戴尼里

Derrida 德里达

Di Marco, Luis Eugenio 路易斯·欧亨尼奥·迪马科

Dickens, Charles 查尔斯·狄更斯

Dobb, Maurice 莫里斯·多布

Domar, Evsey David 埃弗塞·多马

Donzelot, Jacques 雅克·唐泽洛特

Duarte, Maria Beatriz 玛丽亚·贝亚特里斯·杜阿尔特

Dubois, Marc 马克·杜波依斯

Duden, Barbara 芭芭拉·杜登

Dumont, Louis 路易·迪蒙

Dwyer, Johanna 约翰娜·德怀尔

Ellis, Howard 霍华德·埃利斯

Errázuriz, María 玛丽亚·埃拉苏里斯

Esteva, Gustavo 古斯塔沃·埃斯特瓦

Fabian, Johannes 乔纳斯·费边

Fajardo, Darío 达里奥·法哈多

Faletto, Enzo 恩佐·法勒托

Fals Borda, Orlando 奥兰多·法尔·博尔达

Fanon, Frantz 弗朗兹·法农

Feder, Ernest 欧内斯特·费德

Feldman, Shelly 谢利·费尔德曼

Ferguson, Anne 安妮·弗格森

Ferguson, James 詹姆斯·弗格森

Field, John Osgood 约翰·奥斯古德·菲尔德

Finer, Herman 赫尔曼·芬纳

Fishlow, Albert 艾伯特·菲什洛

Fiske, John 约翰·费斯克

Flores, Juan 胡安·弗洛雷斯

Flórez, Luis B. 路易斯·弗洛雷斯

Foucault, Michel 米歇尔·福柯

Franco, Jean 琼·佛朗哥

Franke, Richard 理查德·弗兰克

Frankel, Herbert 赫伯特·弗兰克尔

Fraser, Nancy 南茜·弗雷泽

Freire, Paulo 保罗·弗莱雷

Junguito，R.　R. 洪吉托

Kahn，Richard　理查德・卡恩

Kaldor，Nicholas　尼古拉斯・卡尔多

Kalecki，M.　M. 卡莱茨基

Kalmanovitz，Salomón　萨洛蒙・卡尔马
诺比茨

Kardam，Nüket　尼克特・卡尔达姆

Keller，Evelyn Fox　伊夫林・福克斯・
凯勒

Kelly，Petra　佩特拉・凯利

Kennan，George　乔治・凯南

Keynes，John Maynard　约翰・梅纳德・
凯恩斯

Kolko，Gabriel　加布里埃尔・科尔科

Kristol，Irving　欧文・克里斯托尔

Kuznets，Simon Smith　西蒙・史密斯・
库兹涅茨

Laclau，Ernesto　埃内斯托・拉克劳

Lal，Deepak　迪帕克・拉尔

Landes，David　戴维・兰德斯

Laserna，Roberto　罗伯托・拉塞尔纳

Latour，Bruno　布鲁诺・拉图尔

Lechner，Norbert　诺伯特・莱希纳

Leff，Enrique　恩里克・莱夫

León，Magdalena　马格达莱娜・莱昂

Leontief，Wassily　华西里・里昂惕夫

Levinson，James　詹姆斯・莱文森

Lévi-Strauss，Claude　克劳德・列维–斯
特劳斯

Lewis，W. Arthur　W. 阿瑟・刘易斯

Liebenstein，Harvey　哈维・莱宾斯坦

Lilienthal，David　戴维・利连索尔

Lind，Amy　埃米・林德

Little，Ian M.　伊恩・M. 利特尔

Livingstone，Ian　伊恩・利文斯通

Londoño，Juan Luis　胡安・路易斯・隆
多尼奥

López de Mesa，Luis　路易斯・洛佩
斯・德梅萨

López Maya，Margarita　玛格丽塔・洛
佩斯・玛雅

López，Alejandro　亚历杭德罗・洛佩斯

López，Cecilia　赛西莉亚・洛佩斯

López，Gustavo A.　古斯塔沃・A. 洛
佩斯

Love，Joseph　约瑟夫・洛夫

Lynch，Lowell　洛厄尔・林奇

Maier，Charles　查尔斯・梅尔

Malthus，Thomas Robert　托马斯・罗伯
特・马尔萨斯

Mani，Lata　拉塔・曼尼

Manzo，Kate　凯特・曼索

Margen，Sheldon　谢尔登・马根

Marglin，Stephen　斯蒂芬・马格林

Mariátegui，José Carlos　何塞・卡洛
斯・马里亚特吉

Marshall，George Catlett　乔治・卡特利
特・马歇尔

Marx，Karl　卡尔・马克思

Mascia-Lees，Frances　弗朗西丝・马希
亚-利斯

Mayer，Jean　让・马耶尔

Mbilinyi，Marjorie　玛乔丽・姆比利尼

McCloskey，Donald　唐纳德・麦克洛

347

Perry，Santiago　圣地亚哥·佩里

Pigg，Stacy Leigh　斯泰西·利·皮格

Platsch，Carl　卡尔·普拉切

Polanyi，Karl　卡尔·波兰尼

Portes，Alejandro　亚历杭德罗·波特斯

Prebisch，Raúl　劳尔·普雷维什

Price，David　戴维·普赖斯

Prieto，Patricia　帕特里夏·普列托

Procacci，Giovanna　焦万纳·普罗卡奇

Quijano，Aníbal　安尼波尔·奎加诺

Quiso，Víctor C.　维克托·C. 奎索

Rabinow，Paul　保罗·拉比诺

Rahman，Anisur　阿尼斯·拉赫曼

Rahnema，Majid　马吉德·拉纳玛

Ramos，Graciliano　格拉西利亚诺·拉
　穆斯

Rao，Aruna　阿鲁娜·拉奥

Rao，Brinda　布林达·拉奥

Reddy，William　威廉·雷迪

Reinhardt，Nola　诺拉·莱因哈特

Reutlinger，Shlomo　什洛莫·罗伊特
　林格

Ricardo，David　大卫·李嘉图

Rivera，Alberto　阿尔维托·里维拉

Robinson，Joan　琼·罗宾逊

Rocha，Glauber　格劳贝尔·罗查

Rodríguez，Octavio　奥克塔维奥·罗德
　里格斯

Rojas de Ferro，María Cristina　玛丽亚·
　克里斯蒂娜·罗哈斯·德费罗

Rojas，Fernando　费尔南多·罗哈斯

Rojas，Humberto　温贝托·罗哈斯

Roldán，Martha　玛尔塔·罗尔丹

Roosevelt，Franklin Delano　富兰克林·
　德拉诺·罗斯福

Root，Elihu　伊莱休·鲁特

Rosenstein-Rodan，Paul　保罗·罗森斯
　坦-罗丹

Rosero，Carlos　卡洛斯·罗塞罗

Rostow，Walt Whitman　沃尔特·惠特
　曼·罗斯托

Rubbo，Anna　安娜·鲁博

Rueda-Williamson，R.　R. 鲁埃达-威
　廉森

Ruhollah，Khomeini　霍梅尼·卢霍拉

Sachs，Wolfgang　沃尔夫冈·萨克斯

Sáenz Rovner，Eduardo　爱德华多·萨
　恩斯·罗夫纳

Sáenz，L.　L. 萨恩斯

Safa，Helen　海伦·萨法

Said，Edward　爱德华·萨义德

Samuelson，Paul　保罗·萨缪尔森

Sanz de Santamaría，Alejandro　亚历杭
　德罗·桑斯·德圣玛丽亚

Sarlo，Beatriz　贝亚特里斯·萨罗

Sauvy，Alfred　阿尔弗雷德·索维

Sax，Karl　卡尔·萨克斯

Say，Jean Baptiste　让·巴蒂斯特·萨伊

Schumpeter，Joseph　约瑟夫·熊彼特

Scott，James　詹姆斯·斯科特

Scrimshaw，Nevin　内文·斯克林肖

Seers，Dudley　达德利·西尔斯

Selowsky，Marcelo　马赛洛·斯洛斯基

Sen，Gita　吉塔·森

译后记

　　直到这本译著即将出版，我才完整地体会到翻译出版这样一部经典著作需要付出多少努力。原计划一年前就可以推出，直到现在才勉强收尾。埃斯科瓦尔在哲学、人类学和政治学等领域思想深邃、成果卓著，其《遭遇发展》在发展研究经典文库中占有重要位置。在对发展的解构和批判方面，作者执守知识分子的良知，以犀利的笔锋揭示了被发展的宏大叙事掩盖的权力真相。我始终带着无比的敬畏感、责任感和荣誉感来对待和开展这项翻译工作。在译校过程中，我始终以学习的态度对待作者的语言和思想，但更多的时候是被作者的语言魅力和思想深度所震撼。或许是因为自己的学习和工作经历与作者的职业历程颇为相似，很多时候，我会对作者的分析产生强烈的共鸣，能真切感受到一位"有笔如刀"的斗士在对发展机器的发明人、指挥官和操作员怒吼，在为被发展软殖民的第三世界的人民大众呐喊。此时此刻，我每每站立起身，因为我感受到了真正的学术力量！

　　为了将海外发展研究经典引进国内，我们组成了翻译团队，并决心以学术良心认真完成这项引进工程。我们严肃认真地对待每一个词语、每一个语句和每一本书，因为我们将每一项翻译工作都看成是个人学习的一种过程。事实也是如此，每个人在完成一项翻译任务后，均感受益颇多。翻译团队的成员还包括汪淳玉、吴惠芳、潘璐、陆继霞、贺聪志、饶静、张克云等。

本书的翻译工作从 2009 年 1 月开始，首先由汪淳玉、吴惠芳、潘璐、陆继霞、贺聪志和杨照分别翻译各章节；2009 年 6~8 月，汪淳玉进行了第一次统稿。2009 年 12 月 9 日，我开始逐字逐句地译校本书。截至 2010 年 9 月 24 日，我的大部分时间都用于这一工作。若以每天早晨 8 点至次日凌晨 1 点为完全从事该项工作的时间来估算，我的译校工作整整花去了约 100 天的时间，因为每天的工作进度就是英文原书的 3 页左右。在 2010 年 9 月 24 日 18 点 32 分终于完成全书的译校并备份到 U 盘里后，我将 13 岁的儿子喊到我的书房，真诚地向他深鞠一躬表示抱歉，因为这么多天以来，特别是其间的一个寒假和一个暑假，我因太关注这本书的翻译，而没能好好将心用在他的身上，倒是他的一句"平身免礼"让我从本来很沉重的愧疚感中释然了。儿子自始至终陪我经历了漫长而细致的译校过程，他常常问我完成到哪一页，也一直知晓我每天的工作进展，他无数次催我喝水，开始时总是帮我倒水，后来要我自己去倒水，说是让我活动活动，所有这些也够让他操心的了！

在这段译校过程中，我从没有产生过烦躁或无趣的感觉，每天都抱着同样或更大的精神和兴趣来开始新的 3 页，也没有期待过尽早结束，反而快结束时，有点伤感似的。这也许是作者的思想智慧和作品的感染力使然。在此期间，埃斯科瓦尔虽身缠重疾，甚少工作，基本不能看书和看电脑，但对于涉及本书翻译的事宜都及时处理，还专门为中文版写了前言。他的这种精神一直在感动和鼓舞着我们！在译校过程中，无论是人名、术语，还是不太有把握的英文单词，我都会不厌其烦地查阅、核对，希望不落下任何一个"魔鬼"。即便如此，有时还会挂一漏万。对于书中引用其他著作的部分，若那些著作已有中文译本，我们则会尽可能找出已有的翻译进行参考，并最终确定译法，在此对相关译者致以感谢。有时，一个术语、一个人名或一段话需要一个上午的时间，但我深感乐在其中，学在其中。英文书的字很小，注释中的字就更小了，在最后一阶段，每天早晨对着电脑，眼睛总是涩涩的，常常需要不断揉拭。这么多天长时间地盯着小小的英文字母和电脑屏幕，也难为眼睛了！

在此过程中，我也认识到中国译著工作中的一些混乱，虽有词典，但一个人名在不同译著中的翻译有时迥然不同，有时大同小异；有的是名家之作，有的是学生习作。毕竟一个人只能有一个统一的姓名，舍谁取谁？类似问题也着实难为了我们。我们能做的是尽可能将各种译法铺摆出来，再择其一。完成这一耗时工作的是陈世栋、刘娟、任守云、孙睿昕、王雯和丁宝寅。

在译校结束之后，我们分头多次通读译稿，有时还请他人阅读，为的是不仅能够读懂，还要读通、读顺。译稿最终于 2010 年 11 月 16 日送交社会科学文献出版社。我十分感谢社会科学文献出版社对我等学术工作多年不变的真诚帮助，感谢他们对出版本书的大力支持，特别致谢宋月华主任和张晓莉编辑！感谢布莱恩·罗伯茨（Bryan Roberts）、加文·卡普斯（Gavin Capps）、古拉姆（Peer Ghulam Nabi）和武晋提供了封面上的装饰图片。我还十分感谢普林斯顿大学出版社授权我们翻译出版本书！

经历了本书的翻译、译校和出版过程，我收获颇丰，感悟颇深。作为学者，我觉得生涯中应该有译著的经历和体验。本书涉及很多学科领域，我们虽用心工作，但呈现给读者的这些文字定还有一些不足之处，还须进一步努力提高。无论如何，这本译著是太多人太多心思的结果。也许正是由于付出愈多，爱之愈深，我准备今年暑期前往北卡罗来纳，亲手将此中文译著呈交作者，不知崇尚并致力于捍卫文化差异的埃斯科瓦尔先生是否能体会到这一奇怪想法中的不怪之处。

叶敬忠

2011 年 2 月 21 日于北京天秀

图书在版编目（CIP）数据

遭遇发展：第三世界的形成与瓦解：第二版 /
（美）阿图罗·埃斯科瓦尔（Arturo Escobar）著；汪淳
玉，吴惠芳，潘璐译.-- 北京：社会科学文献出版社，
2023.11

书名原文：Encountering Development：The Making
and Unmaking of the Third World

ISBN 978-7-5228-0833-8

Ⅰ.①遭… Ⅱ.①阿… ②汪… ③吴… ④潘… Ⅲ.
①第三世界-研究 Ⅳ.①D501

中国国家版本馆 CIP 数据核字（2023）第 010141 号

遭遇发展：第三世界的形成与瓦解（第二版）

著　　者 /〔美〕阿图罗·埃斯科瓦尔（Arturo Escobar）
译　　者 / 汪淳玉　吴惠芳　潘　璐
译　　校 / 叶敬忠

出 版 人 / 冀祥德
组稿编辑 / 宋月华
责任编辑 / 韩莹莹
责任印制 / 王京美

出　　版 / 社会科学文献出版社·人文分社（010）59367215
　　　　　地址：北京市北三环中路甲 29 号院华龙大厦　邮编：100029
　　　　　网址：www.ssap.com.cn
发　　行 / 社会科学文献出版社（010）59367028
印　　装 / 三河市东方印刷有限公司

规　　格 / 开　本：787mm×1092mm　1/16
　　　　　印　张：27　字　数：360 千字
版　　次 / 2023 年 11 月第 2 版　2023 年 11 月第 1 次印刷
书　　号 / ISBN 978-7-5228-0833-8
著作权合同
登 记 号 / 图字 01-2023-4668 号
定　　价 / 128.00 元

读者服务电话：4008918866